아산재단 연구총서 제410집

잊혀질 권리: 이상과 실현

잊혀질 권리: 이상과 실현

This Edition was published by Jipmoondang Publishing Co. in 2016, Seoul, Korea.

아산재단 연구총서 제410집

잊혀질 권리: 이상과 실현

문 재 완

집문당

문재완(文在完) 서울대학교 법대 공법학과 졸업
미국 인디애나대학교 로스쿨 석사·박사
헌법재판소 헌법연구위원
한국언론법학회 회장
사이버커뮤니케이션학회 회장
현재 한국외국어대학교 법학전문대학원 교수

아산재단 연구총서 제410집

잊혀질 권리: 이상과 실현

2016년 12월 30일 1판 1쇄
2017년 10월 20일 1판 2쇄

저 자 | 문재완
발행인 | 임동규
발행처 | **집문당**
등 록 | 1971. 3. 23. 제300-2012-69호
영업부 | 10881 경기도 파주시 광인사길 85(파주출판도시)
(02)743-3192~3 팩스(02)742-4657
전자우편 | sale@jipmoon.co.kr
편집부 | 03134 서울시 종로구 돈화문로 82 집문당빌딩 5층
(02)743-3096~7 팩스(02)743-0227
전자우편 | edit@jipmoon.co.kr
홈페이지 | www.jipmoon.co.kr

편 집 | 장이지
디자인 | 임용우

ISBN 978-89-303-1740-5
978-89-303-1500-5(세트)

가격 21,000원

이 도서의 국립중앙도서관 출판시도서목록(CIP)은 e-CIP홈페이지(http://www.nl.go.kr/ecip)와 국가자료공동목록시스템(http://www.nl.go.kr/kolisnet)에서 이용하실 수 있습니다.
(CIP제어번호: CIP2016030359)

머리말

잊혀질 권리는 참 골치 아픈 권리다. '잊혀질'이라는 말부터 문제다. '잊혀진다'는 말은 문법에 어긋난다. '잊힌다'가 맞다. the right to be forgotten을 국내에 처음 소개한 사람이 '잊혀질 권리'라고 표현하였고, 저자를 포함한 후속 연구자들이 '잊혀질'이라는 단어가 주는 강한 이미지에 끌려 그 표현을 그대로 사용한 것이 잘못이다. 최근 문법에 맞춰 '잊힐 권리'라고 쓰는 언론보도와 학술 논문이 크게 늘어났다. 그렇다면 2011년 저자가 발표한 논문 「프라이버시 보호를 목적으로 하는 인터넷 규제의 의의와 한계—'잊혀질 권리' 논의를 중심으로」도 제목을 수정해야 할까. 긍정보다는 부정의 답이 더 많을 것 같다. 잘못된 기록도 기록이니까. 만약 저자가 문법에 어긋난 용어를 사용한 데 창피함을 느끼고 꼭 고쳐야겠다고 생각하면, 그것이 가능할까. 부분적으로 가능할지 몰라도, 전면적으로 수정하는 것은 불가능하다. 저자의 논문을 인용한 다른 사람의 논문과 글을 수정할 수는 없다. 논문과 같은 표현물은 저자가 세상에 내놓는 순간 공공재와 같아서 다른 사람들이 마음대로 인용해서 사용할 수 있다. 사실 표현물은 다른 사람이 읽고 사용하라고 발표하는 것이다. 잊혀질 권리가 어려운 원인 중 하나가 여기에 있다. 저자는 지우고 싶고, 고치고 싶지만 저자의 뜻만으로 그것이 가능하지 않은 것이다.

잊혀질 권리의 내용을 두고도 논란이 많다. 잊혀지건, 잊히건 이 문제는 저자가 관여할 문제가 아니다. 잊히고 싶으면 조용히 살면 된다. 다른 사람에게 나를 잊으라고 강요할 수는 없다. 종전에는 다른 사람의 주목과 관심에서 벗어나고 싶으면 자기가 속한 사회에서 조용히 살면 되었다. 사람의 기억은 유한하기 때문에 조용히 살고 있으면 사회의 관심에서 사라질 수 있었다. 그러나 인터넷 시대가 되면서 이것이 불가능해졌다. 나는 사라지고 싶은데, 나에 관한 기록이 사라지지 않는 것이다. 인간의 기억처럼 시간이 지나면 정보는 사라져야 하는데, 디지털 정보는 그렇지가 않다. 새로운 비즈니스 모델까지 생겨나면서 인터넷에서 조용히 사라지는 것은 더욱 어렵게 되었다. 인터넷에는 정보를 찾아주고, 정보를 중개하는 서비스가 성행하고 있다. 인간의 기억에서 사라지고 있는 정보를 소생시켜 새것처럼 제공하는 서비스는 정보의 자유를 실현하는 긍정적인 측면이 크다. 인터넷이 지금처럼 우리의 일상생활에서 없어서는 안 될 존재가 된 것은 사실 인터넷 중재자의 역할이 컸기 때문이다. 하지만 인터넷 중재자로 인하여 예기치 못한 부작용도 낳고 있다. 잊혀질 권리가 그 예다.

잊혀질 권리가 어려운 것은 사라지려는 자와 그 사람에 관한 정보를 찾아주려는 자가 팽팽히 맞서고 있기 때문이다. 다른 사람의 주목으로부터 벗어나고 싶은 권리를 우리는 프라이버시라고 부른다. 과거 19세기 말 프라이버시에 관한 권리가 처음 등장하였을 때 이를 설명하는 말이 '혼자 있을 권리'(right to be let alone)였다. 잊혀질 권리는 인터넷에서 혼자 있을 권리라고 하겠다. 인터넷에서 혼자 있으려면, 즉 다른 사람의 주목으로부터 벗어나려면 검색되지 말아야 한다. 저자는 잊혀질 권리의 본질을 이것이라고 본다. 잊혀질 권리를 저자처럼 좁게 해석하는 사람이 다수는 아니다. 현재 가장 광범위하게 받아들여지고 있는 잊혀질 권리의 개념은 개인정보 삭제권과 유사한 것이다. EU에서 잊혀질 권리가 본격적으로 논의된 것이 1995년 개인정보 보호지침(directive)을 개정하면서부터라는 점을 감안하면, 잊혀질 권리를 개인정보 삭제권으로 이해하는 것은 일견 타당한 해석이다. 하지만 잊혀질 권리를 개인정보 보호법 체계에서 이해하는 것이 부당하다는 것이 저자의 주장이다.

식별가능한 개인에 관한 모든 정보를 개인정보라고 보고, 정보주체에게 삭제권을 인정하는 것은 무소불위의 칼을 만드는 것이나 다름없다. 칼이라고 모두 같은 칼은 아니다. 과일 깎는 칼이 있고, 주방에서 쓰는 칼도 있고, 회 뜨는 칼도 있고, 정육점에서 쓰는 칼도 있고, 전쟁에서 쓰는 칼도 있다. 용도에 맞게 칼을 사용하는 것이 옳다는 데 동의한다면, 개인정보 삭제권이라는 단칼로 모든 것을 해결하려는 태도가 잘못이라는 점에도 동의하리라고 생각한다. 잊혀질 권리에 관한 논의가 아직 종결되지 못하고 있는 이유도 잊혀질 권리에 너무 많은 것을 담으려고 하기 때문이다. 잊혀질 권리가 처음 등장하였을 때 이를 정치적 슬로건이라고 폄하하는 견해도 있었다. 잊혀질 권리가 과거를 잊고 싶은 보통 사람들의 마음에 호소해서 폭넓은 지지를 받고 있지만, 권리의 개념이 불명확하기 때문에 실현하기 어렵다는 의미다. 저자처럼 잊혀질 권리를 인터넷이라는 정보통신 환경에서 나타난 새로운 문제를 해결하기 위한 권리로 이해하면 잊혀질 권리의 고유한 특성을 발견할 수 있고, 또 문제 해결도 가능하다고 생각한다.

잊혀질 권리에 관한 저자의 생각이 정리된 것은 최근 일이다. 그동안 외국, 특히 EU의 동향을 살피느라 바빠 스스로 기준을 정립하지 못하고 있었다. EU 논의와 이를 반박하는 미국 학자들의 논문을 수 없이 읽고 생각하면서 이제야 겨우 독자적인 견해를 갖게 되었다. 오랫동안 묵혀 둔 숙제를 이제야 해결할 수 있게 되어 기쁘다. 2012년 아산사회복지재단의 저술 지원 사업에 선정되어 2014년까지 결과물을 내놓아야 했지만, 두 해를 넘겨 올해야 마무리 짓게 되었다. 머리 아픈 과제지만 표현의 자유와 프라이버시를 주된 연구 과제로 하는 저자에게는 반드시 극복하고 넘어가야 할 산이었다. 작은 산이지만 정상에 오르니 마음이 홀가분하다. 이 책은 그동안 저자가 연구논문을 통해 발표한 내용을 상당 부분 담고 있다. 하지만 그대로 사용하지 않고, 잊혀질 권리의 본질에 다가가기 위해서 가능한 한 원고를 수정, 편집하고 보완하려고 하였다. 원고를 꼼꼼히 읽고 조언을 해 준 신인선 변호사와 한국외대 법학과 석사 과정의 이수민 학생에게 감사의 인사를 전한다.

| 차 례 |

제1장 잊혀질 권리의 태동 · 1

제2장 잊혀질 권리와 프라이버시권 · 35

| 표 차례 |

제 1 장

잊혀질 권리의 태동

제1장 잊혀질 권리의 태동

1. 프롤로그

1) 사례

1975년 1월 27일에 태진아는 현대건설의 사장 조성근의 아내 김보환과 응암동의 여관에서 간통을 하는 것을 조성근과 형사들에게 현장에서 연행되었고 간통 혐의로 구속되었다. 경찰 측에 의하면 1974년 5월 6일부터 1975년 1월 27일 사이 10여 차례 만나서 간통을 할 때마다 800,000원에서 1000,000만원의 비용을 지급하였다고 한다. 이후 조성근과 김보환의 합의 이혼으로 구속 상태였던 태진아는 석방되었다. 이 사건으로 인해 조성근은 현대건설 사장직을 사임하였고 그의 장녀는 우울증을 앓다가 결국 자살하였다. 후임으로 당시 부사장인 이명박이 사장이 되었다.

가수 태진아를 인터넷 백과사전 위키백과(https://ko.wikipedia.org)에서 찾으면 나타나는 내용 중 일부다.[1] 그는 40년 전 간통 혐의로 구

1) https://ko.wikipedia.org/wiki/%ED%83%9C%EC%A7%84%EC%95%84 (방문

속되었다가 풀려난 적이 있다. 당시 그의 간통 사건은 여러 신문에 보도되었다. 백과사전에서 가수 태진아를 설명하면서 그가 과거에 행한 수치스러운 일을 적나라하게 드러내는 것이 타당한 일일까. 가수 태진아는 지금도 활동하는 연예인이고 40년 전 간통 사건이 당시 언론에 대서특필될 정도로 큰 사건이었기 때문에 긍정적으로 볼 수 있다. 하지만 그와 함께 간통 혐의로 구속된 김보환의 신상정보를 공개하는 것도 타당할까. 그녀가 남편의 신뢰를 배반하고, 선량한 성도덕과 일부일처주의 혼인 제도를 우롱한 것은 사실이다. 하지만 그녀가 우리 사회에 저지른 잘못의 응벌은 구속으로 충분한 것은 아닐까. 또 그녀에 대한 사회적 비난은 당시 언론보도를 접한 사람들이 한 것으로 충분한 것은 아닐까. 아무리 흉악한 범죄를 저지른 사람이라고 하더라도 죗값을 치르고 나면 사회에 복귀해서 정상적인 삶을 살아야 한다. 과연 40년이 지난 지금까지도 김보환은 태진아와 간통한 여자라고 공개하는 것이 타당한가. 더구나 간통죄는 2015년 2월 26일 헌법재판소에서 성적 자기결정권과 사생활의 비밀과 자유를 침해하여 위헌이라는 결정을 받고 폐지되었다. 지금은 범죄가 아닌 사유이지만, 구속 당시 범죄였다는 이유로 과거 정보를 계속 공개하는 것이 과연 정당성이 있을까.

공개의 타당성을 지지하는 사람은 표현의 자유를 그 근거로 삼는다. 위키백과는 표현행위를 한 것이고, 그 결과물은 헌법상 표현의 자유로 보호 받기 때문에 공개하는 것이 타당하다는 것이다. 언론에 이미 보도된 내용을 그대로 전달하는 데 불과하므로 공개가 위법하지 않다는 주장도 있을 수 있다. 하지만 표현의 자유라고 절대적으로 보

일 2016. 4. 9).

호되는 것은 아니다. 표현의 자유가 민주주의 국가에서 필수불가결한 중요한 기본권임에는 틀림없지만, 어떠한 경우에도 보호되어야 하는 절대적인 기본권은 아니다. 보다 중요한 다른 헌법상 권리 또는 공동체의 이익을 위하여 제한될 수 있다. 우리 헌법은 제37조 제2항에서 국민의 모든 자유와 권리는 국가 안전보호, 질서유지, 공공복리를 위하여 법률로써 제한될 수 있음을 명시하고 있다. 표현의 자유 역시 다른 기본권과 마찬가지로 제한될 수 있는 것이다. 위키백과의 태진아에 대한 간통 서술 중 김보환 부분은 그녀의 인격권을 과도하게 침해한다는 점에서 삭제하는 것이 타당한 것 같다.

2) 인격권 침해 정보의 유형

위키백과에서 김보환의 이름을 삭제한다고 해서 김보환에 대한 인격권 침해는 중지되지 않는다. 인터넷에 태진아의 간통 사건을 전달하는 글이 위키백과 외에도 많기 때문에 김보환에 대한 인격권 침해는 여전히 발생한다. 태진아 간통 사건을 다룬 다양한 글을 유형별로 구분하면 다음과 같다.

(1) 과거 신문

첫째, 간통 사건을 보도한 과거 신문이 있다. 그녀의 이름은 여러 신문에 게재되었다. 동아일보 1975년 1월 29일자 7면에 실린 1단 기사의 내용은 다음과 같다.

> 서울서부경찰서는 지난 27일 모 건설회사 사장 부인 金寶煥씨(47 · 서울 영등포區 등촌洞 193의8)와 가수 太珍兒군(21 · 본명 曺芳憲 서

대문區 응암洞 450의4)를 간통 혐의로 구속했다. 경찰에 의하면 이들은 지난 26일 오후 서울 서대문區 응암洞 모 여관에서 동침하는 등 작년 5월부터 서울 仁川 등지에서 여덟 차례에 걸쳐 정을 통해 왔다는 것이다.

같은 날 경향신문의 내용은 좀 더 자극적이다.

서울서부서는 29일 모 건설회사 사장 부인 金보환씨(47・서울 영등포구 등촌동 193의9)와 74년도 모 방송국 신인가수상을 받은 가수 태진아씨(본명 曺芳憲・21)를 간통혐의로 구속했다. 金여인은 2남 2녀의 어머니로 지난 74년 5월부터 지난 27일 사이 10여 차례 자기보다 26살이나 적은 曺씨와 놀아났는데 돈이 많은 金여인은 曺씨와 만날 때마다 80만-100만원씩의 용돈을 주기도 했다는 것.

1975년 2월 1일자 동아일보는 간통의 정황을 상세히 보도한다.

서울서부경찰서는 31일 가수 太珍兒군(21・본명 曺芳憲)과 모 건설회사 사장부인 金寶煥씨(47)를 간통 혐의로 서울지검에 구속 송치했다. 이날 송치되어 서울지검 柳吉善검사의 심문을 받은 太군은 "작년 4월 신촌 로우터리 근처 OB맥주 호울에서 노래를 부르고 있을 때 金부인 일행이 이곳에서 술을 마시면서 자리에 불러 처음 알게 됐으며 작년 7월 말 仁川 올림포스호텔에서 첫 정을 통하는 등 응암洞 모 여관과 청계천의 모 호텔 등에서 모두 3차례에 걸쳐 정을 통했으며 지난 26일 오후1시경 응암洞 모 여관에 같이 들었다가 金부인의 남편과 형사들이 들이닥쳐 발각됐다"고 진술했다.

이미 발행된 과거 신문에서 김보환이라는 이름을 삭제하는 일은 위키백과에서 이름을 삭제하는 것과는 차원이 다른 일이다. 신문을 보관하고 있는 사람을 찾기도 어렵지만, 설사 찾는다고 해도 그 사람이 소유한 신문에서 김보환 부분만 삭제할 방법이 현실적으로 마땅치 않다. 위안을 찾을 수 있는 것은 40년이 지난 신문을 보관하고 있는 사람이 거의 없을 것이라는 추측이다. 큰 도서관이나 해당 신문사는 과거 신문을 보관하고 있을지 모른다. 과거 신문을 보관하고 있는 도서관에 김보환 이름을 삭제해달라고 하면 이러한 요청은 받아들여질까. 역사적 기록을 삭제하는 일이기 때문에 도서관 측은 동의하지 않을 가능성이 크다. 도서관 측은 원본을 그대로 보관하되, 열람을 허용할 때 이름을 가리는 방법으로 김보환의 인격권을 보호할 수 있다. 하지만 이 방법은 또 다른 문제를 낳는다. 도서관은 과거 신문 중 어떤 내용을 가려야 하는지 어떻게 알 수 있을까. 누구든지 과거 신문 기사로 인하여 인격권을 침해받았다고 주장하면 도서관은 그 사람 이름을 가리고 열람을 허용해야 하는가. 그렇지 않다면 도서관은 보관 중인 수십 년 치 신문 내용 중에서 어떤 것은 열람을 허용해도 되고, 어떤 것은 특정인의 실명을 가려야 하는지 어떻게 판단할 수 있을까. 더 나아가 과거 출판된 기록물을 현재 판단에 따라 삭제하고 가리는 것이 역사 왜곡으로 이어지지는 않을까. 고려해야 할 사항은 많지만, 실제로 이런 일이 발생할 가능성은 많지 않다. 과거 신문이 종이 그대로 또는 마이크로 필름 형태로 보관되어 열람되는 한 태진아와 간통한 부인이 김보환이라는 정보가 확산될 가능성은 별로 없다. 그러나 만약 과거 신문이 디지털 형태로 전환되어 보관되어 있고, 디지털 형태로 열람된다면 사정이 달라진다. 디지털의 속성상 전파 가능성이 크다.

(2) 과거 신문의 디지털 버전

과거 종이 신문을 디지털로 전환해 보관하고 열람을 허용하는 신문사가 꽤 있다. 신문사가 자체 자금으로 종이 신문을 디지털로 전환한 경우도 있고, 네이버 후원으로 그렇게 한 신문사도 있다. 조선일보와 중앙일보는 자체적으로 창간 후 모든 신문을 스캔하여 디지털로 전환하여 데이터베이스를 구축한 후 회원에게 제공한다. 과거 신문을 일자별로 면별로 종이 신문을 보듯 볼 수 있다. 네이버는 경향신문, 매일경제, 동아일보, 한겨레와 계약을 맺고 신문의 디지털 전환을 지원한 후 해당 신문을 네이버 뉴스 라이브러리로 제공하고 있다. 네이버 뉴스 라이브러리에 가면 1920년 4월 1일부터 1999년 12월 31일까지 신문을 볼 수 있다.

과거 종이 신문을 디지털로 제공하는 경우 과거 기사의 피해자는 해당 신문사에 과거 기사의 삭제를 요청할 수 있을까. 보관 중인 과거 종이 신문에서 해당 기사의 일부 내용을 잘라내는 것은 사실상 불가능하지만, 디지털 신문에서 기사의 일부 내용을 삭제하는 일은 그리 어려운 일이 아니다. 도서관 측은 종이 신문과 달리 삭제한 내용을 언제든지 복원할 수도 있고, 무삭제본과 삭제본을 함께 보유하고 있다가 필요에 따라 하나를 제공할 수도 있다. 실제로 네이버 뉴스 라이브러리에서 제공되는 경향신문 1975년 1월 29일자 태진아 간통 기사에서 김보환이라는 이름은 김**로 익명 처리 되었으며, 집 주소가 삭제되었다. 2월 5일자 기사 역시 김**로 표기되어 제공된다. 하지만 네이버 뉴스 라이브러리에서 같은 날짜로 등록된 동아일보는 이름과 주소를 삭제하지 않은 채 과거 기사 그대로 표기하고 있다.

여기서 의문이 생긴다. 두 기사 모두 네이버 뉴스 라이브러리에서 제공하고 있는 과거 기사인데 한 신문은 이름과 집 주소를 삭제하고,

다른 한 신문은 삭제하지 않은 이유가 무엇일까. 네이버가 신문사에 디지털 전환 비용을 후원하고 뉴스 라이브러리를 통해서 과거 기사를 유통하고 있지만, 신문 내용에 대한 편집권은 여전히 해당 신문사에 있는 것으로 판단된다.2) 과거 기사로 인해 인격권이 침해되는 피해자는 과거 기사를 유통하는 네이버가 미울 수밖에 없고, 네이버에 구제를 청구하려고 할 것이다. 하지만 경향신문과 동아일보의 사례에서 보면, 해당 기사에서 이름과 주소와 같은 피해자의 개인정보를 삭제할 것인지의 여부는 여전히 해당 신문사가 결정한다고 보아야 할 것이다.

네이버 뉴스 라이브러리는 동아일보, 경향신문 외에 매일경제, 한겨레 기사도 제공한다. 한겨레는 1988년 창간되었으므로 태진아 간통 기사를 제공할 리 없다. 매일경제는 1966년 창간되었으므로 태진아 간통기사를 보도하였을 가능성이 있다. 하지만 네이버 뉴스 라이브러리에서 '태진아'와 '간통'을 키워드로 하여 검색하면 동아일보와 경향신문의 기사 11건만 검색될 뿐 매일경제의 기사는 검색되지 않는다. 그렇다고 매일경제가 태진아 간통 기사를 보도하지 않은 것은 아니다. 1975년 2월 1일자 매일경제신문 7면은 1단 기사로 간통 혐의로 구속된 가수 태진아와 H건설회사 사장 부인 김보환이 서울구치소에 수감되었으며, 태진아는 검찰 신문에서 그동안 4차례에 걸쳐 정을 통했고 약 6백만 원을 받았다고 진술했다는 내용을 보도하였다. 하지만 네이버 뉴스 라이브러리는 매일경제의 요청에 의해 김보환뿐 아니라 태진아의 이름도 삭제(블라인드 처리)해서 제공하고 있다. 키워

---

2) 네이버 뉴스 라이브러리 담당자는 한 연구자와의 심층 인터뷰에서 "뉴스 라이브러리를 통해 제공되는 기사의 삭제(블라인드)는 전적으로 저작권자인 제공 신문사의 요청과 결정에 따라서 처리된다."고 밝혔다. 구본권, 「저널리즘에서 '잊혀질 권리'와 언론피해구제 연구: 묵은 기사의 인터넷 삭제를 중심으로」, 박사학위 논문, 한양대학교, 2015.

드 검색에도 결과가 나오지 않는다.

공교롭게도 김보환의 얼굴 사진은 매일경제만 제공하고 있다. 매일경제 1967년 9월 5일자 4면에 「우리 집 살림살이」라는 연재 코너에 김보환 여사(통운사장 조성근씨 부인)를 소개하며 자녀들과 함께 찍은 사진을 실었다. 지금도 구글이나 네이버에서 '태진아', '간통'이라는 단어로 검색하면 나오는 김보환의 유일한 사진이다. 매일경제가 잘못한 것은 없다. 태진아와 김보환의 인격권을 보호하기 위해서 간통 기사에서 두 사람의 이름을 삭제하였다. 1967년 기사와 가족사진은 간통과 아무런 관련이 없는 독자적인 기사다. 태진아의 간통 상대방이 김보환인지 알 수 있는 단서는 매일경제에서 찾을 수 없다. 하지만 다른 언론사가 태진아와 간통한 부인이 김보환이고 그녀의 남편이 건설회사 부사장 조성근이라고 공개하였기 때문에 사람들은 1967년 매일경제 「우리 집 살림살이」에 실린 이야기와 사진이 그녀의 이야기이고 그녀의 가족사진이라는 것을 알게 되었다. 결과적으로 매일경제는 김보환과 그녀의 가족의 인격권을 심각하게 훼손하는 결과를 초래하였다. 이와 유사한 일은 인터넷에서 자주 발생한다. 그렇다고 1967년 9월 5일자 4면의 「우리 집 살림살이」에서 김보환의 이름과 가족사진을 삭제하는 것이 타당할까. 인터넷에 낱개로 흩어져 있는 작은 정보가 다른 정보와 결합하여 해악을 야기할 수 있다는 가능성만으로 해당 정보를 삭제하는 것은 신중해야 한다. 이는 자칫 역사적 기록에 대한 삭제로 이어질 수 있다.

(3) 과거 신문의 디지털 버전을 소개하는 인터넷 글

경향신문이 네이버 뉴스 라이브러리 서비스를 시작하던 2009년부터 김보환의 이름과 집 주소를 삭제한 채 과거 기사를 제공하였던 것은 아니었다. 2011년 기사 관련자의 삭제요청에 따라 경향신문은 네이버 뉴스 라이브러리를 통해서 제공되는 과거 기사에서 김보환의 이름과 집 주소를 삭제(블라인드 처리)하였다. 이로써 김보환의 인격권은 경향신문에 의해서 더 이상 침해되지 않을까. 그렇다고 보긴 어렵다. 경향신문의 무삭제본 과거 신문이 이미 인터넷에 널리 퍼져 있기 때문이다. 태진아 간통 사건을 소개하면서 경향신문의 무삭제본 과거 신문을 화면 캡처(capture)해서 사용한 인터넷 카페, 블로그, 웹문서가 무수히 많다. 2010년 가수 이루와 작사가 최희진 사이에서 스캔들이 터지면서 이루의 아버지인 태진아의 과거 간통 사건을 거론하는 글이 인터넷에 다수 올라왔다. 여기에 이명박 전 대통령의 현대건설 사장 시절 일까지 더해지면서 태진아 김보환 간통 사건은 여러 사람의 글에 오르내리게 되었다. 간통 사건의 후유증으로 김보환의 남편이 현대건설 사장에서 물러났고, 그 자리를 당시 부사장이던 이명박이 차지하였는데, 결국 이명박이 대통령까지 하게 된 것은 태진아 간통 사건의 나비효과라고 꽤 많은 네티즌이 소개하고 있다.

흥미로운 사실은 인터넷에 있는 수많은 네티즌 글 중 조선일보나 중앙일보의 과거 기사를 인용하는 경우는 거의 발견되지 않는다는 것이다. 조선일보도 중앙일보도 과거 기사를 디지털화하였고, 날짜별 과거 기사를 PDF로 제공하고 있다. 하지만 태진아 간통 사건을 소개하는 네티즌은 거의 예외없이 경향신문과 동아일보의 과거 기사만을 인용하고 있다. 그 이유는 편리함에 있다. 경향신문과 동아일보의 과거 기사는 네이버에서 '태진아', '간통'이라는 두 개의 검색어로 쉽게 찾을 수 있다. 이에 반하여 조선일보나 중앙일보의 과거 기사는 회원가입을 한 후 이용할 수 있으며, 심지어 수수료를 내야 하는 경우도 있다. 이는 같은 과거 신문의 디지털 버전이라고 하더라도 어떻게 관리하느냐에 따라 과거 정보의 유통에 큰 차이를 나타낸다는 것을 알려준다. 인터넷에 있는 동일한 정보도 제한적으로 이용 가능한 상태로 두느냐, 누구나 이용 가능한 상태로 두느냐, 이용하도록 적극적으로 제공하느냐에 따라 그 확산의 속도와 범위가 큰 차이를 보이는 것이다.

(4) 과거 기사를 인용한 최근 기사

과거 기사를 인용해서 쓰는 최근 기사도 있다. 태진아와 관련된 불미스러운 사건이 발생하거나, 간통죄 사건이 발생할 때마다 1975년 태진아 간통 사건을 상세하게 소개하는 기사를 어렵지 않게 발견할 수 있다. 한 예로 2015년 3월 미국에서 발행되는 시사저널USA가 태진아의 원정 도박 의혹을 제기하면서 과거 간통 사건을 거론하였다.[3] 태진아가 기자회견을 갖고 억울한 심경을 토로하자, 많은 언론사가 기자회견 내용을 전하였다. 하지만 거기에 그친 것이 아니었다. 시사저널USA가 과거 간통 사건을 소개했다며 그 내용을 다시 전달하는 언론사가 대부분이었다. 시사저널USA가 김보환과 그녀의 남편 이름을 명시하자 시사저널USA의 글을 직접 인용하면서 독자에게 그 내용을 알리는 경우도 있었다.[4] 다른 언론사의 보도 태도를 비난하면

---

3) 시사저널USA는 국내에서 발간되는 시사 주간지 시사저널과는 아무런 관련이 없는 매체다.

4) 신은정, 원정도박에 간통 · 유부녀 딸 자살까지? 수세 몰린 태진아, 국민일보 인터넷 홈페이지, 입력 2015. 3. 18. 17:56 (방문일 2016. 4. 9). ("매체는 "태진아가 과거 현대건설 사장 조성근의 부인 김보환과 간통을 저질러 결혼을 앞둔 김보환의 딸이 자살했고 조성근은 현대건설 사장 자리에서 물러났다"며 그 때문에 당시 현대건설 부사장이었던 이명박 전 대통령이 어부지리로 사장이 돼 서울시장과 대통령까지 역임할 수 있었다는 SNS상의 '태진아 나비효과'를 기사 말미에 자세히 부연한 것이다.").

서 자기도 똑같은 행동을 하고 있는 것이다. 이런 종류의 기사는 인터넷 카페, 블로그 등에 개인이 올리는 글과 별 차이가 없다. 독자적인 취재는 하지 않고, 보도 자료나 통신사 보도 내용에 과거 자료를 자기 입맛에 맞게 추가하는 식의 보도는 언론보도라고 부르기도 민망하다. 인터넷이 일상화되면서 인터넷 언론사가 급증하고, 수준 미달의 보도가 인터넷을 도배하고 있다.

이런 언론보도는 누가 볼까. 인터넷 언론사마다 독자적인 홈페이지를 구축하고 있지만, 개별 인터넷 언론사의 홈페이지를 방문해서 기사를 찾아보는 독자는 많지 않다. 대부분 네티즌은 네이버, 다음과 같은 인터넷 포털에서 제공하는 기사를 보거나 네이버, 다음, 구글에서 검색해서 기사에 접하게 된다. 네이버, 다음과 같은 국내 인터넷 포털은 검색 제휴 계약을 맺은 언론사 기사에 한하여 검색 결과를 노출시키는 데 반하여, 구글은 그렇지 않다. 인터넷 언론사는 네이버와 다음에 자신의 기사를 노출시키고 싶어 하지만, 네이버와 다음은 이용자 보호를 위하여 일정한 수준의 인터넷 언론사에 한하여 뉴스 검색 제휴 계약을 맺는다. 네이버와 다음은 투명성을 제고하기 위하여 2015년 10월 외부 전문가로 구성된 뉴스 제휴 평가위원회를 발족하였으며, 2016년 1월 「네이버—카카오 뉴스 제휴 및 제재 심사 규정」도 발표하였다. 그러나 아무리 엄격히 언론사를 심사하여 질 낮은 언론사를 퇴출시킨다고 하더라도 인터넷 기사로 인하여 개인정보가 노출되고 인격권이 침해되는 현상을 근절할 수는 없다. 인격권 침해는 개별 기사에서 발생하기도 하지만, 개별 기사가 유형별로 재분류하여 공급되면서도 발생하기 때문이다. 김보환의 사진은 개별 기사가 선의로 제공한 것이지만, 다른 기사와 함께 제공됨으로써 간통녀 김보환의 얼굴이 공개된 결과를 낳은 것이다. 결국 인터넷 포털 또는 인터넷 검색 회사를 빼놓고 인격권 침해 대책을 논의하는 것은 무의미한 일이라는 것을 알 수 있다.

2. 디지털 주홍글씨

1) 디지털 기술과 기억 능력

인간은 기억으로 발전한다. 내가 한 시행착오를 기억하기 때문에 더 이상 실수를 피할 수 있다. 선조가 축적한 지식을 기억하기 때문에 인류는 문명을 유지한다. 문명은 기억에 기초해서 발전한다. 기술의 발전으로 인간의 기억 용량은 늘어났다. 문자의 발명으로 기억은 기록된다. 기록된 기억은 다른 사람에게, 또 후세에 전달된다. 사진기와 녹음기의 발명으로 기억은 더욱 생생히 기록되고 더욱 효과적으로 전달된다. 기억이 희미해질 때 우리는 문서를 찾아보고, 사진을 뒤적인다. 기억은 그렇게 되살아난다.

디지털 기술은 인간의 기억 능력을 획기적으로 확장시켰다. 디지털 기술은 과거를 그대로 재현시킨다. 아날로그 정보는 인간의 기억처럼 시간의 흐름에 따라 서서히 소멸한다. 디지털로 남아 있는 기억은 사라지지 않는다. 인간의 기억은 디지털 정보로 대체되고 있다. 디지털은 정보 확산에도 혁명을 가져왔다. 디지털 복사는 시간과 비용이 많이 들지 않는다. 복제된 정보의 질은 원본과 동일하다. 인터넷과 모바일 등 통신 기술의 비약적인 발전은 모든 것이 정보로 기록되고, 복제되고, 전달되는 새로운 세상을 열었다. 소수가 정보를 독점하는 시대는 지나갔다. 누구나 정보를 생산하고, 소유하고, 전파한다. 정보의 민주화가 진행되고 있다.

디지털 기억의 부작용도 있다. 인터넷에 한번 공개된 정보는 무한히 복제되고, 영원히 사라지지 않는다. 사라지지 않는 정보는 선악의 양면을 가지고 있다. 누군가에게 도움이 되는 정보가 누군가를 괴롭히는 기억이 될 수 있다. 내게 수치스러운 정보가 다른 사람에게는 재미있는 정보일 수 있다. 내게 해로운 정보가 다른 사람에게는 유익한 정보일 수 있다. 정보의 이중성은 과거에도 있었다. 자연 상태에서 인간은 망각의 도움으로 과거를 잊고 현재를 살 수 있었다. 이에 반하여 디지털 기억은 사라지지 않는다. 인터넷으로 확산되는 디지털 정보는 과거 상상도 할 수 없는 파급력을 가진다. 한 순간 잘못한 행동이나 잘못 내린 판단의 결과물이 주홍글씨처럼 인간을 평생 따라다닌다.

2) 주홍글씨와 수치형

수치형은 근대 이전에 동서양을 막론하고 존재하였다. 고대 로마 시대에는 범죄자의 이마에 범죄를 상징하는 문자를 새겼다. 살인(murder)을 저지른 자에게 M자를 새기는 식이다. 1850년 발표된 소설 「주홍글씨(The Scarlet Letter)」는 17세기 중엽 미국에서 간통(adultery)한 여인에게 A자를 가슴에 달고 일생을 살라는 수치형이 실시되었음을 보여준다. 중국에서는 먹으로 죄명을 문신하는 형벌인 묵형(墨刑)이 고대부터 시행되고 있었다. 글자를 새긴다고 하여 자자형(刺字刑)이라고도 한다. 조선시대에도 대명률(大明律)을 참조하여 묵형이 시행되었다. 절도범에 대해서 절도(竊盜)라는 두 글자를 팔뚝에 새기는 식이다. 조선시대에 도망 노비가 붙잡혔을 때 남자는 왼쪽 뺨에 노(奴)자를 여자는 오른쪽 뺨에 비(婢)자를 새겼다고 한다. 자자형은 18세기 숙종 때까지 시행되다가 1740년 영조 때 폐지되었다.

주홍글씨는 이성의 시대인 근대에 들어서면서 사라지게 되었다. 죄를 범한 자를 영원한 범죄자라 간주하고, 평생 창피 주는 주홍글씨는 폐지되는 것이 옳다. 정보통신 기술이 발전하면서 자연스럽게 등장하게 된 디지털 주홍글씨 역시 없어져야 할 대상이다. 그러나 디지털 주홍글씨는 과거 주홍글씨와 달리 국가가 행하는 형벌이 아니다. 국가가 주도적으로 형성한 것도 아니다. 국가가 폐지한다고 폐지되는 것인지조차 불확실하다. 디지털 주홍글씨는 개인이 스스로 남기는 수치스러운 흔적일 수도 있고, 다른 사람이 새기는 수치스러운 흔적일 수도 있다. 그래서 과거보다 문제가 더욱 심각하다. 누가 언제 어디에서 디지털 주홍글씨를 새기는지 피해자는 쉽게 알 수 없다.

3) 디지털 주홍글씨의 해악

검색 기술의 발전은 디지털 주홍글씨의 문제를 더욱 심각하게 만들고 있다. 기억하고 있다는 것은 단순히 정보를 보유하고 있다는 의미가 아니다. 보유한 정보를 필요에 따라 찾는 것이 기억이다.[5] 다른 사람보다 더 빨리 더 많은 정보를 찾아 활용하는 능력이 지성이다. 아날로그 시대에 필요한 정보를 얻기 위해서는 도서관을 직접 방문해야 했다. 인터넷 시대에는 누구라도 인터넷 검색 엔진을 이용해서 빠르고 손쉽게 정보를 검색할 수 있다. 검색의 도움으로 오래된 정보도 새 것처럼 우리 앞에 제공된다. 정보를 찾기 쉬어졌다는 말은 숨기고 싶은 정보를 숨길 수 없게 되었다는 말과 같다. 숨기고 싶어도 숨길

---

5) 빅토르 마이어 쇤베르거, 구본권 옮김, 『잊혀질 권리』, 지식의 날개, 2011.

수 없는 사회가 도래했다. 다른 사람의 관심으로부터 멀어지고 싶어도 멀어질 수 없는 사회가 왔다. 근대를 맞아 사라졌던 수치형이 디지털 주홍글씨로 다시 부활한 셈이다.

대학 교수이자 법률 평론가인 제프리 로젠(Jeffrey Rosen)은 디지털 주홍글씨를 이렇게 표현한다.[6] "흔히 우리가 관대한 시대에 살고 있고, 재도전의 기회(second chance)가 무수히 많다고 얘기한다. 진실은 그렇지 않다. 인터넷이라는 영원한 기억 은행은 대부분 사람들에게 재도전의 기회가 없다는 것을 의미한다. 디지털 과거에서 주홍글씨를 회피할 수 있는 방법은 없다. 당신이 행한 최악의 행동이 다른 사람들에게는 당신에 대해 가장 알고 싶어 하는 내용일 수 있다"

디지털 기억은 몇 가지 특성으로 인하여 정보주체가 자신에 관한 정보를 통제하는 것을 어렵게 한다.[7] 첫째, 접근가능성(accessibility)이다. 디지털 메모리는 접근이 용이하기 때문에 정보주체가 다른 사람의 접근을 금지하려고 해도 그렇게 하기 힘들다. 일단 정보주체가 다른 사람에게 사용을 허가하면, 그 사람이 신뢰를 저버리고 허용 범위를 벗어나 사용하더라도 이를 막기 쉽지 않다. 개인정보의 사용을 허가하지 않는다고 하더라도 문제는 해결되지 않는다. 인터넷 쇼핑몰에서 물건을 사고팔거나, 포털에서 정보를 검색하는 경우처럼 인터넷을 통해 서비스를 이용하는 것 자체가 어디엔가 개인정보를 남기는 일이 되기 때문이다. 둘째, 지속가능성(durability)이다. 디지털 정보는 시간이 흘러도 사라지지 않고, 그대로 남는다. 접근 가능성과 지속 가능

---

6) Jeffrey Rosen, *The Web Means the End of Forgetting*, The New York Times, July 21, (2010) http://www.nytimes.com/2010/07/25/magazine/25privacy-t2.html?pagewanted=all&_r=0 (방문일 2016. 4. 9).

7) 빅토르 마이어 쇤베르거, 앞의 책, 156-171쪽.

성이 결합되면서 인간은 과거에서 도피할 수 없게 되었다. 역사적 기록을 매일 마주하며 살아가야 한다. 셋째, 포괄성(comprehensiveness)이다. 접근 가능성과 지속 가능성으로 인하여 다양한 데이터베이스(database)가 구축되고, 검색 엔진은 개인에 관한 각종 정보를 포괄적으로 검색하여 제공한다.

때로는 검색 엔진이 제공하는 정보가 개인이 기억하는 정보보다 더 많다. 제공된 정보로 구성하는 과거는 망각으로 불완전하게 재현되는 기억 속의 과거보다 더 정확하고 객관적인 것처럼 보이기도 한다. 문제는 이렇게 드러나는 정보가 그 정보주체를 제대로 표현하지 못할 수 있다는 점이다. 디지털 정보가 편향적으로 존재한다면 이를 바탕으로 구성되는 정보주체의 모습은 편향적으로 보일 수밖에 없다. 디지털 메모리 시대에 개인은 자기 정보에 대한 통제력을 상실할 뿐 아니라, 자기의 고유한 정체성을 형성할 자유 역시 상실하게 된다.[8] 또 디지털 메모리는 우리를 과거 행동에 영원히 묶어 놓고 벗어날 수 없게 만든다.[9] 일찍이 니체(Friedrich Nietzsche)는 "망각한 사람은 복이 있다. 자신의 실수조차 잊기 때문이다"라고 말한 바 있다. 하지만 디지털 메모리는 망각이 미덕이 될 수 있는 가능성을 원천적으로 배제한다.

---

8) 앞의 책, 165쪽.
9) 앞의 책, 189쪽.

3. 잊혀질 권리의 등장

1) 유럽연합의 주도

잊혀질 권리의 논의를 주도하는 곳은 유럽연합(EU)이다. EU는 잊혀질 권리를 포함한 개인정보 보호에 있어서 자신의 기준을 사실상 세계 단일기준으로 만드는 데 성공하였다. EU가 만든 기준은 전 세계에 강요하는 능력을 브뤼셀 효과(Brussels Effect)라고 부르기도 한다.[10] 영어로 'the right to be forgotten'이라는 단어가 주목받기 시작한 것은 2010년 말이다. 유럽연합 집행위원회(European Commission)가 현행 개인정보 보호지침(Directive 95/46/EC)을 개정하기 위하여 「유럽연합에 있어서 개인정보 보호에 관한 종합적인 접근」이라는 제목의 제안서(communication)를 발표할 즈음이다. 이 제안서는 정보주체의 자기 정보에 대한 통제권 강화를 주요 목적으로 삼고, 주된 내용으로 'the right to be forgotten', 즉 잊혀질 권리를 언급하였다. 여기서 잊혀질 권리는 "개인에 관한 데이터가 적법한 목적을 위하여 더 이상 필요하지 않게 되었을 때 그 데이터를 더 이상 처리하지 못하게 하고 삭제하게 할 수 있는 개인들의 권리"라고 규정되었다.[11] 집행위원회는 제안서에서 정보주체가 동의를 철회하거나, 보존기간이 만료

---

10) Anu Bradford, *The Brussels Effect*, 106 NW U. L. Rev. 1 (2012).

11) Communication from the Commission to the European Parliament, the Council, the Economic and Social Committee and the Committee of the Regions: A Comprehensive Approach on Personal Data Protection in the European Union, COM(2010) 609 final, Nov 4, (2010), http://ec.europa.eu/justice/news/consulting_public/0006/com_2010_609_en.pdf (방문일 2016. 4. 9). ("the right of individuals to have their data no longer processed and deleted when they are no longer needed for legitimate purposes").

된 경우 잊혀질 권리가 실현된다고 설명하였다.

그 후 개인정보 보호지침의 개정 작업이 본격적으로 진행되면서 전 세계가 잊혀질 권리를 주목하기 시작하였다. EU 집행위원인 비비안 레딩(Viviane Reding)은 전도사처럼 가는 곳마다 잊혀질 권리의 도입 필요성을 역설하였다. 처음에는 막연한 개념이었던 잊혀질 권리는 입법이 진행되면서 점차 구체적인 모습을 드러냈다. 집행위원회는 2012년 1월 25일 현행 개인정보 보호지침(Directive 95/46/EC)을 정보보호 일반규정(General Data Protection Regulation, GDPR)[12)]으로 대체하겠다고 밝히며, GDPR 초안의 구체적인 내용을 공개하였다. 집행위원회가 지침 개정의 목적으로 내세운 것은 온라인 프라이버시권의 강화와 EU 디지털 경제의 부흥이다. 지침이 제정되던 17년 전과 비교할 때 두드러진 변화는 인터넷 이용의 일상화다. 이로 인하여 개인정보 침해의 위험성이 커졌기 때문에 정보주체의 기본적 권리를 강화하고, 입법 형식도 지침(directive)에서 규정(regulation)으로 격상하여 EU 회원국의 개별 입법 없이도 적용하도록 함으로써 EU를 단일 디지털 시장으로 확대하겠다는 것이다. 집행위원회는 변화의 핵심 중 하나로 잊혀질 권리를 들었다. 집행위원회는 이 권리로 인하여 사람들은 온라인상 정보보호의 위험을 관리할 수 있을 것이라고 설명하였다.

12) Proposal for a Regulation of the European Parliament and of the Council on the Protection of Individuals with Regard to the Processing of Personal Data and on the Free Movement of Such Data (General Data Protection Regulati on), COM(2012) 11 final, Jan 25, (2012) http://www.europarl.europa.eu/ReData/docs_autres_institutions/commission_europeenne/com/2012/0011/COM_COM(2012)0011_EN.pdf (방문일 2016. 4. 9).

2) 미국 측 반응

EU가 잊혀질 권리의 도입을 추진하자 가장 민감하게 반응한 나라가 미국이다. 미국에서 잊혀질 권리에 반대하는 목소리가 커졌다. 권리의 내용도 문제였지만, 권리 위반에 대한 제재도 문제였다. EU는 GDPR 위반에 대한 제재를 강화하겠다고 공표하였다. 정보주체의 권리 규정을 위반하는 기업에 대해서 전 세계 매출액의 2%를 과징금(fine)으로 부과하도록 하는 제재 조항이 GDPR 초안에 들어갔다. 구글(Google), 페이스북(Facebook)과 같이 전 세계를 대상으로 서비스를 실시하고 있는 미국 기업에게 경영상 타격이 큰 내용이다. 예컨대 구글의 경우 2015년 매출액이 745억 달러인데, 잊혀질 권리의 침해가 발생할 경우 과징금으로 15억 달러를 EU에 납부해야 하는 것이다. 더 나아가 유럽의회(European Parliament)는 2014년 3월 과징금 액수를 전 세계 매출액의 5% 또는 1억 유로 중 많은 금액으로 대폭 상향하는 GDPR 수정안을 의결하였다. 논란 끝에 집행위원회, 유럽의회, EU이사회(Council of the EU) 등 EU 입법 권한을 가진 3개 기관은 2015년 12월 15일 정치적으로 대타협을 이루었다. 여기서 마련된 GDPR 최종안에 따르면, 과징금 체계는 이원화되었다. 기록 보존 의무와 같이 경미한 위반에 대해서는 전 세계 매출액의 2% 또는 1천만 유로 중 높은 금액을 상한으로 하고, 정보주체의 권리 침해와 같이 중한 위반에 대해서는 전 세계 매출액의 4% 또는 2천만 유로 중 높은 금액을 상한으로 결정되었다. 구글의 경우 잊혀질 권리의 침해가 발생하면 2015년 기준 30억 달러를 과징금으로 내야 하는 상황이다.

잊혀질 권리는 GDPR의 주요 내용이다. 2012년 1월 집행위원회가 GDPR 초안이 발표되었을 때만 해도 미국 측은 어이없다는 반응이었다. 권리의 개념도, 성격도, 집행방법도 불명확할 뿐 아니라, 미국이 가장 소중하게 여기는 헌법적 가치인 자유, 특히 표현의 자유를 침해할 우려가 크기 때문이다. 초기 미국 측 반응을 보여주는 대표적인 글은 구글의 프라이버시 책임자인 피터 플라이셔(Peter Fleischer)가 2012년 1월 자신의 블로그에 올린 글이다. 그는 잊혀질 권리를 '매우 성공한 정치 슬로건'이라고 비꼬았다.[13)]

플라이셔에 따르면, 잊혀질 권리는 현행 개인정보 보호법에 담겨 있는 정보주체의 권리를 이름만 바꿔 포장한 것에 불과하다는 견해, 제3자가 적법하게 발표한 표현물이라도 그 안에 개인에 관한 정보가 담겨 있을 경우 삭제를 요청할 수 있는 권리라는 견해, 심지어 이러한 삭제청구는 해당 표현행위의 주체뿐 아니라 표현물을 연계 내지 중개하는 검색 엔진을 상대로도 가능하다는 극단적인 견해까지 담고 있다. 위 세 가지 견해는 모두 정보주체가 자신에 관한 정보의 삭제를 요구할 수 있다는 점에서 동일해 보이지만, 실제 의미는 크게 다르다. 플라이셔는 개념이 명확하지 않으면 잘못된 기대를 낳게 된다면서, 잊혀질 권리가 무엇을 의미하는지를 놓고 공적인 토론이 더 이루어져야 한다고 주장하였다. 그러면서 플라이셔는 균형잡히고, 합리적이고, 실행 가능한 접근은 몇 가지 원칙에 기초할 때 가능하다는 의견을 피력하였다. 첫째, 사람들은 자신이 온라인에 공개한 정보에 접근하고, 수정하고, 삭제하고, 이전할 수 있는 권리를 가져야 한다. 둘째, 사람들은 다른 사람들이 자신에 대해서 공개한 글을 삭제할 수

13) Peter Fleischer, *The right to be forgotten, or how to edit your history*, Jan 29, (2012) http://peterfleischer.blogspot.com/2012/01/right-to-be-forgotten-or-how-to-edit.html (방문일 2016. 4. 9).

있는 자동적인 권리를 가질 수 없다. 프라이버시가 표현의 자유를 짓밟을 수는 없기 때문이다. 셋째, 인터넷 중개자는 콘텐츠를 호스트하고 찾을 수는 있지만, 창조하거나 검토하지는 않는다. 인터넷 중개자를 인터넷 검열의 수단으로 사용해서는 안 된다.

3) 정리되는 쟁점들

잊혀질 권리를 둘러싼 의문들은 그 후 논의가 심화되면서 상당 부분 해소되고 있는 중이다. 그러나 플라이셔가 주장한 것과 다른 방향으로 논의가 진행 중이다. 플라이셔는 다른 사람이 공표한 정보주체에 관한 콘텐츠에 대해서 신중한 접근을 주장했지만, 잊혀질 권리가 실질적으로 의미 있으려면 다른 사람이 작성한 나에 관한 글을 삭제할 수 있어야 한다. 또 플라이셔는 인터넷 중개자를 빼놓고 잊혀질 권리를 논의하고자 하였지만, 오늘날 인터넷 환경에서 인터넷 중개자를 제외하고 잊혀질 권리를 실행하는 것은 실효성이 사실상 없다고 보아야 할 것이다. EU 기관으로 집행위원회의 입법에 자문하는 ENISA(European Network and Information Security Agency)는 2012년 11월 발표한 보고서에서 일반적으로 개방된 인터넷 환경에서 잊혀질 권리를 실행할 기술적·종합적 해결 방안은 존재하지 않는다고 지적하였다.[14] 그러면서 ENISA는 실현 가능한 실용적인 방법으로 검색 엔진 운영자로 하여금 잊혀진 정보에 대한 조회(reference)를 걸러낼 것을

---

14) The European Network and Information Security Agency, *The right to be forgotten—between expectation and practice*, Nov 20, (2012) https://www.enisa.europa.eu/activities/identity-and-trust/library/deliverables/the-right-to-be-forgotten (방문일 2016. 4. 9).

제안하였다.

찬반양론에 부딪혀 지지부진하던 잊혀질 권리의 논쟁에 큰 획을 그은 사건은 2014년 5월 13일 유럽사법재판소(CJEU)의 구글 스페인 판결이다.[15] CJEU는 앞으로 제정될 GDPR이 아니라 현재 적용 중인 1995년 개인정보 보호지침에 근거하여 잊혀질 권리를 인정하였다. 또 인터넷 중개자인 구글에게 과거 정보의 검색을 차단하라고 명령하였다. 구글은 판결 내용과 판시 이유에 불만이 많았지만, EU 지역에 한해서 과거 정보의 삭제 요청을 받아들여 링크를 삭제하고 있다. 이제 잊혀질 권리는 도입 논의 중인 권리가 아니라 실행 중인 권리라고 보아야 할 것이다. 실제로 러시아는 2015년 7월 구글 스페인 판결 내용을 입법하여, 2016년 1월 1일부터 시행하고 있다. 새 법에 따르면, 검색 엔진의 운영자는 정보의 유통이 러시아법을 위반하거나, 허위 정보이거나, 오래된 경우 요청에 따라 사인에 관한 정보에 접근을 허용하는 링크를 삭제하여야 한다.[16] 그러나 러시아법은 표현의 자유에 관한 국제 인권 기준에 부합하지 않는다는 평가를 받고 있다.[17] 우리나라가 잊혀질 권리를 입법할 경우 유념해야 할 부분이다.

---

15) Google Spain v AEPD and Mario Costeja González, Court of Justice of the European Union, Case C-131/12, Judgment of 13 May (2014).

16) *Russia's 'right to be forgotten' bill comes into effect*, RT, Jan 1, (2016) 21:13, https://www.rt.com/politics/327681-russia-internet-delete-personal/ (방문일 2016. 4. 9).

17) Legal Analysis: *Russia's Right To Be Forgotten*, Article 19, Sep 16, 2015, https://www.article19.org/resources.php/resource/38099/en/legal-analysis:-russia's-right-to-be-forgotten (방문일 2016. 4. 9).

4. 본격적인 논의에 앞서

1) 잊혀질 권리의 개념

(1) 불명확성

어떤 사안이든 심층적인 논의를 위해서는 논의 대상이 무엇을 의미하는지 개념을 명확하게 정의해야 한다. 개념을 명확하게 하지 않으면 서로 생각하는 내용이 달라서 논의는 겉돌게 된다. 잊혀질 권리는 그렇지 않았다. 잊혀질 권리는 그 개념이 무엇인지 정의도 제대로 내려지지 않는 채 도입이 필요하다는 주장이 대세를 이루었다. 잊힌다는 단어가 주는 강력한 이미지로 인하여 과거를 지우고 싶은 많은 사람들로부터 지지를 받았다. 인터넷에 떠도는 지워지지 않는 정보로 인하여 예상하지 못한 피해를 보는 사례는 이미 주변에 많았기 때문에 새로운 권리를 환영하는 사람들이 많았다.

잊혀질 권리의 도입을 논의하기 시작한 지 여러 해가 지났지만, 잊혀질 권리는 여전히 그 개념이 모호하다는 평가를 받는다. 표현의 자유를 옹호하는 NGO인 Article 19가 2016년 발간한 정책 브리프(policy brief)에도 이 점이 지적되었다.[18] 즉 잊혀질 권리에 대한 이해는, 좁게는 현행 개인정보 보호법으로 보호되는 권리로 이해한 견해부터 넓게는 평판, 명예 및 존엄의 보호를 포함하는 권리로 이해하는 견해까지 다양하다는 것이다. 잊혀질 권리가 현행 개인정보 보호법으

---

18) ARTICLE 19는 UN 세계인권선언(Universal Declaration of Human Rights) 제19조(표현의 자유)를 옹호하는 영국 런던 소재 인권단체다. 잊혀질 권리에 관해서는, ARTICLE 19, Policy Brief, The *"Right to be Forgotten": Remembering Freedom of Expression*, (2016), p5, https://www.article19.org/data/files/The right_to_be_forgotten_A5_EHH_HYPERLINKS.pdf (방문일 2016. 4. 9) 참고.

로 보호되는 수준의 권리로 볼 것인지, 인터넷 시대의 인격권 보호를 위하여 필요한 새로운 구제 수단으로 볼 것인지에 따라서 권리의 내용과 추진 방식에 차이가 크다. 이 문제는 잊혀질 권리가 처음 등장할 때 제기되었던 것인데 여전히 해결되지 않고 있는 것이다. 잊혀질 권리의 개념을 둘러싼 그동안 국내외 논의를 살펴보아도 의문은 해소되지 않는다.

사실 잊혀질 권리는 글자 그대로 이해할 경우 실현 불가능한 것을 내용으로 하는 권리다. 기억하는 것과 잊히는 것은 권리의 대상이 될 수 없다. 기억하고 싶다고 기억할 수 있는 것도 아니고, 잊히고 싶다고 잊힐 수 있는 것도 아니기 때문이다. 상대방에게 잊으라고 강제할 방법도 없다. 잊혀질 권리를 인터넷에 게시된 정보에 대한 삭제권이라고 이해할 경우 개방성, 복제의 편의성 및 완결성, 영속성이라는 인터넷의 특성으로 인하여 삭제되는 것이 기술적으로 가능한지 의문을 품는 견해도 있다. 즉 인터넷에서 잊혀진다는 것은 기술적으로 달성 불가능한 내용이다. 하지만 잊힘의 의미를 완전한 망각으로 이해하지 않고, 실질적 잊힘(practical obscurity)이라는 제한적 의미로 이해하는 견해도 유력하다.[19] 이 견해는 CJEU의 구글 스페인 판결을 실질적 잊힘의 관점에서 타당하다고 판단하고, 잊혀질 권리에 부정적인 미국에서도 실질적 잊힘은 인정하고 있다고 설명한다.[20] 실질적 잊힘

19) Ellen P. Goodman, *Practical Obscurity and the Right to Be Forgotten: "Pretty Much" Privacy is Enough*, Medium.com, Feb 5, (2015), https://medium.com/@ellgood/practical-obscurity-and-the-right-to-be-forgotten-pretty-much-privacy-is-enough-c321bdaffa08#.o8yyimmh8 (방문일 2016. 4. 9); 김민정, 실질적 잊힘(Practical Obscurity)의 관점에서 본 잊힐 권리(the right to be forgotten)의 성격 및 의의, 언론과 법 제14권 제1호, 2015.

20) 미국 연방대법원의 1989년 판결(DOJ v. Reporters Comm. for Free Press, 489 U.S. 749)이 대표적이다.

이란 정보가 공개되었다고 하더라도 정보의 접근을 곤란하게 함으로써 정보가 널리 퍼지는 것을 막는 것을 의미한다. 망각이 불가능하다고 아무 것도 하지 않는 것보다 정보의 유통에서 오는 피해를 줄이기 위해서는 현실적 관점에서 잊혀질 권리를 이해할 필요가 있다.

(2) 정보보호 일반규정(GDPR)을 둘러싼 논의

집행위원회가 2010년 11월 「유럽연합에 있어서 개인정보 보호에 관한 종합적인 접근」이라는 제안서(communication)를 발표하였을 때 잊혀질 권리는 정보 삭제권의 의미로 사용되었다. 집행위원회는 "개인에 관한 데이터가 적법한 목적을 위하여 더 이상 필요하지 않게 되었을 때 그 데이터를 더 이상 처리하지 못하게 하고 삭제하게 할 수 있는 개인의 권리"를 잊혀질 권리라고 정의하였다. 이러한 태도는 그 후에도 유지된다. 집행위원회는 2012년 1월 발표한 GDPR 초안에서 처음으로 잊혀질 권리를 법률 용어로 사용하였다. GDPR 초안 제17조는 '잊혀질 권리와 삭제권(right to be forgotten and to erasure)'이라는 표제 아래 "일정한 사유가 있을 경우 정보주체는 정보 관리자(data controller)에 대하여 자신에 관한 개인정보의 삭제를 요구하고, 그러한 정보가 더욱 확산되지 못하도록 금지를 요구할 권리를 가진다."고 규정하였다. 그러나 유럽의회가 2014년 3월 GDPR 초안에 대한 수정안을 제시하면서 잊혀질 권리라는 용어는 한 때 사라졌다. 수정안 제17조의 표제는 단순히 '삭제권(right to erasure)'이다.[21] 실제 권리의

21) European Parliament legislative resolution of 12 March 2014 on the proposal for a regulation of the European Parliament and of the Council on the protection of individuals with regard to the processing of personal data and on the free movement of such data (General Data Protection Regulation) (COM(2012)0011–C7-0025/2012–2012/0011(COD)),http://www.europarl.euro

내용은 GDPR 초안과 큰 차이가 없다. 2015년 12월 집행위원회, 유럽의회, EU 이사회가 합의한 GDPR 최종안은 잊혀질 권리를 괄호 안에 넣어 삭제권 뒤에 부기하고 있다.[22] 최종안과 초안을 비교할 때 잊혀질 권리는 정보주체가 자신에 관한 정보의 삭제를 요구하는 권리라는 성격에서는 차이가 없다. 권리 행사의 요건, 방법, 대상 등에서 약간의 변화가 있을 뿐이다. 최종안에 따라 2016년 5월 4일 공표된 GDPR 제17조는 삭제권(잊혀질권리)라는 표제 아래, "정보주체는 정보처리자에 대하여 지체 없이 자신에 관한 개인 정보를 삭제할 수 있는 권리를 가지며, 정보처리자는 일정한 조건에 따라 지체 없이 정보주체의 사적 개인 정보를 삭제할 의무를 가진다."고 규정하고 있다.

GDPR 논의에서 보면, 잊혀질 권리는 개인정보 보호법의 틀 속에서 정보주체(data subject)가 정보처리자(data processor)에게 개인정보(personal data)의 삭제를 청구할 수 있는 권리(right to erase)라고 이해할 수 있다. 여기서 몇 가지 질문이 생긴다. 첫째는 잊혀질 권리가 개인정보 보호법상 권리인가. 잊혀질 권리를 개인정보 보호법상 권리로 이해할 경우 논의가 개인정보를 중심으로 진행된다. 그렇지 않고 개인정보 보호법을 초월하는 권리로 이해할 경우 인터넷에 유통되는 정보로부터 정보주체의 명예, 사회적 평가와 같은 인격권을 보호하기 위한 수단으로 이해할 경우 보다 잊혀질 권리의 내용은 다양한 민사상 구제절차로 확대되게 된다.

---

pa.eu/sides/getDoc.do?pubRef=-//EP//TEXT+TA+P7-TA-2014-0212+0+DOC+XML+V0//EN (방문일 2016. 4. 9).

22) REGULATION (EU) No XXX/2016 OF THE EUROPEAN PARLIAMENT AND OF THE COUNCIL on the protection of individuals with regard to the processing of personal data and on the free movement of such data (General Data Protection Regulation), http://static.ow.ly/docs/Regulation_consolidated_text_EN_47uW.pdf (방문일 2016. 4. 9).

둘째, 잊혀질 권리의 대상이 되는 정보는 오래된 정보에 한정하는가. 개인정보 보호법상 정보주체의 삭제권은 반드시 오래된 정보를 대상으로 실시될 필요는 없다. 자신에 관한 정보의 수집·이용·보관·제공을 허락하였던 정보주체가 더 이상 허락하지 않을 경우 정보처리에 대한 거부권(right to object)을 행사할 수 있고, 그 일환으로 보유하고 있는 정보의 삭제를 요구할 수 있다. 이러한 경우 그 대상이 되는 정보는 반드시 오래된 정보일 필요가 없으며, 정보주체가 삭제를 원하는 정보가 모두 포함될 수 있다.

셋째, 개인정보의 개념이 중요하다. 개인정보의 개념을 넓게 이해하면 할수록 잊혀질 권리의 범위는 넓어질 것이다. 개인정보를 누가 생산하였는지, 누가 보유하고 있는지를 고려하지 않고 개인정보의 개념을 정의한 후 개인정보 삭제권을 인정한다면 잊혀질 권리의 영향력은 막대해진다.

넷째, 검색 엔진과 같은 인터넷 중개자를 정보처리자로 볼 수 있는지가 문제가 된다. 만약 인터넷 중개자도 정보처리자라면 인터넷 중개자에게 정보주체는 정보처리의 거부권을 행사할 수 있다. 이 경우 잊혀질 권리는 정보의 삭제가 아닌 정보의 접근 차단이라는 형태로 나타나게 된다. 2014년 5월 구글 스페인 사건에서 유럽사법재판소(CJEU)가 구글에 대해서 검색 결과에서 해당 정보로의 연결(link)을 삭제하라고 판결을 내린 것이 그 대표적인 사례다. 인터넷에서는 정보 생산자보다 정보 유통자가 권리 침해 또는 확산에 책임이 더 큰 경우가 많다. 잊혀질 권리는 정보 생산자와 이용자뿐 아니라 검색 엔진과 같은 인터넷 중개자를 포함해서 논의해야 그 개념을 이해할 수 있다. 그래서 잊혀질 권리는 정보 생산자, 단순 이용자, 인터넷 중개자의 권리를 살펴보아야 하는 복합적인 구조를 가진 권리라고 평가한

다.[23)]

GDPR의 삭제권은 우리의 개인정보 보호법 제36조 개인정보의 정정·삭제권과 큰 차이가 없어 보인다. 그러나 필자는 잊혀질 권리를 개인정보 보호법 체계 속에서 이해하는 것이 타당한지 의문을 갖고 있다. 오히려 잊혀질 권리를 둘러싼 혼란의 큰 원인이 개인정보 보호법으로 모든 문제를 해결하려는 접근 방식에 있다고 본다. 이 책은 GDPR이나 개인정보 보호법상 개인정보 삭제권을 심층적으로 검토하고 있지만, 여기에 구속되지 않고 잊혀질 권리의 진정한 의미를 탐구하고 있다.

(3) 국내 논의

잊혀질 권리에 관한 국내 논의도 활발하다. 잊혀질 권리에 관한 첫 논문이 발표된 것은 2008년으로 외국과 비교해서 앞서있다. 한양대 이재진 교수와 한겨레 구본권 기자가 공동으로 발표한 논문, 「인터넷상의 지속적 기사 유통으로 인한 피해의 법적 쟁점: 잊혀질 권리 인정의 필요성에 대한 탐색적 연구」는 제목이 말해 주듯 인터넷 환경에서 잊혀질 권리의 필요성을 잘 설명하고 있다.[24)] 구본권 기자는 2011년 영국 옥스퍼드 대학교 인터넷 연구소 교수 빅토르 마이어 쇤베르거의 저서 「잊혀질 권리」를 번역하고, 2015년 잊혀질 권리를 주제로 박사 학위를 취득하는 등 이 분야 연구를 선도하고 있다.[25)]

---

23) 조소영, 잊혀질 권리: 정보의 웰다잉(well-dying)을 위한 법리 검토, 공법연구 제41집 제2호, 2012, 437쪽.

24) 이재진 구본권, 인터넷상의 지속적 기사 유통으로 인한 피해의 법적 쟁점: 잊혀질 권리 인정의 필요성에 대한 탐색적 연구, 한국방송학보 제22권 제3호, 2008.

25) '잊혀질 권리'는 문법상 잘못이나, 처음 연구자가 잊혀질 권리를 논문과 신문에서 반복해서 사용함으로써 후속 연구 및 언론보도도 잊혀질 권리를 사용하게 되었다. 최근 올바른 용어 '잊힐 권리'를 사용하는 논문과 언론보도가 늘어나면서 '잊혀질

EU가 2010년 이후 잊혀질 권리의 도입에 적극 나서면서 잊혀질 권리에 관한 국내 연구도 활기를 띠게 되었다. 2011년 지성우 교수의 「소위 '잊혀질 권리'(Right to be forgotten)에 관한 탐색적 연구」,[26] 민윤영 교수의 「다형적 페르소나로서 법: 낙태의 자유와 잊혀질 권리를 예로 하여」,[27] 저자의 「프라이버시 보호를 목적으로 하는 인터넷 규제의 의의와 한계: '잊혀질 권리' 논의를 중심으로」가[28] 발표되면서 국내에서도 잊혀질 권리에 대한 연구가 본격적으로 시작되었으며, 그 후 발표된 논문은 일일이 열거할 수 없을 만큼 많다. 국내 논문들은 대부분 EU를 중심으로 한 외국의 잊혀질 권리 논의 현황을 소개한 후 현행 국내법으로 실현 가능한지, 여부 및 개선 방향을 제시하는 내용이다. 가장 핵심이 되는 잊혀질 권리의 내용과 관련해서는 인터넷상 개인정보에 대한 삭제 요구권으로 이해하는 견해가 대부분이다.

정보에 대한 삭제요구권도 구체적으로 보면 외국과 마찬가지로 잊혀질 권리를 개인정보 보호법상 권리로 한정하여 접근하는 견해와 인터넷 시대 개인의 인격권 보호를 위한 새로운 권리로 폭넓게 이해하는 견해로 나눌 수 있다. 전자로 이해할 경우 정보주체가 자발적으로 인터넷에 제공한 개인정보를 중심으로 검토하게 되는 반면 후자로 이해할 경우 정보주체에 관하여 타인이 생산한 기사 등 콘텐츠를 중심으로 검토하게 된다. 그러나 이러한 구분은 상대적이어서 개인정보의

권리'와 '잊힐 권리'가 모두 사용되는 비정상적인 상황이 발생하고 있다.

26) 지성우, 소위 '잊혀질 권리'(Right to be forgotten)에 관한 탐색적 연구, 정보법학 제15권 제3호, 2011.

27) 민윤영, 다형적 페르소나로서 법: 낙태의 자유와 잊혀질 권리를 예로 하여, 고려법학 제61호, 2011.

28) 문재완, 프라이버시 보호를 목적으로 하는 인터넷 규제의 의의와 한계: '잊혀질 권리' 논의를 중심으로, 언론과 법 제10권 제2호, 2011.

개념을 확대하면 양자 간 차이가 줄어든다.

2) 잊혀질 권리, 개인정보, 그리고 표현의 자유

(1) 잊혀질 권리와 표현의 자유

잊혀질 권리는 개인의 인격을 평가할 수 있는 개인정보가 인터넷에 유통되는 것을 막는 권리라고 할 수 있다. 잊혀질 권리는 대부분 정보 삭제권으로 나타난다. 정보주체가 자신에 관한 정보를 가지고 있는 상대방에게 해당 정보의 삭제를 요구할 수 있는 권리가 잊혀질 권리다. 만약 상대방이 정보주체로부터 적법하게 정보를 수집하여 이용하고 있다면, 정보주체는 상대방에게 정보처리에 대한 거부권을 행사할 수 있다. 이 역시 잊혀질 권리의 한 내용이라고 하겠다. 만약 상대방이 검색 엔진처럼 해당 개인정보를 이용자에게 연결하고 있다면 정보주체는 해당 정보에의 접근을 차단할 것을 요구할 수 있다. 이 역시 잊혀질 권리의 한 내용이라고 하겠다.

잊혀질 권리의 대상은 개인정보다. 개인정보는 식별가능한 개인에 관한 정보를 의미한다. 이러한 정보는 정보주체가 직접 생산한 것도 있고, 다른 사람이 생산한 것도 있다. 전자는 회원가입에 따른 정보 제공처럼 정보주체가 직접 제공한 개인정보와 웹(web)서핑 기록처럼 정보주체가 다른 활동을 하다가 남긴 행태정보로 나누어 볼 수 있다. 앞의 경우는 기존의 개인정보 보호법제가 상정하고 있는 전형적인 유형이고, 뒤의 경우는 정보통신기술의 발전을 수용하여 개인정보 보호법제가 적용될 수 있는 유형이다. 이에 반하여 후자, 즉 다른 사람이 생산한 개인정보는 정보주체에 관한 평가정보로서 그동안 정보 생산자의 창작의 자유 또는 표현의 자유로 인식되었던 부분이다. 그 대표적인 영역이 기사다. 즉 후자는 기존의 개인정보 보호법제가 적용되리라고 상정하지 않았던 영역이다. 개인정보 보호법 제58조 제4호는 언론이 취재·보도 등 고유 목적을 달성하기 위하여 수집·이용하는 개인정보에 관해서는 제3장에서 제7장까지 적용하지 않는다고 명시하고 있다. 인터넷과 소셜 미디어 시대를 맞아 언론과 비언론을 구분하는 것이 어려워지고, 또 의미 없어지면서 위 조항의 해석이 어려워졌다. 표현의 자유를 중시하는 사람들은 개인정보에 기초하여 잊혀질 권리를 논의하는 데 부정적이다. 표현의 자유를 고려할 때 잊혀질 권리를 실행하려면 개인정보의 보호와 표현의 자유라는 두 헌법적 가치를 비교형량하는 일이 반드시 필요하다.

(2) 비교형량

비교형량의 대상이 한 국가의 기본적 가치질서에서 차지하는 비중에 따라 비교형량의 결과는 달라질 수 있다. 미국처럼 자유를 최고의 가치로 생각하는 국가에서는 정보 생산자의 자유, 특히 표현의 자유가 더 중시된다. 유럽에서 잊혀질 권리의 도입이 주장되었을 때 미국에서 규제의 직접 대상자인 기업들은 물론이고 학계, 언론계, 일반 여론이 모두 이에 부정적인 반응을 보인 것은 당연하다. 이에 반하여 독일처럼 헌법의 최고 가치를 인간의 존엄성에 두고 있는 나라에서는 정보주체의 권리, 특히 인격권을 더 중시하게 된다.[29] 인간의 존엄성

---

29) 미국과 독일의 헌법가치 비교에 대해서는 Edward J. Eberle, Dignity and Liberty: Constitutional Visions in Germany and the United States (2002) 참고. (미국은 개인이 원하는 바를 할 수 있는 자유를 가장 중시하고 있으며, 그러한 자유를 대표하는 자유가 표현의 자유이다. 하지만 인간의 존엄성은 미국 헌법에서 살아 있는 개념이 아니다. 이에 반하여 독일에서 자유는 사회공동체 안에서 행사되고, 사회적 책임을 수반하는 개념이다. 가치질서에서 최고의 지위를 차지하는 것이 인간의 존엄성이다.)

과 인격권을 중시하는 것은 프랑스, 스페인 등 유럽 대륙의 다른 국가에서도 공통적으로 발견된다. 잊혀질 권리를 놓고 대륙법계 국가와 미국이 대립적인 양상을 보이는 가장 큰 원인은 헌법 가치의 우선순위에 있다.

잊혀질 권리의 대상인 개인정보는 진실한 정보다.[30)] 진실하지 않은 정보에 대해서는 잊혀질 권리라는 새로운 권리를 동원하지 않더라도 해당 정보의 삭제 또는 공표를 막을 수 있는 방법이 있다. 진실한 정보의 삭제는 허위 정보의 삭제보다 일반인의 알 권리 및 표현의 자유에 미치는 영향이 더 크기 때문에 정보주체의 권리와 정보 생산자의 권리를 비교형량할 때 정보 생산자의 권리가 더 보호되기 쉽다. 그런데 잊혀질 권리는 정보생산 시점에서 비교형량한 결과가 고정불변인 것은 아니라는 사고에 기초하고 있다. 잊혀질 대상이 역사적 사건이 아닌 이상 정보에 대한 사회적 관심은 시간이 지날수록 적어지기 마련이므로 상당한 시간이 지난 후 다시 하는 비교형량에서는 정보의 가치를 중시하는 정보 생산자의 권리보다 정보의 삭제를 요구하는 정보주체의 권리가 더 중시될 수밖에 없다.

30) 진실한 내용이 아닌 기사도 삭제청구의 대상이 되기도 한다. 기사 중에는 진실이 아니지만 진실이라고 믿었을 상당한 이유가 있는 경우에는 손해배상 책임을 지지 않게 되기 때문에 그대로 유통될 수 있다. 허위 기사로 자신의 명예를 훼손당하였다고 주장하여 기사 삭제를 청구하는 사안은 우리 대법원은 인격권 침해를 이유로 한 방해배제청구권의 하나로 기사삭제청구권을 인정한 바 있다. 대법원 2013. 3. 28. 선고 2010다60950 판결. 하지만 허위 기사 삭제는 침해의 시정으로, 잊혀질 권리의 실행은 아니라고 할 것이다.

제 2 장

잊혀질 권리와 프라이버시권

제2장 잊혀질 권리와 프라이버시권

1. 프라이버시권의 발전

1) 미국

잊혀질 권리는 미국과 유럽에서 프라이버시권의 하나로 이해되고 있다. 프라이버시권이라는 개념은 미국에서 형성되었지만, 지금은 세계에서 보편적으로 사용되고 있다. 우리나라에서도 프라이버시는 일상생활에서 자주 사용되고 있는 외래어다. 미국에서 프라이버시권은 사적 공간에 대한 보호에서 시작되어, 의사결정의 자율성 보장, 개인정보의 자기결정권 등으로 발전해왔다.[1] 그러나 프라이버시가 의미하는 내용이 다양하기 때문에 프라이버시권을 하나로 정의내리기는 사실상 불가능하다.[2] 카멜레온처럼 상황에 따라 의미를 달리하고 있

---

1) 프라이버시 개념 변화에 대해서는 노동일 · 정완, 사이버공간상 프라이버시 개념의 변화와 그에 대한 법적 대응 방안, 경희법학 제45권 제4호, 2010 참고. 미국의 Jerry Kang 교수는 프라이버시를 물질적 공간(physical space), 선택(choice), 개인정보의 유통(flow of personal information) 등 셋으로 구분한다. Jerry Kang, *Information Privacy in Cyberspace Transactions*, 50 Stan. L. Rev. 1193, 1202-03 (1998).

다.[3] 더구나 우리나라는 미국의 프라이버시권에 해당하는 권리를 헌법에 명시하고 있기 때문에 프라이버시권이라는 용어를 사용하는 것은 적정하지 못하다. 우리 헌법은 사생활의 비밀과 자유(제17조)를 명시적으로 규정하고 있으며, 프라이버시권과 내용적으로 중첩되는 일반적 인격권의 근거 조항인 인간으로서의 존엄과 가치(제10조)도 헌법에 명시되어 있다. 그 밖에 주거의 자유(제16조), 통신의 자유(제18조)도 헌법에 명시되어 있다. 그럼에도 불구하고 잊혀질 권리를 이해하기 위해서는 프라이버시권의 발전 과정을 먼저 이해할 필요가 있다. 미국 논의를 먼저 살펴본다.

(1) 혼자 있을 권리(right to be let alone)

가. 수정헌법 제4조의 적용범위

미국 헌법에는 프라이버시를 포괄적으로 보호하는 조항이 없다. 부당한 수색 · 압수 · 체포를 금지하는 수정헌법 제4조가 있을 뿐이다.[4] 이 조항은 "남자의 집은 그의 성(each man's home is his castle)"이라는 오래된 영미의 사고를 수용한 것이다. 즉 수정헌법 제4조는 자의적인 공권력의 침입으로부터 가정과 개인의 평온을 지키기 위하여 마련되었다. 1791년 소위 미국의 권리장전(Bill of Rights of the United States

2) Daniel J. Solove, *A Taxonomy of Privacy*, 154 U. Pa. L. Rev. 477, 489 (2006); Erwin Chemerinsky, *Rediscovering Brandeis's Right to Privacy*, 45 Bra ndeis Law Journal 643, 645.

3) Jerry Kang, *Information Privacy in Cyberspace Transactions*, 50 Stanford L. Rev. 1193, 1202 (1998).

4) "The right of the people to be secure in their persons, houses, papers, and effects, against unreasonable searches and seizures, shall not be violated, and no Warrants shall issue, but upon probable cause, supported by Oath or affirmation, and particularly describing the place to be searched, and the persons or things to be seized.".

of America)이라고 불리는 수정헌법 제1조부터 제10조까지가 헌법에 포함될 때 함께 들어간 조항이다. 헌법을 정치관계를 규율하는 최고 규범으로 이해하는 미국에서는 공권력 행사가 아닌 사인의 행위는 헌법 문제를 야기하지 않는다. 따라서 공권력의 행사가 아닌, 사인에 의한 프라이버시 침해는 원칙적으로 수정헌법 제4조의 적용대상이 아니다. 만약 사인이 주거를 침입한다면 이는 형법에 따라 처벌받을 수 있다. 그러나 사인에 의한 도청처럼 기술 발전에 따라 새롭게 등장한 사인 간 프라이버시 침해에는 적용할 형사법 조항도 분명하지 않았다.

나. 프라이버시권의 등장

사인에 의한 권리 침해는 보통 민사재판에서 불법행위로 다루어진다. 20세기 전까지 프라이버시 침해는 독자적인 불법행위 유형도 아니었다. 프라이버시권은 1890년 두 사람의 변호사, 사무엘 워렌(Samuel Warren)과 루이스 브랜다이스(Louis Brandeis)가 공동으로 작성한 논문, 「프라이버시에 대한 권리(The Right to Privacy)」가 하버드 로스쿨 법학지에 게재되면서 주목받기 시작하였다.5) 이 논문은 미국에서 가장 영향력 있는 논문으로 평가받고 있다.6) 워렌과 브랜다이스는 이 논문에서 프라이버시권의 성격을 '혼자 있을 권리(right to be let alone)'라고 파악하였다.7) 새로운 기술과 사업 모델의 발전으로 혼자 있을 권

5) Samuel Warren & Louis Brandeis, *The Right to Privacy*, 4 Harv. L. Rev. 193 (1890).

6) Harry Kelven, Jr., *Privacy in Tort Law—Were Warren and Brandeis Wrong?*, 31 L. & Contemp. Probs. 326, 327 (1966).

7) 혼자 있을 권리는 쿨리(Thomas Cooley) 판사가 처음 만들어 낸 용어다. Thomas Cooley, A Treatise on the Law of Torts, or the Wrongs which Arise Indepen dent of Contract 29 (1880). 그러나 쿨리 판사는 물리적 침입으로부터 혼자 있을 권리를 주장하였기 때문에 프라이버시권의 의미로서 혼자 있을 권리는 워렌과

리를 보호해야 할 필요성이 생겼다고 주장한 것이다. 혼자 있을 권리는 다른 사람의 접근에 대한 제한이며, 은둔(seclusion)과 고독(solitude)이라는 두 가지 형태로 나타난다.[8)] 혼자 있을 권리는 그 뒤 미국 연방대법원이 음란물의 사적 소유를 처벌하는 법률을 위헌으로 선고하면서, "자기 집에 혼자 앉아 있는 사람이 어떤 책을 읽든, 어떤 영화를 보든 국가가 상관할 일이 아니다."라고 판시한 데서 잘 나타난다.[9)]

연방대법원 대법관이 된 브랜다이스는 1928년 Olmstead 사건[10)]에서 자신의 프라이버시 이론에 기초하여 반대의견을 낸다. Olmstead 사건에서 쟁점은 전화 감청처럼 개인의 집을 물리적으로 침입하지 않는 사안에도 수정헌법 제4조가 적용되는지 여부였다. 연방 대법원은 5 대 4의 의견으로 수정헌법 제4조가 적용되지 않는다고 결정하였다. 하지만 브랜다이스 대법관은 반대의견을 냈다. 사람들은 통화 내용이 프라이버시라고 합리적으로 기대를 하기 때문에 수정헌법 제4조가 적용되어야 한다는 것이다. 브랜다이스 대법관에 따르면, 미국 헌법의 제정자들은 정부의 간섭에서 벗어나 혼자 있을 권리를 권리 중 가장 포괄적이고, 시민들이 가장 소중하게 여기는 권리라고 인식하였다.[11)]

Olmstead 결정은 그 후 Katz v. United States 사건에서 뒤집힌다. 연방대법원은 브랜다이스 대법관의 견해를 수용하여, 개인은 '프

브랜다이스가 처음 사용하였다고 평가할 수 있다.

8) Anita L. Allen, *Talking Liberties: Privacy, Private Choice, and Social Contract Theory*, 56 Cincinnati L. Rev. 461, 464 (1987).

9) Stanley v. Georgia, 394 U.S. 557 (1969) ("If the First Amendment means anything, it means that a State has no business telling a man, sitting alone in his own house, what books he may read or what films he may watch. Our whole constitutional heritage rebels at the thought of giving government the power to control men's minds.").

10) Olmstead v. United States, 277 U.S. 438 (1928).

11) *Id.* at 478 (Brandeis, J., dissenting).

라이버시의 합리적 기대(reasonable expectation of privacy)'를 갖는다고 판시하였다.12) 따라서 정부기관이 사인의 통화 내용을 듣기 위해서는 수정헌법 제4조에 따라 영장이 필요하다고 보았다. 프라이버시의 합리적 기대는 미국에서 어떠한 행위가 프라이버시 침해인지 여부를 판단하는 기준으로 사용된다. 미국 연방대법원은 집, 사무실, 포장된 짐, 심지어 화학 물질이 담긴 드럼통에 대해서 프라이버시의 합리적 기대가 있다고 보았지만, 은행 기록, 목소리 또는 글씨 샘플, 전화번호, 숨겨진 마이크로 녹음된 대화 내용, 자동차 좌석 및 트렁크에 대해서는 프라이버시의 합리적 기대가 없다고 판결하였다.13)

프라이버시권의 등장은 그 당시 미국에서 벌어지고 있던 사회 변화를 반영하고 있다.14) 19세기 말 미국은 이민자의 급증으로 인구가 급격히 늘어났다. 워렌과 브랜다이스가 활동하던 보스톤과 같은 동부 지역은 인구 밀도가 높아졌다. 기술 발전도 급속히 일어났다. 전화기가 발명되어 1877년 상용화되었다. 먼 거리 통신을 가능하게 하는 텔레그래프(telegraph)가 사용되고, 기술 발전으로 휴대용 카메라와 녹음기의 가격이 내려갔다. 이와 동시에 신문이 대중화되면서 자극적인 소재를 다루는 황색 저널리즘이 극성을 부리고 있었다. 결국 사진기로 대표되는 기술의 발전과 황색 신문으로 대표되는 비즈니스 모델의 발전이 결합하면서 과거에 볼 수 없었던 새로운 유형의 사생활 침해가 걱정거리로 대두되었다. 워렌과 브랜다이스는 이러한 환경 변화를 인지하고, 사람들의 동의 없이 사진을 찍어 배포하는 것이 인격권을

---

12) Katz v. United States, 389 U.S. 347, 353-54 (1967).

13) Fred H. Cate, Privacy in the Information Age 58 (1997).

14) Daniel J. Solove, Mac Rotenberg, Paul M. Schwartz, Information Privacy Law, (2006).

침해한다는 불법행위 이론을 구축하였다.

다. 워렌과 브랜다이스의 프라이버시 이론

19세기 말 미국 지식인 사회는 정치적인 것 또는 공적인 것과 사회적인 것 또는 사적인 것을 구분하는 사고를 유지하고 있었다. 워렌과 브랜다이스는 공적 관심사로부터 구분되는 사적 사안의 영역이 있다고 보는 전통적인 사고를 유지하였다. 프라이버시권은 공적 영역이 사적 영역으로 침입하는 것을 방지하는 기능을 한다. 하지만 워렌과 브랜다이스가 궁극적으로 주장하였던 것은 공과 사의 구분 그 자체가 아니라, 개인의 인격권과 내적 감정에 있었다.[15] 두 사람은 논문에서 프라이버시권을 개인의 불가침의 인격을 보호하기 위하여 이미 존재하던 보통법(common law)상 권리라고 소개하였다. 워렌과 브랜다이스는 누구나 자신의 사적인 생활, 습관, 행동 및 관계에 대해서 공유할 것인지 그렇지 않을 것인지 선택할 수 있는 권리가 있으며, 이것이 프라이버시권이라고 생각하였다.[16] 사생활에 관한 정보가 다른 사람에게 공개되면 개인의 인격, 즉 스스로에 대한 평가(his estimate of himself)의 가장 핵심 영역에 영향을 미치고, 심지어 핵심 영역을 훼손하게 된다고 본 것이다.[17] 사실 워렌과 브랜다이스가 주장하였던 프라이버시권의 핵심은 자신의 인격을 반영하고, 인격에 영향을 미치는 정보에 통제권을 행사함으로써 자신의 심리적 완결성을 보호하자는 데 있었다.[18]

---

15) Dorothy J. Glancy, *The Invention of the Right to Privacy*, 21 Arizona Law Rev. 1, 17 (1979).

16) Warren & Brandeis, *supra* note 5, at 216.

17) *Id.* at 197.

18) Dorothy J. Glancy, *supra* note 15, at 2.

워렌과 브랜다이스가 논문을 발표할 당시 보통법은 프라이버시권을 인정하고 있지 않았다. 두 사람은 보통법에 담겨진 원리로부터 프라이버시권을 도출하였다. 두 사람은 지적 재산권과 계약법에 관련된 영국의 보통법 사건을 검토하였다. 워렌과 브랜다이스는 절도나 물리적 이용뿐 아니라 모든 형태의 발간으로부터 개인의 저작물과 창작물을 보호하는 데 적용되는 원칙은 사적 소유의 원칙이 아니라, 인격 불가침의 원칙이라는 결론에 이르렀다.19) 워렌과 브랜다이스는 프라이버시권 침해에 대한 구제 방법으로 손해배상과 금지가처분을 제시하였다. 하지만 이들이 프라이버시권을 절대적이라고 주장한 것은 아니다. 프라이버시의 한계로 네 가지를 제시하였다.20) 즉 공공의 이익에 관한 문제를 보도하는 경우, 명예훼손법에 따라 면책특권이 주어지는 환경에서 이루어진 보도, 구두로 이루어진 프라이버시 침해로서 특별한 손해가 발생하지 않는 경우, 개인이 사실을 공개한 경우나 개인의 동의를 받고 공개한 경우가 그것이다. 여기에서 워렌과 브랜다이스는 프라이버시권의 도입을 주장하였지만, 정보의 적법한 이용과 표현의 자유의 중요성을 인식하고 있었다고 추론할 수 있다.

워렌과 브랜다이스의 논문은 실무에서 바로 채택되지 않았다. 1902년 뉴욕 항소법원(New York Court of Appeals)은 프라이버시 침해를 주장하는 원고 청구를 기각하면서, 워렌과 브랜다이스의 논문을 혹독하게 비판하였다.21) 프라이버시권은 법률로 인정될 수 있지만, 보통법에서 인정되는 원리로 인정할 수 없다는 것이다. 그 다음 해 뉴욕 주는 동의 없이 다른 사람의 이름, 초상, 사진 등을 상업적 목

19) Warren & Brandeis, *supra* note 5, at 205.
20) *Id.* at 214, 216-18.
21) Roberson v. Rochester Folding Box Co., 171 N.Y. 538, 64 N.E. 442 (1902).

적으로 이용하는 것을 불법행위 및 경범죄로 규정하는 두 개의 법률을 제정하였다. 1905년 조지아주 대법원은 프라이버시권을 보통법상 권리로 인정하였다.[22] 1939년 미국법률가협회(ALI)가 펴낸 불법행위 리스테이트먼트(Restatement)에는 프라이버시권이 포함되어 있다.[23] 1960년 프로서(William Prosser) 교수는 워렌과 브랜다이스의 논문 이후 70년 동안 결정된 300여 건의 법원 판결을 분석하였다. 프로서 교수는 프라이버시 침해에는 공통점을 찾을 수 없다는 점을 발견하고, 네 가지 유형을 제시하였다.[24] 첫째가 평온함, 고독 또는 사생활에 대한 침해(intrusion)이고, 둘째가 난처한 사적 사항(private facts)의 공개이고, 셋째가 왜곡된 인상(false light)이고, 넷째가 성명, 동일성 등의 사적 유용(appropriation)이다. 이러한 내용은 불법행위법 리스테이트먼트 제2판에 담겨 지금까지 내려오고 있다.[25]

---

22) Pavesich v. New England Life Ins. Co., 122 Ga. 190, 50 S.E. 68 (1905).

23) Restatement of Torts §867 (1939)("[a] person who unreasonably and seriousl y interferes with another's interest in not having his affairs known to others or his likeness exhibited to the public is liable to the other.").

24) William Prosser, *Privacy*, 48 Cal. L. Rev. 383 (1960).

25) Restatement에 담긴 사생활 침해의 네 가지 유형은 (1) 다른 사람의 은둔에 대한 불합리한 침입(unreasonable intrusion upon the seclusion of another)(§652B), (2) 다른 사람의 이름이나 동일성에 대한 사적 이용(appropriation of the other's name or likeness)(§652C), (3) 다른 사람의 사생활에 대한 불합리한 공개(unreaso nable publicity given to the other's private life)(§652D), (4) 다른 사람에 대한 불합리한 왜곡(publicity that unreasonably places the other in a false light be fore the public)(§652E)이다.

(2) 사생활에 관한 의사결정의 권리(decisional privacy)

가. 사적 영역에서의 자율권

프라이버시의 또 다른 측면은 의사결정의 자유 또는 선택이다. 여기서는 개인의 자율성을 보호한다. 내밀하고 개인적인 사안에 관한 의사결정에 있어서 공권력에 의한 강제적 간섭에서 벗어나 개인의 자율적 판단을 존중한다. 이러한 사고는 공과 사의 구분을 전제로 하며, 사적 영역은 정부 또는 외부 간섭으로부터 자유로운 영역이다.[26) 주로 성, 출산, 결혼 및 가족과 같은 영역에서 개인의 의사결정이 이루어지는 영역이다. 서양에서는 그리스·로마 시절부터 공과 사를 구분하였다. 그리스에서 공적 영역은 정치의 영역이고 사적 영역은 가정의 영역이었다. 로마에서도 공동체에 관한 것은 res publicae,[27) 개인이나 가족에 관한 것은 res privatae로 구분하였다. 공적 영역과 사적 영역의 제도적 구분은 근대 국가의 기초이고, 서양 문화의 역사에서 근본적인 전환점이다.[28)]

나. 피임과 낙태에 있어서 자기결정권

사생활에 관한 의사결정의 자유가 주목받기 시작한 것은 인권운동이 한창이던 1960년대 중반이다. 사법적극주의자로 유명한 얼 워렌(Earl Warren)이 대법원장이었던 1965년 미국 연방대법원은 Griswold 사건에서 피임약의 사용을 금지한 코네티컷 주 법률을 위헌이라고 판시하면서 그 논거로 프라이버시 침해를 들었다.[29)] 이 사건에서 피고인들은 결

26) Allen, *supra* note 8, at 465.

27) 극장, 시장, 강, 항구 등과 같은 공공 재산을 의미한다. Adolf Berger, Encyclopedic Dictionary of Roman Law 679 (2004).

28) Antoni Z. Kaminski, *Res Publica, Res Privata*, International Political Science Review Vol. 12 No.4, 337 (1991).

혼한 여자에게 피임약을 제공하였다는 이유로 기소되었다. 프라이버시권은 미국 헌법에 명시되어 있지 않지만, 대법원은 기본권 조항인 권리장전(Bill of Rights)의 반영(半影, penumbras)으로부터 도출되는 헌법상 권리라고 판시하였다.[30] 이때만 해도 프라이버시권이 의사결정의 권리인지 여부가 불투명하다. Griswold 사건에서 미 연방대법원은 경찰의 침입으로부터 침실의 프라이버시를 보호할 필요성과 피임 사용에 관한 정보를 통제할 능력을 강조하였다.

개인의 선택에 있어서 자율성을 프라이버시권이라고 보다 확실하게 강조하는 판례는 낙태 사건이다. 1973년 미 연방대법원은 Roe v. Wade 사건에서 여성의 낙태 선택권을 헌법상 기본적 권리로 인정하고, 여성의 낙태를 일률적으로 금지하는 법률이 위헌이라고 판시하였다.[31] 여기서 미 연방대법원은 프라이버시권을 여자가 임신을 중단할지 여부를 결정할 수 있는 권리를 포함한다고 설명하였다. 프라이버시권의 헌법상 근거는 Griswold 사건 때처럼 권리장전의 반영이라고 설명하지 않고, 수정헌법 제5조 및 제14조의 적법절차 조항에서 찾았다.[32] 그 후 미 연방대법원은 2003년 Lawrence v. Texas 사건에서 합의에 의한 동성애를 할 권리 역시 프라이버시권으로 파악하였다.[33] 그 밖에도 결혼할 권리,[34] 출산할 권리,[35] 자녀 양육권,[36] 치료거부

29) Griswold v. Connecticut, 381 U.S. 479 (1965).

30) *Id*. at 484 ("specific guarantees in the Bill of Rights have penumbras, formed by emanations from those guarantees that help give them life and substance").

31) Roe v. Wade, 410 U.S. 113 (1973).

32) Chemerinsky, supra note 2, at 648.

33) Lawrence v. Texas, 539 U.S. 558, 567 (2003).

34) Zablocki v. Redhail, 434 U.S. 374 (1978).

35) Skinner v. Oklahoma, 316 U.S. 535 (1942).

36) Stanley v. Illinois, 405 U.S. 645 (1972).

권[37] 등이 모두 프라이버시권으로 이해되고 있다.

다. 미국 헌법의 특수성

이처럼 사생활에 관한 의사결정의 자유를 프라이버시권이라고 보는 것은 미국 헌법이 기본권 조항을 상세하게 두고 있지 않은 데 기인한다. 미 대법원은 1920년대 두 건의 사건에서 사생활에 관한 의사결정의 자유를 이유로 위헌 결정을 내린 적이 있다. 1923년 Meyer 사건에서 중학교 3학년까지 외국어 교육을 금지한 네브라스카주 법률이 부모와 교사의 교육내용 결정권을 침해하였다는 이유로 위헌으로 선언하였다.[38] 이 사안에서 브랜다이스는 법정 의견과 견해를 같이 하였다. 이 사건에서 미 연방대법원은 프라이버시라는 용어를 사용하지는 않았다. 그 대신 적법절차 조항(Due Process Clause)에 있는 자유(liberty)가 자율성의 기본적 측면을 보호한다고 보았다. 그 후 1925년 Pierce 사건에서 학생들에게 공립학교 교육을 강제하는 법률이 위헌이라고 선언하였다.[39]

워렌과 브랜다이스가 처음 주장하였던 프라이버시권은 불법행위에 대한 민사상 구제 수단이었는데, 1965년 Griswold 사건부터 시작된 의사결정 프라이버시는 헌법상 권리여서 둘 사이에 관계가 없다는 비판도 제기된다.[40] 또 헌법에 명시되지 않은 내용을 헌법상 권리로 인정한 것이 사법부의 과도한 권한 행사라는 지적도 있다.[41]

---

37) Cruzan v. Dir., Mo. Dep't of Health, 497 U.S. 261 (1990).

38) Meyer v. Nebraska, 262 U.S. 390 (1923).

39) Pierce v. Society of Sisters, 268 U.S. 510 (1925).

40) Irwin R. Kramer, The Birth of Privacy Law: A Century Since Warren and Brandeis, 39 Cath. U. L. Rev. 703 (1990).

41) Allen, *supra* note 8, at 473-77.

(3) 개인정보자기결정권(information privacy)

가. 정보 프라이버시의 탄생

프라이버시는 개인이 자신에 관한 정보의 확산을 금지하는 권리로도 사용된다. 정보 프라이버시(information privacy)라고 부른다. 개인정보는 낱개로 흩어져 있을 때는 큰 가치가 없지만, 한 곳에 모이면 특정 개인이나 집단의 성향을 파악할 수 있는 자료로서 새로운 가치가 생긴다. 컴퓨터의 등장과 보급으로 개인정보를 대량으로 수집하여 보관하다 용도에 맞게 처리할 수 있게 되면서 새로운 법률 문제가 발생하였고, 이를 해결하기 위하여 등장한 것이 정보 프라이버시다. 제프리 로젠(Jeffrey Rosen) 교수는 프라이버시를 "개인정보에 대한 통제권을 행사할 수 있는 능력"이라고 본다.[42] 사실 워렌과 브랜다이스가 자신의 논문에서 전적으로 강조하였던 내용도 정보 프라이버시다.[43]

정보 프라이버시 분야의 선구자인 알렌 웨스틴(Alan Westin) 교수는 1967년 프라이버시를 "개인, 집단 또는 기관이 자신에 관한 정보를 언제, 어떻게, 또 어느 범위에서 다른 사람에게 전달할 것인지 결정할 수 있는 요구"라고 정의하였다.[44] 즉 자기정보에 대한 관리, 편집 및 삭제의 권리를 프라이버시권이라 이해하였다.[45] 웨스틴 교수는 원 안에 원이 계속 들어 있는 상황을 묘사하였다. 가장 안쪽에 있는 원은 누구에게도 말하지 않은 내용을 담고 있고, 그 다음 원은 가까운 사람에게만 말한 내용을 담고 있고, 가장 마지막 원은 누구나 알고 있는

---

42) Jeffrey Rosen, *The Purposes of Privacy: A Response*, 89 Geo. L.J. 2117, 2120 (2001).

43) Chemerinsky, *supra* note 2, at 651.

44) Alan Westin, Privacy and Freedom (1967).

45) 웨스틴의 개인정보자기결정권에 대한 설명으로는 박경신, "구글 스페인" 유럽사법재판소 판결 평석–개인정보자기결정권의 유래를 중심으로, 세계헌법연구 제20권 제3호, 2012 참고.

내용을 담고 있다. 찰스 프라이드(Charles Fried) 교수는 정보 프라이버시를 "우리 자신에 관한 정보에 대해서 우리가 갖는 통제권"이라고 하였다.[46)]

우리나라 헌법재판소는 이를 개인정보자기결정권이라고 부른다. 개인정보자기결정권은 정보주체가 자기 정보에 대한 관리통제권을 가진다는 의미다. 개인정보자기결정권의 법적 성격에 대해서 여러 가지 논란이 있다. 독일 등 유럽에서는 개인정보의 수집, 보관 및 이용을 개인의 인격권 보호의 관점에서 접근하고 있다. 이에 반하여 인격권에 관한 논의가 활발하지 않은 미국에서는 개인정보를 재산권의 대상으로 이해하는 견해도 있다.[47)] 개인정보에 대한 재산권을 인정할 경우 개인은 개인정보를 처리하려는 기업과 협상할 때 힘을 갖게 된다는 것이 재산권설의 주요 논거다.[48)] 미국 학계에서는 재산권설을 놓고 논쟁이 치열하다. 하지만 미국 판례는 이를 수용하고 있지 않다. 다만, 개인정보의 데이터베이스의 경우 이를 구축한 기업의 소유권으로 인정하고 있다.[49)]

---

46) Charles Fried, *Privacy*, 77 Yale L.J. 475, 482 (1968).

47) 미국에서는 개인정보 보호의 적절한 수준도 시장에서 결정될 수 있다고 보는 견해가 있다. 개인정보에 대하여 재산권과 유사한 권리를 인정하면 개인정보주체들은 개인정보를 이용하고자 하는 기업들과 협상을 통하여 공개범위를 결정함으로써 자신의 개인정보를 완전히 통제할 수 있다고 보는 것이다. 프라이버시의 경제적 분석에 대해서는 Richard A. Posner, *The Right of Privacy*, 12 Ga. L. Rev. 393 (1978); 정상조·권영준, 개인정보의 보호와 민사적 구제 수단, 법조 제58권 제3호 통권630호, 2009 참고.

48) Jessica Litman, *Information Privacy/Information Property*, 52 Stan. L. Rev. 1283 (2000).

49) Tanith L. Balaban, *Comprehensive Data Privacy Legislation: Why Now Is the Time*, 1 Case W. Res. J.L. Tech & Internet 1, 20 (2009).

나. 정보보호법의 입법

미국에서 정보보호 원칙이 처음 등장한 것은 1973년 「보건・교육・후생부 보고서(HEW Report)」에서다. HEW 보고서는 개인정보의 수집・보관・이용 및 제공에 적용되는 공정정보관행(Fair Information Practices, FIPs)을 수립하였다. 여기에는 정보의 삭제권이 포함되지는 않았다. 미국은 공정정보관행(FIPs)에 입각하여 1974년 연방 프라이버시법(Federal Privacy Act)을 제정하였다. 세계적으로는 독일이 1977년 연방정보보호법을 제정하였고, 프랑스는 1978년 「정보처리・축적・자유에 관한 법률」을 입법하였다. 국제적 차원에서는 1980년대 두 개의 중요한 제도가 만들어졌다. 경제개발 협력기구(OECD)는 1980년 「개인정보의 국제적 유통과 프라이버시 보호에 관한 가이드라인」을 작성, 공포하였다.[50] 유럽평의회(Council of Europe, CoE)[51] 1981년 협약 108(Convention 108)[52]을 제정하였고, 협약 108은 1985년 시행되었다. 우리나라는 공공기관의 컴퓨터로 처리되는 개인정보의 보호를 위하여 1994년 「공공기관의 개인정보 보호에 관한 법률」을 제정, 시행해오다가 공공 부문과 민간 부문을 통합하여 관리하는 일반법인 개인정보 보호법이 2011. 3. 29. 제정됨에 따라 위 법을 폐지하였다.

---

50) OECD, Recommendation of the Council concerning Guidelines governing the Protection of Privacy and Transborder Flows of Personal Data, Paris, Sep 23, 1980.

51) 유럽평의회(Council of Europe)는 유럽 정상회의, EU이사회와 달리 EU 회원국은 47개국이며, 이 중 28개국이 EU 회원국이다. 유럽평의회는 회원국을 구속하는 입법을 할 수 있는 권한이 없다. CoE의 기관으로 유럽인권재판소(ECtHR)가 있다.

52) Council of Europe, Convention for the Protection of Individuals with regard to Automatic Processing of Personal Data, Strasbourg, Jan 28, 1981, ETS 108, https://www.privacycommission.be/sites/privacycommission/files/documents/convention_108_en.pdf (방문일 2016. 4. 9). 협약 108의 비준국은 총 48개국으로, EU 회원국 모두와 CoE 회원국 대부분이 비준하였다.

다. 정보 프라이버시의 헌법상 보호

미국에서는 정보 프라이버시권이 헌법상 권리인지를 놓고 논쟁이 있다. 미국에서 가장 헌법적 보호의 관심을 못 받는 부분이 이 영역이다. 혼자 있을 권리(right to be let alone)와 사생활에 관한 의사결정의 권리(decisional privacy)의 영역에서는 프라이버시를 보호하기 위한 헌법적 논의가 충분히 이루어졌으나, 정보 프라이버시는 그렇지 못하다. 미국 연방대법원은 정보 프라이버시를 헌법상 권리로 인정하면서도 정보 프라이버시 침해를 이유로 하는 위헌 선언은 많지 않다. Whalen v. Roe 사건이 그 대표적인 사례다.[53]

미국 연방대법원은 Whalen 사건에서 정보통제권이 헌법적으로 보호되는지 여부를 검토하였다. 쟁점이 된 법은 남용의 우려가 있는 약을 처방받은 환자의 신원을 보고하도록 의사에게 요구하는 내용이다. 뉴욕 주는 처방 의사의 신원, 환자의 이름 및 주소 등 보고된 내용을 중앙 컴퓨터 파일에 기록해서 보관하였다. 연방대법원은 이러한 데이터베이스(DB)가 프라이버시권을 침해한다는 주장을 받아들이지 않았다. 지역 주민의 건강을 책임지고 있는 주의 대표에게 정보를 통보한다고 해서 곧 바로 프라이버시 침해가 되는 것이 아니라는 것이다.[54] 그렇다고 프라이버시권이 정보 통제권을 포함하지 않는다고 한 것도 아니다. 스티븐스 대법관에 따르면, 컴퓨터 DB나 여타 정부 파일에 축적된 광범위한 개인정보에 숨겨진 프라이버시에 대한 위협을 모르는 것은 아니지만, 이 사안에서는 수정헌법 제14조가 보호하는 어떠한 자유나 권리가 침해되지 않았다고 결정했을 뿐이다.[55] 그는 세금

53) Whalen v. Roe, 429 U.S. 589 (1977).

54) *Id.* at 602.

55) *Id.* at 605-06.

징수, 복지 및 사회보장 혜택의 지급, 보건 감독, 육군 지휘, 형법 집행 등에서 방대한 정보를 잘 보관할 필요가 있다고 강조하였다.[56] 이러한 정보의 상당 부분은 개인의 성격에 관한 것이고 공개되면 잠재적으로 난처하거나 유해한 것이다.

이에 앞서 California Bankers Ass'n v. Schultz 사건에서도 미 연방대법원은 금융 거래 기록을 보관하고 일정한 국내외 거래를 보고하도록 하는 법률을 합헌으로 선고한 바 있다.[57] 이처럼 미국 연방대법원이 정보 프라이버시권을 보호하는 데 꺼려하는 경향을 보이자, 개인정보의 비공개 영역에서 프라이버시의 헌법상 권리가 존재하는지 의문을 표시하는 하급심도 있다.[58]

2) 독일

미국의 프라이버시권에 해당하는 독일의 법적 개념은 인격권이다.[59] 독일 연방헌법재판소는 1954년 일반적 인격권을 사법상 권리로 인정한 이래 이 권리를 중심으로 프라이버시 침해 및 구제를 파악하고 있다. 독일에서 전개된 일반적 인격권의 법리에 의하면, 인격권은 1949년 독일 기본법(헌법)상 인간 존엄성 조항(제1조제1항)[60]과 자

56) *Id.*

57) California Bankers Ass'n v. Shultz, 416 U.S. 21 (1974).

58) Am. Fed'n of Gov't Employees v. Dep't of Hous. & Urban Dev., 118 F.3d 786, 791 (D.C. Cir. 1997).

59) 독일의 인격권 개념은 인격에 관련된 모든 권리를 총칭하는 것을 볼 수 있어 포괄적이다. 미국에서 발전한 프라이버시권과 퍼블리시티권을 모두 포괄하는 개념이라고 볼 수 있다. 양천수, 인격권의 법철학적 기초-인격권의 구조 · 성장 · 분화-, 법과 정책 연구 제11집 제3호, 2011. 1149-50쪽 참고.

60) 인간의 존엄은 불가침이다. 이를 존중하고 보호하는 것은 모든 국가권력의 의무이다.

유로운 인격발현 조항(제2조제1항)[61]을 근거로 인정되었다.[62][63] 인격권은 생성 중인 권리이고, 내용과 한계가 확정되어 있는 권리가 아니다.[64] 헌법제정자가 인식할 수 없었던 새로운 현상에 의해서 인격권이 침해될 가능성은 항상 있으므로 이에 대처할 수 있도록 그 보호범위에 있어서 개방적인 기본권이 필요하며, 이것이 일반적 인격권이다.[65]

인격권은 개인의 주관적 권리로서 국가권력에 대해서 뿐만 아니라 사인에게도 주장할 수 있는 대세적 효력이 인정된다는 것이 독일의 일반적 학설과 판례 태도다.[66] 하지만 인격권은 내포와 외연이 불확정적이고 그 한계도 불명확하기 때문에 인격권 침해에 대해서는 신중한 법리가 적용되어야 한다. 특히 인간은 사회공동체 안에서 살아가는 존재이기 때문에 인격권은 사회적 구속성이라는 한계를 갖는다. 인격 자체가 관계 개념이기 때문에 인격권은 사회적 소통에 의존할 수밖에 없고 그 결과 인격권은 애매할 수밖에 없지만 지속적으로 변화하는 사회에 따라 외연을 확대하게 된다.[67] 독일의 판례와 학설은 정상적으로 사고하는 품위 있는 일반인의 인식을 기준으로 사회적 구속성을 수인할 수 있는 범위 내의 것인지 판단한다.[68] 독일 연방헌법

61) 누구든지 타인의 권리를 침해하지 않고 헌법질서나 도덕률에 반하지 않는 한, 자신의 인격을 자유로이 발현할 권리를 가진다.

62) 우리나라 헌법재판소 역시 인격권을 "헌법에서 보장된 인격의 존엄과 가치 및 그를 바탕으로 하는" 권리로서, "인격의 자유로운 발현을 위해 보호받아야 할" 권리로 이해하고 있다. 헌재 1991. 4. 1. 89헌마160, 판례집 3, 149, 154.

63) 인격권 법리에 대해서는, 박용상, 『명예훼손법』, 현암사, 2008, 388-96쪽 참조. 유럽의 인격권 법리 발전사에 대해서는, James Q. Whiteman, *The Two Western Culture of Privacy: Dignity versus Liberty*, 113 Yale. L.J. 1151 (2004) 참조

64) 박용상, 앞의 책, 390쪽.

65) 한수웅, 『헌법학』, 제4판, 법문사, 2014, 541쪽.

66) 인격권의 성격에 관한 독일의 논의를 소개한 이 문단의 내용은 앞의 책 박용상, 『명예훼손법』을 정리한 것이다.

67) 양천수, 앞의 논문, 1144쪽.

재판소는 사생활의 모든 영역이 절대적으로 보호받는 것이 아니며, 시민은 공공의 우월적 이익을 위해 엄격한 비례원칙의 준수 하에 내려진 국가 조치가 사적 생활 형성의 불가침 영역을 침해하지 않는 한 이를 감내해야 한다고 한다.[69]

독일에서 인격권은 '고독에 관한 인간의 권리' 또는 '자기 고유의 생활을 할 권리'라는 소극적 권리에서 출발하였지만, 오늘날에는 '자유로운 자주결정권' 또는 '개인정보에 관한 자주결정권'으로서 적극적 성격의 권리를 포함하고 있다.[70] 독일 연방헌법재판소는 1983년 12월 인구조사판결에서 "개인정보자기결정권은 언제, 어떠한 범위 안에서 개인의 생활 관계가 공개될 것인지를 결정할 수 있는 권리, 즉 자기의 개인적 정보의 제공과 이용에 대하여 원칙적으로 결정할 수 있는 권리이며, 즉 자기의 개인적 정보의 제공과 이용에 대하여 원칙적으로 스스로 결정할 수 있는 권리이며, 이는 기본법 제1조 제1항과 결합한 제2조 1항의 일반적 인격권에서 도출된다."고 하였다.[71] 한편, 독일 연방정보보호법은 제1조 제1항에서 이 법의 입법목적이 개인의 신상정보와 관련하여 인격권 침해를 방지하는 데 있다고 명시하고 있다.

한편 1977년 제정된 독일 연방정보보호법은 정보 보관이 허용되지 않거나 당초 정보 보관의 요건이 더 이상 적용되지 않을 경우 정보주체에게 자신에 관한 정보 보관을 삭제할 권리를 인정하고 있다.[72]

---

68) 박용상, 앞의 책, 391쪽.

69) Wenzel, a.a.O. 100 (박용상, 앞의 책, 391쪽에서 재인용).

70) Wenzel, a.a.O. 3 Aufl. S. 110; BVerGE 65, 1 (박용상, 앞의 책, 389쪽에서 재인용).

71) BVerfGE 65, 1 (이상명, 개인정보자기결정권의 헌법적 근거에 관한 고찰, 공법연구 제36집 제3호, 2008, 236쪽에서 재인용).

72) Bundesdatenschutzgesetz, Gesetz zum Schutz vor Mißbrauch personenbezogener Daten bei der Datenverarbeitung, 1977.

3) 프라이버시권 발전과정의 특징

미국에서 프라이버시권이 발전하는 과정에서 나타난 특징은 다음과 같다. 첫째, 프라이버시권의 개념은 하나로 정의내리기 어렵다. 프라이버시권의 개념은 시간이 흐르면서 점차 확대되었다. 19세기 말 등장한 프라이버시권은 사적 공간의 보호를 중시한 개념이어서, 오늘날 정보 프라이버시권과는 상당히 다른 개념이다. 1960년 프로서 교수가 프라이버시권을 네 가지 유형으로 분류한 것도 프라이버시권을 하나의 개념으로 설명할 수 없었기 때문이다. 솔로브(Daniel J. Solove) 교수는 프라이버시의 모든 경우를 확인할 수 있는 공통분모를 찾는 방식으로 개념을 정립하는 방식은 실패했다고 주장한다.[73)]

둘째, 프라이버시권은 기술 발전에 따른 사회 변화를 수용하여 형성된 권리다. 워렌과 브랜다이스가 처음 이 권리에 주목하여 논문을 발표하게 된 것은 19세기 말 급성장한 신문 산업과 보급형 사진기의 등장으로 사생활 침해의 우려가 커졌기 때문이다. 또 1960년대 이후 정보 프라이버시의 등장은 컴퓨터의 발전으로 개인정보가 데이터베이스(DB)로 구축되고, 이렇게 수집된 개인정보가 함부로 사용되는 일이 많아졌기 때문이다. 1990년대 중반 이후 인터넷 사용이 보편화되면서 프라이버시 침해 유형이 더욱 늘어나고 있는데, 이러한 변화가 새로운 프라이버시권, 예컨대 잊혀질 권리의 탄생을 정당화할 수 있을지 주목되는 시점이다.

셋째, 프라이버시는 역사와 경험의 산물이다. 따라서 국가와 시대에 따라서 프라이버시 개념은 다를 수밖에 없다. 동양과 서양이 다르

73) Daniel J. Solove, Conceptualizing Privacy, 90 Cal. L. Rev. 1087 (2002).

고, 같은 서양에서도 미국과 유럽이 다른 것이 프라이버시의 인식이다. 유럽인은 햇빛이 좋으면 남녀를 불문하고 웃옷 벗고 일광욕을 즐기지만 월급을 대화 소재로 삼는 것을 꺼려하는 데 반해 미국인은 금융 정보의 공개에는 관대하지만 공개된 장소에서의 누드를 꺼려한다.[74)]

넷째, 유럽과 미국 사이에 프라이버시권의 인식 차이가 있다. 최고의 헌법적 가치를 인간의 존엄성에 두고 있는 유럽의 경우 프라이버시권의 목적은 개인의 인격권 보호에 있다. 유럽에서 프라이버시권과 인격권은 사실상 같은 말로 이해된다. 프라이버시 보호와 관련하여, 유럽에서는 원하지 않는 보도로 인하여 개인의 사회적 평가가 훼손되는 상황을 우려한다. 프라이버시를 침해하는 주범을 미디어로 이해하는 경향이 있다. 이에 반하여 자유를 최고의 헌법적 가치로 인식하는 미국에서는 공권력에 의하여 개인의 자유가 침해되는 상황을 가장 우려한다. 따라서 프라이버시권의 핵심은 여전히 국가에 의하여 가정의 평온이 침해받지 않도록 방어하는 데 있다. 가정 안에서 벌어지는 사안에 대해서는 개인 또는 가족의 자기결정권을 철저하게 보호하려고 한다. 언론의 자유를 절대적으로 보호하여야 한다는 인식이 강하기 때문에 미디어에 의한 프라이버시 침해는 크게 우려하지 않는다. 프라이버시권에 대한 유럽과 미국의 인식 차이는 잊혀질 권리라는 새로운 권리를 받아들이는 데서도 크게 나타난다.

---

74) 유럽과 미국의 프라이버시 문화 차이에 대해서는, James Q. Whiteman, *The Two Western Culture of Privacy: Dignity versus Liberty*, 113 Yale. L.J. 1151 (2004) 참고.

4) 프라이버시권과 헌법 제17조

외국 법제상 프라이버시권에 대응하는 우리 법제상 개념은 '사생활의 비밀과 자유'라고 보는 것이 많은 헌법학자들의 견해다.75) 하지만 양자는 동일시하기 어렵다. 첫째, 미국에서 프라이버시권은 헌법상 권리라고 단정할 수 없다. 미국 헌법은 프라이버시라는 용어를 담고 있지 않다. 수정헌법 제4조가 부당한 압수·수색(unreasonable searches and seizures)으로부터 신체, 가택, 서류 및 동산의 안전을 보장받는 권리를 규정하고 있어 혼자 있을 권리(right to be let alone)는 헌법상 권리로 이해할 수 있다. 미국 연방대법원은 1967년 Katz v. United States 사건 이후 프라이버시에 관한 합리적 기대를 보호하고 있으며, 그 근거를 수정헌법 제4조에서 찾고 있다. 연방대법원은 또 사생활에 관한 의사결정의 자유(decisional privacy)의 근거를 미국 헌법의 기본권 조항인 권리장전의 반영(penumbras) 또는 적법절차 조항으로부터 도출된다고 판시한 바 있다. 그러나 자기정보 통제권(information privacy)이 헌법상 권리라는 점에 대해서는 판례와 학설이 통일되어 있지 않다.

둘째, 우리 헌법 제17조의 내용을 미국 프라이버시권 유형 분류를 그대로 수용하여 해석하는 것도 잘못이다. 우리는 헌법 제10조에서 일반적 인격권을 도출할 수 있으므로, 헌법 제17조는 다른 의미를 갖는 것으로 해석하는 것이 타당하다. 즉 헌법 제17조는 사생활 영역에서 비밀과 자유를 보장한 것으로, 미국식 분류에서 혼자 있을 권리와 사생활에 관한 의사결정의 자유가 여기에 해당된다. 하지만 정보 프라이버시는 개인이 사회생활 영역에서 다른 사람에게 보이는 모습과

---

75) 대부분 헌법교과서는 사생활의 비밀과 자유 부분에서 미국의 프라이버시를 설명하고 있다. 대표적인 사례로 성낙인, 『헌법학』, 법문사, 2011, 632-53쪽 참조

관련되기 때문에 헌법 제10조에서 도출되는 일반적 인격권의 내용으로 이해하는 것이 타당하다.[76] 일반적 인격권은 개인의 사생활을 비롯하여 독자적인 생활 형성을 위하여 필요한 기본조건을 보장하는 기본권이다.[77] 헌법재판소는 신상공개 사건에서 "신상정보가 공개되면 공개대상자의 사회적 평가가 침해되어 헌법 제10조에서 유래하는 일반적 인격권이 제한된다"고 판시한 바 있다.[78] 한편, 우리 대법원은 개인정보자기결정권의 헌법적 근거를 일관되게 헌법 제10조와 제17조에서 찾는 데 반하여,[79] 헌법재판소는 "독자적 기본권으로서 헌법에 명시되지 아니한 기본권"이라고 하기도 하고[80] "헌법 제10조 제1문에서 도출되는 일반적 인격권 및 헌법 제17조의 사생활의 비밀과 자유에 의하여 보장된다."고 하기도 한다.[81]

---

76) 한수웅 교수는 우리 헌법은 일반적 인격권의 보호범위 중 사생활 보호에 관한 부분에 관하여는 개별적 기본권인 주거의 자유(제16조), 사생활의 비밀과 자유(제17조), 통신의 비밀(제18조)을 통하여 직접 구체적으로 규범화하였으며, 사회적 영역에서 인격 발현의 기본 조건의 보호(사회적 인격상에 관한 자기결정권)는 헌법에 명시적으로 규정되지 아니한 인격권을 보장하는 일반적 인격권에 의해서 이루어진다고 설명한다. 한수웅, 앞의 책, 541쪽. 이러한 해석이 타당하다고 본다.

77) 한수웅, 앞의 책, 541쪽.

78) 헌재 2013. 10. 24. 2011헌바106 등. 이 사건에서 헌법재판소는 일반적 인격권 외에 개인정보 자기결정권도 제한되는 기본권으로 인정하였다.

79) 대법원 1998. 7. 24. 선고 96다42789 판결("헌법 제10조는 "모든 인간은 인간으로서의 존엄과 가치를 가지며, 행복을 추구할 권리를 가진다. 국가는 개인이 가지는 불가침의 기본적 인권을 확인하고 이를 보장할 의무를 가진다."고 규정하고, 헌법 제17조는 "모든 국민은 사생활의 비밀과 자유를 침해받지 아니한다."고 규정하고 있는 바, 이들 헌법 규정은 개인의 사생활 활동이 타인으로부터 침해되거나 사생활이 함부로 공개되지 아니할 소극적 권리는 물론, 오늘날 고도로 정보화된 현대사회에서 자신의 정보를 자율적으로 통제할 수 있는 적극적인 권리까지 보장하려는 데 그 취지가 있는 것으로 해석된다.").

80) 헌재 2010. 5. 27. 2008헌마663, 판례집 22-1하, 323.

81) 헌재 2010. 9. 30. 2008헌바132, 판례집 22-2상, 597.

2. 새로운 유형의 프라이버시권의 필요성

1) 인터넷의 특수성에서 발생하는 문제

기술 발전으로 새로운 환경이 조성되면서 프라이버시 침해의 위험은 더욱 더 커졌다. 과거와 달리 개인의 내적이고 극히 개인적인 정보까지도 알 수 있게 되었으며, 그러한 개인정보에 사인이 쉽게 접근할 수 있게 되었다.[82] 새로운 환경은 인터넷으로 인하여 조성되었다. 그렇기 때문에 잊혀질 권리에 관하여 논의할 때 반드시 고려해야 하는 것은 인터넷의 특수성이다. 정보통신 기술의 발전, 특히 인터넷의 일상화는 시간과 공간을 초월하는 정보혁명을 가져왔다. 이로써 인간의 생활은 과거 아날로그 시대에 상상할 수 없었던 만큼 편리해졌지만, 동시에 부작용도 커졌다. 인터넷에 한번 공개된 수치스러운 정보가 영원히 사라지지 않는 디지털 주홍글씨(digital scarlet letter)의 문제가 그것이다. 더구나 인터넷에서는 정보 관련자뿐만 아니라 인터넷을 이용하는 '모든' 일반인이 '지속적으로' 접근 가능하기 때문에 과거 상상할 수 없었던 새로운 문제가 발생한다.[83] 수치스러운 정보 공개는 해당 개인의 부정적인 인격상을 형성함을 의미하고, 이렇게 형성된 사회적 인격상과 정보주체가 스스로 형성하고자 하는 인격상이 일치하지 않을 경우 정보주체의 정체성과 자율성을 훼손한다. 더구나 인터넷에 있는 모든 정보는 검색을 통해 모두에게 접근가능하기 때문

82) Chemerinsky, *supra* note 2, at 656.

83) 잊혀질 권리는 인터넷 공간에 참여한 모든 일반인들의 '지속적으로 검색되게 되는 처지'로부터 발생하는 현대적 문제점을 해결하기 위한 시도로 이해하는 견해로 조소영, 잊혀질 권리—정보의 웰다잉(well-dying)을 위한 법리 검토—, 공법연구 제41집 제2호, 2012 참고.

에 정보주체가 입게 되는 피해는 수인하기 어려울 정도로 크다.

기억이란 정보를 보유한다기보다 필요한 정보를 찾을 수 있다는 것을 의미한다고 보면,[84] 정보의 바다라는 인터넷에서 검색은 기억의 가장 중요한 요소다.[85] 인터넷에서 다른 사람의 기억으로부터 잊히고 싶다는 말은 결국 다른 사람이 나에 관한 정보에 접근하지 못하도록 하고 싶다는 말로 이해할 수 있다. 이러한 정보주체의 희망은 프라이버시권이 보호하려고 하는 바, 즉 공적 관심으로부터 은닉성, 사생활 영역에서의 평온성, 인격 형성의 자율성 및 사생활 영위의 자율성과 동일하기 때문에 잊혀질 권리 역시 프라이버시권의 보호영역 안에 있다고 보아야 할 것이다.

문제는 인터넷에서 발생하는 새로운 문제는 과거 아날로그 시대에 형성된 프라이버시권으로 해결하기에 충분하지 않다는 데 있다. 혼자 있을 권리를 보자. 혼자 있을 권리가 오프라인(off-line)에서 보호하고자 한 것은 자유로운 인격의 형성이다. 인간은 다른 사람과 교류하면서, 때로는 혼자 있으면서 자신만의 인격을 형성한다. 우리 헌법이 상정하는 인간상은 사회공동체 내에서 생활하며 사회에 구속을 받으면서도 독자적 인격의 주체로서 자신의 인격을 발현하고 개인의 고유한 가치를 유지하는 인간이다.[86] 즉 인간이 타인의 주목으로부터 도피하여 혼자 있으면서 인격을 자유로이 형성할 수 있도록 사적 생활

---

84) 빅토르 마이어 쇤베르거, 구본권 옮김, 『잊혀질 권리』, 지식의 날개, 2011.

85) 인터넷에서 검색의 중요성을 중시하여 잊혀질 권리를 정의한 견해로는 박용숙·김학성, 잊혀질 권리에 관한 헌법적 고찰, 헌법학연구 제21권 제1호, 2015. 여기서는 잊혀질 권리란 자신의 정보가 상당한 기간이 도과되어 적법한 목적을 위하여 더 이상 필요하지 않게 되었음에도, 타인에 의해 지속적으로 검색되거나 검색될 수 있는 상황에 놓여 있는 경우 이를 지우거나 정보 검색의 차단을 요구할 수 있는 권리로 정의하고 있다. 위 논문 323-34쪽 참고.

86) 한수웅, 헌법 제10조의 인간의 존엄성, 헌법학연구 제13권 제2호, 2007, 248쪽.

영역을 보호하고자 하는 권리가 혼자 있을 권리다. 인터넷이 일상화되면서 과거 주거 등 사적 공간을 중심으로 발전한 혼자 있을 권리를 온라인(on-line)에서도 인정하는 것은 타당하다.

2) 인터넷상 타인의 주목으로부터 도피할 수 있는 권리

인터넷상 타인의 주목으로부터 도피할 수 있는 권리는 종래 인정되던 혼자 있을 권리(right to be let alone)로 포섭하기에 어려움이 많다. 첫째, 인터넷이 사적 영역인지가 의문이다. 둘째, 잊혀질 권리에서 주로 문제되는 인터넷상 개인정보는 정보주체 이외의 자가 공개한 정보주체에 관한 내용이다. 셋째, 잊혀질 권리의 대상이 되는 개인정보는 작성·게재 당시 프라이버시 침해가 아니라고 평가되는 것이 대부분이다. 과거 적법하게 게재된 인터넷상 정보라고 하더라도 상당한 시간이 지나면 그 때와 다른 평가를 내려야 한다는 것이 잊혀질 권리의 핵심이다.

잊혀질 권리는 정보 프라이버시권(information privacy) 또는 개인정보자기결정권의 한 내용으로도 이해할 수 있다. CJEU의 구글 스페인 판결은 현행 개인정보 보호지침(Directive 95/46/EC)에 근거한 것이고, 이 지침은 개인정보자기결정권이라는 기본권을 구체화한 입법이다. 개인정보자기결정권과 잊혀질 권리는 정보기술의 발전으로 개인정보 침해가 발생하는 새로운 현상을 해결하기 위한 방법으로 정보주체에게 개인정보에 대한 관리통제권을 부여한다는 점에서 보면 동일한 권리다. 정보 프라이버시는 의사결정의 자유(decisional privacy)와 마찬가지로 의사결정의 주체가 스스로 결정할 수 있는 인간 자율성에 기초하고 있지만, 둘 사이에 결정적인 차이가 있다. 개인정보 속성상 의사결정의 주체가 마음대로 할 수 없는 한계가 있기 때문이다. 개인정보는 정보주체가 사회의 구성원으로서 사회생활을 하면서 쌓아온 것이기 때문에 정보주체가 배타적으로 소유할 수 있는 것이 아니다. 사회의 공유재산(commons)으로 이해하는 것이 타당하다. 그렇기 때문에 정보 프라이버시는 의사결정의 자유와 다른 종류의 독립된 분류가 필요한 것이다.

그런데 정보 프라이버시가 상정하는 문제 상황과 잊혀질 권리가 상정하는 문제 상황은 서로 다르다. 정보 프라이버시는 컴퓨터의 등장으로 개인정보가 데이터베이스(DB)로 구축되고 분석되고 이용되면서 발생하는 문제를 해결하기 위하여 등장하였고, 잊혀질 권리는 개인정보가 인터넷에 공개되면 누구나 지속적으로 접근할 수 있게 되면서 발생하는 문제를 해결하기 위하여 등장한 권리다. 또 정보 프라이버시의 대상 정보는 정보주체에 관한 개별적인 정보로서 낱개로 보면 큰 의미가 없지만, 다른 개별 개인 정보들과 함께 집적되고 분석되면서 정보주체에 관한 인격상을 형성해서 궁극적으로 정보주체의 인격권을 침해할 수 있다. 이에 반하여 잊혀질 권리의 대상 정보는 정보주체의 평가를 담고 있는 의견적 가치정보이거나 사실적 가치정보여서 그 자체로 인격권을 침해할 우려가 크다.

침해의 양태가 다르다면 해결 방법 역시 달라야 할 것이다. 유럽에서 잊혀질 권리라는 새로운 권리를 논의하는 이유도, 지금까지 발전해 온 정보 프라이버시권, 또는 개인정보자기결정권으로는 새로운 정보통신환경에서 개인의 인권을 충분히 보호하기 어렵다고 판단하였기 때문이다. 19세기 말 혼자 있을 권리라는 프라이버시권이 새롭게 주장되었던 것처럼, 또 1970년대 개인정보자기통제권이 세계 주요 국가에서 입법되던 것처럼 새로운 유형의 프라이버시권이 필요한 시점이다. 새로운 유형의 프라이버시권은 인터넷 프라이버시 또는 네트워크 프라이버시에 대한 권리라고 부를 수 있다. 이 새로운 권리는 정보주체가 인터넷이라는 가상 공간에서 형성되는 인격상을 스스로 관리할 수 있는 권리이며, 인터넷에서 자신의 인격상에 부정적 영향을 주는 개인정보의 삭제 또는 검색 차단을 요구할 수 있는 힘을 주요 내용으로 한다.[87] 특히 정보의 바다라는 인터넷의 속성상 정보를 직접 필터링(filtering)하여 제공하거나 이용자가 정보를 검색할 수 있도록 지원하는 인터넷 중개자의 역할이 중요하므로 새로운 권리의 객체로서 인터넷 중개자를 포함시키는 것은 필수불가결하다.

잊혀질 권리는 새로운 프라이버시의 유형으로 독자적 가치를 갖는다고 평가할 수 있다. 잊혀질 권리를 입법해야 한다면 이러한 독자적 가치 때문이다. 그 가치는 인터넷상 타인의 주목으로부터 도피할 수 있는 권리를 인정해야 할 필요성에서 찾는다. 타인의 권리로부터 도피할 수 있는 권리는 일반적 인격권의 한 내용이기 때문에 그 헌법적 근거를 찾는다면 헌법 제10조에서 찾아야 할 것이다. 이러한 권리는 크게 보면 헌법재판소가 헌법해석을 통해 기본권으로 인정한 개인정보자기결정권의 한 내용이라고도 할 수 있다. 차이가 있다면, 잊혀질 권리는 인터넷상에 공개된 정보로 인한 인격권 침해만을 대상으로 한다는 점에서 보호범위가 제한적이다. 오늘날과 같은 정보사회에서 인터넷이 일상생활에서 차지하는 비중이 점차 커지고 있고 이로 인한

87) 시카고 대학의 에릭 포스너(Eric Posner) 교수에 따르면, 잊혀질 권리는 나를 아는 다른 사람의 기억을 삭제하도록 요구하는 권리가 아니라, 나에 관한 정보가 온라인에 어떻게 나타나는지 통제할 수 있는 권리다. Eric Posner, *We All Have the Right to Be Forgotten* Slate, May 14, (2014) http://www.slate.com/articles/news_and_politics/view_from_chicago/2014/05/the_european_right_to_be_forgotten_is_just_what_the_internet_needs.html (방문일 2016. 4. 9).

인격권 침해의 위험성이 날로 커지고 있기 때문에 인터넷상 타인의 주목으로부터 도피할 수 있는 권리를 독자적인 기본권이라고 보는 것은 의의가 있다고 본다.

그러나 이 책에서 잊혀질 권리는 혼용해서 사용된다. 저자는 잊혀질 권리를 인터넷상 타인의 주목으로부터 도피할 수 있는 권리라고 이해하고 또 이렇게 이해할 때 법·제도의 개선을 논의할 의의가 있다고 주장하지만, 현실에서 잊혀질 권리는 이보다 훨씬 광범위한 의미로 사용되기 때문이다. 잊혀질 권리의 개념에 관한 통일적 이해 없이 권리의 도입 여부를 놓고 국내외에서 열띤 논쟁을 벌인 것이 모든 혼란의 주범이다.

제 3 장

잊혀질 권리의 발전: 유럽 논의를 중심으로

제3장 잊혀질 권리의 발전: 유럽 논의를 중심으로

1. 잊혀질 권리의 기원과 발전

잊혀질 권리는 인격권을 보호하는 유럽의 법체계에서 탄생한 권리다. 잊혀질 권리가 주목받기 전에도, 출소 후 상당 시간이 지난 전과자에게 다른 사람이 자신의 형사 기록에 접근하거나 이를 이용하지 못하도록 금지할 수 있는 권리를 인정해왔다. 이러한 권리를 프랑스에서는 망각권(droit à l'oubli)이라고 부른다. 망각권은 미디어가 과거 범죄사건을 보도할 때 이를 금지할 수 있는지 여부 문제와 관련하여 중요하다. 즉 망각권은 주로 미디어의 보도에 대항할 수 있는 권리로 이해된다. 많은 유럽 국가들은 전과자의 인격권과 그의 사회 복귀를 표현의 자유보다 중시하기 때문에 이러한 권리를 인정하는 경향이 있다. 그렇기 때문에 유럽에서는 잊혀질 권리는 새로운 권리가 아니라고 보는 경향이 있다. 더 나아가 프랑스, 독일, 스위스, 스페인, 영국 등은 형사 기록 자체를 삭제하도록 국가에 요구할 수 있는 권리를 인정하고 있다.[1] 유럽 주요 국가의 인격권 보호 체계와 잊혀질 권리의

1) Ashley Messenger, *What Would a "Right to Be Forgotten" Mean for Media*

기원을 살펴본다.

1) 프랑스

EU의 잊혀질 권리는 프랑스의 망각권의 영향을 많이 받았다. 여기서 망각권이란 형이 확정되어 교도소에서 복역한 후 사회에 복귀한 전과자가 범죄 및 수형에 관한 사실 보도를 막을 수 있는 권리라고 설명한다.[2] 하지만 프랑스에 망각권이 실제로 존재하는지에 대해서 의문을 표하는 학자도 있다.[3] 하급심 법원과 주석서는 망각권을 인정하고 있지만,[4] 프랑스 최고법원인 파기원(Cour de cassation)이 명백하게 이 권리를 부정하였다는 것이다.[5] 분명한 것은 프랑스에서 망각권이 중요하게 논의되었다는 사실이다.[6] 프랑스가 2009년 잊혀질 권리의 자율 규제 모델을 세계 최초로 발의한 것은 이러한 맥락에서 이해하여야 한다.

프랑스의 법체계를 보면, 전반적으로 프라이버시 보호가 두텁다. 1958년 프랑스 헌법은 프라이버시를 명시적으로 보장하고 있지는 않

---

in the United States?, Comm. Law, Jun (2012), p29-30.

2) Jeffrey Rosen, *The Right to Be Forgotten*, 64 Stanford Law Review Online 88 (2012).

3) Basil Markesinis et.al., *Concerns and ideas about the Developing English Law of Privacy(and How Knowledge of Foreign Law Might Be of Help)*, 52 American Journal of Comparative Law 133, 169 (2004).

4) David Lindsay, *The 'right to be forgotten' in Europa data protection law*, in EMERGING CHALLENGES IN PRIVACY LAW 305 (2014).

5) Cour de cassation, lére chambre civile, 89-12580, Nov 20, (1990).

6) 국내에서도 프랑스의 망각권과 잊혀질 권리는 다른 차원의 권리라고 설명하는 견해가 있다. 장성원, 잊혀질 권리와 명예훼손, 형사정책 제25권 제3호, 2013, 147쪽 참고.

다. 1995년 프랑스 헌법재판소(Conseil Constitutionnel)가 프라이버시권을 기본권으로 인정하였다. 프라이버시 보호의 헌법적 근거는 1789년 「인간과 시민의 권리선언」 제2조에서 찾을 수 있다.

그동안 판례를 통해 프라이버시권으로 인정된 내용은 다음과 같다.[7] 첫째, 자기가 하고 싶은 대로 할 수 있는 자유, 즉 일반적 행동 자유권이다. 예컨대 고용인은 피고용인에게 결혼을 금지하는 계약의 체결을 강요할 수 없다. 둘째, 특정 사항을 비밀로 유지할 수 있는 권리다. 예컨대 누구나 사생활 공개를 거부할 수 있다. 셋째, 성생활, 건강상태 및 신체에 관한 비밀이다. 예컨대 동의 없이 다른 사람의 신체 일부분을 출판하는 것, 고용인이 채용 면접자에게 AIDS 감염여부를 묻는 것, 의사·환자 간 의료 비밀에 관한 정보를 공개하는 것은 해당 정보주체의 프라이버시를 침해하는 것이다. 넷째, 다른 사람의 존엄성에 대한 존중이다. 예컨대 신문에 죽은 사람의 시체 사진을 게재하는 것은 유족의 프라이버시권에 반하는 것이다. 다섯째, 사람의 이미지 또는 음성의 보호다. 예컨대 부부의 전화 대화를 녹음하고 그 녹음물을 어떻게 취득하였는지 밝히지 않은 채 법정에 증거로 제출하는 것은 불법이다. 여섯째, 잊혀질 권리다. 예컨대, 누구나 형사 기록물에 기록된 유죄 선고, 갱생, 사면 등 과거 사건을 다른 사람이 언급하지 못하도록 막을 권리가 있다. 일곱째, 통신을 보호할 권리다. 이상에서 프라이버시의 보호 범위가 상당히 넓은 것을 알 수 있다.

프랑스는 개인정보 보호에도 충실하다. 프랑스에서는 인터넷 공간에서 발생하는 개인정보 침해 문제를 프라이버시 침해 문제로 보고 있다.[8] 개인정보 보호에 관한 기본법은 「정보기술, 데이터 파일 및

7) MEDIAWORLD §13:18. 이하 프랑스 프라이버시 판례법의 내용은 위 문헌을 참고하여 기술하였다.

시민적 자유에 관한 1978년 1월 6일 법」(Law No. 78-17 of 6 January 1978 on Information Technology, Data Files and Civil Liberty, 이하 '78- 17/ 1978법'이라 한다)이다. 유럽연합의 개인정보 보호지침(Directive 95/ 46/EC)의 내용은 2004년 8월 6일 개정 때 반영되었다. 개인정보위원회(Commission nationale de l'informatique et des libertés, CNIL)가 이 때 설립되었다. 78-17/1978법은 목적에 따라 정보 보유기간을 정하는 것이 특징이다(제6조 5°). 2004년 8월 개정법은 개인정보처리 거부권과 개인정보 삭제권을 규정하고 있다. 즉 모든 사람은 정당한 이유가 있을 경우 자신의 개인정보처리에 반대할 권리를 갖는다. 또한 모든 사람은 자신에 관한 부정확하거나 불완전하거나 모호하거나 낡은 개인정보 또는 수집, 이용, 제공, 보존이 금지된 개인정보를 경우에 따라 수정, 보완, 갱신, 봉쇄, 삭제하도록 정보처리자에게 요구할 권리를 갖는다.

프랑스에서 잊혀질 권리를 명시적으로 규정한 법률은 없다. 하지만 78-17/1978법이 적절하지 않은 개인정보에 대하여 삭제를 요구할 수 있는 개인의 권리를 규정한 것으로, 잊혀질 권리처럼 사용될 수 있다. 그 뒤 동일한 내용이 형법에 들어갔다. 프랑스에서 잊혀질 권리는 또 범죄자의 갱생을 지원하기 위한 수단으로 이해된다. 유죄 판결을 받고 수형되었다가 출소한 사람은 자신의 범죄와 유죄 판결에 관한 정보를 담은 글의 출판에 반대할 수 있는 권리를 갖는다. 프랑스에서 잊혀질 권리는 금융정보의 삭제로도 이해된다. 합리적이라고 생각되는 시간이 경과되면 데이터베이스(DB)에서 개인정보의 삭제를 요구할 수 있는 권리가 발생한다. 이것 역시 광범위한 의미의 잊혀질 권리로 분류할 수 있다.

---

8) 전영, 잊혀질 권리(Droit à l'oubli)에 대한 연구−프랑스법을 중심으로−, 헌법학연구 제19권 제2호, 2013, 390쪽.

프랑스에서 잊혀질 권리가 크게 주목받게 된 때는 2009년 즈음이다. 인터넷에서 잊혀질 권리를 보장하기 위한 의원입법이 2009년 11월 6일 발의되었다. 위 법안은 인터넷에서 점점 더 요구되는 잊혀질 권리의 효용성을 부여하기 위하여 78-17/1978법의 개정을 제안하였다.[9] 주요 내용을 보면, 첫째 개인정보 노출의 위험성을 알리고 이렇게 노출된 정보에 대한 삭제 및 수정의 권리가 있음을 가르치기 위하여 학교 교육을 강화한다. 둘째, 인터넷 프로토콜(Internet Protocol, IP) 번호 역시 개인정보로 간주된다. 셋째, 정보처리자는 인터넷 이용자에게 정보 보존 기간 및 이메일을 통하여 삭제, 접근 및 수정권이 있음을 통지하여야 한다. 넷째, CNIL의 제재권을 확대하고, 정보처리자에 대한 CNIL의 감시 역할을 강화한다. 하지만 위 법안은 입법에 성공하지 못하였다.

한편, 2009년 11월 프랑스 디지털경제 담당 장관 Nathalie Kosciusko-Morizet는 인터넷상 잊혀질 권리를 확보하기 위한 대대적인 캠페인을 시작하였다. 주된 내용은 인터넷 이용자를 대상으로 인터넷 프라이버시 위험을 알리는 교육을 실시하고, 전문가들로 하여금 실천규약을 채택하도록 하고, 프라이버시 보장을 강화하는 도구를 개발하도록 권장하며, 프랑스 및 EU 차원에서 데이터 보호 및 잊혀질 권리를 입안하여 발전시킨다는 것이다. 캠페인은 2010년 9월과 10월 두 개의 실천규약을 채택하면서 성공적으로 끝났다. 그 중 하나가 소셜 네트워크 및 검색 엔진에서 잊혀질 권리에 관한 실천규약(Charte du Droit à l'oubli dans les sites collaboratifs et les moteurs de recherche)이다. 2010년 10월 13일 소셜 네트워크, 컨텐트 공급자, 검색 엔진 운영

9) 전영, 앞의 논문, 405-6쪽 참고.

자, 청소년보호협회 등 관계기관 대표들은 인터넷 이용자가 인터넷에 게재된 자기 개인정보에 대한 통제권을 확보하는 실천규약을 체결하였다. 실천규약은 개인정보처리에 대한 사전고지를 통보 받을 권리, 동의할 권리, 거부할 권리를 포함하고 있다.[10]

2) 독일

독일에서 잊혀질 권리는 인격권의 외연으로 이해된다. 독일에서 인격권 법리가 처음 주목받은 것은 1957년 엘페스(Elfes) 사건[11]이다. 엘페스(Wilhelm Elfes)는 기독민주연합(CDU) 소속 우파 정치인으로 당시 연방 총리인 아데나워의 국방 및 통일 정책에 대해서 신랄하게 비판하였다. 외국에서 열리는 외교 정책 컨퍼런스에 참석하고자 비자 연장을 신청하였으나, 그의 비판이 국가 안보를 위협한다는 이유로 연장이 거절되었다. 엘페스는 거주 이전의 자유가 있음을 들어 비자 연장 거부가 독일기본법 제11조 위반이라고 주장하였다. 그러나 독일 연방헌법재판소는 거주 이전의 자유는 국내 여행만 포함하고, 국외 여행은 포함하지 않는다는 이유로 그의 주장을 받아들이지 않았다.[12] 그 대신 독일 연방헌법재판소는 기본권 제2조 제1항의 인격의

---

10) *French Government Secures "Right to Be Forgotten" on the Internet*, Privacy & Information Security Law Blog, Oct 21, (2010), http://www.huntonprivacyblog.com/2010/10/articles/european-union-1/french-government-secures-right-to-be-forgotten-on-the-internet/print.html (방문일 2016. 4. 15).

11) 6 BVerfGE 32 (1957).

12) 판결 내용은, 박진완, 우리 헌법상의 일반적 인격권의 보장체계, 공법연구 제33집 제1호, 2004, 309쪽; Christoph, Elfes Case(1957)—BVerfGE 32, German Law Archive, May 31, (2013), http://germanlawarchive.iuscomp.org/?p=9 (방문일 2016. 4. 15)을 참고하여 작성하였다.

자유로운 발현권의 내용으로 일반적 행동권 외에 일반적 인격권을 인정하였다. 행동의 자유는 인격의 발현이나 성장에 필요한 행동을 행하는 자유를 의미한다. 독일 연방헌법재판소는 종전까지 행동의 자유를 좁게 해석하였으나, 엘페스 사건에서 이를 폭넓게 해석하였다. 독일에서 일반적 인격권은 기본법 제2조 제1항과 인간의 존엄성을 규정한 제1조 제1항이 결합하여 발전하였다.

독일은 잊혀질 권리를 오래전 판례로 인정한 나라다. 첫 사건이 1973년 레바하(Lebach) 판결이다.[13] 이 사건의 사실 관계를 보면, 1969년 1월 레바하 지역에 있는 무기고를 경비하던 네 명의 군인이 살해되고 한 명이 중상을 입은 사건이 발생하였다. 세 사람이 체포되었는데, 그 중 두 명은 무기징역형을 선고 받고, 나머지 한 명은 살인방조로 6년형을 선고 받았다. 1972년 제2공영방송사 ZDF는「레바하 지역의 군인살해사건」이라는 제목의 다큐멘터리 필름을 제작해서 그 해 6월 방송할 예정이었다. 여기서 세 사람의 이름과 사진이 공개되었으며, 세 사람은 동성애 관계에 있다는 내용도 보도되었다. 살인방조로 6년형을 선고받은 사람이 위 프로그램의 방송금지가처분을 신청하였으나, 지방법원에서 성공하지 못하였다. 이에 고등법원에 항소하고, 헌법소원심판을 신청하였다.

독일 연방헌법재판소는 이 사건이 독일 기본법 제1조와 제2조에서 보장하는 인격권과 제5조 제2항 제2문에서 보장하는 방송의 자유가 충돌하는 사안이라고 보고 두 헌법상 권리를 비교형량하였다.[14] 독일

---

13) BVerfGE 35, 202-246 (1973. 6. 5).

14) 판결 내용은, 김도균, 법적 이익형량의 구조와 정당화 문제, 서울대학교 법학 제48권 제2호, 2007, 48쪽; 판례 및 이슈, 독일 함부르크 고등법원, '잊혀질 권리'는 인터넷 신문 아카이브 운영자에게도 적용된다고 판결 (2015. 7. 7), 월간 인터넷 법제동향 제95호, 2015, 38쪽 참고.

연방헌법재판소에 따르면, 기본적으로 중대한 범죄 보도에 있어서 방송의 자유와 국민의 알 권리가 범죄자의 인격권 보호보다 우선한다. 하지만 보도가 이후 계속해서 사회적 관심사가 되는 정보의 이익을 갖지 못한 경우 그 보도는 다시 평가돼야 한다. 이 때 방송보도가 범죄자에게 추가적인 해악을 부과하는지 여부가 결정적인 기준이다. 일반적으로 사회에 복귀하는 범죄자의 이익과 그로 인한 사회의 이익이 범죄에 대해서 추가 논의하는 대중의 이익보다 우월하다. 그런데 방송이 보도되면 청구인에 대한 부정적인 인상이 대중에게 심어질 것이므로 청구인의 내밀한 영역에 대한 심각한 침해가 발생한다. 독일 연방헌법재판소는 이러한 논리에 따라 청구인의 인격권 보호가 더 우선한다고 판결하였다.

독일 연방헌법재판소는 "언론이 범죄인의 실명과 사진을 사용하여 범죄 사실을 보도하는 것은 범죄인의 인격권에 대한 중대한 침해이나, 발생한 범죄 사실에 대해 알아야 할 국민의 이익과 이를 보도해야 할 언론의 공적 과제가 있기 때문에 양 법익을 비교형량하는 경우 '중대한 범죄가 발생한 당시'에는 범죄에 관한 사실을 보도해야 할 이익 및 국민의 알고자 하는 이익이 범죄인의 인격권에 대하여 원칙적인 우위를 차지한다."고 한 후 "그러나 범죄 행위 후 시간이 경과할수록 범죄 사실에 관하여 보도해야 할 이익이 감소하는 반면, 범죄인이 형을 치르고 출소시기에 접할수록 범죄인의 인격권과 사회에 복귀할 권리의 비중이 커진다. 범죄 행위가 발생한 후 몇 년이 경과하여 국민의 알고자 하는 이익이나 이에 관한 보도의 이익이 거의 존재하지 않음에도 다시 반복적으로 범죄 행위에 관하여 보도하는 것은 범죄인의 사회 복귀의 가능성을 위협하기 때문에 허용되지 않는다. 이 경우 사회에 복귀하고자 하는 범죄인의 이익과 범죄인의 사회 복귀를 가능케 하고자 하는 국가공동체의 이익이 범죄 행위를 다시 상기시키고자 하는 보도의 이익에 대하여 원칙적인 우위를 차지한다." 고 판시하였다.[15]

레바하 사건의 인터넷 판 사건으로 영화배우 젠들마이어(Walter Sendlmayr) 사건이 있다. 1990년 7월 젠들마이어는 한 때 사업 동반자였던 두 사람에게 살해되었다. 인터넷백과사전 위키피디아(Wikipedia)에 젠들마이어를 검색하면, 두 살인범의 이름과 함께 그들이 무기징역을 선고받고 복역하다가 2007년 8월과 2008년 1월 각각 출소하였다는 내용이 나온다. 2009년 10월 살인범 중 한 사람이 위키피디아에 젠들마이어를 검색할 때 자기 이름을 나오지 않도록 삭제해달라는 소송을 제기하였다. 하급 법원은 온라인 아카이브(archive)가 정보의 확산이라고 생각하여, 레바하 판결에 따라 아카이브에서 해당 정보를 삭제하라고 명령하였다. 하지만 독일 연방법원은 명백히 오래된 내용과 현재 보도를 구분하여, 웹사이트는 자신의 아카이브를 계속해서 검토할 의무는 없다고 판결하였다.[16] 이는 검색 엔진에서 과거 뉴스에 쉽게 접근할 수 있지만, 그렇다고 해서 과거 기억을 삭제해야 할 충분한 이유가 되는 것은 아니라는 의미다.[17]

이에 반하여 2015년 7월 독일 함부르크 고등법원은 잊혀질 권리가 인터넷 신문의 아카이브 운영자에게도 적용된다고 판결하였다.[18]

---

15) BVerfGE 35, 202, 226ff (한수웅, 『헌법학』, 제4판, 법문사, 2014, 508쪽 각주1에서 재인용).

16) L. Siry and S. Schmidt, *A Right to Be Forgotten?—How Recent Developments in Germany May Affect Publishers in the US*, 3 European Journal of Law and Technology 1 (2012).

17) *Id.* at 5.

18) OLG Hamburg Urteil vom 07.07.2015.-7 U 29/12. 이 판결의 내용과 의미는 판례 및 이슈, 독일 함부르크 고등법원, '잊혀질 권리'는 인터넷 신문 아카이

판결 이유를 보면, 언론의 자유가 일반적 인격권보다 우월하기 때문에 인터넷 신문 아카이브에 정당하게 보관되어 있는 기사 자체는 삭제될 수 없는 것이 원칙이나, 시간이 흘러 일반인들의 관심이 사라지게 되면 기사에 보도된 당사자의 일반적 인격권이 침해될 수 있으므로 해당 당사자는 인터넷 신문 아카이브 운영자에게 인터넷 검색 엔진에서 자신의 이름을 입력하는 것만으로는 자신과 관련된 기사가 검색될 수 없도록 조치를 취해줄 것을 요청할 수 있고, 운영자가 조치를 취하지 않을 경우 방해자 책임을 진다. 이 판결은 2014년 구글 스페인 판결에서 유럽사법재판소가 인정한 잊혀질 권리를 인터넷 신문 아카이브 운영자에게도 확대 적용하였다는 데 그 의의가 있다. 하지만 인터넷 중개자인 검색 엔진에서 발전된 원리를 인터넷 콘텐츠 생산자의 아카이브에 적용한 점과 인터넷 신문 아카이브 운영자가 검색 엔진에서 더 이상 검색되지 않도록 하는 조치를 할 수 있는 기술적 능력이 있는지가 의문이라는 점을 문제로 지적하는 견해도 있다.[19]

지금까지 독일의 태도를 정리하면 다음과 같다. 독일은 최상의 헌법적 가치질서를 인간 존엄성 보호에 둔다. 그렇기 때문에 인간의 지적·정치적·경제적 자유가 인간의 존엄성을 훼손할 정도로 제한되어서는 안 된다고 본다. 그 연장선에서 모든 사람은 공적 권위의 침입에서 벗어나 궁극적으로 개인의 자유를 침해받지 않는 영역, 사적 영역을 제공받아야 하며, 불가침의 영역을 침해하는 법은 헌법과 양립할 수 없다고 본다. 독일 법원은 일반적 인격권을 중시한다. 레바하 판결에서 보듯이 독일 연방헌법재판소는 전과자의 사회 복귀가 그

브 운영자에게도 적용된다고 판결 (2015. 7.7), 월간 인터넷 법제동향 제95호, 2015년, 33-39쪽 참고.

19) 월간 인터넷 법제동향 제95호, 2015, 39쪽.

사람의 범죄경력에 대해서 알아야 할 사회의 이익보다 우월한 사안에서 잊혀질 권리를 인정하였다. 하지만 실제 사례를 보면, 독일에서 잊혀질 권리는 도그마틱 형태로 존재할 뿐 스페인처럼 실질적인 결과를 도출하고 있다고 평가하기는 힘들다. 독일 법원은 언론의 자유에 즉각적인 제한을 가져오는 프라이버시 보호에 주저하였다. 한편 독일 정부는 2014년 5월 구글 스페인 판결이 나온 직후 정보 삭제를 요청하는 소비자를 위해 분쟁해결기구를 설립하겠다고 밝힌 바 있다.[20] 인터넷 검색회사가 자동 삭제 프로그램을 개발해서 소비자의 삭제요청에 대응할 경우 공적 정보가 위험에 빠질 수 있다고 본 것이다.

3) 스페인

잊혀질 권리의 주장은 스페인에서 활발하게 전개되었다. 스페인은 EU에서 개인정보 보호를 가장 엄격히 시행하는 나라 중 하나다.[21] 2011년 스페인은 정보보호원(AEPD)에 시민의 프라이버시 침해 주장을 판단할 수 있는 권한을 부여하였다. 그 후 잊혀질 권리의 침해를 주장하는 청구가 줄을 이었다. 첫 번째 사건은 전직 판사인 변호사가 스페인 헌법재판소와 신문사 Diario El Pais를 상대로 각각의 웹사이트에 있는 자신의 이름을 삭제해달라는 요청이었다.[22] 스페인 개인

---

20) Patrick Donahue & Cornelius Rahn, *Germany Mulls Arbitration for Web 'Right to be Forgotten'*, Bloomberg News, May 27, (2014), http://www.bloomberg.com/news/articles/2014-05-27/germany-mulls-arbitration-for-web-right-to-be-forgotten- (방문일 2016. 4. 15).

21) Gonzalo F. Gállego, *Data Protection Compliance in Spain 2015*, Hogan Lovells, p 2, http://www.hldataprotection.com/files/2015/07/Hogan-Lovells-Data_Protection_In_Spain-2015.pdf (방문일 2016. 4. 15).

22) 이하 내용은 Patricia Sánchez Abril & Jacqueline D. Lipton, *The Right to be*

정보청은 원고의 청구를 기각하였다. 두 웹사이트에는 원고가 1979년 위조로 유죄 판결을 받은 기록을 담고 있었다. 법원은 이번 사안처럼 공중의 관심사인 진실한 정보가 적법하게 공개된 경우 표현의 자유가 프라이버시보다 우선한다고 판단하였다. 그러자 원고는 구글(Google)을 상대로 삭제 청구를 하였다. 유사한 사안이 줄을 이었다. 2011년에서 2013년까지 스페인 정보보호청이 온라인 신문 기사에 연결된 링크를 삭제하라고 구글에게 명령한 것이 90건이 넘는다.[23] 2014년 5월 유럽사법재판소의 구글 스페인 판결은 이런 배경에서 나온 것이다.

4) 이탈리아

이탈리아의 프라이버시권과 개인정보 보호의 내용은 OECE 가이드라인과 EU 규정의 영향을 많이 받고 있다. 이탈리아의 개인정보 보호규정(Data Protection Code)은 개인정보 보호의 기본원칙과 정보주체의 권리 및 정보처리의 의무를 규정하고 있다. 이탈리아도 다른 유럽 국가와 마찬가지로 잊혀질 권리를 암묵적으로 인정하고 있었다. 망각권(diritto all'oblio)은 1998년 이탈리아 대법원 판례에서 나타난다.[24] 이탈리아 개인정보위원회(Garante per la protezione dei dati personali)는 훗날 잊혀질 권리 사건에서 1998년 판례를 자주 인용한다. 이탈리아 대법원은 이 판례에서 언론사가 개인에 관한 정보를 적법하게

Forgotten: Who Decides What the World Forgets?, 103 Kentucky L.J. 363, 373 (2014-2015) 이하 참고.

23) Patricia Sánchez Abril & Jacqueline D. Lipton, *The Right to be Forgotten: Who Decides What the World Forgets?*, 103 Kentucky L.J. 363, 374 (2014-2015).

24) Italian Supreme Court, decision no. 3679 Apr 9, (1998).

보도하기 위한 요건을 ① 공개되는 정보의 객관적 진실성, ② 해당 정보를 아는 데 있어서 공익성, ③ 전개에 있어서 형식적 공정성, ④ 개인정보를 공개하는 뉴스의 적절성으로 제시하였다.[25)]

이탈리아 최고법원인 파기법원(Corte di Cassazione)은 2012년 5월 잊혀질 권리를 고려한 판결을 내렸다.[26)] 1993년 부정부패 혐의로 기소되었다가 나중에 무죄 판결을 받은 정치인이 한 신문사(Il Corriere della Sera)를 상대로 낸 소송이었다. 신문사 아카이브에 과거 기사가 저장되어 있어서 검색 엔진을 통해 해당 정치인의 과거 체포 기록을 찾을 수 있었다. 원고는 신문사 아카이브에 구속 기사만 있고 후속 기사, 즉 자신이 석방된 내용은 없기 때문에 구속 기사를 모두 삭제하라고 주장하였다. 그렇지 않을 경우 해당 뉴스를 업데이트하여 후속 뉴스를 추가하던가, 해당 뉴스를 검색 엔진이 찾을 수 없도록 다른 곳에 보관하라고 요구하였다. 파기법원은 해당 기사가 보도 당시 진실이기 때문에 명예훼손은 성립하지 않는다고 보았다. 하지만 후속 기사가 없기 때문에 아카이브는 불완전하다는 점을 인정하였다. 파기법원은 온라인 뉴스 아카이브는 이용자가 업데이트 된 정보에 신속하고 쉽게 접근할 수 있도록 설계되어야 할 뿐 아니라, 최신 정보를 유지하고 후속 내용을 보도해야 할 의무가 있다고 판결하였다. 그러나 파기법원은 검색 엔진은 단순한 중개자이기 때문에 논란이 되는 콘텐츠로의 링크(link)를 삭제할 의무는 없다고 판결하였다.[27)]

---

25) Norberto Nuno Gomes de Andrade, Oblivion: *The Right to Be Different… from Oneself-Reproposing the Right to Be Forgotten*, IDP Número 13, Feb, (2012).

26) Court of Cassation (Third Division) No. 5525, Apr 5, (2012), (MEDIAWORLD §19:4에서 재인용).

27) Aurelia Tamò & Damian George, Oblivion, Erasure and Forgetting in the Digital Age (2014).

5) 스위스[28]

스위스 연방법원은 1983년 소시에테 스위스(Société Suisse) 사건에서 1939년 사형을 선고받고 집행된 한 범죄인의 사연을 TV 다큐멘터리로 방영하지 못한다고 선고하였다.[29] 다큐멘터리는 공문서와 생존자의 회고에 기초하여 제작되었지만, 법원은 범죄인의 신원에 관한 대중의 알 권리는 일정 시간이 흐르면 사라지고, 범죄인의 잊혀질 권리가 알 권리에 우선한다고 판시한 것이다. 이후 스위스 연방법원은 여러 차례 잊혀질 권리를 확인하였다. 전문직업인 범죄로 기소돼 유죄 판결을 받았던 한 CEO가 자기의 과거 행적을 출간한 출판사를 상대로 낸 소송에서 법원은 과거 유죄 판결과 관련하여 원고의 이름을 출판하는 것은 더 이상 공익이 아니며, 갱생이라는 목표에도 반한다고 판시하였다.[30] 사실 관계가 진실이라고 하더라도 원고의 명예와 사생활을 침해하는 것은 정당화될 수 없기 때문에 원고의 과거 범죄경력을 공개하는 것은 원고의 잊혀질 권리를 부당하게 침해한다는 것이다.

이상에서 보듯이 스위스 법에 따르면, 유죄 판결이 내려지고 일정 시간이 지나면 형사 기록에 기초하여 범죄인의 이름을 공개하는 것은 오직 그 정보가 뉴스 가치가 있는 경우에 한정된다. 비록 진실이고 과거 공개된 정보라고 하더라도 프라이버시권 침해가 있는 경우에는 보도하지 못할 수 있다. 물론 잊혀질 권리가 알 권리를 항상 우선하

28) 스위스에서 잊혀질 권리 논의에 대해서는 Franz Werro, *The Right to Inform v. the Right to be Forgotten: A Transatlantic Clash*, Georgetown University Center for Transnational Legal Studies Colloquium, Research Paper No. 2, May (2009) 참고.

29) X v. Société de Radio et de Télévison, BGE 109 II 353 (1983).

30) R. AG v. W., BGE 122 III 449 (1996).

는 것은 아니다. 기본권 충돌이 발생하므로 두 기본권 간 이익형량하는 일이 필요하다.

2. 유럽연합 개인정보 보호법의 탄생과 특징

최근 잊혀질 권리는 개인정보의 관점에서 다루어지고 있다. 유럽 국가에서 종전부터 인정되던 망각권이 주로 언론보도에 대항해서 탄생된 개념인데 반하여 최근 논의되고 있는 잊혀질 권리는 개인정보 보호법 체계 속에서 개인정보의 삭제를 다루고 있다. 개인정보 보호법 체계에서 언론보도는 적용 예외가 되는 것이 일반적이다.

1) 개인정보 보호지침의 탄생

잊혀질 권리는 유럽 특유의 개인정보 보호법제 속에서 탄생한 것이다. 현재 유럽 국가들의 개인정보 보호법제는 1995년 10월 24일 제정된 개인정보 보호지침(Directive 95/46/EC)[31]에 기초해서 제정된 것이다.[32] 1995년 개인정보 보호지침은 일종의 입법 가이드라인으로 개별 국가에 직접 적용되지 않는다. 입법 형식으로 지침(directive)은 EU 회원국에게 준수할 것을 요구하지만, 어떠한 수단과 방법을 사용할지는 회원국에 맡겨 놓는다. 이에 반하여 정보보호 일반규정(GDPR)

---

31) Directive 95/46/EC OF THE EUROPEAN PARLIAMENT AND OF THE COUNCIL of 24 October 1995 on the protection of individuals with regard to the processing of personal data and on the free movement of such data, http://eur-lex.europa.eu/legal-content/EN/TXT/HTML/?uri=CELEX:31995L0046 (방문일 2016. 4. 15).

32) 1995년 개인정보 보호지침의 성립과정에 관해서는, 함인선, EU의 '1995년 개인정보지침'에 관한 법적 고찰, 법학논총 제33집 제1호, 2013 참고.

은 규정(regulation)으로, 회원국에 직접 전면적으로 적용된다.[33] 1995년 개인정보 보호지침에 따라 영국은 1998년 개인정보 보호법(Data Protection Act 1988)을 제정하였으며, 프랑스는 1978년 개인정보 보호법(Loi n° 78-17 du 6 janvier 1978)을 2004년 개정하고, 독일은 연방정보보호법(Bundesdatenschutzgesetz, BDSG)을 2001년 개정하였다.[34] EU 회원국은 물론이고, 비회원국도 정보보호지침에 따라 국내법을 제·개정하였거나, 하고 있는 중이다.

1995년 개인정보 보호지침이 제정된 것은 EU가 출범하기 전이다. 당시는 유럽 시장의 통합과 조화를 중시하는 분위기였기 때문에 개인정보의 보호 못지않게 개인정보의 처리와 자유로운 유통이 중요 목적으로 제시되었다. 개인정보 보호지침은 개인정보 보호를 국가 차원이 아닌 유럽공동체 차원에서 추진하였다는 점에서 그 의미가 크다. 개인정보 보호지침의 제정에 직접적인 영향을 끼친 선행 규범은 1980년 OECD 프라이버시 가이드라인과 1981년 유럽평의회(Council of Europe, CoE) 협약 108(Convention 108)이다.

1980년 OECD가 제시한 개인정보 보호 8개 원칙은 개인정보 보호지침뿐 아니라 세계 각국의 개인정보 보호법의 제정에 지대한 영향을 미쳤다. OECD의 개인정보 보호 8원칙은 ① 수집 제한(Collection Limitation) 원칙, ② 정보 정확성(Data Quality) 원칙, ③ 목적 특정(Purpose Specification) 원칙, ④ 이용 제한(Use Limitation) 원칙, ⑤ 안전성 확보(Security Safeguards) 원칙, ⑥ 공개(Openness) 원칙, ⑦ 개인 참가(Individual

---

33) Treaty on the Functioning of the European Union, art. 288.

34) EU 회원국별 개인정보 보호법 개정 현황 및 그 내용에 대해서는 European Commission, Data Protection Officer, http://ec.europa.eu/dataprotectionofficer/dpltransposition_en.htm (방문일 2016. 4. 15) 참고.

Participation) 원칙, ⑧ 책임(Accountability) 원칙 등이다. 이 중 잊혀질 권리와 관련 있는 정보주체 참여의 원칙을 보면, 정보주체는 정보수집 여부에 관하여 확인을 구할 권리, 합리적인 기간 내에 합리적인 방법과 알기 쉬운 형태로 자신에 관한 정보를 통지받을 권리, 통지가 거절된 경우 그 이유를 통보받고 이의를 제기할 권리 및 자신에 관한 정보를 삭제, 정정, 완성 및 수정할 수 있는 권리를 갖는다.

그러나 OECD 원칙은 잊혀질 권리를 예상하고 제정된 것이 아니다. OECD 프라이버시 가이드라인의 초안에는 한시적 원칙(time limitation principle)이 담겨 있었다. 즉 정보주체의 신원 확인을 허용하는 형태의 개인정보는 목적이 충족되면 폐기되고, 보관되고, 비식별되어야 한다는 내용이 담겨 있었다. 그러나 OECD 전문가 그룹은 안전성 확보 원칙과 이용 제한 원칙으로 충분히 개인정보를 보호할 수 있다고 판단하여 초안에 있던 한시적 원칙을 삭제하였다. OECD 설명서(Explanatory Memorandum)에는 정보가 더 이상 목적을 위해 이용되지 않으면, 가능하다면 삭제하거나 익명화된 형태로 두는 것이 필요하다는 내용이 아직 남아 있다.[35]

협약 108은 법적 구속력을 가진 규범으로서 유럽 역사상 처음으로 개인정보 보호를 개인의 권리로 인정하였다는 점에 의의가 있다.[36] 협약 108의 목적은 개인정보의 자동 처리로 인하여 침해될 수 있는 개인의 권리를 보호하고, 국경을 넘는 개인정보의 유통을 규제하고자 하는 것이다. 제2조에서 개인정보는 "식별되었거나 식별가능한 개인(정보주체)에 관한 모든 정보"로 광범위하게 정의되었다. 협약 108은 OECD 프라이버시 가이드라인보다 정보 삭제권을 보다 구체적으로

35) Explanatory Memorandum [54].
36) Convention 108, preamble 참고.

규정하고 있다. 협약 108 제5조에 따르면, 자동 처리되는 개인정보는 (a) 공정하고 적법하게 취득, 처리하여야 하며, (b) 구체적이고 적법한 목적을 위해 보관되고, 목적에 합치되지 않는 방법으로 사용되지 말아야 하며, (c) 보관하는 목적과의 관계에서 볼 때 적절하고, 적정하고, 과도하지 않아야 하며, (d) 정확하고, 필요하다면 최근 것으로 바꿔야 하고, (e) 저장 목적에 필요한 기간을 넘지 않는 기간 안에 정보주체의 신원 확인을 허용하는 방식으로 보관되어야 한다. 협약은 또 협약 당사국 간의 정보의 자유로운 유통을 규정하고 있지만, 법적 규제가 동등한 보호를 제공하고 있지 않은 국가로의 이전에 대해서는 일부 제한을 가하고 있다.[37] 협약 제5조는 정보 삭제권으로 이해할 소지가 있다. 하지만 당시 유럽에서는 정보의 삭제는 이용 제한 원칙의 틀에서 이해하여 정보를 계속 보관하는 문제보다는 정보 사용을 제한하는 쪽에 더 큰 관심을 기울였다.[38]

2) 유럽인권협약과 유럽연합기본권헌장

EU에서 개인정보권은 기본적 권리(fundamental right)로 인정된다. 1948년 설립된 유럽평의회(CoE)는 1950년 유럽인권협약(European Convention on Human Rights, ECHR)을 채택하였고, 이 협약은 제8조에 사생활 및 가족생활의 존중권을 규정하였다.[39] 2009년 12월 발효

37) Convention 108, art. 12 (Transborder flows of personal data and domestic law); 함인선 역, 유럽정보보호법(Handbook on European data protection law), 전남대학교 출판부, 2015, 26쪽 참고.

38) Lindsay, *supra* note 4, at 308.

39) 1. Everyone has the right to respect for his private and family life, his home and his correspondence.
2. There shall be no interference by a public authority with the exercise of

〈표 3-1〉 기본권헌장과 유럽인권협약상 정보기본권

	유럽연합(EU)	유럽평의회(CoE)
프라이버시권	기본권헌장 제7조	유럽인권협약 제8조
개인정보 보호권	기본권헌장 제8조	협약 108
표현의 자유	기본권헌장 제11조	유럽인권협약 제10조

한 리스본조약(Treaty of Lisbon)에 따라 EU가 유럽인권협약에 가입함으로써 유럽인권협약은 EU에서 효력이 갖는다. EU 시민은 유럽인권협약을 위반하여 정보 프라이버시권을 침해하는 사안을 유럽인권재판소(European Court of Human Rights, ECtHR)에 제소할 수 있다. 사안에 따라서는 EU 지침 위반을 이유로 유럽사법재판소(CJEU)에 제소할 수도 있다. 유럽인권재판소의 판례는 유럽사법재판소의 판례와 함께 EU 개인정보 보호법을 형성하게 된다.

2000년 채택된 유럽연합기본권헌장(Charter of Fundamental Rights of the European Union)은 그 자체로 법적 구속력이 없었으나,[40] 리스본조약에 따라 구속력을 갖게 되었다. 유럽인권협약과 달리 유럽연합기본권헌장은 개인정보 보호를 구체적으로 규정하고 있다. 유럽연합기본권헌장은 제7조에서 프라이버시권(respect for private and family life)을, 제8조에서 개인정보 보호권(protection of personal data)을 규정하고 있다. 정보보호지침은 반드시 기본권헌장이 보호하는 프라이버시권과 개인정보 보호권의 관점에서 해석되어야 한다. 제8조에 따르면, 모든 사

this right except such as in accordance with the law and is necessary in a democratic society in the interests of national security, public safety or the economic well-being of the country, for the prevention of disorder or crime, for the protection of health or morals, or for the protection of the rights and freedoms of others.

40) 이주윤, EU법상 인권보호체계의 연원과 발전, 법학총론 제29집 제3호, 2012, 99쪽.

람은 자신에 관한 개인정보를 보호받을 권리를 갖으며, 이러한 개인정보는 관계되는 사람의 동의 또는 법에 기초한 적법한 근거에 의하여 특정한 목적을 위하여 공정하게 처리되어야 하며, 정보주체는 자신에 관하여 수집된 정보에 접근하여 이를 정정할 수 있는 권리를 갖는다.

3) 유럽연합 개인정보 보호법제의 특징

유럽 개인정보 보호법을 시기적으로 정리하면, 유럽 인권협약이 발효한 1953년부터 1995년까지 개인정보 보호의 법적 근거는 유럽 인권협약 제8조, OECE 가이드라인, 협약 108이었으며, 개인정보 보호지침이 채택된 1995년 이후에는 정보보호지침에 의하여 개인정보 보호가 강화되었으며, 유럽헌장기본권헌장이 채택된 2000년 이후에는 개인정보 보호가 기본권적 지위를 차지하게 되었다. 판례법의 경우 초기에는 유럽인권재판소(ECtHR)에 의하여 형성되었으나, 1990년대 중반 이후 유럽사법재판소(CJEU)가 주도하고 있다.

유럽연합 개인정보 보호법의 특징은 다음과 같이 요약할 수 있다.[41] 첫째, 공공 부문과 민간 부문에 모두 적용되는 옴니버스 체제(omnibus regime)다. 미국은 개인정보의 침해 우려가 큰 영역별(sectoral) 법을 제정하여 정보보호를 꾀하고 있으나, 유럽은 개인정보의 처리와 관련되는 모든 영역에 적용되는 옴니버스법을 제정하고 있다.[42]

41) 이하 내용은 Orla Lynskey, The Foundations of EU Data Protection Law, Oxford Univ. Press (2015)에서 나타난 특징을 바탕으로, Gregory Shaffer, *Globalization and Social Protection: the Impact of EU and International Rules in the Ratcheting up of U.S. Privacy Standards*, 25 Yale J. Int'l L. 1 (2000) 등 다른 논문을 참고하여 저자가 추가한 것이다.

1995년 EU 개인정보 보호지침이 대표적인 옴니버스법이다. 개인정보 보호지침 제정 후 옴니버스 형식의 개인정보 보호법이 세계의 주류가 되었다.[43] 그러나 한 법에 너무 많은 것을 담으려고 해서 개인정보 보호법과 정보처리의 현실 사이에 괴리가 나타난다는 지적도 있다.[44]

둘째, 개인정보의 처리를 적법하게 하는 체제(legitimizing regime)다. 달리 말하면, 법에서 정한 원칙과 기준을 준수할 경우 개인정보의 처리가 허용되지만, 그렇지 않을 경우 개인정보의 처리는 금지된다. 이에 대하여 개인정보 관리자의 정보처리에 지나치게 의존한다는 비판도 있다.[45] 법은 개인정보 관리자가 제대로 처리하기를 기대하고 있으나 현실에서 관리자는 그 정도로 전문가가 아니라는 것이다. 또 개인정보의 개념이 포괄적이어서 EU 개인정보 보호법은 규제적 성격이 강하다. 개인정보의 개념이 추상적이고 포괄적이면 다양한 정보통신기술의 상황에서 탄력적으로 적용될 수 있는 장점이 있지만, 실제 프라이버시 침해와의 관계가 불분명하여 과잉규제라는 비판도 나온다.[46]

셋째, 권리에 기초한 체제(right-based regime)다. 정보주체에게 구체적인 권리를 부여하고 있다. 또 유럽연합은 개인정보 보호권을 인간의 존엄성에서 도출되는 기본권으로 이해하고 있다. 독일 연방헌법재

---

42) Paul M. Schwartz, *Preemption and Privacy*, 118 Yale L.J. 902, 908-916 (2009).

43) 함인선, 앞의 논문, 281쪽.

44) B.J. Koops, *The Trouble with European Data Protection Law*, International Data Privacy Law, doi: 10.1093/idpl/ipu023 (2014) 참고.

45) *Id.*

46) Neil Robinson et al., Review of the European Data Protection Directive 24, 27 (2009), http://www.rand.org/content/dam/rand/pubs/technical_reports/2009/RAND_TR710.pdf (방문일 2016. 4. 15).

판소가 1983년 인구조사 판결에서 개인정보자기결정권을 기본권으로 인정한 것이 효시다. 독일 연방헌법재판소는 개인정보자기결정권을 일반적 인격권에서 도출하였으며,[47] 일반적 인격권은 독일기본법상 인간의 존엄성 조항 (제1조 제1항)과 인격의 자유로운 발현 조항(제2조 제1항)에서 도출된다고 보고 있다. 독일 뿐 아니라 유럽 전체가 개인정보 보호의 목적을 인간의 존엄성 보호에서 찾는 경향이 있다.[48]

넷째, 유럽연합 회원국뿐 아니라, 비회원국에게도 영향력이 큰 체제(extraterritorial impact of the EU regime)다. 개인정보의 제3국 이전을 규제하고, 제3국의 개인정보 보호 수준을 EU집행위원회가 평가함으로써 EU 개인정보 보호법이 우월적 지위를 차지한다. 2015년 유럽사법재판소가 세이프 하버(Safe Harbour) 협정을 무효로 선언한 사건이 대표적인 사례다.

다섯째, 정보 삭제권과 관련하여 1995년 개인정보 보호지침은 획기적인 변화를 가져왔다. 1980년대와 1990년대 초 개인정보 보관기간의 제한이 점차 설득력을 얻고 있었지만, 가장 중요한 변화는 개인정보 보호지침이다.

---

47) Judgment of 15 December 1983, BVerfGE 65, 1-71.

48) James Q. Whiteman, *The Two Western Culture of Privacy: Dignity versus Liberty*, 113 Yale. L.J. 1151 (2004) 참고.

3. 1995년 개인정보 보호지침의 주요 내용

1) 개인정보의 개념

1995년 개인정보 보호지침은 제1조에서 개인정보 보호와 정보의 자유로운 유통이라는 두 가지 입법 목적이 있음을 명시하고 있다. 즉 회원국이 자연인의 기본적 권리와 자유, 특히 개인정보의 처리에 있어서 프라이버시권을 보호하여야 함에 있음과 동시에 이러한 보호와 관련된 이유로 회원국 간의 개인정보의 자유로운 유통을 제한하거나 금지하여서는 아니 된다는 것이다.[49] 개인정보 보호지침이 정의하는 개인정보의 개념은 포괄적이고, 광범위하다. 제2조 (a)호에 의하면, "식별되었거나 식별가능한 자연인(정보주체)에 관한 모든 정보"가 개인정보이며, "식별가능한 사람이란 직·간접적인 방법으로, 특히 식별번호 또는 개인의 특유한 신체적·생리적·정신적·경제적·문화적·사회적 특질 중 하나 이상의 요소를 참고하여 신원을 확인할 수 있는 사람"이다.

잊혀질 권리와 관련하여 개인정보의 정의가 포괄적이고 광범위하다는 것은 삭제권의 대상이 되는 정보의 범위가 지나치게 넓거나 모호하다는 비판을 받을 수 있다. 그렇기 때문에 개인정보의 범위를 축소하자는 주장이 제기된다. 국내에서도 개인정보 보호법 제2조의 개인정보의 개념[50]이 지나치게 포괄적이라는 비판도 있다.[51] 하지만

---

49) art. 1 (1) & (2).

50) "개인정보"란 살아 있는 개인에 관한 정보로서 성명, 주민등록번호 및 영상 등을 통하여 개인을 알아볼 수 있는 정보(해당 정보만으로는 특정 개인을 알아볼 수 없더라도 다른 정보와 쉽게 결합하여 알아볼 수 있는 것을 포함한다)를 말한다. (법 제2조 제1호).

개인정보의 개념을 식별가능성(identifiable)을 포함하여 포괄적으로 정의하는 것은 여러 유럽 국가에서 공통적으로 발견되는 현상이다.[52] 1981년 협약 108도 그렇고, 1995년 개인정보 보호지침도 그렇다. 식별가능성과 관련하여, 정보보호지침은 제안이유서(recitals)에서 어떤 개인이 식별가능한지 여부를 판단할 때는 정보 관리자(data controller) 또는 해당 개인을 식별하고자 하는 다른 사람이 사용할 것으로 합리적으로 예견되는 모든 수단을 고려하여야 한다고 설명한다.[53]

개인정보를 정의하는 데 있어 영국의 개인정보 보호법(Data Protection Act 1998)은 다른 유럽 국가들과 조금 다른 태도를 보인다. 즉 정보처리자가 "보유하고 있거나 보유하게 되는 정보"를 기준으로 식별가능성을 판단하고 있다(제1조 제1항).[54] 정보처리자를 기준으로 식별가능성을 판단할 경우 다른 정보와의 결합 가능성이 줄어들기 때문에 개인정보의 범위가 축소된다. 영국의 입법례는 EU에서 예외적인 사례다. 1995년 개인정보 보호지침에 따라 설립된 제29조 정보 보호 작업반(Article 29 Data Protection Working Party)은 어떤 정보가 다른 정보와 결합하여 특정인을 구분할 수 있으면 식별가능한 것이며, 이 때 다른 정보를 정보 관리자가 보유하고 있는지 여부는 따지지 않는다고 해석한다.[55]

---

51) 구태언, 개인정보 보호법의 제문제, 법학평론, 서울대학교, 2012 참고. 이에 대한 반론으로 오길영, 빅데이터 환경에서의 정보 보호 담론에 대한 비판, 헌법학연구 제21권 제2호, 2015 참고.

52) 개인정보 개념에 관하여는, 문재완, 개인정보의 개념에 관한 연구, 공법연구 제42집 제3호, 2014; 김현경, 개인정보의 개념에 대한 논의와 법적 과제, 미국헌법연구 제25권 제2호, 2014 등 참고.

53) Directive 95/46/EC, recital 26.

54) http://www.legislation.gov.uk/ukpga/1998/29/section/1 참고.

55) Article 29 Data Protection Working Party, Opinion 4/2007 on the concept of personal data, p 13, http://ec.europa.eu/justice/policies/privacy/docs/wpdocs

2) 정보처리의 원칙과 기준

1995년 개인정보 보호지침은 정보처리와 관련한 원칙과 기준을 제시하고 있다. 협약 108은 원칙을 제시하였으나 구체적인 기준을 제시하지는 않았다. 개인정보 보호지침은 제6조에서 개인정보는 (a) 공정하고 적법하게 처리되어야 하며, (b) 구체적이고 명확하며 적당한 목적을 위하여 수집되어야 하고, 그 목적과 양립할 수 없는 방식으로 처리되지 말아야 하며, (c) 수집되거나 처리되는 목적과 관련하여 적절하고 관련되고 과도하지 않아야 하며, (d) 정확하고 필요한 경우 최신성을 유지하여야 하며, 수집 또는 처리되는 정보의 목적과 관련하여 부정확하거나 불완전한 정보는 삭제 또는 정정될 것을 보장하는 모든 합리적인 조치를 취하여야 하며, (e) 수집 또는 처리되는 목적에 필요한 기간을 넘어 정보주체의 신원 확인이 가능한 형태로 정보를 보관하지 말아야 한다고 규정하고 있다. 다만 회원국이 적정한 안전장치를 취할 경우 역사적, 통계적 또는 과학적 목적을 위하여 개인정보를 처리할 수 있으며, 필요한 기간 이상 보관할 수 있다.

개인정보 보호지침은 이어 제7조에서 개인정보를 적법하게 처리할 수 있는 기준(criteria for making data processing legitimate)을 제시하였다. 즉 (a) 정보주체가 모호하지 않게 동의한 경우, (b) 정보주체가 당사자인 계약의 이행을 위하여 계약을 체결하기 전 정보주체의 요청에 따른 조치를 하기 위하여 처리가 필요한 경우, (c) 관리자가 따라야 하는 법적 의무를 준수하기 위하여 처리가 필요한 경우, (d) 정보주체의 중대한 이익을 보호하기 위하여 처리가 필요한 경우, (e) 공공의

/2007/wp136_en.pdf (방문일 2016. 4. 15).

이익을 위하여 수행된 임무의 완수를 위하거나, 관리자 또는 정보가 공개된 제3자에게 부여된 공적 권한을 행사하기 위하여 처리가 필요한 경우, (f) 관리자 또는 정보가 공개된 제3자나 당사자가 추구하는 정당한 이익을 위해 필요한 경우로 이러한 이익이 정보주체의 이익, 기본권 및 자유보다 더 큰 경우에만 개인정보를 처리할 수 있다.

개인정보 보호지침은 특별한 유형의 개인정보의 처리에 대해서도 규정하고 있다. 인종이나 민족, 정치적 견해, 종교적 또는 철학적 신념, 노동조합원을 나타내는 개인정보의 처리 및 건강이나 성생활에 관한 정보의 처리를 금지한다.[56] 하지만 정보주체가 정보처리에 명시적으로 동의한 경우 등 그 외에도 구체적으로 명시되었다. 또 표현의 자유와 프라이버시권과의 조화를 위하여 보도 목적 또는 예술적·문학적 표현의 목적을 위하여 수행된 개인정보의 처리에는 광범위한 예외가 인정된다.[57]

3) 정보주체의 권리

1995년 개인정보 보호지침은 정보주체의 권리를 명시하고 있다. 첫째, 정보주체는 정보처리와 관련된 내용을 통지받을 권리(right to be given information)가 있다. 관리자 또는 그 대리인이 정보주체에 관한 정보를 수집하기 위해서는 정보주체에게 적어도 (a) 관리자 또는 대리인의 신원, (b) 개인정보의 처리 목적, (c) 개인정보의 수취인 또는 수취인의 범위, (d) 정보수집에 대한 응답이 의무인지 여부 및 응답하지 않았을 경우 예상되는 결과, (e) 개인정보가 수집되는 특수한

---

56) Directive 95/46/EC, art. 8 (1).

57) *Id.* art. 9.

상황과 관련하여 정보주체에 관한 공정한 처리를 보장하기 위해서 추가 정보가 필요한 경우 정보에 접근하여 이를 정정할 수 있는 권리의 존재를 고지하여야 한다.[58] 또 개인정보가 정보주체로부터 수집되지 않았을 경우에도 관리자는 정보주체에게 적어도 (a) 관리자 또는 대리인의 신원, (b) 개인정보의 처리 목적, (c) 관련된 정보의 범주, 수취인 또는 수취인의 범위, 정보접근권 및 정보정정권의 존재를 고지하여야 한다.[59]

둘째, 정보주체는 정보접근권(right to access data)을 갖는다. 회원국은 모든 정보주체에게 관리자로부터 다음의 내용을 구할 권리를 보장하여야 한다. 첫째, 제약 없이 합리적인 간격으로 그리고 과도하게 지체되거나 비용을 부담시키지 않고, 자기와 관련된 정보가 처리되고 있는지 여부와 적어도 그 처리 목적에 대한 정보, 관련 정보의 범주 및 그 정보가 공개되는 수취인 또는 수취인의 범주에 대한 확인, 처리중인 정보 및 정보의 출처에 관한 이용 가능한 정보를 이해 가능한 형태로 제공 및 최소한 자동화된 결정의 경우 자기와 관련된 정보의 자동처리에 포함된 로직(logic)에 관한 내용[60]; 둘째, 이 지침의 규정과 일치하지 않는 정보처리의 경우, 특히 정보가 불완전하거나 부정확할 경우, 해당 정보의 적절한 정정(rectification), 삭제(erasure) 또는 차단(blocking)[61]; 셋째, 위의 사유로 정정, 삭제 또는 차단이 발생한 경우 제3자에게 내용을 고지. 단, 고지가 불가능하거나 비례원칙에 어긋날 정도의 과도한 노력을 기울여야 할 경우는 예외다.[62]

---

58) *Id*. art. 10.
59) *Id*. art. 11 (1).
60) *Id*. art. 12 (a).
61) *Id*. art. 12 (b).
62) *Id*. art. 12 (c).

예외는 제13조에 규정되었다. 즉, 회원국은 (a) 국가안전보장, (b) 국가방위, (c) 공공의 안전, (d) 형사범죄의 예방, 조사, 탐지 및 기소 그리고 규제되는 직업윤리의 위반, (e) 금융, 예산 및 조세 문제를 포함하여 회원국이나 EU의 중요한 경제적·재정적 이익, (f) 위 (c), (d), (e)에 관한 사건에서, 비록 가끔 일어나더라도, 정부 기관의 직무 수행과 관련된 감시, 조사 또는 규제 기능, (g) 정보주체의 또는 다른 사람의 권리와 자유의 보호를 위하여 필요한 수단을 활용하여 위의 권리를 제한하는 입법을 할 수 있다.

셋째, 정보주체는 거부권(right to object)을 갖는다.[63] 정보주체는 적어도 제7조 제(e)호[64] 및 제(f)호[65]의 사안에서 언제라도 우월적이고 합법적인 근거에 의하여 자신에 관한 정보의 처리를 거부할 권리와 권리가 명백히 주어진다는 것을 고지 받을 권리를 갖는다.[66] 또 관리자가 디렉트 마케팅(direct marketing, DM) 목적으로 처리하려고 하는 자신에 관한 개인정보의 처리를 거부할 권리를 갖는다.

4) 잊혀질 권리 관련 조항

개인정보 보호지침에서 잊혀질 권리와 상관있는 조항은 제6조 제1항, 제12조, 제14조 등이다. 제6조 제1항은 회원국에게 다음과 같은 의무를 부과하고 있다. 즉 개인정보는 수집 목적 및 추가 처리 목적에

63) *Id.* art. 14.

64) 공익 목적으로 수행된 임무의 완수를 위해서 또는 관리자나 그 정보가 공개된 제3자에게 부여된 공적 권한의 행사를 위해서 처리가 필요한 경우.

65) 관리자, 그 정보가 공개된 제3자 및 당사자에 의하여 추구된 적법한 이익을 위하여 개인정보의 처리가 필요한 경우. 단, 그러한 이익보다 정보주체의 이익이나 기본적 권리와 자유가 더 우월한 경우는 예외로 한다.

66) *Id.* art. 14.

필요한 정도까지만 정보주체의 신원이 확인되는 형태로 보관되어야 한다. 이러한 내용은 잊혀질 권리와 동일하다고 보기 어렵다.[67] 첫째, 정보처리자는 개인정보를 익명화한 후 보관할 수 있기 때문이다. 둘째, 이 조항은 정보처리자에게 의무를 부과하고 있으며, 정보주체의 권리를 보장하는 내용은 아니다.

제12조는 접근권과 삭제권을 규정하고 있다. 이 조항에 따르면, 회원국은 정보처리가 개인정보 보호지침과 일치하지 않을 경우 해당 정보의 수정, 삭제 또는 차단을 요구할 수 있는 권리를 정보주체에게 부여해야 한다. 특히 정보의 성격이 불완전하거나 부정확한 경우 그렇다. 제12조에서 인정하는 삭제권은 잊혀질 권리와 다르다. 이 권리는 정보처리가 개인정보 보호지침과 일치하지 않은 경우 행사된다. 이 권리를 더 구체화해서 잊혀질 권리까지 포함할지 여부는 회원국에 맡겨 놓았다.[68]

마지막으로 제14조는 정보주체에게 자신에 관한 정보의 처리에 반대할 수 있는 권한을 부여하고 있다. 정보주체는 언제라도 정보처리에 관한 자신의 특수한 상황과 관련하여 월등하게 적법한 근거(compelling legitimate grounds)가 있을 경우 정보처리에 반대할 수 있다. 다만, 회원국이 달리 입법할 경우에는 그렇지 않다. 이 조항 역시 잊혀질 권리를 수용한 것으로 볼 수 있으나, 권리 행사를 위한 조건을 엄격히 규정하고 있다. 첫째, 정보주체에게 월등하게 적법한 근거를 요구한다. 둘째, 회원국에게 입법 재량을 부여하고 있다. 셋째, 정보의 처리에 반대할 수 있을 뿐 정보의 보관에 반대하거나 정보의 삭제를 요구할 수 있는 것은 아니다.

---

67) Lindsay, *supra* note 4, at 309.
68) *Id.* at 309.

개인정보 보호지침에 있는 개인정보의 삭제권이 잊혀질 권리를 의미하는지를 놓고 의견이 갈린다. 잊혀질 권리는 기존 개인정보 보호지침에 있는 삭제권과 동일한 내용으로, 단지 표식(label)만 바꾼 것이라는 견해도 있고,[69] 개인정보 보호지침에 있는 권리가 흔히 말하는 잊혀질 권리와 같은 것이라고 보기 어렵다는 견해도 있다.[70] 동일하다는 견해에 따르면, 개인정보는 필요 이상 보유할 수 없으며, 법적 요건을 위반한 경우 개인정보는 삭제되어야 하는 것이 개인정보 보호지침의 내용이다. 따라서 잊혀질 권리는 개인정보처리의 원칙에서 당연한 것임에도 불구하고 유럽연합 집행위원회가 '잊혀질'이라는 매력적인 용어를 사용하여 사람들에게 비현실적인 기대를 불러일으키고 있다는 것이 동일설의 논지다. 하지만 개인정보 삭제권은 개인정보를 필요 이상 보관・처리하지 못하도록 하기 위해서 정보주체에게 부여된 권리인 데 반하여 잊혀질 권리는 인터넷에서 영원히 이용가능한 개인정보를 제거하거나 개인정보에 대한 접근을 제한할 수 있는 권리라는 점에서 차이가 있다.[71] 후자는 주로 검색 엔진이나 제3자 발행인을 향해서 주장된다. 즉 온라인에 영원히 존속하는 정보에 적용하기 위해서 개인정보 보호지침에 있는 삭제권을 변형하고 확장한 개념이 잊혀질 권리인 것이다.[72]

69) W.J. Maxwell, *Data Privacy: the European Commission Pushes for Total Harmonisation*, 18(6) Computer and Telecommunication Law Review 176 (2012).

70) Lindsay, *supra* note 4, at 311.

71) *Id.* at 313.

72) *Id.*

4. 판례를 통한 발전: 구글 스페인 판결[73]

1) 사건 개요

스페인 변호사 곤잘레스(Mario Costeja Gonzàlez)가 소유하고 있던 부동산이 1998년 경매에 붙여졌다. 경매 공고는 1998년 1월 19일자 및 1998년 3월 9일자 라 방가르디아(La Vanguardia) 신문에 게재되었다. 그로부터 12년이 지난 2000년 곤잘레스는 인터넷 검색사이트 구글에 자기 이름을 검색하면 1998년 신문 내용이 링크되어 나오는 것을 알고 스페인 정보보호원(Agencia Española de Protección de Datos, AEPD)에 해당 정보 삭제를 청구하였다. 곤잘레스는 해당 신문사에 대해서는 자신에 관한 개인정보가 더 이상 나타나지 않도록 해당 페이지를 제거하거나 교체하여야 한다고 주장하고, 구글 스페인 및 구글 본사에 대해서는 검색 결과 및 신문사로의 링크에서 자신에 관한 개인정보를 삭제하거나 숨길 것을 주장하였다. 주장의 논거는, 자신과 관련된 압류 절차는 완전히 종료되었기 때문에 과거 신문을 조회하는 것이 현재 시점에서 전적으로 부적절하다는 것이다.

AEPD는 2010년 7월 30일 라 방가르드 신문에 대한 청구를 기각하고, 구글 스페인 및 구글 본사에 대해서는 검색 색인(index)에서 해당 정보를 삭제하고 장래에도 접근할 수 없도록 하는 조치를 취하라는 결정을 내렸다. 구글 측은 스페인 고등법원(Audiencia National)에 위 결정의 취소를 구하는 소송을 제기하였다. 스페인 고등법원은 위 재판을 진행하던 중 유럽사법재판소(CJEU)에 EU의 개인정보지침의

73) Court of Justice of the European Union, Case C-131/12, Judgment of 13 May 2014.

해석에 관한 선결적 판단(preliminary ruling)을 요청하였다. 원고는 AEPD와 곤잘레스이고, 피고는 구글과 구글 스페인이다.

2) 판결 요지[74)]

스페인 고등법원이 CJEU에 판단을 요청한 사항은 크게 세 가지다.[75)] 첫째, 1995년 개인정보 보호지침의 적용범위와 관련하여 구글 스페인의 개인정보처리 서버가 미국에 있는 상황에서 EU법이 구글 스페인에 적용되는가. 둘째, 검색 엔진의 활동과 관련하여 EU의 1995년 개인정보 보호지침이 구글과 같은 검색 엔진에도 적용되는가. 셋째, 잊혀질 권리와 관련하여 제3자가 적법하게 정보를 공개하고 있는 상황에서 정보주체가 검색 엔진에게 자신에 관한 개인정보에 대한 접근 차단을 요구할 권리가 있는가.

위 쟁점에 대해서 CJEU는 2013년 5월 13일 다음과 같이 결정하였다. 먼저 검색 엔진의 문제와 관련하여, 재판부는 검색 엔진이 EU 개인정보 보호법상 정보처리자에 해당한다고 판단하였다. 1995년 개인정보 보호지침 제2(b)조는 개인정보의 처리를 "자동화된 수단에 의하던 그렇지 않던 상관없이 개인정보에 대하여 행해지는 모든 작업"으로 정의하고 있는데, 검색 엔진이 개인정보를 수집하고, 검색하고, 기록하고, 조직하고, 공개하고, 이용할 수 있게 하는 것은 개인정보의 처리에 해당한다고 판단한 것이다.[76)] 이러한 과정에서 검색 엔진이

---

74) 이하 내용은 CJEU 판결문(Case C-131/12)과 EU 집행위원회가 CJEU 판결 후 발표한 '잊혀질 권리 판결에 관한 사실 관계 자료(Factsheet on the "Right to be Forgotten" ruling, C-131/12)에 의존하여 작성되었다.

75) Case C-131/12, paragraph 20.

76) Case C-131/12, paragraphs 28 and 41.

개인정보와 비개인정보를 구분하지 않고 정보를 처리하고 있다는 사실과 해당 정보가 이미 온라인에 발표되었고 검색 엔진에 의해서 변형된 바가 없다는 사실은 중요한 것이 아니라고 보았다.[77]

재판부는 또 검색 엔진이 정보주체의 이름 등으로 찾기 힘든 정보에 접근할 수 있도록 함으로써 정보의 전반적 확산에 결정적 역할을 하고 있다고 강조하고,[78] 검색 엔진의 활동과 관련하여 이루어지는 개인정보의 처리는 웹사이트의 발행인에 의해 이루어지는 것과 독립적이며, 부가적이라고 설명하였다.[79] 결국 구글은 자신이 검색 엔진이라는 항변으로 개인정보의 처리에 있어서 EU법에 부여되는 책임을 회피할 수 없게 되었다. EU법의 적용범위와 관련, CJEU는 비록 회사의 개인정보의 처리 서버가 유럽 밖에 위치하고 있다고 하더라도, 검색 엔진 운영자가 검색 엔진에 의해 제공되는 광고의 판매를 촉진하기 위하여 EU 회원국 내에 자회사나 지사를 두고 그러한 활동을 지향하고 있다면 EU법은 그 회사에 적용된다고 결정하였다.[80]

마지막으로 곤잘레즈가 주장한 잊혀질 권리에 관하여, 스페인 고등

---

77) Case C-131/12, paragraphs 28 and 29.

78) Case C-131/12, paragraph 36.

79) Case C-131/12, paragraph 35.

80) EU 개인정보 보호지침 제4조 제1항은 관리자(controller)가 외국 기업이라고 하더라도 회원국의 국내법을 적용, 즉 역외 적용할 수 있는 조건을 세 가지 규정하고 있다. 이 사안의 경우 그 중 첫 번째인 조건(제4조 제1항 (a)호)은 "회원국의 영토에서 관리자의 설립 활동의 맥락 속에서 개인정보가 처리된 경우"(the processing is carried out in the context of the activities of an establishment of the controller on the territory of the Member State)에 해당하는지 여부가 쟁점이었다. ECJ는 검색 엔진 운영자가 그 검색 엔진에 의하여 제공되는 광고 공간을 홍보하거나 판매할 의도를 가지고 그 활동도 회원국의 거주자를 지향하는 자회사나 지사를 회원국에 설립한 경우에는 EU개인정보 보호지침 제4조 제1항 (a)호에 따라 회원국의 영토 내에서 관리자의 설립 활동의 맥락 속에서 개인정보가 처리된 것으로 해석할 수 있다고 판단하였다. Case C-131/12, paragraph 60.

법원은 제3자에 의해서 적법하게 공표되었고 정보주체에 관한 진실한 정보를 담고 있지만 시간이 흘러 해당 정보가 정보주체를 왜곡시킬 수 있거나 또는 정보주체가 잊히고 싶다고 할 경우 정보주체가 1995년 개인정보 보호지침에 근거하여 검색 결과에서 해당 정보로의 연결(link)을 삭제해달라고 요구할 수 있는지 CJEU에 질의하였다. 이에 CJEU는 비록 처음에는 적법하게 처리된 정확한 정보라고 하더라도 시간의 경과에 따라 해당 정보가 수집 또는 처리된 목적에 비추어 더 이상 필요하지 않을 경우 1995년 개인정보 보호지침에 위반된다고 판단하였다. 특히 목적과의 관계에서 또 흘러간 시간에 비추어, 정보가 부정확하거나(inaccurate), 부적절하거나(inadequate), 무관하거나(irrelevant), 과도해(excessive) 보일 때 그렇다고 보았다.[81] 이런 경우 정보주체는 검색 결과 목록으로의 연결 제거를 요구할 수 있는 권리를 가진다.

CJEU는 삭제권의 유무를 판단하기 위하여 검색결과 리스트에 해당 정보가 포함됨으로 인하여 정보주체에 대해서 편견을 갖게 하는지 여부를 확인할 필요는 없다고 보았다.[82] 또 이같이 특수한 경우 정보처리에 관한 개인의 권리를 침해하는 것은 단순히 검색 엔진의 경제적 이익에 의하여 정당화될 수 없다고 판단하였다.[83] 그렇다고 CJEU가 잊혀질 권리를 절대적으로 보호해야 한다고 설시한 것은 아니다. 일반적으로 정보주체의 프라이버시 및 개인정보에 관한 권리는 인터넷 이용자가 정보에 접근하는 이익보다 우월하지만, 특정한 경우 두 이익 간 비교형량은 정보의 성격과 해당 정보에 관한 공중의 이익

81) Case C-131/12, paragraph 93.

82) Case C-131/12, paragraph 95.

83) Case C-131/12, paragraph 97.

과 같은 다른 요소에 의존한다고 본 것이다.[84] 오히려 정보주체의 공적 활동과 같은 사안처럼 특별한 이유가 있는 경우 검색 결과 리스트에 정보를 포함하는 것은 일반인의 정보 접근권이라는 우월한 이익을 실현하는 것으로 정보주체의 기본적 권리를 제한하더라도 정당화된다.[85]

3) 판결 의미

(1) 잊혀질 권리의 법적 근거

CJEU의 구글 판결은 입법 논의 중인 GDPR이 아니라, 현재 적용되고 있는 개인정보 보호지침에서 잊혀질 권리의 법적 근거를 찾고 있는 점이 특징이다. 유럽연합 집행위원회는 잊혀질 권리가 GDPR에서 처음 등장한 것처럼 설명하는 것을 잘못이라고 설명한다.[86] 이번 결정은 그러한 설명이 잘못이라고 알려준다는 것이다. GDPR은 개인정보 차원에서 EU를 단일 권역으로 만들고 회원국의 규제 기관들이 원활히 협조하기 위해서 필요한 것이며, 잊혀질 권리는 이러한 목적을 달성하기 위한 수단 중 하나라는 것이 유럽연합 집행위원회의 입장이다.[87]

---

84) Case C-131/12, paragraph 81.

85) Case C-131/12, paragraph 99.

86) European Commission, Factsheet on the "Right to be Forgotten" Ruling (c-131/12).

87) 1995년 개인정보 보호지침은 일반에게 공개되지 않은 정보에 적용되는 것을 전제로 하고 있는데, 구글 스페인 판결은 인터넷에 공개된 정보의 삭제를 요구하는 사안에서 위 지침을 그대로 적용하여 논리적으로 무리라는 평가가 있다. 박경신, "구글 스페인" 유럽사법재판소 판결 평석—개인정보자기결정권의 유래를 중심으로, 세계헌법연구 제20권 제3호, 2012 참고. 1995년 개인정보 보호지침을 비롯한 개인정보 보호법제의 연혁에 관한 박 교수의 견해가 타당하나, 위 지

(2) 적용대상

CJEU의 결론은 구글과 같은 검색 엔진 회사는 잊혀질 권리의 적용대상이지만, 처음 기사를 게재한 신문사는 적용 대상이 아니라는 것이다. 이 결론에는 두 가지 의문이 제기된다. 첫째, 개인정보를 포함하는 기사가 신문사에 의하여 합법적으로 보도되었고, 또 지금도 웹페이지에서 유지되고 있으므로 해당 기사(개인정보)를 검색하여 연결하는 검색 엔진은 법적 책임이 없는 것이 아닌가. 둘째, 정보주체는 해당 기사(개인정보)의 웹페이지 관리자에게 기사 삭제를 요구하지 않은 채 검색 엔진 회사에게만 삭제를 요구할 수 있는가.

재판부는 정보의 처리에 있어서 검색 엔진의 활동과 신문사의 활동을 구분하였다. 검색 엔진은 웹사이트 발행인에 부가하여 그리고 독립적으로 개인정보 보호와 프라이버시에 영향을 미친다고 본 것이다.[88] 재판부는 인터넷 이용자 누구라도 정보주체의 이름을 이용해서 해당 정보에 접근할 수 있도록 하고, 정보를 모으고 체계화해서 정보주체의 상세한 프로필을 제공함으로써 정보주체의 기본적 권리에 심각한 영향을 끼친 것이 검색 엔진이라고 판단하였다.[89] 또 검색 엔진에게 요구하기에 앞서 또는 요구와 동시에 웹사이트 발행인에게 해당 정보의 삭제를 요청하도록 정보주체에게 요구하는 것은 정보 보호에 효과적이지도 않고 완전하지도 않다고 한다.[90] 웹사이트 발생인의 정보처리가 순수하게 언론보도 목적으로 이루어질 경우 1995년 개인정

침이 개인정보(personal data)를 "신원이 확인되었거나 확인 가능한 자연인에 관한 모든 정보"(any information relating to an identified or identifiable natural person)로 정의하고 있는 이상(§ 2 (a)) 구글 스페인 판결의 논리도 설득력이 있다. 논란을 줄이기 위해서 잊혀질 권리의 법적 근거를 확실하게 할 필요는 있다.

88) Case C-131/12, paragraph 38.

89) Case C-131/12, paragraphs 36, 37.

90) Case C-131/12, paragraph 84.

보 보호지침의 적용을 받지 않게 되므로 정보주체는 해당 정보의 삭제를 검색 엔진 운영자에게만 요구할 수 있고, 웹페이지 발행인에게는 할 수 없다.[91)]

신문사를 상대로 한 삭제 요구가 기각되었다고 검색 엔진을 상대로 한 삭제요구 역시 기각되어야 할 정당성은 없는 것이다. 실질적 잊힘의 관점에서 보면, 검색 엔진의 검색결과물에서 삭제 내지 차단하는 것만으로도 충분히 의미가 있다.[92)] 정보 확산의 측면에서 볼 때 검색 엔진은 개별 언론사의 웹사이트와 비교할 수 없을 정도로 역할이 크므로 개인정보의 침해 역시 주로 검색 엔진에 의해서 이루어진다고 보는 것이 타당하다. 심지어 구글이 알려주는 인격상이 바로 그 사람의 모습이라는 극단적인 평가까지 나오고 있다.[93)]

따라서 개별 언론사의 웹사이트를 그대로 두고 검색 엔진에 대해서만 개인정보의 삭제를 요구하는 것이 부당하다고 보기 어렵다. 하지만 같은 이유에서 인터넷 이용자가 표현의 자유를 실현하는 데 있어서도 검색 엔진의 비중이 크기 때문에 검색 엔진을 상대로 한 삭제권이 표현의 자유에 미치는 부정적 영향 역시 클 수밖에 없다. 더구나 검색 엔진은 해당 기사(개인정보)의 생산자가 아니기 때문에 그 기사를 유지할 필요성을 실감하지 못하고 삭제 요구를 수용할 가능성이 크다. 결국 구글 스페인 판결은 인터넷 표현의 자유를 제한하는 결과로 나타날 것이다.

---

91) Case C-131/12, paragraph 85.

92) 김민정, 실질적 잊힘(Practical Obscurity)의 관점에서 본 잊힐 권리(the right to be forgotten)의 성격 및 의의, 언론과 법 제14권 제1호, 2015.

93) Megan Angelo, *You Are What Google Says You Are*, Wired.com, Feb 11, (2009).

(3) 사안별 판단

구글 스페인 판결은 2012. 1. 25. EU집행위원회가 GDPR안을 발표한 후 촉발되었던 잊혀질 권리를 둘러싼 논란의 해결 방향을 제시해준다. 잊혀질 권리의 적용범위가 과도하게 넓지 않을까 우려하는 목소리가 있지만, 구글 스페인 판결은 정보주체라고 개인정보의 삭제를 언제든지 요구할 수 있는 것이 아니라는 점을 분명하게 밝히고 있다. 이러한 의미에서 구글 스페인 판결은 잊혀질 권리를 인정하였다는 의미뿐 아니라 잊혀질 권리를 제한하였다는 의미를 갖는다. 이 판결은 잊혀질 권리가 일반적인 정보 삭제권이 아님을 명확히 했고, 삭제 요건도 제한함으로써 잊혀질 권리에 대한 오해를 상당 부분 해소해 주었다는 의미도 있다는 평가를 받는다.94)

잊혀질 권리는 개인정보 보호라는 기본적 권리를 실현하는 수단이지만 절대적으로 보호되어야 하는 것은 아니다. 표현의 자유나 언론사의 자유와 같은 다른 기본적 권리와 조화를 이루어야 한다. 즉 잊혀질 권리가 실현되기 위해서는 비교형량이라는 과정이 필요하다. 사안별 비교형량에서는 다음과 같은 요인이 고려되어야 한다. 첫째, 정보의 성격이다. 해당 정보가 민감한 사생활에 관한 것인지 아니면 공공의 이익에 관한 것인지에 따라 비교형량의 결과가 다르게 나타날 것이다. 둘째, 시간의 경과다. 과거 비교형량을 통하여 적법하다고 판단되었던 정보라고 하더라도 시간이 흐르면 정확성, 적절성, 관련성, 과도함이 다르게 나타날 수 있다. 새로운 판단은 정보처리의 목적에 비추어 이루어져야 한다. 동일한 시간이 흘렀다고 하더라도 어떤 사람에 관한 개인정보에 대해서는 삭제권이 인정될 것이고, 다른 사람

94) 윤종수, [칼럼] 잊혀질 권리, 네이버레터 엔터, 2014. 5. 29, http://static.naver.net/dm/naverletter/2014/apr/0529/naver_letter_v4.html (방문일 2016. 4. 15).

에 관한 정보에 대해서는 그렇지 않을 수 있다.

사안별 판단의 가장 큰 문제는 판단자에 따라 형량 결과가 달라질 수 있다는 데 있다. 그동안 표현의 자유의 가치와 인격권 및 개인정보 보호의 가치를 비교형량하는 일은 정부 내지 정부 기관의 몫이었다. 하지만 이 판결은 사안별 판단을 사기업인 검색 엔진 회사에게 맡기고 있다. 정보주체가 개인정보의 삭제를 요구할 경우 검색 엔진 회사는 해당 정보의 가치에는 관심이 없기 때문에 청구인이 정보주체인지만 확인하고 삭제를 결정할 가능성이 크다. 만약 그렇지 않고 검색 엔진 회사가 적극적으로 정보의 내용을 판단한다면, 즉 정보가 정보처리의 목적에 비추어 정확한지, 적정한지, 관련성이 있는지, 과도한지를 판단한다면 사적 검열(private censorship)을 행사하는 것이어서 문제가 더욱 심각하다.[95] 구글 스페인 판결로 인해서 인터넷상 표현의 자유가 판결 전보다 위축되는 것은 분명하다.

95) 사적 검열에 관한 논문으로는, Marjorie Heins, *The Brave New World of Social Media Censorship*, 127 Harv. L. Rev. F. 325 (2014); Benjamin F. Jackson, *Censorship and Freedom of Expression in the Age of Facebook*, 44 N.M. L. Rev. 121 (2014); Jack M. Balkin, *Digital Speech and Democratic Culture: A Theory of Freedom of Expression for the Information Society*, 79 N.Y.U. L. Rev. 1 (2004); 황성기, 사적 검열에 관한 헌법학적 연구, 세계헌법연구 제17권 제3호, 2011 등 참고.

5. 정보보호 일반규정(GDPR)의 제정

1) 개인정보 보호지침의 개정 필요성

1995년 개인정보 보호지침을 개정해야 할 필요성은 다음과 같다.[96] 첫째, 1995년 제정된 정보보호지침은 인터넷이 보편적으로 활용되기 전에 마련된 것이다. 정보통신기술의 발전과 세계 경제 구조의 글로벌화를 반영하여 정보보호지침을 최신화할 필요성이 제기되었다. 둘째, 정보보호지침은 지침(directive)이기 때문에 회원국이 입법함으로써 그 원칙을 실현하게 된다. 따라서 유럽연합 안에 회원국마다 개인정보 보호법이 존재하게 되어 다양성은 있으나, 효율성이 떨어지고 불필요한 비용이 증가하는 문제점이 지적되었다. EU 개인정보 보호법 체제를 더 강력하고, 더 효율적이고, 더 일관되게 만들어야 할 필요성이 대두되었다. 셋째, EU를 출범시킨 리스본 조약이 기본권 보호, 특히 개인정보 보호권을 상당히 강조함에 따라 모든 정책 분야에서 개인정보를 위한 종합적인 보호의 필요성이 대두되었다.

집행위원회가 2010년 11월 「유럽연합에 있어서 정보보호의 종합적 접근」을 발표하면서[97] 개인정보 보호지침의 개정 작업이 시작되

96) Peter Hustinx, *EU Data Protection Law: The Review of Directive 95/46/EC and the Proposed General Data Protection Regulation*, Sep 15, (2014). https://secure.edps.europa.eu/EDPSWEB/webdav/site/mySite/shared/Documents/EDPS/Publications/Speeches/2014/14-09-15_Article_EUI_EN.pdf (방문일 2016. 4. 15). 이 논문은 유럽정보보호감독관(European Data Protection Super visor)인 저자가 2013년 7월 유럽대학기구(European University Institute) 유럽법 강의에서 한 내용을 인터넷으로 공개한 것이다.

97) Communication from the Commission to the European Parliament, the Cou ncil, the Economic and Social Committee and the Committee of the Regions: 'A comprehensive approach on personal data protection in the European

었다. 여기서는 개인의 권리 강화, 내부 시장 측면의 강화, 개인정보 규정의 집행 개선, 정보보호의 글로벌 측면이 강조되었다. 집행위원회는 2012년 1월 EU 개인정보 보호법의 개정 내용을 구체적으로 담은 종합적인 제안서(GDPR 초안)를 채택하였다.[98] 유럽의회는 2014년 3월 위 제안서에 대한 수정안(유럽의회 수정안)을 의결하였고,[99] EU 이사회도 2015년 6월 11일 GDPR안에 대한 자체안(이사회 수정안)을 발표하였다.[100] 집행위원회, 유럽의회 및 EU 이사회는 2015년 6월 24일부터 3자 협상을 시작했으며, 2015년 12월 15일 정치적 합의에 이르렀다. 이에 따라 EU 이사회가 2016년 4월 6일 GDPR 최종안을 마련하였고, 이 최종안이 4월 14일 유럽의회(European Parliament)를 통과하여 5월 4일 공식적으로 공표되었다. 이로써 GDPR은 기존의 EU 개인정보 보호지침을 대체하는 법규적 효력을 가지게 되었으며, 2년의 유예기간을 거쳐 2018년 5월 25일부터 각 회원국에 시행될 예정이다.

Union', COM (2010) 609 final.

98) Proposal for a REGULATION OF THE EUROPEAN PARLIAMENT AND OF THE COUNCIL on the protection of individuals with regard to the processing of personal data and on the free movement of such data (General Data Protection Regulation)/COM/2012/011 final-2012/0011(CO D); GDPR 초안의 내용은 최경진, EU와 미국의 개인정보 규율체계 개선 동향, 개인정보 보호의 법과 정책, 박영사, 2014 참고.

99) European Parliament legislative resolution of 12 March 2014 on the proposal for a regulation of the European Parliament and of the Council on the protection of individuals with regard to the processing of personal data and on the free movement of such data (General Data Protection Regulation) (COM(2012)0011-C7-0025/2012-2012/0011(COD)). http://www.europarl.europa.eu/sides/getDoc.do?type=TA&reference=P7-TA-2014-0212&language=EN&ring=A7-2013-0402 (방문일 2016. 4. 15).

100) http://eur-lex.europa.eu/legal-content/EN/TXT/PDF/?uri=OJ:L:2016:119:FULL&from=EN.

2) 정보보호 일반규정(GDPR)의 주요 내용[101)]

(1) 적용범위와 개인정보의 정의

GDPR은 개인정보를 EU 안에서 처리하든 밖에서 처리하든 관계없이 적용된다.[102)] 따라서 EU 밖에서 클라우드(cloud)로 정보를 처리하더라도 GDPR이 적용된다. GDPR은 또 EU 안에 설립된 관리자나 처리자가 아니더라도 EU 내에 상품이나 용역을 제공할 경우와 EU 안에 거주하는 정보주체의 행동을 감시할 경우 적용된다.[103)] 제안이유서(recital) 20에 따르면, 단지 웹사이트나 이메일 주소에 접근할 수 있다는 것으로 상품이나 용역을 제공한다고 볼 수 없으며, 상품이나 용역을 주문할 가능성 있는 회원국에서 일반적으로 사용되는 언어 또는 통화를 사용할 경우 상품이나 용역을 제공하는 증거가 된다. 상품이나 재화를 무료로 제공하더라도 GDPR이 적용된다.

GDPR은 개인정보를 정의하는 데 있어 포괄적인 접근 방식을 택하였다. 식별되었거나 식별가능한 자연인 즉 정보주체에 관련된 모든 정보를 개인정보로 정의하고 있다.[104)] 제안이유서 26에 의하면, 식별가능성을 결정하기 위해서는 관리자 또는 다른 어떤 사람이 개인을 직·간접적으로 식별하기 위하여 사용할 것이라고 합리적으로 예상

---

101) Regulation (EU) 2016/679 of the European Parliament and of the Council of 27 April 2016 on the protection of natural persons with regard to the processing of personal data and on the free movement of such data, and repealing Directive 95/46/EC (General Data Protection Regulation), http://eur-lex.europa.eu/legal-content/EN/TXT/?uri=OJ%3AL%3A2016%3A119%3ATOC (방문일 2016. 7. 17).

102) *Id.* art. 3 (1).

103) *Id.* art. 3 (2).

104) *Id.* art. 4 (1) ('personal data' means any information relating to an identified or identifiable natural person 'data subject').

되는 모든 수단을 고려해야 한다. 개인을 식별하기 위하여 사용될 것으로 합리적으로 예상되는지를 판단하기 위해서는 정보를 처리하는 시점의 가능한 기술 수준과 기술 발전을 고려하여 식별에 소요되는 시간과 비용 같은 모든 객관적 요소를 고려하여야 한다.

협상 과정에서 도입된 개념이 비식별화정보(pseudonymised data)다. 비식별화정보는 별도로 보관되는 추가 정보가 없으면 개인 식별이 되지 않도록 조치한 정보를 의미한다. 유럽의회는 개인정보와 구분되는 새로운 유형의 정보 도입을 주장하였고, EU이사회는 비식별화를 제안하였다. 비식별화정보는 식별가능한 개인에 관한 정보로 간주된다.[105] 즉 비식별화정보는 개인정보다. 개인정보를 비식별화함으로써 관련되는 정보주체가 처하는 위험을 줄이고 관리자 또는 처리자가 개인정보를 처리할 수 있는 길을 넓혔다. 이에 반하여 익명정보(anonymous data)는 정보주체가 식별되지 않거나 더 이상 식별가능성이 없기 때문에 개인정보가 아니다. 개인정보가 아니므로 GDPR의 적용 대상이 아니다.

유전자정보, 생체정보와 같은 새로운 개념이 도입되었다. 유전자정보, 개인을 특정하기 위한 목적으로 생체정보 및 건강, 성생활, 성적 취향에 관한 정보를 처리하는 것은 원칙적으로 금지되고, 정보주체가 명시적인 동의(explicit consent)를 하는 경우 등에는 예외적으로 허용된다.[106]

---

105) *Id*. recital 26.
106) *Id*. art. 4 (1) & (13).

(2) 동의의 문제

GDPR 초안은 개인정보 보호지침의 동의 요건에 '명시적(explicit)'을 추가할 것을 제안하였으나, EU 이사회가 '모호하지 않은(unambiguous)'으로 바꾸자고 수정 제안하였다. 최종 GDPR은 모든 정보에 대해서는 자유롭고, 구체적이고, 내용을 알려주고, 모호하지 않은(freely given, specific, informed and unambiguous) 동의가 필요하며, 유전자정보 건강정보와 같은 특별한 유형의 민감정보에 대해서는 명시적인 동의가 필요하다는 내용으로 결정되었다. 따라서 묵시적 동의(implied consent)는 더 이상 법적 근거가 되지 않는다. 보유한 정보를 새로운 목적으로 재사용하는 것도 허용되지 않는다.

동의에 기초하여 개인정보를 처리하려면 관리자는 정보주체로부터 개인정보의 처리에 관한 동의를 받았다는 점을 소명할 수 있어야 한다.[107] 정보주체는 언제라도 동의를 철회할 수 있는 권리를 갖는다.[108] 동의가 자유롭게 이루어졌는지 평가하기 위해서 계약을 이행하는 데 필요하지 않은 정보의 처리에 동의할 것을 조건으로 하였는지 여부를 살펴본다.[109] 소비자는 동의의 조건으로 불공정한 계약 조건에 동의하도록 강요받아서는 아니 된다.[110]

GDPR은 아동의 개인정보를 처리하는 데 필요한 동의 요건을 신설하였다. 초안은 13세 미만 아동의 개인정보의 처리는 해당 아동의 친권자가 동의하거나 승인한 경우에만 적법하다고 규정하였으나, 최종안은 16세 미만으로 상향 조정한 후 회원국이 13세 미만으로 낮출

107) *Id*. art. 7 (1).
108) *Id*. art. 7 (3).
109) *Id*. art. 7 (4).
110) *Id*. recital 26.

수 있도록 허용하고 있다.[111]

(3) 정보주체의 권리 강화

GDPR은 정보주체의 개인정보통제권을 강화하였다. 개인정보 보호지침에 없던 새로운 권리가 두 개 추가되었다. 첫째, 정보주체에게 삭제권(right to erasure)을 부여하였다. 이는 잊혀질 권리라고 불리기도 한다. GDPR 초안이 발표된 후 전 세계적인 관심을 불러일으킨 내용이 잊혀질 권리다. 미국을 중심으로 잊혀질 권리의 불명확성 및 부당성을 지적하는 목소리도 컸지만, 정보 삭제권은 결국 GDPR에 포함되었다. 삭제권은 어렸을 때 개인정보의 처리에 동의하였다가 나중에 커서 그 위험성을 충분히 이해하였을 때 개인정보의 삭제를 요청할 수 있다는 점에서 적절하다.[112]

GDPR 제17조에 따르면, 다음과 같은 사유가 있으면 정보주체는 자신에 관한 개인정보의 삭제권을 가지며, 관리자는 부당하게 지체하지 말고(without undue delay) 개인정보를 삭제해야 할 의무를 가진다. 그 사유는 (a) 개인정보가 수집되거나 처리된 목적에 비추어 더 이상 필요 없을 때, (b) 정보주체가 정보처리의 근거가 된 동의를 철회하여 더 이상 정보처리의 법적 근거가 없을 때, (c) 정보주체가 제21조 제1항에 따라 정보처리에 반대하고 처리를 정당화할 만한 우월한 이익이 없을 때 또는 제21조 제2항에 따라 정보처리에 반대할 경우, (d) 개인정보가 불법적으로 처리되고 있을 때, (e) 관리자가 준수하여야 하는 EU법 또는 회원국법에 의하여 부과된 법적 의무를 준수하기 위하여 삭제해야 할 경우, (f) 개인정보가 제8조 제1항[113]에 따른 정보

111) *Id.* art. 8 (1).
112) *Id.* recital 65.

사회서비스를 제공하는 관계에서 수집되었을 경우 등이다.

정보의 삭제 의무가 있는 관리자가 개인정보를 공개하였을 경우 해당 정보를 처리하는 다른 관리자들에게 해당 정보의 어떠한 링크나 복사 및 복제를 삭제하라는 정보주체의 요청이 있었다는 사실을 알리기 위하여 기술적 조치를 포함한 합리적인 조치를 취하여야 한다.[114] 합리적인 조치는 가능한 기술 수준과 실행 비용을 고려한다. 이 내용은 온라인 환경에서 잊혀질 권리를 강화하기 위하여 도입된 것이다.[115]

삭제권에 대한 예외도 명시되었다.[116] 즉 (a) 표현의 자유와 정보의 자유를 실행하기 위한 개인정보가 필요한 경우, (b) 관리자가 준수해야 하는 EU법이나 회원국법이 개인정보의 처리를 법적으로 요구하거나, 공공의 이익을 위하여 또는 관리자에게 부여된 공식 권한을 행사하는 직무를 수행하기 위하여 필요한 경우, (c) 제9조 제2항 제h호, 제9조 제2항 제i호 및 제9조 제3항에 따라 공공의 건강 영역에서 공익적 이유에서 필요로 한 경우, (d) 공공의 이익을 위한 목적을 달성하기 위하여, 과학과 역사적 연구의 목적을 위하여, 또는 제83조 제1항에 따른 통계적 목적을 위하여 필요한 경우로써 삭제권이 목적의 달성을 불가능하게 하거나 심각하게 훼손하는 경우, (e) 법적 청구권의 성립, 행사 또는 방어에 필요한 경우 등이다.

둘째, 제20조에 정보 이동성에 관한 권리(right of portability)가 신설되었다. 개인은 자기 정보를 하나의 자동화된 전자 시스템에서 다른 자동화된 전자 시스템으로 이전할 수 있다. 정보주체는 관리자로부터

113) 16세 미만 아동에게 개인정보를 처리할 때 친권자의 동의 또는 승인이 필요하다는 내용이다.

114) *Id*. art. 17 (2a).

115) *Id*. recital 66.

116) *Id*. art. 17 (3).

자기 개인정보를 "흔히 사용되는", "기계가 읽을 수 있는 형태"로 받아 다른 관리자에게 전송할 수 있는 권리(right to data portability)를 갖는다. 그 밖에 개인정보에 대한 접근권과 정정권은 개인정보 보호지침과 크게 달라진 것이 없다. 정보주체는 프로파일링(profiling)을 포함하여 오로지 자동화된 처리가 자신에 관한 법적 효과를 발생하거나 이와 유사하게 자신에게 심각한 영향을 줄 경우 이에 기초하여 내려지는 결정에 반대할 수 있는 권리를 갖는다.[117] 민감정보라는 특별한 유형의 개인정보를 토대로 하는 자동화된 결정이나 프로파일링은 정보주체의 권리와 자유 및 적법한 이익을 보호하기에 적합한 조치를 취하는 등 특별한 조건 아래서만 허용된다. 프로파일링과 관련해서는 유럽정보보호위원회(European Data Protection Board)에서 가이드라인을 발간할 것으로 보인다.

(4) 정보처리자 및 관리자의 책임 강화

GDPR은 관리자(controller) 외에 처리자(processor)에 관한 규정을 두고 있다. 관리자는 자신을 위하여 정보를 처리하는 처리자를 둘 수 있는데, 이 때 관리자는 정보의 처리가 GDPR의 요구조건을 충족시킬 수 있도록 적절하게 기술적·조직적 조치를 집행할 것을 충분히 보장해야 하며, 정보주체의 권리를 보장해야 한다.[118]

관리자는 GDPR을 준수하고 있다는 것을 보여주기 위하여 내부 정책을 채택하고 조치를 취하여야 한다. 특히 설계에 의한 정보보호(data protection by design) 및 기본값에 의한 정보보호(data protection by default)의 원칙을 충족하여야 한다. 기술 수준과 실행 비용을 감안하

117) *Id.* art. 20 (1).
118) *Id.* art. 28 (1).

고, 정보처리에 의해서 개인의 자유와 권리가 침해될 가능성 및 심각성과 정보처리의 성격, 범위, 맥락 및 목적을 고려하여 관리자는 개인정보의 처리 수단을 결정하거나 정보를 처리할 때 비식별화처럼 정보 최소화(data minimization)의 정보보호 원칙을 구현하기 위하여 설계된(designed) 적절한 기술적 및 관리적 조치를 이행하여야 한다.[119] 또한 관리자는 기본값으로(by default) 각각의 정보처리의 특정 목적에 필요한 개인정보만 처리되도록 하는 것을 담보하는 적정한 기술적·조직적 조치를 이행하여야 한다.[120]

모든 관리자와 처리자는 자신의 책임 아래 처리한 정보의 기록을 보관하여야 하며,[121] 관리자는 개인정보를 처리하기 전에 예상되는 처리 작용으로 개인정보 보호에 미치는 영향 평가(data protection impact assessment)를 실시하여야 한다.[122] 영향 평가에서 위험도가 높게 나오면 관리자는 정보를 처리하기 전에 감독 기관과 상의하여야 한다.[123] 개인정보가 침해된 경우 처리자는 관리자에게 지체 없이 이를 통지하고, 관리자는 이를 안지 72시간 내에 지체 없이 감독기관에 침해사실을 신고하여야 한다.[124] 개인정보의 침해가 개인의 권리와 자유에 높은 위험을 초래할 것 같은 경우 관리자는 지체 없이 침해 사실을 정보주체에게 알려야 한다.[125] 정보주체의 권리와 자유에 위험을 야기하지 않는 위반은 통보하지 않아도 된다.

---

119) *Id*. art. 25 (1).
120) *Id*. art. 25 (2).
121) *Id*. art. 30 (1).
122) *Id*. art. 35 (1).
123) *Id*. art. 36 (2).
124) *Id*. art. 33 (1).
125) *Id*. art. 34 (1).

(5) 제재

GDPR 위반에 따른 과징금 부과는 집행위원회가 초안을 발표했을 때부터 논란이 되었다. 집행위원회는 당초 해당 기업의 세계 매출액의 2% 또는 1천만 유로 중 높은 금액을 과징금 상한으로 제안하였으나, 유럽의회는 상한을 5% 또는 1억 유로까지 높여야 한다는 수정안을 제시하였다. 최종안은 과징금 체제를 이원화하여, 기록 보존 의무와 같이 경미한 위반에 대해서는 세계 매출액의 2% 또는 1천만 유로 중 높은 금액을 상한으로 하고,[126] 정보주체의 권리 침해와 같이 중한 위반에 대해서는 세계 매출액의 4% 또는 2천만 유로 중 높은 금액을 상한으로 하기로[127] 결정되었다. 회원국은 GDPR 위반시 처벌 조항에 관한 입법을 하여야 하지만,[128] 구체적인 내용은 회원국에게 맡겼다.

6. 정보보호 일반규정(GDPR)상 잊혀질 권리 검토

1) 도입 논의

잊혀질 권리는 2012년 1월 25일 유럽연합 집행위원회(European Commission)가 현행 개인정보 보호지침(Directive 95/46/EC)을 정보보호 일반규정(GDPR)으로 대체하겠다고 발표하면서 주목받기 시작하였다. 잊혀질 권리는 새로운 규정 제안의 핵심 내용 중 하나다. 집행위원회는 현행 지침이 인터넷이 일상생활에 보편적으로 활용되기 전에 제정

126) *Id.* art. 83 (4).
127) *Id.* art. 79 (5).
128) *Id.* art. 4 (1).

되었기 때문에 인터넷 세상에서 벌어지는 개인정보 침해에 대하여 적절한 보호수단이 되지 못한다고 보고, 개인정보 보호를 더욱 강화하는 내용의 규정안을 발표하였다. 집행위원회는 규정 제안 발표에 앞서 유럽 사람 10명 중 9명이 스마트폰 앱이 자신의 개인정보를 동의 없이 수집하는 것을 우려하고, 10명 중 7명은 기업들이 개인정보를 공개할 잠재적 가능성을 걱정한다는 여론조사 결과를 발표하였다.[129)]

EU 정의 분과 집행위원이자 부회장인 비비안 레딩(Viviane Reding)은 2012년 3월 연설에서 EU의 개인정보 보호 개혁이 다음과 같은 네 가지 기둥으로 구성되었다고 설명하였다.[130)] 첫째, EU에 적용되는 개인정보 보호법은 국가마다 달라서는 안 되며, 둘째, EU 기업이 아니더라도 EU 시장에서 영업하는 한 EU 법의 적용을 받아야 하며, 셋째, 정보주체는 잊혀질 권리를 가지며, 넷째, 기업이나 소비자는 여러 나라에 관계되더라도 한곳에서 개인정보 관련 사무를 처리할 수 있는 원스톱숍(one-stop-shop)을 제공한다. 여기서 정보주체의 권리와 관련해 잊혀질 권리가 차지하는 비중이 상당하다는 것을 알 수 있다.

그러나 집행위원회가 완전히 새로운 권리의 입법을 제안한 것은 아니다.[131)] GDPR은 개인정보 보호체계에 있어서 현행 개인정보 보호지침의 기본 틀을 그대로 유지하고 있다. 잊혀질 권리 역시 개인정보 보호지침에 있던 정보주체의 권리를 확장한 것이다. 개인정보 보호지침 제12조 (b)는 회원 국가는 개인정보처리가 지침과 일치하지

129) Flash Eurobarometer 359: Attitudes on Data Protection and Electronic Identity in the European Union, June, 2011.

130) Viviane Reding, SPEECH/12/200, Mar 20, 2012, http://europa.eu/rapid/press-release_SPEECH-12-200_en.htm (방문일 2016. 4. 15).

131) European Commission, Factsheet on the "Right to be Forgotten" ruling (c-131/12), p 2.

않을 경우, 특히 정보의 불완전성 또는 부정확성으로 인한 경우, 정보주체에게 해당 정보처리를 정정(rectification), 삭제(erasure) 또는 차단(blocking)할 수 있는 권리를 보장하여야 한다고 규정하고 있다.[132)]

잊혀질 권리를 실현하는 데 있어서 집행위원회가 제안한 GDPR이 현행 개인정보 보호지침과 달리 볼 수 있는 점은 다음과 같다. 첫째, 적용대상을 확대하였다. GDPR은 개인정보를 처리하는 서버를 EU 회원국에 두었는지 여부와 상관없이 EU 시민에게 서비스를 제공하는 기업이면 모두 적용대상이 된다. 둘째, 입증책임이 회사에게 있음을 분명히 하였다. 정보주체가 개인정보의 삭제를 요청하면, 정보처리회사는 해당 정보가 아직 필요하고, 아직 적절하기 때문에 삭제할 수 없다는 사실은 입증하여야 한다. 셋째, 정보처리자는 정보주체가 삭제를 요청하는 개인정보를 공개하였을 경우 정보주체가 해당정보의 삭제를 요구한다는 사실을 제3자에게 알리기 위하여 합리적인 조치를 취하여야 할 의무가 있다. 넷째, 과징금이 부과된다. 잊혀질 권리의 침해를 비롯한 규정 위반이 있을 경우 개인정보관청은 해당 기업에 최대 전 세계 매출액의 2%를 과징금으로 부과할 수 있다. 다섯째, GDPR은 잊혀질 권리가 공공의 이익을 위하여 제한되어야 하는 사유를 명시하였다. 표현의 자유, 공중의 건강을 위한 경우, 역사적 통계적 과학적 목적을 위한 경우 등이다.

---

132) Article 14(2)b: Right to access Member States shall guarantee every data subject the right to obtain from the controller: (⋯) (b) as appropriate the rectification, erasure or blocking of data the processing of which does not apply with the provisions of this Directive, in particular because of the incomplete or inaccurate nature of the data;

2) 초안과 비교

4년여 간의 논의 끝에 지난 5월 공표된 유럽연합의 GDPR은 초안과 비교할 때 일부 내용이 수정되었다. GDPR 최종안은 초안과 달리 잊혀질 권리라는 용어를 괄호로 표시하고 삭제권이라는 권리로 통합하였다. 삭제권 조항에서 바뀐 내용은 〈표 3-2〉와 같다.

3) 최종안 검토

2012년 GDPR 초안이 발표되자 영국 하원 사법위원회(UK House of Commons Justice Committee)는 잊혀질 권리가 사용자들에게 검색 엔진과 소셜 네트워크 서비스(SNS)에 게시된 게시물을 삭제할 수 있는 권리가 부여된다는 비현실적인 기대를 줄 수 있다고 걱정하였다.[133] 이처럼 잊혀질 권리를 검색 엔진이나 SNS에 적용하는 데 있어서 한계가 있다고 평가하는 견해가 상당히 많았다.[134] 그러나 이러한 견해는 인터넷 시대에 잊혀질 권리의 필요성을 경시하고 있다. 2014년 유럽사법재판소(CJEU)의 구글 스페인 판결을 거치면서 최근에는 잊혀질 권리가 검색 엔진이나 SNS에 적용되는 것이라는 인식이 확산되고 있다. 인터넷 시대에 잊혀질 권리가 가장 필요한 영역이 바로 검색 엔진과 SNS이기 때문이다. 일부에서는 검색 엔진이나 SNS에 잊혀질 권리를 적용하기 위해서는 새로운 법적 근거가 필요하다고 보았으나, CJEU는 현행 개인정보 보호지침에 근거하여 검색

133) House of Commons Justice Committee, The Committee's Opinion on the European Union Data Protection Framework Proposals, House of Commons Paper no. 572-I, Session 2012-13(2012).

134) *Id.*

〈표 3-2〉 GDPR 초안과 최종안의 잊혀질 권리 비교

	집행위원회 초안	유럽의회 최종안
표제	제17조: 잊혀질 권리 및 삭제권	제17조: 삭제권(잊혀질 권리)
내용	1. 정보주체는 아래와 같은 조건 중 하나가 충족될 경우 정보처리자에 대하여 자신에 관한 개인정보, 특히 정보주체가 어린 아이였을 때 허용하였던 개인정보를 삭제할 수 권리와 당해 정보의 추가 확산을 금지할 수 있는 권리를 가진다. (a) 정보가 수집 또는 처리된 목적과 관련하여, 더 이상 필요하지 않게 되었을 때 (b) 정보주체가 제6조(1)(a)에 의거한 처리에 대하여 한 동의를 철회하거나, 동의한 보관기간이 만료되거나, 또는 해당 정보를 더 이상 처리할 법적 근거가 없을 때 (c) 정보주체가 제19조에 의거하여 개인정보처리를 반대할 경우 (d) 다른 이유에서 정보의 처리가 본 규정과 일치하지 않을 경우	1. 정보주체는 정보처리자에 대하여 지체없이 자신에 관한 개인 정보(personal data)를 삭제할 수 있는 권리를 가지며, 정보처리자는 아래와 같은 조건에 따라 지체 없이 정보주체의 사적 개인 정보를 삭제할 의무를 가진다. (a) 정보가 수집 또는 처리된 목적과 관련하여, 더 이상 필요하지 않게 되었을 때 (b) 정보주체가 제6조(1) (a)에 의거한 처리에 대하여 한 동의를 철회하거나, 동의한 보관기간이 만료되거나, 또는 9조 (2)(a)에 의거하여 해당 정보를 더 이상 처리할 법적 근거가 없을 때 (c) 정보주체가 제19조에 의거하여 개인정보처리를 반대할 경우; (d) 정보가 불법으로 처리되었을 때 (e) Union 또는 Member State law 결정에 따라 개인 정보가 삭제되어야 하는 경우
	2. 위 1항의 정보처리자가 제6(1)조에 따라 정당화할 수 있는 사정없이 개인정보를 이미 공개하였을 경우 그는 해당 정보를 삭제하기 위하여 제3자를 포함하여 모든 합리적 조치를 취하여야 한다. 하지만 제77조는 제외된다. 정보처리자는 가능하면 정보주체에게 관련된 제3자가 취한 행동을 고지하여야 한다.	2. 위 1항의 정보처리자가 개인정보를 이미 공개하였을 경우 그는 자기가 책임져야 할 공개된 정보와 관련하여, 해당 정보를 처리하고 있는 제3자에게 정보주체가 해당 정보의 링크, 복사, 복제의 삭제를 요청하였다는 사실을 알리기 위하여, 기술적 조치를 포함하여, 모든 합리적 조치를 취하여야 한다.

엔진의 삭제요구권을 받아들였다.

잊혀질 권리를 SNS에 적용할 경우 몇 가지 쟁점을 극복하여야 한다. 첫째, 개인정보 보호법은 순수하게 개인적 활동이거나 가족 활동에 대해서 적용되지 않는다. GDPR도 제2조 2항 d호에서 이를 명시하고 있다. 그렇다면 SNS에 올린 게시물은 순수하게 개인적 활동 내지 가족 활동이라고 볼 수 있는지가 문제된다. 제29조 작업반은 가족

예외는 일반적으로 SNS 개인 사용에 적용되지만, 예외적인 상황도 있다고 한다.[135] GDPR 체계에서는 개인을 정보처리자로 볼 수 있는지 여부에 따라 결론이 다르게 나타난다.

둘째, SNS가 정보처리자에 해당하는지도 문제가 된다. 제29조 작업반은 2009년 의견서에서 개인이 발표하고 다른 사람과 정보를 교환할 수 있는 온라인 플랫폼을 제공하는 SNS는 정보를 처리하는 목적과 수단을 결정하기 때문에 정보처리자라고 판단한 바 있다.[136] 또 제3자의 개인정보를 게재하는 개인 사용자도 가족 예외에 해당하지 않는 이상 정보처리자라고 보았다.[137] 이러한 결론이 GDPR에도 똑같이 적용될 것으로 보인다.

GDPR 초안이 발표된 후 논란이 되었던 또 다른 부분은 제3자에 대한 통지 의무였다. GDPR은 제3자에 대한 통지에 있어서 개인정보 보호지침보다 훨씬 강화되었다. 하지만 인터넷의 공개성을 고려하면 누구나 정보처리자의 허락을 받지 않고 해당 정보에 접근하여 복사할 수 있는 데 제3자에 대한 통지가 실효성이 있겠느냐는 지적이 많았다.[138] 그러나 이러한 지적은 GDPR의 의무의 목적과 성격을 간과한 것이다.[139] GDPR이 요구하는 의무는 절대적인 것이 아니고, 단지 정보처리자로 하여금 제3자에게 삭제 요청이 있다는 내용을 알리기 위하여 합리적인 조치를 다하라고 요구할 뿐이다.[140] 인터넷에

---

135) WP29, The Future of Privacy; Joint Contribution to the Consultation of the European Commission on the Legal Framework for the Fundamental Right to Protection of Personal Data (WP 168, adopted 2009), p 18, para 71.

136) WP29, Opinion 1/2010 on the Concepts of 'Controller' and 'Processor' (WP 169, adopted 16 February 2010), p 2.

137) *Id.* at pp 5-6.

138) Rosen, *supra* note 2, at 90.

139) Lindsay, *supra* note 4, at 318.

140) *Id.*

서 완벽하게 잊혀질 수 없다고 하더라도 실질적으로 효과가 있으면 법적 조치는 의미가 있는 것이다.

그러나 잊혀질 권리에도 비례원칙이 적용된다. 잊혀질 권리도 공공의 이익을 위하여, 또는 다른 사람의 자유와 권리를 보호하기 위하여 제한되어야 할 때가 있다. 그렇기 때문에 잊혀질 권리를 논의할 때 표현의 자유와의 상충 문제를 어떻게 해결할 것인지 하는 문제를 반드시 검토하여야 한다. GDPR은 개인정보 보호지침에 비하여 정보주체의 권리를 강화한 만큼 상충하는 다른 자유와 권리를 보호하기 위한 장치도 더 강화되어야 한다. GDPR 제80조는 '정보의 처리와 표현 및 정보의 자유'라는 표제 아래 회원국은 규정에 따라 개인정보의 보호권과 표현 및 정보의 자유권이 조화를 이루는 법을 제정하여야 한다고 규정하고 있다. 또한 회원국은 언론보도의 목적 또는 학문적 · 예술적 · 문학적 표현의 목적으로 개인정보를 처리하는 경우 GDPR 규정 중 일부를 예외로 하는 법을 마련해야 한다. 결국 잊혀질 권리와 표현의 자유 사이의 충돌 문제를 해결하는 어려운 문제는 개별 국가에 맡겨진 셈이다.

제 4 장

잊혀질 권리와 표현의 자유

제4장 잊혀질 권리와 표현의 자유

1. 잊혀질 권리의 대상이 되는 정보

잊혀질 권리의 대상이 되는 정보는 다음과 같이 구분할 수 있다. 첫째, 정보주체가 스스로 제공한 개인정보로서 대외적으로 공개되지 않는 내용이다. 예컨대 인터넷이나 모바일에서 특정 서비스를 이용하기 위하여 제공하는 개인정보다. 이러한 유형의 개인정보는 특별한 사정이 없는 한 대외적으로 공개되지 않고, 해당 서비스를 제공하는 주체가 보유하고 사용한다. 만약 정보주체가 해당 서비스를 더 이상 이용하지 않을 경우 정보주체는 상대방에게 자신의 개인정보를 더 이상 사용하거나 보유하지 말라고 요구할 수 있다. 더 나아가 개인정보의 삭제를 요청할 수 있다. 만약 잊혀질 권리가 이런 유형의 정보 삭제권을 의미한다면, 기존의 개인정보 보호법으로 해결하는 데 별 문제가 없다. 개별법에 정보 삭제권이 규정된 경우 그 권리를 실현하면 된다. 정보 삭제권이 명시되어 있지 않더라도 정보 최소화(data minimization) 원칙에 따라 정보처리자는 개인정보를 최소한 수집하고, 보관하고, 이용해야 하므로, 정보주체는 정보처리자에게 개인정보의 삭제를 요청할 수 있다.

두 번째 유형은 개인이 자신에 관한 정보를 담은 콘텐츠를 인터넷이나 모바일을 통해서 공개하는 경우다. 블로그나 페이스북에 학교 졸업 사진이나 생일 파티 사진을 올려놓는 경우 또는 사회적 관심사에 대한 자기 의견을 올려놓는 경우가 여기에 해당한다. 다양한 콘텐츠로 자신의 의사를 표현하는 경우다. 인터넷과 모바일이 일상화되면서 자기 과시적 표현행위를 하는 사람이 많아졌다. 표현의 자유는 이러한 표현행위를 보호한다. 그런데 만약 정보주체가 과거 게시하였던 자기 콘텐츠를 삭제하고 싶으면 그렇게 할 수 있어야 할 것이다. 표현의 자유는 의사 표현 못지않게 의사 표현의 거부도 보호하기 때문이다. 정보의 자유 측면에서 이 문제를 보아도 마찬가지다. 정보 공개 못지않게 정보 공개의 거부 역시 정보의 자유로서 보호된다.

두 번째 유형은 첫 번째 유형과 다른 점이 있다. 만약 정보주체가 공개한 내용을 다른 사람이 공감하고 그 내용을 다른 곳에 공개하였다면, 즉 정보주체가 한 1차 공개 외에 다른 사람이 한 2차 공개가 있었다면, 2차 공개까지도 삭제 대상이 되는지 여부가 새로운 법적 쟁점이다. 잊혀질 권리를 충실히 실현하기 위해서는 2차 공개까지 삭제 대상에 포함되어야 할 것이다. 하지만 2차 공개는 다른 사람의 표현 행위라고 할 수 있다. 자신이 작성해서 게시한 콘텐츠라고 그 콘텐츠에 대한 통제권을 항상 갖는다고 할 수 있는지, 정보주체가 다른 사람의 표현행위까지 금지할 수 있는 권리가 있는지 검토할 필요가 있다. 얼마나 많은 사람이 2차 공개를 하였는지 알기 어렵다거나, 2차 공개한 게시물을 또 다른 사람이 공개하는 3차, 4차의 공개가 계속 진행되었다면 잊혀질 권리의 실현은 기술적으로 어려움에 봉착한다.

세 번째 유형은 다른 사람이 특정인에 관한 콘텐츠를 제작해서 공개한 경우다. 언론사의 기사가 여기에 해당한다. 기사는 특정인이 무엇을 하였다는 내용, 즉 개인정보를 담고 있다. 만약 기사에 언급된 사람이 자신에 관한 정보 내용이 마음에 들지 않는다고 기사의 삭제를 요청하면 이를 받아들여야 할 것인가. 언론사의 표현의 자유를 생각하면 쉽게 수긍하기 어렵다. 세 번째 유형에서 잊혀질 권리는 표현의 자유와 직접 충돌한다. 해결은 잊혀질 권리가 보호하고자 하는 인격권과 표현의 자유 중 어느 쪽의 가치를 더 소중하게 여기는지에 달려있다. 비교형량은 구체적인 사정에 따라 달라질 것이다. 거시적으로 보면 특정한 시대, 특정한 사회의 가치관이 반영될 것이다. 미국처럼 표현의 자유를 중시하는 나라에서는 비교형량을 하지 않고 언론사의 표현의 자유가 우세하다고 보는 경향이 있다.[1)] 이에 반하여 유럽은 표현의 자유와 프라이버시권이라는 두 기본권의 충돌로 이해하여 비교형량하고, 인격권을 표현의 자유보다 중시하는 경향이 있다.[2)]

잊혀질 권리와 관련하여 그동안 주로 논란을 빚은 유형은 세 번째다. 2014년 유럽사법재판소의 구글 스페인 판결의 대상이 되었던 사안도 신문 광고였다. 이러한 유형의 잊혀질 권리는 필연적으로 표현의 자유 침해 논란을 일으킨다. 다른 사람이 게재한 콘텐츠가 단순한 정보가 아니라 의견을 담고 있다면 표현의 자유에 대한 침해 논란은 더욱 커진다. 흔히 표현의 자유는 "민주국가의 존립과 발전을 위한 기초가 되기 때문에 특히 '우월적 지위'를 지니고 있으므로"[3)] 함부로

---

1) Daniel Fisher, *Europe's "Right to Be Forgotten" Clashes with U.S. Right to Know, Forbes*, May 16, 2014.

2) Patricia Sánchez Abril & Jacqueline D. Lipton, *The Right to Be Forgotten: Who Decides What the World Forgets?*, 103 Kentucky L.J. 363, 372 (2014-2015).

3) 헌재 1991. 9. 16, 89헌마165.

제한되어서는 곤란하다고 한다. 다른 사람이 작성해서 공개한 특정인에 관한 정보를 담은 글이 표현의 자유를 침해하는지의 여부는 어느 나라나 판례와 학설을 통해서 확립된 법리들이 있다. 이러한 법리들은 인터넷이 등장하기 전부터 발전한 것이다. 인터넷이 등장하면서 시간이 흘러도 사라지지 않는 콘텐츠의 폐해가 부상하고 있다. 공개된 정보의 기원이 과거로 올라가면 갈수록, 정보에 대한 개인적 이익이 공공의 이익보다 우월할 것이다.[4] 결국 잊혀질 권리에서 주로 검토되어야 할 쟁점은 기존의 표현의 자유 법리가 시간의 흐름을 반영하여 수정되어야 하는지 여부라고 하겠다.

2. 사적 사항의 공개와 프라이버시 침해

1) 우리나라의 법리

(1) 명예훼손

프라이버시 침해 논란을 빚는 정보는 진실한 내용이다. 전통적으로 영미법계 명예훼손법은 공표된 내용이 허위임을 전제로 한다. 진실은 명예훼손 주장에 대하여 절대적 항변 사유이기 때문이다. 하지만 대륙법계에서는 진실한 내용으로도 명예훼손이 성립한다고 보고 있다. 우리나라는 대륙법계 영향을 받아 진실한 내용이라도 공연히 적시하여 다른 사람의 명예를 훼손할 경우 민·형사상 책임을 지는 법체계를 가지고 있다. 형법 제307조 제1항은 "공연히 사실을 적시하여 사람의 명예를 훼손한 자는 2년 이하의 징역이나 금고 또는 500만원

4) Rolf H. Weber, *The Right to be Forgotten: More than a Pandora's Box?*, 2 JIPITEC 120, 121 (2011).

이하의 벌금에 처한다."고 규정하고 있다. 다만, 이러한 행위가 진실한 사실로서 오로지 공공의 이익에 관한 때에는 처벌하지 아니한다(제310조). 따라서 진실한 사실의 공표라도 공익성이 없으면 명예훼손죄로 처벌받을 수 있다. 형법상 위법성조각사유는 민사상 불법행위에도 그대로 적용된다는 것이 법원의 태도다.

잊혀질 권리의 대상이 되는 개인 관련 정보는 진실한 경우다. 잊혀질 권리를 주장하는 사람은 공표된 내용이 허위라는 점을 따지는 것이 아니라, 진실한 사실이 반복해서 재현되는 것을 문제 삼는다. 구글 스페인 소송의 경우 구글 검색으로 과거 자신의 기록이 반복해서 공표되는 것에 불만을 품고 이를 삭제해달라고 요청한 경우다. 여기서 공표된 사실의 진실 여부는 문제되지 않는다.

(2) 익명보도의 원칙

우리나라는 진실한 정보라도 내용 공개에 공익성 또는 공공성이 인정되지 않으면 명예훼손적 내용을 공표한 사람은 명예훼손의 민·형사상 책임을 져야 한다. 예컨대 범죄 보도의 경우 범인과 범죄혐의자에 대한 공개적 신원 노출은 원칙적으로 허용되지 않는다.[5] 대법원은 "피의자의 실명을 공개하여 범죄사실을 보도하는 경우에는 피의자의 범죄사실을 알게 되는 사람들의 범위가 훨씬 확대되고 피의자를 더 쉽게 기억하게 되어 그에 따라 피의자에 대한 법익침해의 정도 역시 훨씬 커질 것이므로, 범죄사실의 보도와 함께 피의자의 실명을 공개하기 위해서는 피의자의 실명을 보도함으로써 얻어지는 공공의 정보에 대한 이익과 피의자의 명예나 사생활의 비밀이 유지됨으로써 얻

5) 서울고법 1996. 2. 27. 선고 95나24946 판결, 하급심판례집 1996-1, 140.

어지는 이익을 비교형량한 후 전자의 이익이 후자의 이익보다 더 우월하다고 인정되어야 할 것이다. 또한, 전자의 이익이 더 우월하다고 판단되더라도 그 보도의 내용이 진실과 다를 경우 실명이 보도된 피의자에 대한 법익침해의 정도는 그렇지 아니한 경우보다 더욱 커지므로, 언론기관이 피의자의 실명을 공개하여 범죄사실을 보도할 경우에는 그 보도내용이 진실인지 여부를 확인할 주의의무는 더 높아진다고 할 것"이라고 판시하였다.[6]

그러나 범죄 관계자의 신원을 공공에게 알릴 필요가 큰 경우가 있다. 이런 경우 공익성이 인정되어 위법성조각사유에 해당할 수 있다. 실명보도의 기준을 대법원은 "어떠한 경우에 피의자의 실명보도를 허용할 수 있을 정도로 공공의 정보에 관한 이익이 더 우월하다고 보아야 할 것인지는 일률적으로 정할 수는 없고, 범죄사실의 내용 및 태양, 범죄 발생 당시의 정치·사회·경제·문화적 배경과 그 범죄가 정치·사회·경제·문화에 미치는 영향력, 피의자의 직업, 사회적 지위·활동 내지 공적 인물로서의 성격 여부, 범죄사건 보도에 피의자의 특정이 필요한 정도, 개별 법률에 피의자의 실명 공개를 금지하는 규정이 있는지 여부, 피의자의 실명을 공개함으로써 침해되는 이익 및 당해 사실의 공표가 이루어진 상대방의 범위의 광협 등을 종합·참작하여 정하여야 한다."고 한다.[7] 잊혀질 권리의 대상이 되는 개인 관련 정보는 비교형량을 통해 실명보도가 허용된 사안이다. 그렇지 않다면 잊혀질 권리를 주장할 필요도 없이, 실명보도로 인한 인격권 침해를 바로 주장해서 민·형사상 책임을 물을 것이기 때문이다.

---

6) 대법원 2009. 9. 10. 선고 2007다71 판결, 법원공보 2009하, 1615.
7) 위 판결.

2) 미국의 법리

(1) 사적 사항의 공개

사적 사항의 공개를 보호할 가치가 있는지를 놓고 견해가 갈린다. 미국에서는 사적 사항이라고 하더라도 진실한 정보 공개를 막는 것은 표현의 자유를 침해하고, 해당 정보에 기초하여 올바른 결정을 내리는 것을 방해한다는 견해가 유력하다. 사적 사항의 공개를 금지하는데 반대하는 견해는 크게 표현의 자유에 대한 위축 효과를 가져온다는 점과 사적 사항도 의사결정에 필요하다는 점에 기초하고 있다고 하겠다.[8] 정확한 정보의 교환에서 오는 사회적 이익이 월등하기 때문에 프라이버시는 죽었다는 견해도 있다.[9] 인간은 매일매일 다른 사람과 접촉하고 거래하면서 다른 사람에 관하여 자유롭게 알게 된다고 한다.[10] 그렇기 때문에 사적 사항의 공개를 프라이버시 침해로 인정하는 것은 표현의 자유와 양립할 수 없다고 보는 학자도 있다.[11] 그러나 사적 관심사와 공적 관심사를 구분하기 쉽지 않은 문제가 있다. 일반적으로 둘을 구분하는 기준으로 언론의 판단을 존중하는 방법, 관계되는 사람의 신분을 기준으로 공인과 사인으로 구분하는 방법, 정보의 성격에 따라 구분하는 방법 등이 제시된다.[12]

---

8) Daniel J. Solove, *The Virtues of Knowing Less: Justifying Privacy Protections Against Disclosure*, 63 Duke L.J. 967, 974 (2003).

9) Diane L. Zimmerman, *Requiem for a Heavyweight: A Farewell to Warren and Brandeis's Privacy Tort*, 68 Cornell L. Rev. 291, 341 (1983).

10) Solveig Singleton, *Privacy Versus the First Amendment: A Skeptical Approach*, 11 Fordham Intell. Prop. Media & Ent. L.J. 97, 152 (2000).

11) Eugene Volokh, *Freedom of Speech and Information Privacy: The Troubling Implication of a Right to Stop People from Speaking About You*, 52 Stan. L. Rev. 1049, 1090, 1095 (2000).

12) *Id.* at 975.

사적 사항의 공개와 관련한 미국의 대표적인 판결은 1975년 콕스 방송사 사건(Cox Broadcasting Corp. v. Cohn)이다.[13] 미국 연방대법원은 이 사건에서 공공기록에서 얻은 진실한 정보를 공개하는 것은 정당하며, 이를 금지하는 법률은 수정헌법 제1조에 위반되어 위헌이라고 판시하였다. 이 사건은 17세 소녀가 강간당한 후 살해된 사건을 취재하던 콕스 방송사가 재판기록에서 소녀의 이름을 알아낸 후 이를 보도하면서 발생하였다. 조지아 주 대법원은 강간 피해자의 신원을 공개하는 것이 수정헌법 제1조의 보호를 받을 만큼 공공의 이익 또는 일반적 관심사라고 할 수 없다고 판시하였다.[14] 그러나 연방대법원은 "일반인의 감시를 위해서 공개된 공식 재판 기록에 담겨 있는 진실한 정보의 공개에 대해서 제재할 수 없다"고 판시하였다.[15]

미 연방대법원은 Cox 사건 이후 일련의 사건에서 공공기록 등에서 "적법하게 얻은 진실한 정보(lawfully obtained truthful information)"의 공개는 수정헌법 제1조에 의해서 보호된다는 입장을 명확하게 하였다. 1979년 연방대법원은 스미스 사건(Smith v. Daily Mail Publishing Co.)에서 비행 미성년자의 이름을 보도한 신문사에 대한 형사처벌이 수정헌법 제1조를 침해한다고 결정하였다.[16] 또 1989년 플로리다 스타 사건(Florida Star v. B.J.F.)에서는 경찰이 부주의하게 수사기록을 공개한 경우에도 강간 피해자의 이름을 공개한 것이 불법행위를 구성하지 않는다고 판시하였다.[17] 이 사건에서 연방대법원은 최고 수준의

---

13) Cox Broadcasting Corp. v. Cohn, 420 U.S. 469 (1975).

14) 200 SE 2d 127.

15) 420 U.S. at 496("the States may not impose sanctions on the publication of truthful information contained in official court records open to public inspection.").

16) 443 U.S. 97 (1979).

정부 이익을 달성하기 위해서 좁게 재단된 제한수단을 사용하는 경우에만 적법하게 얻은 진실한 정보의 보도를 금지할 수 있다고 판시하였다.[18]

이처럼 미국에서는 사적 사항의 공개의 경우 그 내용이 진실이고, 내용을 얻는 과정에서 위법성이 없었을 때 헌법적으로 허용된다고 본다. 헌법적 허용을 결정하는 중요한 기준은 공적 관심사 또는 뉴스 가치인데, 언론보도의 경우 뉴스 가치가 인정되는 경우가 많다. 이로 인한 피해가 적지 않지만 표현의 자유를 중시하는 미국에서는 언론보도로 인한 프라이버시 침해는 경시하는 경향이 있다. 더구나 1990년대 중반 이후 인터넷이 일상화되면서 대부분 정부 기관들이 공공기록을 인터넷에 공개하면서 프라이버시 침해가 심각한 위험으로 떠오르고 있다.[19] 미국의 경우 개인정보 공개를 금지하는 일반법은 없고, 신용기록 등 개별적인 정보 공개를 금지하는 개별법만 있을 뿐이다.

(2) 난처한 사적 사항의 공개

사적 사항의 공개가 표현의 자유를 실현하는 과정에서 불가피하다고 하더라도 난처한 사적 사항의 공개까지 허용되는 것은 아니다. 영미법계 국가에서도 공공의 이익과 무관하게 다른 사람을 괴롭힐 의도로 사적 사항을 공개하는 경우 불법행위가 될 수 있다. 1960년 미국의 프로서 교수가 분류한 「난처한 사적 사항의 공개(public disclosure of private facts)」가 여기에 해당한다. 미국 불법행위법 리스테이트먼트

---

17) 491 U.S. 524 (1989).

18) *Id.* at 541.

19) Daniel J. Solove, *Access and Aggregation: Public Records, Privacy and the Constitution*, 86 Minn. L. Rev. 1137, 1217 (2002).

(restatement) 제2판은 사적 사항의 공개가 공중의 정당한 관심사가 아니면서 합리적인 사람을 매우 불쾌하게 만들 경우(highly offensive to a reasonable person) 프라이버시 침해가 된다고 규정하고 있다.[20] 그러나 사적 사항의 공개를 불법행위로 인정하지 않는 주도 있다. 인디애나 주가 그렇다. 하지만 인터넷에 게시된 정보는 지역적 한계가 없이 유통되기 때문에 특정 주에서 불법행위가 되지 않더라도 다른 주에서는 프라이버시 침해가 될 수 있다.

사적 사항의 공개가 프라이버시 침해가 되기 위한 요건은 다음과 같다. 첫째, 사적 사항이어야 한다. 만약 사적 정보가 민감 정보라면 침해의 정도가 더 커질 것이다. 이미 공개된 내용이라면 사적 사항이라고 할 수 없다. 예컨대 대통령 암살 시도 사건을 보도한 기사에서 범인이 동성애자라는 사실을 공개하였는데, 미국 법원은 그 사실이 동성애자 사회에 널리 알려졌다는 이유로 사적 사항 공개에 해당하지 않는다고 판결한 적이 있다.[21] 둘째, 공개되어야 한다. 공개는 동시에 둘 이상의 사람에게 말하는 것을 의미한다. 통신은 보통 1 대 1의 대화에 불과하여 공개라고 할 수 없다. 블로그에 글을 게시하는 것은 1 대 1의 대화가 동시에 발생하므로 둘 이상에게 말하는 대화에 해당한다. 셋째, 사적 사항의 공개가 매우 불쾌한지 여부는 합리성을 기준으로 판단한다. 합리적인 사람이라면 매우 불쾌하게 여길 내용이 공개되어야 한다. 넷째, 공중의 정당한 관심사가 아니어야 한다. 흔히 뉴스 가

---

20) Restatement (Second) of Torts § 652D: Publicity Given to Private Life: One who gives publicity to a matter concerning the private life of another is subject to liability to the other for invasion of privacy, if the matter publicized is of a kind that (a) would be highly offensive to a reasonable person, and (b) is not of legitimate concern to the public.

21) Sipple v. Chronicle Publ'g Co., 201 Cal. Rptr. 665 (Cal. Ct. App. 1984).

치를 기준으로 판단한다. 미국에서는 공적 관심사(public concern)에 관한 표현과 그렇지 않은 표현을 구분해서 전자의 경우 표현의 자유의 보호를 두텁게 받는다. 예컨대 과거 클린턴 대통령이 백악관 인턴직원인 모니카 르윈스키와 부적절한 관계를 맺은 내용은 사적 사항이기는 하지만, 뉴스 가치가 있기 때문에 프라이버시 침해가 되지 않는다.

3) 시간의 흐름과 공적 관심사의 변화

(1) 시간의 흐름과 명예훼손

개인 관련 정보의 공개가 공익성이 인정되어 명예훼손, 프라이버시 침해 등 불법행위가 성립하지 않고 적법한 경우라고 하더라도 사건 발생 후 상당한 시간이 흐를 때까지 공익성이 유지될 것인지는 또 다른 문제다. 과거 사회적 관심사였거나 공적 인물이었던 사람에 대한 보도와 관련하여 잊혀질 권리가 문제가 되는 경우는 크게 두 가지로 생각할 수 있다. 하나는 과거 사회적 관심사 또는 과거 공인에 대해서 지금 이 시점에서 새롭게 보도하는 것을 금지할 것인지 여부이고, 다른 하나는 과거 적법하게 보도되었던 사회적 관심사 또는 공인 관련 기사의 전파를 지금 이 시점에서 금지할 것인지 여부이다. 전자는 잊혀질 권리가 등장하기 전에도 판례로 다루어진 사례가 꽤 있다. 후자는 최근 부상하고 있는 내용으로 인터넷 중재자의 과거 기사 검색 서비스가 주로 문제된다.

인격권을 중시하는 유럽식 사고에 의하면, 시간이 흘러 해당 사건에 사회적 관심이 적어지면 인격권과 표현의 자유(또는 알 권리)를 비교형량한 결과는 인격권 보호 쪽으로 무게 중심이 바뀌게 된다. 사회적 관심사가 되는 범죄가 발생하여 피의자가 체포되고, 기소되어 재판을 받고, 유죄 판결을 받을 경우 익명 보도의 원칙에 대한 예외가 인정된다고 하더라도 시간이 상당히 흐른 뒤에도 여전히 해당 범죄가 사회적 관심사이고, 해당 범인을 공인으로 볼 수 있는지는 의문이다.

우리나라에서도 한 때 공인이었던 자에 대한 보도 사건에서 법원은 "한때는 공적 인물이었거나 유명사건과 관련된 사인의 사생활이라도 시간의 경과에 따라 공중의 정당한 관심사가 되지 아니할 수 있다."며 "원고는 더 이상 공적 인물이 아니라 할 것이고, 공적 인물이 아닌 원고의 사생활에 대하여 대중의 관심이 갑자기 많아졌다는 이유만으로 공중의 정당한 관심사라고 볼 수도 없다."고 판시한 적이 있다.[22] 이 사건의 원고는 차화연이라는 예명으로 「사랑과 야망」이라는 드라마에 출연했으나, 1988년 이후 평범한 주부로 살고 있었다. 2006년 초 「사랑과 야망」이 다시 제작되면서 원고에 대한 관심이 커졌다. 피고 여성 잡지는 원고가 인터뷰 요청을 거절하였음에도 불구하고, 원고가 연예인 시절에는 힘든 일을 많이 겪었으나, 독실한 기독교 신자가 된 후 마음의 평화를 얻었고, 지금은 행복한 가정주부로 살고 있다는 내용 및 남편의 직업, 실명, 성격 및 가족관계, 거주지 등의 사생활을 보도했다. 법원은 원고의 명예훼손 주장에 대한 기사의 전반적인 취지가 원고의 주로 긍정적인 측면을 다루고 있으므로 명예를 훼손했다고 볼 수 없다고 판단했다. 다만 원고의 프라이버시권 침해 주장은 받아들였다.

그러나 역사적 사실과 같이 중요한 사회적 관심사에서는 달리 볼 여지도 있다. 대법원은 백범 김구 선생의 일대기를 그린 드라마와 관련하여 발생한 명예훼손 사건에서 "적시된 사실이 역사적 사실인 경

22) 서울중앙지법 2007. 1. 24. 선고 2006가합24129.

우 시간이 경과함에 따라 점차 망인이나 그 유족의 명예보다는 역사적 사실에 대한 탐구 또는 표현의 자유가 보호되어야" 한다고 판시한 바 있다.[23]

(2) 미국의 사례

미국에서는 시간이 상당히 흘렀다고 하더라도 공인에 관한 보도나 재조명을 막을 수 없다고 본다. 즉 미국 판례에 따르면, 단순한 시간의 경과가 뉴스 가치를 희석하거나 대중 관심의 정당성을 약화시키지 않는다.[24] 과거 사건이나 행동은 여전히 공중의 적법한 관심사이며, 과거 일어났던 사건의 상세한 회고는 정보와 교육 목적에 흥미롭고 유용하기 때문이다.[25] 이러한 사고는 알 권리와 표현의 자유를 중시하는 미국적 사고에서는 당연한 것이다.

그러나 미국에서도 과거 공적 관심사였던 사건이 시간이 흘러 뉴스 가치가 없어지면 과거 당사자에 대한 사적 사항의 공개가 허용되지 않는다고 본다. 캘리포니아 주에서 몇 가지 주목할 만한 판결이 나왔다. 대표적인 사건이 1931년 멜빈 판결(Melvin v. Reid)이다.[26] 85년 전 사건이지만, 최근 유럽에서 잊혀질 권리 도입이 논의되면서 새삼스럽게 주목을 끌고 있는 판례다. 이 사건에서 원고는 처녀 때 매춘부였으며, 살인죄로 기소되기도 하였다. 1918년 무죄로 석방된 후 개과천선하여 새로운 인생을 살기 시작했다. 1919년 결혼해서 완전히 새로운 인생을 성실하게 살았다. 1925년 피고는 원고의 동의를

23) 대법원 1998. 2. 27. 선고 97다19038 판결, 법원공보 1998.4.1.(55), 865.
24) Romaine v. Kallinger, 109 N.J. 282, 537 A.2d 284, 294 (1988).
25) Restatement (Second) of Torts § 652D의 주석서(comment) k.
26) 112 Cal.App. 258 (Cal. Ct. App. 1931).

받지 않고 그녀의 과거 인생을 영화로 만들었다. 원고의 처녀 때 이름 가브리엘 달리(Gabrielle Darley)를 그대로 밝히고, 영화가 실화를 바탕으로 제작되었다고 광고하였다. 영화 제작과 상영으로 원고의 주변 사람들은 원고의 과거 행적을 처음으로 알게 되었다. 원고의 과거 행적은 그녀의 살인죄 형사 소송 기록에 모두 나와 있었다. 당시 캘리포니아 주는 프라이버시법이 제정되지 않았기 때문에 재판부는 항소법원은 캘리포니아주 헌법상 행복추구권에 기초하여 원고의 권리 침해를 인정하였다. 즉 정직한 삶을 살아온 사람은 누구나 행복을 추구할 권리를 갖는데, 거기에는 성격, 사회적 지위 및 명성에 대한 불필요한 공격으로부터의 자유가 포함된다는 것이다.[27)]

또 다른 사례로 브리스코 판결(Briscoe v. Reader's Digest Association)이 있다.[28)] 리더스 다이제스트 잡지는 1968년 「하이재킹이라는 사업(The Big Business of Hijacking)」이라는 제목의 기사를 실어 발간하였다. 이 기사는 미국 내에서 벌어지고 있는 여러 건의 트럭 강탈을 상세히 보도하였다. 전형적인 강탈 사건을 소개하면서 마빈 브리스코(Marvin Briscoe)의 이름을 밝혔다. 하지만 강탈에 실패한 이 사건이 11년 전 발생한 사실이라는 점을 명백하게 밝히지 않았다. 브리스코는 리저스 다이제스트 잡지사를 상대로 프라이버시 침해로 인한 손해배상 소송을 제기하였다. 캘리포니아 대법원은, 과거에 범죄를 저지른 자가 죄 값을 치르고 조용히 법을 준수하며 살고 있는데, 그의 과거 범죄를 드러내는 것은 프라이버시 침해라고 보았다. 법원은 과거 범죄의 보도가 뉴스 가치가 있다는 점은 인정하였다. 하지만 오래 전 범죄를 저지른 사람의 신원은 보통 독립적으로 공적 목적에 기여하는

27) *Id*. at 291.
28) 4 Cal. 3d 529, 483 P.2d 34, 93 Cal. Rptr. 866 (1971).

바가 없다고 판단하였다. 더 이상 목격자나 추가 피해자를 확보하는 데 기여하는 바가 없고, 단지 대중의 호기심을 불러일으킬 뿐이라는 것이다.[29] 법원은 프라이버시를 보호해야 할 또 다른 요소로 범죄자의 사회 복귀를 들었다.

그러나 2004년 12월 6일 캘리포니아 대법원이 게이츠 사건(Gates v. Discovery Communications)에서[30] 브리스코 판결을 폐기하면서 향후 전개가 주목된다. 새로운 판례에 따르면, 언론은 과거 잊혀진 법원 사건에서 사실 관계를 찾아 보도할 자유가 있다는 것이다. 원고 스티브 게이츠(Steve Gates)는 1988년 자동차 세일즈맨 살인 사건의 종범으로 기소되어 3년형을 선고받았다. 1995년 모범수로 가석방되었고, 그 후 법을 지키며 사는 모범 시민이 되었다. 2001년 디스커버리 채널은 「검사들(The Prosecutors)」이라는 제목의 다큐멘터리 시리즈를 방송하면서 과거 사건기록에서 게이츠의 이름과 사진을 찾아내 사용하였다. 재판부는 언론이 적법하게 취득한 정보를 보도할 권리는 수정헌법 제1조에 의해서 보호된다고 판시하였다. 이 법리는 미국 연방대법원의 1975년 콕스 방송사 사건(Cox Broadcasting v. Cohn)에서 취한 태도이기도 하다. 앞서 살펴본 바와 같이, 당시 연방대법원은 강간 피해자의 이름을 공개하지 못하도록 금지한 조지아 주의 해당 법률을 위헌이라고 선고하였다.

미국의 사례에서 다음과 같은 시사점을 찾을 수 있다. 첫째, 잊혀질 권리가 유럽 특유의 권리가 아니라는 점이다. 표현의 자유를 중시하는 미국에서도 잊혀질 권리를 인정하고 있었다. 다만 잊혀질 권리라는 용어를 사용하지 않았을 뿐이다. 사회적으로 주목을 받은 사건

29) *Id.* at 538.
30) 34 Cal. 4th 679.

이라고 해도 시간이 흐를수록 사회적 관심도가 저하되고, 따라서 보도의 가치보다 관계되는 사람의 인격권이 중시되는 것은 미국 판례에서도 찾아볼 수 있다. 둘째, 그럼에도 불구하고 과거 사건이 일반적 정보원으로서, 또 학문의 자유의 대상으로서 가치를 상실하지 않는다. 따라서 잊혀질 권리는 헌법적 가치와 조화를 이루기 위하여 제한되어야 하는 한계를 갖는다. 그런데 미국 법원은 표현의 자유의 가치와 프라이버시의 가치를 비교형량할 때 뉴스 가치라는 광범위한 개념을 동원해서 표현의 가치를 신중하게 평가하는 단계로 나아가지 않는 경향이 있다.[31] 이것이 미국에서 잊혀질 권리가 널리 지지를 받지 못하고 있는 이유이기도 하다. 셋째, 위 사례들은 인터넷의 고유한 특성이 반영된 것은 아니다. 최근 유럽에서 주장되고 있는 잊혀질 권리의 사례는 인터넷 환경에서 과거 기록의 삭제 내지 검색의 차단을 내용으로 한다는 점이 특징이다.

3. 표현의 자유의 가치[32]

1) 표현의 자유의 의의

헌법재판소는 표현의 자유를 헌법 제21조 규정의 언론·출판의 자유와 동일한 의미로 이해한다. 학계에서는 헌법 제21조 제1항의 언론·출판·집회·결사의 자유를 총칭하여 표현의 자유라고 하거나,[33]

31) Mark Tunick, Balancing Privacy and Free Speech: Unwanted Attention in the Age of Social Media 117 (2015).

32) 표현의 자유의 헌법적 정당성에 대해서는 박용상, 『표현의 자유』, 현암사, 2002, 15-43쪽; 문재완, 언론의 자유와 성(性) 표현(Sexual Expression) 규제, 외법논집 제22집, 2006 참고.

이를 구분하여 언론·출판의 자유는 개인적 표현의 자유를, 집회·결사의 자유를 집단적 표현의 자유로 구분하는 견해도 있으나,[34] 헌법재판소는 표현의 자유와 언론·출판의 자유 또는 언론의 자유를 혼용하여 사용하고 있다. 언론의 자유에는 "사상 또는 의견의 자유로운 표명(발표의 자유)과 그것을 전파할 자유(전달의 자유)를 의미하는" 표현의 자유 외에 알 권리가 포함되며, 신문의 자유, 방송의 자유 등 언론매체의 자유가 포함될 수 있어 더 광범위한 개념으로 보아야 할 것이다.

헌법재판소는 표현의 자유의 의의를 민주주의와 관련하여 여러 차례 언급한 바 있다. "민주정치에 있어서 정치활동은 사상, 의견의 자유로운 표현과 교환을 통하여 이루어지는 것이므로 언론·출판의 자유가 보장되지 않는 상황에서 민주주의는 시행될 수 없으며 표현의 자유가 보장되어 있지 않은 나라는 엄격한 의미에서 민주국가라 하기 어려운 것"이라고 하기도 하고[35], "언론·출판의 자유는 민주체제에 있어서 불가결의 본질적 요소이다. 사회구성원이 자신의 사상과 의견을 자유롭게 표현할 수 있다는 것이야말로 모든 민주사회의 기초이며, 사상의 자유로운 교환을 위한 열린 공간이 확보되지 않는다면 민주정치는 결코 기대할 수 없기 때문"이라고 설명하기도 한다.[36]

헌법재판소는 표현의 자유가 다른 기본권에 우선하는 헌법상 지위를 갖는 것이 현대 헌법의 특징이라고 평가하고,[37] 그 논거를 표현의 자유가 갖는 사회적 가치에서 찾는다. 즉 "표현의 자유가 다른 기본

---

33) 양건, 『헌법강의』, 법문사, 2011, 462쪽; 성낙인, 『헌법학』, 법문사, 2015, 536쪽.
34) 권영성, 『헌법학원론』, 법문사, 2010, 495쪽; 박용상, 앞의 책, 153쪽.
35) 헌재 1992. 11. 12. 89헌마88.
36) 헌재 1998. 4. 30. 95헌가16.
37) 헌재 1991. 9. 16. 89헌마163.

권에 우선하는 헌법상의 지위를 갖는다고 일컬어지는 것도 그것이 단순히 개인의 자유에 그치는 것이 아니고 통치권자를 비판함으로써 피치자가 스스로 지배기구에 참여한다고 하는 자치정체(自治政體)의 이념을 그 근간으로 하고 있기 때문"이라고 설명하는 것이다. 헌법재판소가 표현의 자유를 민주주의에 기여하는 수단으로만 이해하는 것은 아니다. 헌법재판소는 표현의 자유를 개인적 가치이자 사회적 가치라고 이해한다. 즉 표현의 자유는 "개인이 언론 활동을 통하여 자기의 인격을 형성하는 개인적 가치인 자기실현의 수단임과 동시에 사회 구성원으로서 평등한 배려와 존중을 기본원리로 공생·공존관계를 유지하고 정치적 의사결정에 참여하는 사회적 가치인 자기통치를 실현하는 수단"이라는 것이다.[38)]

표현의 자유를 순수하게 개인적 가치로 이해할 경우 표현의 자유를 헌법상 권리로 보호하는 고유한 목적과 의미가 사라진다. 자유권의 보호범위는 헌법이 개별자유권을 규정한 목적과 그에 부여한 기능의 관점에서 결정되어야 하는데,[39)] 표현을 자기실현에서 찾으면, 헌법 제10조에서 인정되는 일반적 행동자유권과 다를 바 없다. 헌법재판소에 따르면, "일반적 행동자유권은 모든 행위를 할 자유와 행위를 하지 않을 자유로 가치 있는 행동만 그 보호영역으로 하는 것은 아닌 것으로, 그 보호영역에는 개인의 생활방식과 취미에 관한 사항도 포함된다."[40)]

더욱 큰 문제는 앞서 살펴 본 바와 같이, 표현의 자유를 개인적 가치로 이해하느냐, 사회적 가치로 이해하느냐에 따라 그 보호영역과

---

38) 헌재 1999. 6. 24. 97헌마265, 판례집 11-1, 768, 775.
39) 한수웅, 『헌법학』, 제4판, 법문사, 2014, 434쪽.
40) 헌재 2003. 10. 30. 2002헌마518. 판례집 15-2하, 185, 199-200.

위헌심사 기준이 달라지는데 헌법재판소는 이에 대해서 깊이 있게 검토하지 않고 필요에 따라 사회적 가치를 내세우거나 개인적 가치를 내세우기도 한다는 데 있다.

2) 표현의 자유의 가치와 보호범위

표현의 자유의 보호대상이 되는 표현은 '의사' 표현이다. 표현의 자유는 "불특정 다수인에게 자신의 의사를 표현하고 전달할 자유로서 언론・출판의 자유의 기본적 내용"이며, "의사의 개념에는 어떤 사항에 대한 평가적 의사뿐만 아니라 사실에 대한 의사도 포함된다."[41] 따라서 명예훼손이든, 음란이든, 사기죄의 구성요소로 "사람을 기망하는 말"이든 표현의 자유의 보호대상이 되는 표현이라고 보아야 할 것 같다. 그러나 미국에서 표현의 자유가 발전해온 역사를 보면 그렇지 않다. 표현의 자유 보호를 받는 표현은 모든 의사가 아니다.[42] 사기죄 등 전형적인 범죄의 구성요소로서 의사는 표현의 자유의 보호를 받지 않는 것이 당연한 것처럼 인식되어 왔다.

미국의 경우 법학자들과 법조실무가들은 헌법의 보호를 받는 표현과 그렇지 않은 표현을 찾기 위하여 헌법이 일정한 종류의 표현을 보호하여야 하는 정당성이 무엇인지, 즉 표현의 자유가 헌법상 고유한 목적과 의미가 무엇인지 찾기 위하여 여러 가지 이론을 발전시켰다. 그동안 논의된 이론 중 주목할 만한 것은 크게 사상의 자유시장

41) 정종섭, 『헌법학원론』, 제5판, 박영사, 2010, 511쪽.

42) 그럼에도 불구하고 헌법재판소는 모든 의사 표현을 표현의 자유의 보호영역이라고 이해하고 있다. 이에 대한 비판은 문재완, 음란과 헌법상 표현의 자유의 보호영역–헌재 2009.5.28. 2007헌바83결정을 중심으로-, 언론과 법 제8권 제2호, 2009; 문재완, 허위사실의 표현과 표현의 자유, 공법연구 제39집 제3호, 2011 참고.

(marketplace of ideas) 이론, 국민의 자기지배(self-government) 이론, 인간의 자기실현(self-fulfillment) 이론 등이다.[43)]

(1) 사상의 자유시장 이론

가장 고전적이고, 표현의 자유 발전에 영향력이 큰 이론이 사상의 자유시장 이론이다. 사상의 자유시장 이론에 따르면, 진리는 사상의 자유로운 교환에 의해서 발견되는 것이다. 정부가 옳고 그른 것을 판단하여 나쁜 사상으로부터 국민을 보호하기 위하여 나쁜 사상을 억압할 경우 사회는 합리적인 판단을 내리지 못하게 된다고 본다. 1644년 존 밀턴(John Milton)은 「아레오파지티카(Areopagitica)」에서 출판 허가제를 비난하며 자유로운 토론으로 진실과 거짓이 싸우도록 내버려 둘 것을 주장했다. 200년 후 밀(J.S. Mill)도 「자유론」에서 사상의 자유시장을 역설하며 검열에 반대했다.

미국에서 사상의 자유시장 이론에 입각하여 판결을 내린 최초의 법관은 홈즈(Oliver W. Holmes Jr.) 대법관이다. 그는 1919년 아브람스 사건(Abrams v. U.S.)에서 반대의견을 내면서 "궁극적으로 바람직한 선(善)은 사상의 자유교환에 의하여 이루어진다. 즉 진리를 발견하는 가장 좋은 방법은 사상이 스스로 힘으로 시장의 경쟁에서 살아남아

---

43) 정당성 근거(rationale)는 학자에 따라 설명이 다르다. 이를 가장 정리한 학자는 Thomas I. Emerson으로 그는 개인의 자기만족(self-fulfillment), 진리발견(attainment of truth), 민주적 의사결정에서 참여(participating in decision making), 안정과 변화의 균형(balancing between stability and change) 등 넷으로 구분했다. 네 번째 근거는 소위 사회통제이론(theory of social control)으로 표현을 억압하면 사회가 직면한 문제가 일시적으로 숨겨지는 데 반해 자유로운 토론을 허용하면 사회가 보다 더 적응력이 강해지고 안정화되기 때문에 표현의 자유를 보장해야 한다는 것이다. Thomas I. Emerson, *Toward a General Theory of the First Amendment*, 72 Yale. L.J. 877, 878-86 (1963).

받아들여지는 것이고, 이런 진리는 사람들의 희망을 안전하게 전달할 수 있는 유일한 기반이 된다. 이것이 바로 우리 헌법의 이론이다"라고 역설하였다.[44] 하지만 홈즈 대법관은 표현의 자유가 절대적인 가치를 지니는 영역이라고 주장하지는 않았다. 한계가 있을 수밖에 없다고 보았으며, 한계 기준으로 제시한 것이 명백·현존 위험의 원칙이었다.

미국 연방대법원은 사상의 자유시장 이론에 따라 일부 표현을 헌법의 보호범위에서 제외하였다. 음란이 그 대표적인 표현이다. 미 연방대법원은 1944년 음란은 사상의 자유로운 교환이 아니기 때문에 수정헌법 제1조의 보호 밖에 있다는 판결을 내렸으며,[45] 1957년 음란의 기준을 처음으로 제시하면서 음란을 "고려할만한 사회적 중요성이 전혀 없는 것"이라고 설명했다.[46] 이에 반하여, 우리 헌법재판소는 당초 미국 판례처럼 엄격한 의미의 음란은 사상의 경쟁 메커니즘에 의해서도 그 해악이 해소되기 어렵다고 하지 않을 수 없다는 이유로 헌법의 보호영역에서 제외하다가,[47] 판례를 변경하여 보호영역에서 제외하는 것이 음란표현에 대한 최소한의 헌법상 보호마다 부인하게 될 위험성이 있다는 이유로 음란을 보호영역에 포함하고 있다.[48]

---

44) Abrams v. U.S., 250 U.S. 616, 630 (1919). Abrams 사건은 제1차 세계대전 중 사회주의자들이 탄약 등 무기를 생산하지 말도록 촉구하는 유인물을 배포한 혐의로 기소된 사건이다.

45) Chaplinsky v. New Hampshire, 315 U.S. 568 (1942). 헌법에 의해 보호되지 않는 영역에 있는 표현으로는 음란 이외에도 사기, 도발적 언어(fighting words), 명예훼손 등이 있다.

46) Roth v. U.S., 354 U.S. 476(1957). Roth 판결은 "현재 지역사회의 보통사람을 기준으로 볼 때 표현물을 관통하는 주제가 호색적 흥미에 호소하는 것"이면 음란물이라고 보았다.

47) 헌재 1998. 4. 30. 95헌가16.

48) 헌재 2009. 5. 28. 2007헌바83.

(2) 국민의 자기지배 이론

국민의 자기지배 이론에 따르면, 표현은 민주주의 국가에서 주권자인 국민이 정치적 의사결정을 내리는 데 도움이 되는 한 보호되어야 한다. 치자가 갖는 힘의 정당성은 피치자의 동의로부터 나오며, 피치자가 자기의 동의권을 행사하기 위해서는 개인적인 판단과 공동의 판단을 내리는 데 필요한 표현의 자유를 충분히 누려야 한다고 본다.[49] 자기지배 이론에 따르면, 정치적 표현에 대해서는 절대적 보장이 필요하다. 하지만 그 밖에 종류의 표현, 특히 성 표현에 대해서는 보호하여야 할 정당성을 찾기 어렵다.

자기지배 이론을 주장한 대표적인 학자는 미이클존(Alexander Meiklejohn)이다. 그는 "모든 사람이 이야기하는 것이 중요한 것이 아니고, 말할 가치 있는 것이 이야기되어야 한다."고 역설했다.[50] 그는 유권자가 투표하기 전에 투표와 관련된 모든 사실과 이해관계를 알아야 한다는 현실적인 측면에서 표현의 자유를 접근했다. 그는 "표현의 자유의 원칙은 추상적인 자연법이나 이성의 법칙이 아니다. 이것은 공공의 문제는 보통선거에 의해서 결정되어야 한다는 미국인의 가장 기본적인 약속에서 연유한 것이다"라고 역설하였다.[51]

법조계에서는 브랜다이스 대법관(Louis D. Brandeis)이 대표적인 자기지배 주장자라고 하겠다. 그는 1927년 휘트니 사건(Whitney v. California)에서 "독립을 쟁취한 우리 선조들은 마음대로 생각하고 생각대로 이야기하는 것이 정치적 진실을 발견하고 이를 확산하는데 필수불

---

49) Emerson, *supra* note 43, at 883.

50) Alexander Meiklejohn, Political Freedom: the Constitutional Powers of the People 26 (1960) ("what is essential is not that everyone shall speak, but that everything worth saying shall be said").

51) *Id.* at 27.

가결하다고 믿었다"고 역설하였다.[52] 브랜다이스 대법관은 "자유의 가장 큰 위협은 우둔한 국민이며, 공적 토론은 정치적 의무"라고 보았다.[53] 따라서 국민이 공적 문제에 관한 토론에 참석할 수 있도록, 즉 자기지배가 이루어지도록 정보가 자유롭게 이동하는 데 제약이 있어서는 안 된다. 국민의 자기지배 이론의 사상적 기초는 숙의 민주주의(deliberative democracy)에 있다.

자기지배 이론의 가장 큰 약점은 무엇이 보호받는 정치적 표현이고, 무엇이 그렇지 않은 표현인지 구분하기 힘들다는 데 있다. 순수한 정치 문제에 관한 것은 자기지배에 도움이 되고, 순수한 성적 표현은 그렇지 않다는 것은 자명하다. 문제는 중간 영역에 있다. 마이클존 교수도 처음에는 순수한 정치적 표현만 자기지배와 관련 있다고 주장했다가 나중에는 교육, 철학, 사회과학, 문학, 예술 등도 관련 있다고 입장을 바꿨다. 그는 "유권자가 투표할 때 표현하는 것으로 간주되는 지성, 성실성, 감수성, 사회복지에 대한 열정 등을 얻는 한 국민의 자기지배는 존재한다"고 주장하였다.[54]

또 다른 국민의 자기지배 지지자인 보크(Robert Bork) 판사는 헌법의 보호를 받는 표현을 정치적인 표현으로 한정하여야 한다는 입장이다. 공무원과 정책에 대한 비판, 헌법 개정 및 법안의 제정 개정 폐기의 제안, 정부기관의 행위에 관련된 표현에 한정하여야 한다는 것이 그의 주장이다.[55] 최근 가장 강력한 자기지배 이론가인 선스티인

---

52) 274 U.S. 357, 375 (1927).

53) *Id.*

54) Alexander Meiklejohn, *The First Amendment Is an Absolute*, 1961 Sup. Ct. Rev. 245, 255 (1961).

55) Robert H. Bork, *Neutral Principles and Some First Amendment Problems*, 47 Ind. L.J. 1, 26 (1971).

(Cass R. Sunstein) 교수는 가치 있는 표현(high value speech)과 가치 적은 표현(low value speech)을 구분하여 헌법적 보호의 정도를 달리 하여야 한다고 주장한다.[56] 선스티인 교수에 의하면, 표현의 자유가 헌법상 권리로 인정되어야 하는 주된 이유는 공공정책에 관한 쟁점에 대해서 민주적 숙의를 증진시키는 데 있다.[57] 따라서 정치적 표현처럼 공공정책의 숙의에 관한 표현은 정부 규제로부터 두터운 보호를 받아야 하며, 나머지 표현, 즉 상업적 표현이나 음란물 등은 그보다 낮은 정도의 보호를 받아야 한다는 것이다.

(3) 인간의 자기실현 이론

자기실현 이론은 표현의 자유를 헌법상 권리로 보호하여야 할 정당성을 인간의 자기실현에서 찾는다. 여기서는 표현을 "인간이 생각을 발전시키고, 정신적으로 탐구하고, 스스로를 긍정하는 데 필요한 내적 부분"이라고 보고 있다.[58] 다시 말해 사회적 동물인 인간은 자기의 인성을 개발하는 과정에서 형성된 자기 생각과 의견을 표현함으로써 인간으로서 자신의 잠재력을 깨닫는다는 것이다. 자기실현 이론은 자기지배 이론과 접근방식이 다르다. 표현을 민주주의를 달성하기 위한 수단으로 보지 않는다. 이 이론을 주장한 대표적인 학자인 레디쉬(Martin H. Redish) 교수는 "정치적 민주주의란 개인의 자기실현이라는 훨씬 중요한 가치를 실현하는 수단, 또는 그 논리적 결과물에 불과하다"고 역설했다.[59] 베이커(C. Edwin Baker) 교수 역시 "표현은 집

---

56) Cass R. Sunstein, *Free Speech Now*, 59 U. Chi. L. Rev. 255 (1992).
57) Cass R. Sunstein, Democracy and the Problem of Free Speech (1993).
58) Emerson, *supra* note 43, at 879.
59) Martin H. Redish, *The Value of Free Speech*, 130 U.Pa.L.Rev. 591, 601 (1982).

단적 이익을 달성하기 위한 수단으로서가 아니라 개인에게 주는 가치 때문에 보호되어야 한다"고 주장한다.[60]

자기실현 이론은 표현이 개인의 자기 개발이나 자기만족에 도움을 주는 한 보호되어야 한다고 주장하기 때문에 자유주의 모델이라고 불리기도 한다. 이론의 전제는 표현과 행동의 구분에 있다. 지지자들은 표현이 행동에 이르지 않는다면 사회는 그 표현을 보호해 주어야 한다고 주장한다. 하지만 표현의 자유를 지나치게 광범위하게 보호한다는 이유에서 반론도 만만치 않다. 보크 판사는 사람은 자기만족이 표현의 자유에 헌법적 보호를 부여하는 이유가 될 수 없다고 비난한다. 사람들은 자기 의견을 내놓을 때뿐만 아니라 주식투자에서도 성행위에서도 자기만족을 얻는 데, 표현의 자유만 헌법적으로 보호되어야 할 정당성이 없다는 것이다.[61]

(4) 소결

표현의 자유의 헌법적 정당성은 민주주의에서 찾는 것이 타당하다고 본다. 역사적으로나, 이론적으로나 민주주의에 대한 단일한 정의가 없기 때문에 어떤 민주주의를 상정하고 이야기하느냐에 따라 표현의 자유의 정당성 이론도 달라질 수 있다.[62] 여기서는 여러 이론을 수용할 수 있는 가장 기본적인 형태의 민주주의, 즉 치자와 피치자가 동일하여 국민의 자기지배가 이루어지고, 정부는 국민 의사를 수용하는 정치원리를 전제하여 논의를 전개하고자 한다. 민주주의에서 중요

---

60) Baker, *Scope of the First Amendment Freedom of Speech*, 25 UCLA L. Rev. 964, 966(1978).

61) Bork, *supra* note 55, at 25.

62) 고대 그리스에서 현재에 이르기까지 다양한 민주주의 논의에 대해서는, 데이비드 헬드, 박찬표 옮김, 『민주주의의 모델들』, 후마니타스, 2010, 참고.

한 것은 국민 의사다. 국가 권력은 국민 의사에 의하여 통제되어야 하고, 국가 권력이 국민 의사를 통제하여서는 아니 된다. 즉 국민 의사는 국가 권력으로부터 독립되어 형성되어야 한다. 민주국가에서 표현의 자유가 중요한 의미를 갖는 지점이 여기다. 표현의 자유는 정부가 공권력을 직·간접적으로 이용하여 국민 의사에 영향을 미치지 못하도록 하는 역할을 한다. 국민에 의하여 직접 선출된 국민의 대표자가 국민을 대신하여 국가 의사를 결정하는 대의제 민주주의에서 국민 의사를 확인하는 방법은 선거와 국민투표이다. 선거와 투표의 정당성은 유권자 개개인이 현명하게 판단한 결과물이라는 데 있다. 여기서 필요한 것이 표현의 자유다.

미이클존 교수는 국민의 자기지배가 환상이 아니라, 현실이 되기 위해서는 국민이 선거 내지 투표의 대상과 관련된 모든 정보와 의견을 접하여야 한다고 주장하였다. 표현의 자유는 국민의 자기지배와 관련된 표현을 정부가 규제하지 못하도록 보호하는 데 그 의의가 있다. 미이클존 교수의 표현의 자유 이론은 다음과 같은 세 가지 원리로 구성되었다고 본다.[63] 첫째, 표현은 민주적 의사결정을 촉진하는 잠재성 때문에 헌법적으로 가치가 있는 것이다. 둘째, 표현은 청자(聽者)가 투표할 때 '내용을 알고 하는 결정(informed decision)'을 내릴 수 있도록 관련 정보와 의견을 전달하기 때문에 민주적 의사결정을 촉진한다. 셋째, 민주적 의사결정은 유권자가 충분히 내용을 알고 하는 결정하기 위하여 필요한 모든 정보와 의견에 접근할 수 있을 때 가능하며, 정부가 선호하는 정보에만 접근하도록 허용하는 방식으로는 이

---

63) Martin H. Redish & Abby Marie Mollen, *Understanding Post's and Meiklejohn's Mistakes: The Central Role of Adversary Democracy in the Theory of Free Expression*, 103 Nw. U. L. Rev. 1303.

루어지지 않는다.

정부가 표현의 내용을 심사하여 규제하는 것은 국민의 자기지배 이론에서 허용될 수 없다. 표현의 자유의 헌법상 고유한 의미는 정부가 국민 의사의 형성에 영향을 미치지 못하도록 하는 데 있기 때문이다. 정부는 후견적 입장에서 표현의 내용을 심사하여 국민에게 도움이 될 만한 내용만 허용하여서는 안 된다. 현명한 의견뿐 아니라 멍청한 의견도, 공정한 의견뿐 아니라 불공정한 의견도, 안전한 사상뿐 아니라 위험한 사상도 청자에게 전달되어야 한다. 국민의 자기지배는 현명성, 공정성, 위험성을 판단하는 주체가 국민임을 의미하기 때문이다. 따라서 표현의 자유 영역에 관한 국가 개입은 표현의 방식이나 절차에 관한 것에 한정된다.

3) 표현의 자유의 가치와 위헌심사 기준

표현의 자유는 흔히 "민주국가의 존립과 발전을 위한 기초가 되기 때문에 특히 '우월적 지위'를 지니고 있다"고 한다.[64] 따라서 표현의 자유를 규제하는 입법에 대한 헌법적 정당성은 엄격히 심사하여야 할 것이다. 또 표현의 내용에 따라 위헌심사 기준이 달라져야 할 것이다. 표현의 자유는 해당 표현이 사회적 가치를 갖는 영역과 개인적 가치를 갖는 영역으로 구분하여, 앞의 것만 표현의 자유의 보호 영역 안에 있는 것으로 보거나, 둘이 혼재된 경우 사회적 가치가 클수록 두텁게 보호하도록 위헌심사 기준을 설정하는 것이 타당하다. 여기서 사회적 가치와 개인적 가치를 구분하는 가장 중요한 기준은 국민의

64) 헌재 1991. 9. 16. 89헌마163.

정치적 의사 형성에 기여하는지 여부라고 하겠다.

헌법재판소도 표현의 내용을 사회적 가치와 개인적 가치로 구분하여 심사기준을 설정할 필요성을 인정한다. 헌법재판소는 명예훼손 사건에서 "신문보도의 명예훼손적 표현의 피해자가 공적 인물인지 아니면 사인인지, 그 표현이 공적인 관심 사안에 관한 것인지 순수한 사적인 영역에 속하는 사안인지의 여부에 따라 헌법적 심사기준에는 차이가 있어야 한다."라고 판시한 바 있다.[65] 헌법재판소는 또 상업 광고의 규제 입법에 관한 위헌심사 기준을 통상의 비례원칙보다 완화하였다. 헌법재판소에 따르면, 상업 광고는 표현의 자유의 보호영역에 속하지만 사상이나 지식에 관한 정치적·시민적 표현 행위와는 차이가 있고, 직업 수행의 자유에 있어서도 인격 발현과 개성 신장에 미치는 효과가 중대한 것이 아니다. 그러므로 상업 광고 규제에 관하여 비례의 원칙에 의한 심사를 하더라도 그중 '피해의 최소성' 원칙은 같은 목적을 달성하기 위하여 달리 덜 제약적인 수단이 없을 것인지 혹은 입법 목적을 달성하기 위하여 필요한 최소한의 제한인지를 심사하기 보다는 '입법 목적을 달성하기 위하여 필요한 범위 내의 것인지'를 심사하는 정도로 완화되는 것이 상당하다.[66]

아쉬운 것은 헌법재판소의 태도에 일관성이 없다는 것이다. 헌법재판소는 "음란표현은 헌법 제21조가 규정하는 언론·출판의 자유의 보호영역 내에 있다"고 판시한 후 음란표현의 규제에 대한 위헌심사에서 통상의 위헌심사 기준을 적용하였다. 또 이러한 태도는 허위사실의 표현을 표현의 자유의 보호영역에 포함시키면서 또다시 나타난다. 헌법재판소는 2010년 12월 전기통신기본법 제47조 제1항 위헌

65) 헌재 1999. 6. 24. 97헌마265.

66) 헌재 2005.10.27, 2003헌가3; 헌재 2008. 5. 29. 2007헌마248.

소원 사건에서 해당 법률조항 중 '공익'이 명확성 원칙에 위배하여 헌법에 위반된다고 판시하였다. 허위 사실의 표현을 처벌하는 것이 헌법 제37조 제2항의 과잉금지 원칙에 위배하는지 여부였다. 5인의 다수의견은 과잉금지 원칙에 위배한다고 보았고, 2인의 반대의견은 위배하지 않는다고 판단하였다. 다수의견은 기준 완화의 필요성에 아무런 언급도 하지 않은 채 해당 법률 조항이 포괄적 규제이기 때문에 기본권 침해의 최소성 원칙에 부합하지 않는다고 판단하였다.

4) 민주주의에 기초한 표현의 자유 이론

(1) 청자(聽者) 중심의 표현의 자유 이론

표현의 자유를 화자(話者), 즉 말하는 사람의 권리로만 이해한다면 주권자인 국민이 표현하고 싶은 것을 하지 못하게 막는 것은 모두 헌법사항이 된다. 그러한 제한이 정당한지 여부는 심판 대상이다. 그 역할은 헌법재판소가 맡기 때문에 헌법재판소의 권한은 커질 수밖에 없다. 헌법재판소는 사안마다 공익과 사익을 비교형량하여 결정한다. 하지만 표현의 자유라는 헌법상 권리의 주체인 국민은 공리주의적 접근을 부정한다. 국민은 국가의 안전보장, 질서유지, 공공복리라는 공익을 위하여 말할 권리를 제한하는 상황을 받아들이지 못한다. 정부가 공익을 위하여 표현의 자유를 제한할 때도 불만이고, 제한이 정당하다는 헌법재판소의 결정이 나와도 불만이다. 표현의 자유를 화자의 것으로만 이해하기 때문이다.

표현의 자유는 민주 국가의 존립과 발전을 전제로 인정되는 헌법상 권리로 이해할 필요가 있다. 국민의 자기지배 이론에 입각할 때, 국민 개개인이 누리는 표현의 자유는 민주 국가가 존립하고 운영되는 데 필요한 도구이고 수단이라고 할 수 있다. 개인이 표현하는 헌법상 권리를 누리는 것은 개인이 표현의 권리를 향유함으로서 바람직한 제도, 즉 민주적 질서를 형성하는 데 기여하기 때문이다. 표현의 자유와 민주주의의 관계는 청자(聽者), 즉 듣는 사람에 기초하여 검토할 때 설득력 있는 논리가 도출된다. 자유로운 언론은 그것을 듣는 사람에게 가치가 있고, 이를 통하여 민주적 질서가 형성되기 때문에 필요하다고 보는 것이다. 언론사에 취재의 자유 등 일반인이 누릴 수 없는 특권을 부여하거나, 공정성의 원칙 등 일반인에게 요구되지 않는 책임을 요구하는 것은 표현의 자유를 개인의 권리로 이해하는 한 설명하기 힘들다. 표현의 자유가 개인의 주관적 만족을 위해서 존재하는 것이라면 그 주체가 언론사라고 하여 달라질 수 없기 때문이다. 일반인과 달리 언론사에 대하여 특별한 취급이 가능하다고 설명하려면 언론사와 일반인이 다른 점을 설명하여야 하며, 다른 점은 화자의 관점이 아닌 청자의 관점에서 찾아진다. 즉 언론사의 발언은 독자나 시청자 등 청자를 대상으로 한다는 점이다. 이러한 청자 중심의 발언은 민주주의가 발전하는 데 기여한다. 결국 민주 사회를 형성하고 유지하는 데 도움이 되기 때문에 필요하다는 사고에서만 언론사를 일반인과 차별하여 혜택을 부여하거나 부담을 부과하는 일이 자연스럽게 설명된다.

(2) 국가의 민주적 공론장 형성 의무

청자 중심의 표현의 자유 이론에 따르면, 국가는 표현의 자유를 헌법상 보호받는 목적대로 기능하도록 민주적 공론장을 형성할 의무가 있다. 이것이 외형상 표현의 자유에 대한 정부 간섭처럼 보일 수 있다. 하지만 이러한 간섭은 표현의 자유라는 주관적 공권에 대한 규제가 아니라, 표현의 자유가 본래 의미대로 민주주의에 기여하도록 법으로 규율하는 것이 된다. 이러한 논리가 가장 두드러지게 나타나는 영역이 방송법이다. 방송의 자유는 방송법에 의하여 운영을 허가받은 방송사업자의 자유다. 그러나 방송의 자유를 방송사업자의 주관적 공권으로만 이해할 경우 방송사업자는 주관적 의견을 강력하게 피력할 수 있는 권리를 가지며, 그 결과 시청자는 다양한 의견에 접하지 못하고 특정 방송사업자의 견해에 함몰될 수 있다. 방송의 자유는 국민의 민주적 의사형성에 기여한다는 기능적 한계를 가지므로, 방송법에 의하여 허가받은 방송사업자의 자유는 자신을 위하여 행사하여야 하는 것이 아니라, 시청자를 위하여 행사하여야 하는 봉사하는 자유로 이해하는 것이 옳다.[67] 헌법재판소가 방송의 자유와 관련, "주관적 자유권으로서의 특성을 가질 뿐 아니라 다양한 정보와 견해의 교환을 가능하게 함으로써 민주주의의 존립·발전을 위한 기초가 되는 언론의 자유의 실질적 보장에 기여한다는 특성을 가지고 있다. 방송매체에 대한 규제의 필요성과 정당성을 논의함에 있어서 방송사업자의 자유와 권리뿐만 아니라 수신자의 이익과 권리도 고려되어야 하는 것은 방송의 이와 같은 공적 기능 때문이다."고 판시한 것은 타당하다.[68]

민주주의는 다양성(diversity)을 전제로 존립한다. 서로 다른 의견이 공존할 때 국민은 여기에 기초하여 의견을 형성하고, 주권자로 의사를 표명하게 된다. 문제는 다양성을 어떻게 확보하느냐에 있다. 선스티인 교수는 단순히 다양성이 가능하다는 것으로 충분하지 않다고 주장한다. 국민 각자가 공적 과제에 대한 다양한 견해에 실제로 노출되어야 한다고 강조한다.[69] 표현의 자유의 주체인 모든 국민은 다양한

67) 곽상진, 방송의 자유와 방송제도, 공법연구 제28권 제4호 제1권, 2000, 278쪽.
68) 헌재 2001. 5. 31. 2000헌바43.

견해를 들을 권리가 있으며, 국가는 공론장에서 다양한 견해가 노출되도록 하는 제도를 형성할 의무가 있다.[70] 즉 지상파 방송사와 같이 여론 형성에 영향력이 큰 매체는 노출의 다양성을 법으로 강제하는 것이 표현의 자유를 실현하는 길이다. 현행 방송법이 방송의 공적 책임(제5조), 방송의 공정성과 공익성(제6조), 방송 프로그램의 편성(제69조), 시청 점유율의 제한(제69조의2), 채널의 구성과 운용(제70조), 국내 방송 프로그램의 편성(제71조), 외주 제작 프로그램의 편성(제72조), 방송광고(제73조), 방송 프로그램의 공급 및 보편적 시청권 등(제76조) 등 방송사의 편성의 자유를 법률로 제한하는 것은 표현의 자유를 실현하기 위한 장치로 이해할 수 있다.

방송과 같은 논리로 인터넷 포털과 같은 영향력이 큰 새로운 매체는 노출의 다양성을 확보할 수 있는 법적 규율도 가능하다고 보아야 할 것이다. 뉴스 포털의 경우 공동체의 관심사에 대한 다양한 견해가 노출되도록 하는 구조를 만들도록 의무화하고, 게시판의 경우 욕설이나 거짓말이 난무하고 진지한 의견이 노출되지 않을 경우 이를 개선하여야 할 의무를 관리자에게 부여할 필요가 있다.[71] 공적 과제를 논의하는 공론장에 회의 진행자가 필요하며, 진행자는 토론을 방해하는 참석자를 강제로 퇴출시킬 수 있는 권한을 부여 받아야 한다. 회의

69) Cass R. Sunstein, Republic.com (2002).

70) 표현의 자유와 같은 자유권은 개인의 주관적 공권이자 객관적 가치질서라는 이중적 성격을 가지며, 객관적 가치질서로서 자유권은 '입법자'에 대해서는 입법을 통하여 자유권을 실현해야 할 의무를 의미하고, '법적용기관'인 행정청과 법원에 대해서는 법규범의 해석과 적용을 통하여 자유권을 실현할 의무를 뜻하게 된다. 한수웅, 앞의 책, 429쪽.

71) 인터넷 포털사이트의 법적 책임에 대해서는 문재완, 인터넷상의 명예훼손과 인터넷 포털사이트의 법적 책임—대법원 2009.4.16. 선고 2008다53812 판결을 중심으로—, 공법연구 제38집 제1호 제2권, 2009 참고.

진행자가 발언 내용(content-based)이 아니라, 발언의 시기, 장소, 방법(time, place, and manner) 등에 관한 내용중립적(content-neutral) 기준에 따라 회의를 진행하는 한, 그로 인해 발언하지 못하는 경우가 나타나더라도 표현의 자유에 대한 부당한 제한이 아니다. 이는 공론장에서 보다 많은 사람들이 공적 과제에 대한 다양한 관점에 심도 있게 접근하기 위하여 불가피한 규율로 이해하여야 할 것이다.

잊혀질 권리와 관련하여 인터넷 포털에 대한 공적 규제의 정당성이 주목받고 있다. 잊혀질 권리의 실현을 위하여 국가가 인터넷 포털에게 정보주체의 삭제 요청을 수용하도록 의무화할 경우 그러한 의무부과의 정당성이 문제된다. 문제 해결에 가장 중요한 것은 해당 정보의 성격이다. 해당 정보가 국민의 자기지배에 관한 표현물이라면 인터넷 포털이 해당 정보를 삭제할 경우 정보 게시자의 표현의 자유를 침해하게 되지만, 해당 정보가 정치적·시민적 표현물에 해당하지 않을 경우 정보 게시자의 표현의 자유를 침해할 가능성은 줄어든다.

5) SNS상 표현의 가치

잊혀질 권리와 관련하여 신중히 검토해야 할 점은 인터넷 포털의 게시판이나 소셜 네트워크 서비스(SNS)에서 주고받는 글은 표현의 자유의 보호대상인지, 그렇다면 얼마나 두텁게 보호받아야 하는지 하는 점이다. 음란표현이나 허위의 정보까지 보호범위에 넣는 우리 헌법재판소의 태도에 비추어 보면, 인터넷 포털의 게시판이나 SNS상의 글이 표현의 자유의 보호를 받지 말아야 할 이유는 전혀 없다. 아무리 개인적인 내용이라고 하더라도 의사 표현이라고 볼 수 있으므로 표현의 자유의 보호범위 안에 있다. 보호의 정도는 표현의 내용에 따라 달라진다. 앞에서 강조한 바와 같이, 민주주의 국가에서 표현의 자유는 정치적 표현을 보호하는 데 그 의의가 있는 것이다. 즉 주권자인 국민이 대의기관을 구성하는 데 참여하고, 헌법 개정이나 국가안위에 관한 중요정책에 대한 국민투표에 참여하는 데 필요한 표현을 보호하자는 것이다. 그렇다고 4년에 한 번 돌아오는 국회의원 선거와 5년에 한 번 돌아오는 대통령 선거, 그리고 언제 있을지 모르는 국민투표 직전에만 표현의 자유가 보호된다는 뜻은 아니다. 주권자인 국민은 국민투표에 참여하는 것과 동일한 의사결정을 매일 하고 있으며, 이와 관련된 표현은 두텁게 보호받아야 한다. 헌법 제21조를 통하여 보호하려는 목적과 기능을 고려할 때 민주주의에 관련되는 표현, 즉 '정치적 표현'은 우월적 지위를 인정하여 두터운 보호를 받아야 한다.

그러나 SNS에서 사적으로 주고받는 대화는 민주주의와 직접적인 관련이 없다. 이러한 표현은 표현의 자유의 보호영역보다 일반적 행동자유권의 보호영역에 넣는 것이 타당하다고 본다. 만약 다른 권리와 충돌하는 상황이어서 비교형량을 해야 한다면 표현의 자유(저자의 견해로는 일반적 행동자유권)의 가치를 중시할 이유는 없다. 특히 잊혀질 권리와 관련하여 SNS에 글, 사진 등 콘텐츠를 올린 정보주체가 스스로 콘텐츠를 삭제하기를 원할 경우 그 글이나 사진을 퍼간 제3자가 표현의 자유를 이유로 이를 거부하는 것은 원칙적으로 타당하지 않다. 하지만 SNS에 올린 글이나 사진이 정치적 표현물이라면 접근이 달라져야 한다. 그 글이나 사진을 퍼나른 사람도 정치적 표현행위를 한 것이기 때문에 정보주체가 삭제를 원한다고 하더라도 전적으로 정보주체의 의사에 기속될 수 없는 것이다.

제 5 장

잊혀질 권리와 정보의 자유

제5장 잊혀질 권리와 정보의 자유

1. 정보의 자유, 알 권리, 그리고 표현의 자유

잊혀질 권리의 대상이 되는 정보는 개인 관련 정보이기는 하지만, 정보주체만의 것이라고 할 수 없다. 개인 관련 정보의 삭제는 역사적 사실의 말소에 해당하여 언론의 자유 및 학문의 자유에 대한 중대한 침해가 발생할 수 있기 때문이다. 과거 공인에 대한 과거 기사는 역사적 기록으로 모든 사람이 접근할 수 있는 일반적 정보다. 따라서 잊혀질 권리는 일반적 정보원에 대한 접근의 제한, 즉 알 권리에 대한 제한을 의미한다. 알 권리는 표현의 자유와 표리의 관계에 있기 때문에 알 권리의 제한은 표현의 자유에 대한 제한을 의미한다.

알 권리는 정보의 자유와 동일한 의미로 사용하기도 한다. 정보의 자유란 일반적으로 접근할 수 있는 정보를 받아들이고, 받아들인 정보를 취사・선택하고, 의사형성・여론형성에 필요한 정보를 적극적으로 수집할 수 있는 권리를 말한다.[1] 알 권리는 우리 헌법에 명문으로 규정되어 있지는 않으나 학설과 판례를 통해 헌법상 권리로 인정

1) 성낙인, 『헌법학』, 법문사, 2015, 1167쪽.

되고 있다. 헌법재판소는 1989년 부동산 소유권의 회복을 위한 입증자료로 사용하고자 토지조사부 등 문서의 열람・복사를 신청한 사건에서 알 권리를 헌법상 기본권으로 인정한 이래 일관되게 알 권리를 헌법상 권리라고 판시하고 있다. 위 사건에서 헌법재판소는 알 권리를 "정보에의 접근・수집・처리의 자유"라고 정의하고, "사상 또는 의견의 자유로운 표명은 자유로운 의사의 형성을 전제로 하는데, 자유로운 의사의 형성은 충분한 정보에의 접근이 보장됨으로써 비로소 가능한 것이며, 다른 한편으로 자유로운 표명은 자유로운 수용 또는 접수와 불가분의 관계에 있다고 할 것이다."라고 설명하였다.[2] 이러한 설명은 자연스럽게 알 권리의 헌법적 근거를 헌법 제21조에서 찾게 된다.

그러나 알 권리에 관한 판례를 살펴보면, 헌법 제21조의 표현의 자유로 설명하기에 부적합한 사례들이 상당히 많다. 위 사례도 정부가 보유한 정보에 대하여 일반 국민이 공개를 요구한 사안이 아니고, 정부가 보유한 정보에 대하여 이해관계가 있는 특정한 국민이 열람・복사를 요구한 사안이다. 청구인의 관심은 재산권의 보장 내지 재판청구권의 실현에 있고, 표현의 자유에 있지 않다. 판례는 일반적으로 접근가능한 정보, 특정한 이해관계인이 접근가능한 정보, 그리고 개별 기본권을 실현하기 위하여 필요한 정보를 구분하지 않고 모든 정보에의 접근을 알 권리로 판단하고 있다. 이는 알 권리의 성격에 대한 이해 부족에서 나온 결과다. 공공기관을 대상으로 자신에 관

---

2) 헌재 1989. 9. 4. 88헌마22. 이 사건에서 당사자는 알 권리 침해를 주장하지 않았으나, 헌법재판소는 직권으로 "청구인이 주장하는 사실관계라면 오히려 헌법상 기본권인 표현의 자유에서 파생된 국가에 대한 정보접근권 즉 이른바 "알 권리"의 침해 여부가 검토되어야 할 것으로 판단된다."며 알 권리 침해 여부를 검토하였다.

한 정보를 보유하고 있는지 확인하기 위하여 열람하고, 필요에 따라 삭제를 요구하는 권리는 알 권리가 아니라 개인정보자기결정권의 내용이라고 할 것이다. 개인정보자기결정권과 알 권리의 본질을 살펴보고 이를 논증한다.

2. 개인정보자기결정권의 본질

정보통신기술이 급속도로 발전하면서 정보 프라이버시, 즉 자기와 관련된 정보를 정보주체가 스스로 결정할 수 있는 권리가 더욱 중요해지고 있다. 헌법재판소는 이 권리를 개인정보자기결정권이라고 부른다. 하지만 자기정보 통제권 또는 개인정보자기결정권의 성격이나 법적 근거에 대해서 미국과 유럽이 서로 다르게 이해하고 있다. 우리나라는 독일의 영향을 받아 인격권의 하나로 이해하고 있으며, 헌법상 권리로 수용한다. 잊혀질 권리는 정보주체가 인터넷에 있는 자신에 관한 정보, 즉 개인정보를 삭제해줄 것을 요청할 수 있는 권리를 의미하므로 개인정보자기결정권의 한 내용이다.

1) 법적 성격

개인정보자기결정권의 법적 성격을 인격권이라고 이해하는 유럽과 달리 미국에서는 재산권으로 이해하고자 하는 학자들도 상당수 있다.[3] 이들은 개인정보를 재산권의 객체로 인정하게 되면 개인정보를

3) 대표적인 견해로 Richard S. Murphy, *Property Rights in Personal Information: An Economic Defense of Privacy*, 84 Geo. L.J. 2381 (1996); Richard A. Posner, The Economics of Justice (1981), Lawrence Lessig, Code and Other

거래하는 시장에 의하여 투명하게 개인정보가 관리되고, 개인정보주체들은 개인정보를 이용하고자 하는 기업들과 협상해 공개범위를 결정함으로써 자신의 개인정보를 완전히 통제할 수 있다고 본다.[4] 또 재산법은 집행에 관한 확립된 규범을 가지고 있기 때문에 현재 동의에 기초한 개인정보자기결정권 보호체제보다 우수하다고 판단한다.[5]

하지만 개인정보를 재산권으로 인정하게 되면 그 양도를 인정해야 하는데, 이는 개인의 독립성과 자율성을 보장하는 프라이버시 본래 취지에 반하게 되는 문제가 있다. 또 개인정보자기결정권을 보장하고자 한 취지가 개인정보의 공개에 있어서 개인의 이익을 인정하자는 데 있는 것이 아니라, 개인정보의 공개를 금지하는 데 있기 때문에 재산권설은 정보 프라이버시의 본질에 반하게 된다. 정보 프라이버시, 즉 개인정보자기결정권은 인간의 존엄성과 자율적 행동자유권을 보장하기 위한 여건을 마련하는 권리이기 때문에 의미가 있고, 따라서 법적 성격은 인격권이라고 보는 것이 타당하다. 우리나라 판례와 학계 통설은 개인정보자기결정권의 법적 성격을 인격권으로 이해하는 데 일치하기 때문에 논란이 없다.

Laws of Cyberspace (1999) 등 참고.

4) 프라이버시의 경제적 분석에 대해서는 Richard A. Posner, *The Right of Privacy*, 12 Ga. L. Rev. 393 (1978), 정상조·권영준, 개인정보의 보호와 민사적 구제수단, 법조 제58권 제3호 통권630호, 2009 참고.

5) Viktor Mayer–Schönberger, *Beyond Privacy, Beyond Rights—Toward a "Systems" Theory of Information Governance*, 98 Cal. L. Rev. 1853, 1860 (2010).

2) 헌법적 근거

독일을 비롯한 유럽 법조계는 개인정보자기결정권을 일반적 인격권에서 도출하고, 일반적 인격권의 근거를 헌법의 최고 가치인 인간의 존엄성에서 찾고 있어 헌법상 권리로 파악한다. 이에 반하여 미국 법조계는 통일된 목소리를 내지 못한다. 우리나라에서는 개인정보자기결정권이 헌법상 권리라는 데 이견이 없다. 다만, 헌법상 근거에는 견해 차이가 크다. 인간의 존엄성과 행복추구권을 규정한 헌법 제10조에서 찾는 견해, 사생활의 비밀과 자유를 규정한 헌법 제17조에서 찾는 견해, 제10조와 제17조 모두 근거가 있다는 견해, 민주주의 원리에서 찾는 견해 등 다양하다. 대법원은 헌법 제10조와 제17조에서 찾고 있지만,[6] 헌법재판소는 헌법적 근거에 관하여 일관성 있는 설명을 하지 못하고 있다.

헌법재판소는 2005년 5월 지문날인 사건에서 개인정보자기결정권의 헌법적 근거를 "굳이 어느 한두 개에 국한시키는 것은 바람직하지 않은 것으로 보이고, 오히려 개인정보자기결정권은 이들을 이념적 기초로 하는 독자적 기본권으로서 헌법에 명시되지 아니한 기본권이라고 보아야 할 것"이라고 판시하였다.[7] 하지만 2개월 후 교육정보시스템(NEIS) 사건에서 개인정보자기결정권의 헌법적 근거로 헌법 제10조와 제17조를 들었다.[8] 이러한 혼란은 그 후에도 계속 이어졌다. 최근에는 "헌법 제10조 제1문에서 도출되는 일반적 인격권 및 헌법 제17조의 사생활의 비밀과 자유에 의하여 보장된다."고 판시하는 경

---

6) 대법원 1998. 7. 24. 선고 96다42789 판결.
7) 헌재 2005. 5. 26. 99헌마513.
8) 헌재 2005. 7. 21. 2003헌마282 등.

우가 많다.[9)]

생각건대, 우리 헌법은 일반적 인격권의 근거 조항인 제10조[10)] 외에 사생활의 비밀과 자유를 보장하는 독자적인 조항인 제17조를 가지고 있기 때문에 두 조항 사이의 관계를 먼저 정립한 후 개인정보자기결정권의 헌법적 근거를 찾는 것이 올바른 접근이다. 헌법 제10조와 헌법 제17조는 모두 인격권, 즉 인격의 자유로운 형성 및 발현을 보장하지만, 헌법 제17조가 '사생활' 영역의 자유와 비밀 유지를 규정하고 있으므로 헌법 제10조는 그 밖의 영역, 즉 사회적 영역에서 인격의 자유로운 형성 및 발현과 조건을 보장한다고 보는 것이 타당하다.[11)] 그렇다면 개인정보자기결정권의 헌법적 근거는 제10조에서 찾아야 한다. 개인정보자기결정권은 사회로부터 은둔할 수 있는 사생활 영역의 권리가 아니고, 사회에 참여하는 데 필요한 사회적 영역의 권리이기 때문이다. 사회적 영역에서 인격권을 가진다는 것은 사회에 묘사되는 자신의 모습을 형성하는 개별 정보에 대한 통제권을 가진다

9) 헌재 2016. 3. 31. 2014헌마785 ("인간의 존엄과 가치, 행복추구권을 규정한 헌법 제10조 제1문에서 도출되는 일반적 인격권 및 헌법 제17조의 사생활의 비밀과 자유에 의하여 보장되는 개인정보자결정권은 자신에 관한 정보가 언제 누구에게 어느 범위까지 알려지고 또 이용되도록 할 것인지를 그 정보주체가 스스로 결정할 수 있는 권리이다.").

10) 헌법재판소는 '일반적 인격권'은 헌법 제10조로부터 도출되며, 일반적 인격권에는 개인의 '명예에 관한 권리'가 포함되며, 명예는 사람이나 그 인격에 대한 '사회적 평가', 즉 객관적 · 외부적 가치평가를 말하는 것이며 단순히 주관적 · 내면적인 명예감정은 포함하지 않는다고 보고 있다. 헌재 2005. 10. 27. 2002헌마425.

11) 헌법재판소도 헌법 제17조의 사생활의 비밀과 자유가 보장하는 것은 "개인의 내밀한 내용의 비밀을 유지할 권리, 개인이 자신의 사생활의 불가침을 보장받을 수 있는 권리, 개인의 양심영역이나 성적 영역과 같은 내밀한 영역에 대한 보호, 인격적인 감정세계의 존중의 권리와 정신적인 내면생활이 침해받지 아니할 권리 등이다. 요컨대 헌법 제17조가 보호하고자 하는 기본권은 사생활영역의 자유로운 형성과 비밀유지라고 할 것이다."라고 판시 한 바 있다. 헌재 2007. 5. 31. 2005헌마1139; 헌재 2003. 10. 30. 2002헌마518.

는 의미로 이해할 수 있다. 즉 인격권보호의 핵심 내용은 개인정보의 보호에 있고, 일반적 인격권으로부터 그 핵심 보장 내용으로서 개인정보의 공개와 사용에 관하여 스스로 결정할 수 있는 권리인 개인정보자기결정권이 도출된다고 보는 견해가 타당하다.[12] 우리 헌법의 개별 조항으로 포섭 가능한 권리를 "독자적 기본권으로서 헌법에 명시되지 아니한 기본권"이라고 설명하는 헌법재판소의 일부 판례는 잘못이라고 본다.

3) 개인정보의 헌법상 개념

개인정보의 헌법상 개념은 개인정보자기결정권이라는 헌법상 기본권의 보호범위를 찾는 것과 동일한 의미를 갖는다. 개인정보자기결정권의 보호범위 안에 포함되는 개인정보가 헌법상 보호되는 개인정보이기 때문이다. 헌법상 기본권의 보호범위는 헌법 내에서 그에게 부여된 고유한 의미와 기능에 의해서 결정되므로,[13] 개인정보의 헌법상 개념 및 헌법상 보호되는 개인정보의 범위는 개인정보자기결정권이라는 기본권의 헌법적 가치와 기능에서 찾아야 할 것이다.

여기서 중요한 것은 헌법의 통일적 해석이다. 개별 기본권마다 고유한 보호범위를 찾되 헌법 전체적으로 보아 통일성을 유지하도록 중복되는 보호범위를 조정할 필요가 있다. 개인정보자기결정권은 실정헌법이 명시하고 있는 기본권이 아니고, 헌법재판소와 헌법 학자들이 헌법 해석을 통해서 도출한 헌법상 권리다. 그렇기 때문에 개인정보자기결정권은 헌법 제17조에서 명시적으로 인정하고 있는 사생활의

12) 한수웅, 『헌법학』, 제4판, 법문사, 2014, 550쪽.
13) 한수웅, 앞의 책, 432쪽.

비밀과 자유와 구분되는 독자적인 생활 영역이 있을 때 비로소 그 헌법적 가치와 기능이 인정될 것이다. 헌법 제17조가 "사생활영역의 자유로운 형성과 비밀 유지"를 보장하려는 데 의의가 있다면,[14] 개인정보자기결정권은 사회생활 영역에서 형성되는 인격상을 보호하려는 데 의의가 있다. 논리적 귀결로 개인정보자기결정권의 대상이 되는 개인정보는 사생활의 비밀에 해당하는 정보를 포함하지 않는다고 보아야 할 것이다. 그러나 사생활의 비밀에 해당하는 정보는 헌법상 개인정보가 아니라는 의미일 뿐, 입법자가 개인정보의 개념을 더욱 확대하여 사생활의 비밀에 해당하는 정보를 포함하는 입법을 한다고 해서 이를 금지하는 것은 아니다.

헌법재판소는 지문날인 사건에서 "개인정보자기결정권의 보호대상이 되는 개인정보는 ① 개인의 신체, 신념, 사회적 지위, 신분 등과 같이 개인의 인격주체성을 특징짓는 사항으로서 그 ② 개인의 동일성을 식별할 수 있게 하는 일체의 정보이며, 반드시 ③ 개인의 내밀한 영역이나 사적 영역에 속하는 정보에 국한되지 않고 공적 생활에서 형성되었거나 이미 공개된 개인정보까지 포함한다."고 판시한 후[15] 지금까지 개인정보의 개념에 관하여 일관된 태도를 보이고 있다. 개인정보 보호법상 개인정보의 개념과 관련한 논의는 후술한다.

4) 개인정보자기결정권의 제한

개인정보자기결정권을 사회적 인격상에 관한 자기결정권의 핵심내용으로 본다면, 개인정보자기결정권의 본질은 개인정보의 '공개'에

14) 헌재 2007. 5. 31. 2005헌마1139.

15) 헌재 2005. 5. 26. 99헌마513 (괄호 번호와 밑줄은 설명을 위해 저자가 추가함).

관한 권리라고 할 수 있다.[16] 잊혀질 권리는 개인정보의 공개를 금지하는 내용이므로 개인정보자기결정권의 핵심 내용이라고 볼 수 있다. 개인정보의 '수집'이 헌법적 문제를 일으키는 경우도 있다. 헌법 제17조에 규정된 사생활의 비밀과 자유를 침해하는 방법으로 개인정보를 수집하는 경우다. 하지만 사생활 영역이 아닌 공적 영역에서 이미 공개된 개인정보를 수집하는 것은 개인정보자기결정권을 침해할 수 없다고 본다. 일부에서는 국가권력이 공적 영역에서 개인정보를 수집할 경우에도 수집한다는 사실이 개인의 자유로운 활동을 위축하기 때문에 개인정보의 '수집'도 개인정보자기결정권의 내용에 포함시켜야 한다고 주장한다. 하지만 공적 영역에서는 누구나 자기 행동을 누군가 보고 있다는 것을 의식하여야 하며, 그러한 의식이 책임 있는 사회 활동으로 이어질 수 있다.

정보통신기술의 발전으로 개인의 모든 정보가 종합되어 모든 국민의 일거수일투족을 국가가 파악하는 감시국가는 개인의 자유를 침해할 수 있어 위험하다. 이러한 위험은 국가기관의 정보 수집을 엄격히 제한하는 방법으로 충분히 해결할 수 있다. 국민은 일반적 행동 자유권을 향유하기 때문에 개인정보를 자유롭게 수집할 수 있지만, 국가와 그 기관은 그렇지 않다. 국가와 그 기관은 헌법과 법령 등에서 정하는 소관 사무를 수행하기 위하여 필요한 범위 내에서 개인정보를 수집할 수 있을 뿐이다. 또 법률에 특별한 규정이 있거나, 법령상 의무를 수행하기 위하여 필요한 경우 개인정보를 수집할 수 있다. 입법

16) 한수웅 교수 역시 개인정보자기결정권의 주안점은 '정보수집'의 관점보다 '정보처리'의 효과가 결정적 의미를 가진다고 설명한다. 즉 사회적 인격상에 관한 자기결정권에서는, 정보가 어떠한 방법으로 얻어졌는지, 그 정보가 어떠한 종류의 것인지 하는 것은 중요하지 않으며, 결정적인 것은 '정보가 개인의 사회적 인격상을 형성함에 있어서 유용하고 이용가능한지'의 문제라는 것이다. 앞의 책, 552쪽.

자가 국가기관이 개인정보를 수집할 수 있는 경우를 엄격히 제한함으로써 감시정부의 위험은 방지할 수 있다. 입법으로 해결하여야 할 문제를 헌법해석으로 무리하게 해결하려는 것은 잘못이라고 본다.

3. 알 권리의 본질

1) 국내 논의

헌법상 권리로서 알 권리는 제2차 세계대전 이후 논의되기 시작한 비교적 새로운 권리다.[17] 국내에서는 1970년대부터 본격적으로 연구가 시작되었다. 헌법재판소가 출범 초기인 1989년부터 알 권리에 관한 결정을 낼 수 있었던 것도 그 전에 축적된 국내 연구의 소산이다.[18] 헌법재판소 결정이 많아지면서 알 권리에 관한 최근 논의는 판례를 중심으로 전개되고 있다.[19] 그동안 판례 및 연구 성과를 종합하면 다음과 같다.

첫째, 국내 다수 학설 및 판례는 알 권리의 성격을 포괄적이고 복합적으로 이해한다. 즉 알 권리가 자유권적 성질과 청구권적 성질을 모두 가지고 있고 본다. 자유권적 성질은 일반적으로 정보에 접근하

17) 알 권리를 입법한 것은 1766년 스웨덴이 세계 최초다. 하지만 주요 국가가 알 권리를 헌법에 명문화한 것은 제2차 세계대전 이후다. 한수웅, 헌법상의 '알 권리'—헌법재판소 주요결정에 대한 판례평석을 겸하여—, 법조 통권 551호, 2002, 35쪽.

18) 알 권리에 관한 초기 판례인 90헌마133에서 반대의견을 낸 최광률 재판관은 학설 동향을 소개하면 법정의견을 비판하고 있다. 헌재 1991. 5. 13. 90헌마133, 판례집 3, 234, 258. 알 권리의 법적 성격에 관한 초기 논의에 대해서는 김배원, 알 권리의 법적 성격에 대한 재검토, 부산대학교 법학연구 제32권 제1호, 1991 참고.

19) 1989년부터 2015년까지 알 권리에 관한 판례 분석에 대해서는 김배원, 알 권리의 헌법적 근거에 대한 판례 검토와 입법적 과제, 한국법제연구원 주최 국제학술대회 「안전하고 투명한 사회 구현의 입법적 과제」 자료집, 2015, 120쪽 참고.

고 수집·처리함에 있어서 국가권력의 방해를 받지 않는다는 것을 말하며, 청구권적 성질을 의사형성이나 여론 형성에 필요한 정보를 적극적으로 수집하고 수집을 방해하는 방해제거를 청구할 수 있다는 것을 의미하는 바 이는 정보 수집권 또는 정보공개 청구권으로 나타난다는 것이다.[20] 알 권리는 소극적인 지위에 머물러 있던 국민이 주권자로서 적극적으로 정보전달 체계에 개입할 수 있다는 점에 그 의의가 있다고 본다.[21]

헌법재판소는 알 권리를 헌법상 권리로 인정하여, 정보공개에 관한 법률이 제정되어 있지 않다고 하더라도 정보공개청구권이 헌법에 의해 직접 보장된다고 본다.[22] 그러나 헌법재판소가 표현의 자유라는 자유권으로부터 일반적 정보공개청구권이라는 청구권을 도출한 것은 허용되는 헌법 해석의 한계를 넘은 것이라는 유력한 비판도 제기된다.[23]

둘째, 판례는 알 권리의 헌법적 근거를 헌법 제21조에서 찾는다. 사상 또는 의견의 자유로운 표명은 자유로운 의사 형성을 전제로 하는데, 자유로운 의사 형성은 충분한 정보에의 접근이 보장됨으로써 비로소 가능한 것이므로 정보에의 접근·수집·처리의 자유 즉 "알 권리"는 표현의 자유에 당연히 포함되는 것이라는 것이다.[24] 초기 판례는 그 외에도 "자유민주주의 국가에서 국민주권을 실현하는 핵심이 되는 기본권이라는 점에서 국민주권주의(제1조), 각 개인의 지식의 연마, 인격의 도야에는 가급적 많은 정보에 접할 수 있어야 한다는 의미에서 인간으로서의 존엄과 가치(제10조) 및 인간다운 생활을 할 권

20) 헌재 1991. 5. 13. 90헌마133, 판례집 3, 234, 246.
21) 경건, 정보공개행정제도에 관한 연구, 박사학위 논문, 서울대학교, 1997.
22) 앞의 판례집, 246쪽.
23) 한수웅, 앞의 책, 775-77쪽.
24) 헌재 1989. 9. 4. 88헌마22, 판례집 1, 176, 188-89.

리(제34조 제1항)와 관련이 있다"고 하였으나,[25] 최근에는 헌법 제21조 하나로 설명하고 있다.[26] 학계에서는 표현의 자유 외에 인격권에서도 알 권리의 헌법적 근거를 찾을 수 있다는 견해,[27] 알 권리의 독자적 권리성을 주장하는 견해[28] 등이 유력하다. 이 문제는 알 권리의 기능, 더 나아가 알 권리의 본질에 관련된 사안으로, 알 권리에 대한 이해가 다르면 헌법적 근거가 다를 수밖에 없다.

셋째, 알 권리보다 더 새로운 권리인 개인정보자기결정권이 출현한 이후 이 권리와 알 권리와의 관계가 제대로 정립되지 않은 상태다. 개인정보자기결정권은 2005년 5월 주민등록법 제17조의8 등 위헌확인 사건에서 처음으로 독자적 기본권으로 인정되었다.[29] 개인정보자기결정권의 보호대상이 되는 개인정보는 개인의 신체, 신념, 사회적 지위, 신분 등과 같이 개인의 인격주체성을 특징짓는 사항으로서 그 개인의 동일성을 식별할 수 있게 하는 일체의 정보라고 할 수 있고, 반드시 개인의 내밀한 영역이나 사사(私事)의 영역에 속하는 정보에 국한되지 않고 공적 생활에서 형성되었거나 이미 공개된 개인정보까지 포함한다.[30] 개인정보에 접근할 수 있는 권리는 개인정보자기결정권의 한 내용이므로 정보주체가 자신의 개인정보를 보유하고 있는 정부 또는 공공기관을 상대로 개인정보의 공개를 요구할 수 있다. 이러한 개인정보자기결정권은 "정부나 공공기관이 보유하고 있는 정보

25) 위 판례집, 190쪽.
26) 헌재 2015. 6. 25. 2011헌마769 등, 판례집 27-1하, 513, 520.
27) 한수웅, 앞의 책, 768쪽; 박종보, 공공정보공개제도와 알 권리, 공법연구 제28집 제1호, 1999, 12쪽.
28) 김배원, 앞의 자료집, 151-52쪽.
29) 헌재 2005. 5. 26. 99헌마513 등, 판례집 17-1, 668.
30) 위 판례집 682.

에 대하여 정당한 이해관계가 있는 자가 그 공개를 요구할 수 있는 권리,"[31] 즉 개별적 정보공개청구권과 유사하다. 헌법재판소는 그동안 개별적 정보공개청구권도 알 권리로 설명해왔는데, 이러한 설명이 개인정보자기결정권을 독자적 기본권으로 승인한 이후에도 유효한 것인지 제대로 검토된 적이 없다.

2) 비교법적 검토

(1) 기원 및 발전과정

알 권리는 그 기원이나 발전과정을 살펴 볼 때 민주주의의 실현을 위한 수단으로 생성된 개념이다. 민주주의 국가에서 주권자인 국민이 민주적 의사결정에 참여하기 위해서는 국정을 알아야 하며, 이를 위하여 정부는 국정 운영을 공개할 의무가 있고, 국민은 정부 보유 정보에 대한 접근권을 가진다는 것이 알 권리에 관한 국제적인 시각이다. 대표적으로 UNESCO가 펴낸 「정보의 자유: 비교법적 조사(Freedom of Information: A Comparative Legal Survey)」는 공공기관이 보유한 정보에 대한 접근권과 알 권리를 동일한 의미로 사용하고 있다.[32]

알 권리(right to know)라는 용어는 1787년 미국 필라델피아 헌법제정회의에서 처음 사용되었다. 미국 헌법의 아버지 중 한 사람인 제임스 윌슨(James Wilson)은 회의 공개를 놓고 의견이 갈렸을 때 "주권자

---

31) 헌재 2015. 6. 25. 2011헌마769 등, 판례집 27-1하, 513.

32) Toby Mendel, Freedom of Information: a Comparative Legal Survey 1, 3 (Second Edition, Paris, UNESCO, 2008). 알 권리에 관한 초기 저작물인 1953년 해롤드 크로스(Harold Cross)의 저서 「일반인의 알 권리(The People's Right to Know)」의 부제 역시 「공공 기록 및 회의록에 관한 법적 접근(Legal Access to Public Records and Proceedings)」이다.

는 자신의 대리인이 무엇을 하였는지, 또 무엇을 하고 있는지 알 권리가 있으며, 진행 상황을 숨기는 것은 의회의 선택이 될 수 없다"고 역설하였다.[33] 1789년 프랑스 혁명 후 제헌국민회의에서 채택된 「인간과 시민의 권리선언」 제15조는 알 권리라는 용어를 사용하지 않았지만, 정부가 하는 일에 대한 국민의 알 권리를 인권으로 이해하였다.[34] 이에 앞서 1766년 스웨덴은 언론자유법(Freedom of the Press Act)을 제정하여 검열제를 금지하고, 세계 최초로 정부 기관이 보유한 문서의 대부분을 일반 시민에게 공개하였다.[35]

국제적 차원에서 알 권리를 인권으로 이해하고 그 실현을 위한 본격적인 활동이 시작된 것은 제2차 세계대전 이후다. 전쟁 후반기 미국의 주요 언론사는 미국의 민주주의와 언론의 자유 모델을 외국에 수출하려고 하였고, 그 논리적 기반으로 국민의 알 권리라는 용어를 사용하기 시작하였다.[36] AP 통신사의 전무이사였던 Kent Cooper는 알 권리라는 용어를 1945년부터 사용하였으며, 1956년 「알 권리(The Right to Know)」라는 책을 저술하였다.[37] 그에 따르면, 일반 대중은 알 권리를 가지며, 국가는 정보를 공개할 의무를 지고, 언론사를 통

---

33) Max Farrand, ed. The Records of the Federal Convention of 1787, Vol. 2, 260 (New Haven: Yale University Press, 1937) (Roberto Gargarella, The Scepter of Reason: Public Discussion and Political Radicalism in the Origins of Constitutionalism 105 (Kluwer Academic Publishers, 2000)에서 재인용). 당시 다수견해는 회의 비공개였다.

34) "사회는 모든 공직자로부터 그 행정에 관한 보고를 요구할 수 있는 권리를 가진다."

35) 스웨덴은 1809년 헌법을 제정하였는데, 언론자유법은 정부조직법, 왕위계승법, 표현의 자유에 관한 기본법과 함께 헌법을 구성하는 4개법 중 하나다.

36) Mark Fenster, *The Transparency Fix: Advocating Legal Rights and Their Alternatives in the Pursuit of a Visible State*, 73 U. Pitt. L. Rev. 443, 452 (2012).

37) 정보공개법의 주창자로 미국 신문편집인협회 회장을 지낸 포프(James S. Pope)는 해롤드의 저서 「일반인의 알 권리」 서문에서 알 권리라는 용어를 1940년대 Cooper가 작명하였다고 주장하였다.

제하는 것은 금지된다. 이러한 논리는 자유롭고 독립적인 언론사가 일반 국민의 대리인으로 알 권리를 보호하고 정보가 자유롭게 유통되는 데 기여한다는 논리로 이어졌다.[38)]

그즈음 정보의 자유라는 용어도 알 권리와 비슷한 의미로 사용되었다. 정보의 자유는 특히 프랭클린 루즈벨트(Franklin D. Roosevelt) 대통령이 1940년 기자회견에서 정보의 자유를 민주 정부의 주요 원칙 중 하나이자 헌법에 열거되지 않은 자유로 언급하면서 주목받았다.[39)] 1946년 UN 총회는 정보의 자유를 인간의 기본적 인권이고 UN이 신성시하는 모든 자유의 시금석이라는 내용의 「결의 59(1)」을 채택하였다.[40)] 여기서 말하는 정보의 자유는 일반적인 정보의 자유로운 유통을 의미하는 것으로, 당시 일부 국가에서 입법으로 보호하고 있던 공공 기관이 보유하고 있는 정보에 대한 접근권보다 넓은 개념으로 사용되었다.[41)] 이어 1948년 UN 총회에서 채택된 세계인권선언(The Universal Declaration of Human Rights, UDHR)은 제19조에 표현의 자유를 규정하면서 그 내용으로 정보의 자유를 포함하였다.[42)] 1966년

---

38) 국내에서도 알 권리를 언론기관과의 관계에서 분석한 연구들이 있다. 대표적으로 이동훈, 유비쿼터스 사회에서의 액세스권과 알권리 해석론, 공법학연구 제10권 제2호, 2009, 81쪽; 고민수, 취재의 자유와 알권리의 관계에 관한 고찰—공인수탁자론(public trusteeship model)에 대한 비판적 고찰을 중심으로—, 미국헌법연구 제18권 제2호, 2007, 407쪽 참고.

39) Cass Sunstein, The Second Bill of Rights: FDR's Unfinished Revolution and Why We Need It More Than Ever 78-79 (2004).

40) UN General Assembly Resolution 59(1): Calling of an International Conference on Freedom of Information ("Freedom of information is a fundamental human right and … the touchstone of all the freedoms to which the UN is consecrated.").

41) Toby Mendel, *supra* note 32, at 8.

42) "Everyone has the right to freedom of opinion and expression; this right includes freedom to hold opinions without interference and to seek, receive and impart information and ideas through any media and regardless of frontiers.".

UN 총회에서 채택된 「시민적 · 정치적 권리에 관한 국제규약」 역시 제19조에 동일한 내용을 담고 있다.

유럽에서는 유럽이사회(the Council of Europe)가 1950년 채택한 유럽인권협약(the European Convention for the Protection of Human Rights and Fundamental Freedoms, ECHR)이 제10조 제1항에서 표현의 자유를 규정하면서 정보 및 사상을 주고받는 자유를 포함하고 있다.[43] 다만 UDHR과 달리 정보를 '찾는' 자유는 명시적으로 규정되지 않았다. 1981년 유럽이사회 장관위원회는 공공기관 보유정보에 대한 접근에 관한 권고를 채택하면서 회원국 영역 내 있는 모든 사람은 공공기관이 보유한 정보를 '요청에 의해 얻는' 권리를 가진다고 선언하여,[44] 이를 보완하였다.

(2) 현황 및 국가별 특성

세계적인 현황을 살펴보면 알 권리 또는 정보의 자유를 헌법에 명문으로 규정하거나 헌법재판소의 해석을 통해 헌법상 권리로 승인한 국가가 늘어나는 중이다. 한 조사에 의하면, 공식 문서에 대한 접근권을 헌법상 권리로 보호하고 있는 나라가 2012년 1월 기준 59개국이며, 이 중 최소 53개국은 일반 국민이 정보를 이용할 수 있도록 정

---

43) "Everyone has the right to freedom of expression. This right shall include freedom to hold opinions and to receive and impart information and ideas without interference by public authority and regardless of frontiers. This Article shall not prevent States from requiring the licensing of broadcasting, television or cinema enterprises.".

44) Council of Europe Committee of Ministries, Recommendation No. R(81)19 OF THE COMMITTEE OF MINISTRIES TO MEMBER STATES ON THE ACCESS TO INFORMATION HELD BY AUTHORITIES, ("Everyone withi n the jurisdiction of a member state shall have the right to obtain, on request, information held by the public authorities other than legislative bodies and judicial authorities…").

부에게 의무를 부과하고 있다.[45] 지역별로 보면 아메리카 12개국, 유럽 25개국(그 중 7개국은 논란의 여지 있음), 아시아 · 태평양 6개국, 아프리카 16개국 등이다.[46] 이 밖에도 우리나라처럼 최고 사법 기관이 해석을 통해 헌법상 권리로 인정한 국가는 캐나다, 프랑스, 인도, 이스라엘 등 5개국이다.[47]

이에 반하여 우리나라 법학 연구 및 법조 실무에 영향력이 큰 독일과 미국에서는 정부 보유 정보에 대한 접근권이 헌법상 보장되지 않는다. 독일의 경우 기본법 제5조 제1항 제1문 후단에 "일반적으로 접근 가능한 정보원으로부터 방해를 받지 않고 정보를 수집할 수 있는 권리"를 규정하고 있지만, 이는 방어권으로서 정보의 자유를 보장하는 권리다. 국가기관이 보유한 문서는 헌법 해석상 일반적으로 접근할 수 있는 정보원에 해당하지 않는다고 한다.[48] 2006년 1월 1일

---

45) Right2info.org, Constitutional Protections of the Right to Information, http://w.right2info.org/constitutional-protections, (방문일 2016. 4. 16). 59개국에는 정보가 보유한 정보에 대한 일반적 권리를 인정한 나라만 포함되었으며, 개인정보에 대한 접근권, 환경정보에 대한 접근권, 또는 기자에게만 접근권을 인정하는 나라는 포함되지 않았다.

46) 아메리카 국가로 Argentina, Brazil, Chile, Colombia, Costa Rica, Ecuador, Mexico, Nicaragua, Panama, Paraguay, Peru and Venezuela; 유럽에서 명확하게 권리를 인정하는 국가로는 Albania, Bulgaria, Czech Republic, Estonia, Finland, Greece, Hungary, Lithuania, Moldova, Montenegro, Norway, Poland, Portugal, Romania, Serbia, Slovakia, Slovenia, Sweden; 논란의 소지가 있지만 권리로 인정하는 유럽 국가로 Austria, Azerbaijan, Belgium, Georgia, Macedonia, Russia, Ukraine; 아시아 · 태평양 국가로 Nepal, New Zealand, Pakistan, Papua New Guinea, Philippines, Thailand; 아프리카 국가로 Burkina Faso, Cameroon, Democratic Republic of Congo, Egypt, Eritrea, Ghana, Guinea Bissau, Kenya, Madagascar, Malawi, Morocco, Mozambique, Seychelles, South Africa, Tanzania, and Uganda. 위 홈페이지 참조.

47) 해석을 통한 알 권리 인정에 관한 설명으로는 Roy Peled & Yoram Rabin, *The Constitutional Right to Information*, 42 Colum. Hum. Rts. L. Rev. 358, 373-80 (2011).

발효된 연방 정보자유법(IFG) 제1호가 연방기관이 보유한 정보에 대하여 누구든지 열람할 수 있게 허용하면서 비로소 정부 보관 정보가 일반적으로 접근가능한 정보원으로 분류된다.

미국은 알 권리를 헌법상 권리로 인정하지 않는다.[49] 그 대신 1966년 미국의 정보자유법(Freedom Of Information Act, FOIA)을 제정하여 정부 기록에 대한 접근권을 인정하고 있다. 미국 연방대법원은 1978년 후친스 사건(Houchins v. KQED, Inc.)에서 일반 시민이나 언론사는 정부 정보에 접근할 수 있는 수정헌법 제1조상 권리를 갖는다는 주장을 배척하였다.[50] 2013년 맥버니 사건(McBurney v. Young)에서도 미국 연방대법원은 주 시민에게만 정보공개청구권을 부여하는 버지니아 주 정보공개법이 연방헌법에 위반되지 않는다고 판결하면서, "정보공개법이 제공하고 있는 모든 정보를 얻을 수 있는 헌법상 권리는 없다는 점을 연방대법원이 여러 번 명확히 판시하였다."고 강조하였다.[51]

한편 2013년 9월 현재 일반 국민이 정부 보유 정보의 공개를 요청하여 수령할 수 있는 권리와 절차를 규정한 법, 즉 정보자유법을 제정한 나라는 95개국이다.[52] 1990년까지 정보자유법을 제정한 나

---

48) 이상학, 알 권리로서 정보자유의 쟁점—독일에서의 논의를 중심으로—, 인하대학교 법학연구 제17집 제3호, 2014, 104-05쪽.

49) 미국 논의에 관해서는 Barry Sullivan, *FOIA and the First Amendment: Representative Democracy and the People's Elusive "Right to Know"* 72 Md. L. Rev. 1 (2012).

50) 438 U.S. 1 (1978). 이 판결은 수정헌법 제1조에 기초해서 특정 죄수에 대한 접근권을 주장한 사안에 관한 것이었다.

51) 133 S.Ct. 1709, 1718 (2013). 알리토 대법관(Justice Alito)은 공공 정보에 대한 접근권이라는 광범위한 권리가 보통법(common law)으로 인정된 적도 없었다고 하였다.

52) Right2info.org, Access to Information Laws: Overview and Statutory Goals,

라는 전 세계 14개국에 불과하였으나, 1989년 베를린 장벽의 붕괴로 상징되는 동유럽 사회주의 국가의 해체와 정보 공개를 요구하는 시민사회의 요구가 커지면서 정보자유법을 제정하는 국가가 급속히 늘어났다.

지금까지 내용을 정리하면, 국제 기준과 많은 나라의 사례에서 볼 때 알 권리는 정보의 자유와 동일한 의미로 사용되는 헌법상 권리다.[53] 알 권리 또는 정보의 자유는 공공 기록물에 대한 접근권보다 넓은 개념이지만, 실제로 알 권리의 가장 중요한 내용은 정부, 특히 행정부가 보유한 기록물에 대한 접근권이다. 이에 반하여 국내 법학 연구에 영향력이 큰 독일과 미국에서는 정부 보유 정보에 대한 접근권을 헌법상 권리로 인정하지 않는다.

4. 알 권리의 기능

알 권리가 UN의 세계인권선언 및 시민적·정치적 권리에 관한 국제규약 등에서 포함된 권리라고 하더라도 헌법상 권리로 인정되기 위해서는 원칙적으로 우리 헌법에 규정되어 있어야 한다.[54] 그렇지 않고 알 권리가 헌법에 열거되지 아니한 기본권으로 새롭게 인정되려면, "그 필요성이 특별히 인정되고, 그 권리내용(보호영역)이 비교적 명확하여 구체적 기본권으로서의 실체 즉, 권리내용을 규범 상대방에게 요구할 힘이 있고 그 실현이 방해되는 경우 재판에 의하여 그 실현

---

http://www.right2info.org/access-to-information-laws (방문일 2016. 4. 19).

53) 이에 반하여 국내에서는 정보의 자유를 알 권리와 개인정보자기결정권으로 구성된다고 보는 견해도 있다. 정종섭, 『헌법학원론』, 제5판, 박영사, 2010., 638쪽.

54) 김문현, 기본권의 법적 근거와 판단기준에 관한 소고, 세계헌법연구 제18권 제2호, 2012, 170쪽.

을 보장받을 수 있는 구체적 권리로서의 실질에 부합하여야' 한다.[55)]

알 권리의 필요성은 알 권리가 가지는 고유한 기능에서 찾을 수 있다.[56)] 헌법재판소는 알 권리의 고유한 기능을 표현의 자유의 전제조건에서 찾는 데 반하여 학설은 그 밖에 자기결정 및 인격 발현의 전제조건을 들기도 한다.[57)] 알 권리의 기능을 항목별로 검토한 후 헌법적 근거를 제시하면 다음과 같다.[58)]

1) 표현의 자유의 전제조건

알 권리 또는 정보의 자유는 표현의 자유를 실현하기 위한 전제조건이다. 표현의 자유란 의사의 표명 및 전파의 자유를 의미하며, 의사는 정보에 기초하여 형성된다. 따라서 표현의 자유가 실질적으로 실현되기 위해서는 의사 형성에 필요한 충분한 정보를 수령할 수 있는 여건이 마련되어야 한다. 헌법재판소가 "정보에의 접근・수집・처리의 자유, 즉 '알 권리'는 표현의 자유에 당연히 포함되는 것으로 보아야 하는 것"이라고 하거나,[59)] "'알 권리'는 표현의 자유와 표리일체의 관계에 있다"고 한 것은[60)] 타당한 설명이다.

---

55) 헌재 2009. 5. 28. 2007헌마369.

56) 한수웅, 앞의 책, 766쪽.

57) 한수웅, 앞의 책, 767-68쪽.

58) 알 권리의 헌법적 정당성 논거에 대해서는 Peled & Rabin, *supra* note 47. 여기서는 정당성 논거를 정치적・민주적 논거, 다른 헌법상 권리를 실현하기 위한 도구적 논거, 정부기관이 생성한 정보는 공공재산이라는 논거, 정부기관에 대한 감독이 필요하다는 논거 등으로 설명한 후 이 네 가지 논거는 모두 민주주의 국가의 헌법은 정보의 권리를 보호하기 위한 특정 장치를 두어야 한다는 결론에 이른다고 한다.

59) 헌재 1989. 9. 4. 88헌마22, 판례집 1, 176, 188-9.

60) 헌재 1991. 5. 13. 90헌마133, 판례집 3, 234 246.

그러나 표현의 자유의 본질에 대한 이해가 다르면 알 권리의 본질에 대한 이해도 달라진다. 표현의 자유가 헌법상 권리로 인정되는 논거는 크게 사상의 자유시장(marketplace of ideas) 이론, 국민의 자기지배(self-government) 이론, 인간의 자기실현(self-fulfillment) 이론 등 세 가지가 있다.[61] 세계적으로 살펴보면 알 권리의 고유한 기능으로 가장 폭넓은 지지를 받는 논리는 민주주의 실현의 전제조건이다.[62] 1990년대 이후 세계 여러 나라에서 정보자유법이 제정되거나 정보의 자유 조항을 신설하는 헌법 개정이 활발하게 진행된 이유도 열린 정부 또는 민주주의 확산 운동과 밀접한 관련을 맺고 있다. 흔히 알 권리를 표현의 자유와 불가분의 관계에 있다고 하는 이유도 표현의 자유가 민주주의의 필수불가결한 조건이기 때문이다. 표현의 자유의 전제조건으로서 알 권리 역시 민주주의와의 관계 속에서 이해되어야 한다. 즉 표현의 자유의 정당성 이론 중 국민의 자기지배 이론이 알 권리에 관한 설명으로 가장 설득력이 있다.

결국 알 권리는 표현의 자유, 그 중에서도 민주주의의 필수적 구성요소로서 표현의 자유가 제대로 실현되기 위한 조건으로서 기능한다고 보아야 할 것이다. 따라서 알 권리의 헌법적 근거는 표현의 자유를 규정한 헌법 제21조에서 찾아야 하며, 국민주권주의를 규정한 헌법 제1조는 알 권리의 성격을 설명하는 보충적 근거로 활용될 수 있다.

---

61) 이에 관해서는 문재완, 표현의 자유와 민주주의—청자(聽子) 중심의 표현의 자유 이론을 위한 시론—, 세계헌법연구 제17권 제2호, 2011 참고.

62) 알 권리의 법적 근거에 관한 미국 논의에 관해서는 Thomas I. Emerson, Legal *Foundations of the Right to Know*, 1976 Wash. U.L.Q. 1 (1976).

2) 자기결정 및 인격발현의 전제조건

알 권리를 개인이 인격을 형성하고 발현하는 데 필요한 권리로 이해하는 견해도 유력하다.[63] 필요한 내용을 '알아야' 기본권에 의하여 보장된 자유를 의미 있게 행사할 수 있고, 궁극적으로 인격을 자유롭게 발현할 수 있다는 관점에서 '알고자 하는 이익'은 개인의 자기결정과 인격 발견에 중대한 의미를 가지며, '알 권리'는 헌법 제10조의 행복추구권에서 파행하는 인격권에 의하여 보충적으로 보장된다고 한다.[64] 이 때 알 권리는 표현의 자유와 직접적인 관계가 없다.[65]

헌법재판소는 알 권리를 인정한 첫 사건에서 알 권리가 "각 개인의 지식의 연마, 인격의 도야에는 가급적 많은 정보에 접할 수 있어야 한다는 의미에서 인간으로서의 존엄과 가치(제10조) 및 인간다운 생활을 할 권리(제34조 제1항)와 관련이 있다 할 것이다."라고 판시하여[66] 알 권리의 헌법적 근거를 표현의 자유 외에 인격권에서도 찾았으나, 다음 사건(90헌마133)부터는 표현의 자유를 보장하는 헌법 제21조에만 찾고 있다.

알 권리를 자기결정 및 인격발현의 전제조건으로 파악하고 그 헌법적 근거를 인격권에서 찾는 견해는 다음과 같은 이유로 타당하지 않다. 첫째, 알 권리를 생활의 모든 영역에서 자기결정과 자기실현에

---

63) 알 권리는 단순히 언론자유의 한 내용에 머무는 것이 아니라, 적극적으로 인간존엄을 실현하기 위한 권리로 인정하는 견해로 성낙인, 『헌법학』, 법문사, 2015, 1188쪽 참고.

64) 한수웅, 앞의 책, 768쪽.

65) 알 권리의 자유권적 측면, 즉 정보의 자유의 헌법적 근거는 제21조에서 찾고, 알 권리의 청구권적 측면, 즉 정보공개청구권의 헌법적 근거는 일반적 인격권에서 찾는 견해도 있다. 박종보, 앞의 논문, 12쪽.

66) 헌재 1989. 9. 4. 88헌마22.

도움이 되는 정보를 얻을 수 있는 권리라고 이해할 경우 보호범위가 지나치게 넓어 구체적 기본권으로서 실체를 인정하기 어렵다. 헌법에 규정되지 않은 권리가 헌법 해석을 통해 기본권으로 인정받으려면 특별히 그렇게 해야 할 필요가 있고 권리의 내용도 비교적 명확해야 하는데, 모든 생활영역에서 알고자 하는 이익은 개념이 모호하고 보호범위가 과도하게 넓다.

둘째, 알 권리를 개별 기본권을 실현하기 위해서 필요한 조건으로서의 정보의 자유라고 이해할 경우, 권리는 해당 개별 기본권의 보호범위에 귀속시키는 것이 충분하다. 예컨대 체포 영장 열람 및 등사신청의 권리는 재판청구권의 실현을 위하여 반드시 필요한 조건이므로 재판청구권의 내용으로 보면 되는 것이다.[67]

셋째, 알 권리를 인격권의 일종으로 이해하는 것은 알 권리를 민주주의와 불가분의 관계로 이해하고 있는 알 권리의 기원 및 세계적 논의와 부합하지 않는다. 알 권리는 의사의 표명 및 전파라는 표현행위와 상관없이 막연히 알고자 하는 이익을 보호하기 위하여 탄생한 것이 아니다. UN 등 국제기구가 알 권리를 인권으로 이해한 것은 이것이 민주주의 국가에서 표현의 자유를 실현하는 데 반드시 필요하다고 판단하였기 때문이다. 인격권에 기초한 정보접근권은 알 권리가 아닌 새로운 헌법상 권리로 이해할 수 있다.

67) 자신의 권리 행사의 사전단계로 이해관계가 있는 기록의 열람을 청구하는 청구인에게 표현의 자유나 민주주의를 근거로 정보공개청구권을 인정한 것은 동문서답이라는 비판은 적절한 것이다. 한수웅, 앞의 책, 776쪽 참조.

5. 알 권리의 재구성

1) 알 권리와 일반적 정보공개청구권

알 권리는 일차적으로 일반적 정보원에 자유롭게 접근하여 얻을 수 있는 자유를 의미한다. 그런 의미에서 알 권리는 정보의 자유와 동일한 의미다. 국가는 일반적 정보원에 접근하는 국민의 자유를 방해하여서는 안 된다. 국민은 자유로운 접근의 방해에 대하여 배제를 청구할 수 있다. 이것이 알 권리의 자유권적 성격이다. 대표적으로 군내 불온 도서의 소지 · 전파 등을 금지하는 군인복무규율(1998. 12. 31. 대통령령 제5954호로 개정된 것) 제16조의2의 위헌 여부를 판단한 사안은 '도서'라는 일반적으로 접근할 수 있는 정보원으로부터 자유롭게 정보를 수집할 수 있는 권리를 제한하고 있으므로 전형적인 자유권적 성격의 알 권리가 제한된 사안이고, "[이러한] 알 권리는 별도의 입법이 없더라도 국가권력의 방해를 받음 없이 보장되어야 한다."[68]

알 권리는 국가에게 정보의 공개를 청구하는 성격도 가지고 있다. 이러한 권리의 성격은 흔히 청구권이라고 한다. 판례와 학설에 따르면, 정보공개청구권은 일반 국민은 국가 및 공공기관이 보유하고 있는 정보의 공개를 요구하는 일반적 정보공개청구권과 특정의 정보와 이해관계에 있는 특정 개인이 공개를 요구하는 개별적 정보공개청구권으로 구성된다.[69] 헌법재판소는 알 권리에 관한 첫 판결에서부터 "'알 권리'의 생성기반을 살펴볼 때 이 권리의 핵심은 정부가 보유하3

---

68) 헌재 2010. 10. 28. 2008헌마638, 판례집 22-2하, 216, 228.

69) 알 권리의 내용에 관한 상세한 설명은 헌재 1991. 5. 13. 90헌마133 (재판관 최광률의 반대의견) 참조

고 있는 정보에 대한 국민의 알권리 즉, 국민의 정부에 대한 일반적 정보공개를 구할 권리(청구권적 기본권)라고 할 것"이라고 판시하여,[70] 알 권리의 청구권적 성격을 중시하였다. 다른 나라의 사례를 보더라도 알 권리는 정부가 보유한 정보의 공개를 요구하는 내용을 핵심으로 한다.[71]

하지만 정부 보유정보 공개에 관한 입법이 없는 데도 불구하고 헌법해석으로 정보공개청구권을 인정될 수 있는지 의문이 제기된다. 헌법재판소는 알 권리의 청구권적 성격을 초기 판례부터 인정하였지만,[72] 헌법에 명시적인 규정이 없음에도 불구하고 표현의 자유라는 자유권에서 구체적인 정보를 청구할 수 있는 권리를 도출할 수 있는지 하는 의문은 끊임없이 제기되고 있다. 헌법재판소의 두 번째 알 권리 사건에서 반대의견을 낸 한병채 재판관은 "너무나 많은 문제를 초래할 수 있는 위험한 논거"라고, 역시 반대의견을 낸 최광률 재판관은 "성급하고 무리한 이론 구성"이라고 지적한 바 있다.[73]

헌법재판소 판례는 ① 표현의 자유에서 알 권리를 도출하고 ② 알 권리에서 일반적 정보공개청구권을 도출한 후 ③ 정부가 보유하고 있는 정보에 정당한 이해관계가 있는 청구인이 정보공개를 청구한 사안에서 개별적 정보공개청구권이 인정되는지 검토하는 구조로 구성되었다. 이 중 논란이 되는 부분은 ②와 ③이다. ②와 관련하여 자유권

---

70) 헌재 1989. 9. 4. 88헌마22. 이 결정은 알 권리의 성격 및 헌법상 근거로 자주 인용되는 중요한 결정이다. 그러나 이 결정에서 실제로 분석된 것은 개별적 정보공개청구권이다.

71) 비교법적으로 보더라도 일반적인 정보공개청구권을 헌법적으로 규정하거나 헌법해석으로 인정하는 국가는 세계 어디에도 없는 것으로 기술하고 있는 일부 교과서와 논문은 잘못된 것이다.

72) 헌재 1989. 9. 4. 88헌마22; 헌재 1991. 5. 13. 90헌마133.

73) 위 판례.

의 보장 내용으로서 청구권적 요소를 인정하기 위해서는 헌법이 직·간접적으로 그와 같은 해석의 여지를 두고 있거나, 청구권적 요소를 자유권의 보호범위에 포함시키는 것이 자유권을 현실적으로 행사하기 위한 필수조건이어야 한다.[74] 이러한 전제 아래 일반적 정보공개청구권은 자유권의 실질적인 보장을 위하여 반드시 필요한 것이 아니며, 따라서 헌법재판소가 자유권인 표현의 자유로부터 일반적 정보공개청구권을 도출한 것은 헌법해석의 허용 한계를 넘은 것이라는 유력한 견해가 있다.[75]

그러나 표현의 자유를 국민의 자기지배로 이해하면, 주권자인 국민은 자신의 대리인인 정부가 하는 일에 대한 알 권리가 있고, 정부는 열린 행정을 해야 할 의무를 진다. 정부기관의 행위는 문서로써 하는 것이 원칙이므로 정부가 보관하고 있는 문서에 대한 국민의 접근권은 알 권리의 실현을 위하여 반드시 필요하다.[76] 따라서 표현의 자유라는 자유권에서 정부 보유 문서에 접근권이라는 청구권적 요소가 인정되는 것은 당연한 논리적 귀결이다. 스웨덴 헌법이 의견의 자유로운 교환과 포괄적인 정보의 이용을 독려하기 위하여 모든 국민은 공공문서에 대하여 자유로운 접근권을 갖는다고 규정한 것은 이러한 사고에 기초한 것이다.[77]

---

74) 한수웅, 앞의 책, 773쪽.

75) 한수웅, 앞의 책, 774쪽.

76) 국가기관 등은 일반적으로 접근 가능한 정보원에 해당하지 않는다는 견해로는 고민수, 앞의 논문, 421쪽.

77) 스웨덴 헌법을 구성하는 4개의 법 중 하나인 1991년 언론자유기본법(Yttrandefrihetsgrundlagen; The 1991 Fundamental Law on Freedom of Expression) Chapter 2 Article 1("To encourage the free exchange of opinion and availability of comprehensive information, every Swedish citizen shall be entitled to have free access to official documents."), available at https://www.riksdagen.se/en/How-the-Riksdag-works/Democracy/The-Constitution/The-Freedom-of-

일반적 정보공개청구권의 성격은 방해배제청구권이다. 정부 보유 정보는 주권자인 국민이 당연히 알아야 할 내용으로 일반적으로 접근 가능한 정보인데, 정부의 비공개라는 방해가 있으므로 이를 배제하는 것이 일반적 정보공개청구권인 것이다. 유력설도 인정하는 바와 같이 정보수집방해배제청구권은 알 권리의 청구권적 성격이 아닌 자유권적 성격이므로 헌법해석을 통해 알 권리로부터 일반적 정보공개청구권을 인정한다고 하더라도 자유권에서 청구권을 도출하였다고 비판할 것은 아니니다. 모든 국민은 입법이 없더라도 알 권리에 근거해서 정부 보유 정보의 공개를 청구할 수 있다.

문제는 ③이다. 헌법재판소는 큰 고민 없이 일반적 정보공개청구권에서 개별적 정보공개청구권을 도출하였으나, 두 청구권의 성격은 완전히 다르다. 전자의 경우 일반적으로 접근할 수 있는 정보이기 때문에 누구나 청구할 수 있는 것인데 반하여, 후자의 경우 일반적으로 접근할 수 없는 정보이기 때문에 정당한 이해관계를 가진 사람만 청구할 수 있다. 전자의 경우 정보 접근의 목적이 무엇인지 따지지 않고 인정되는 데 반하여 후자의 경우 정당한 목적이 있을 때만 허용된다.

헌법재판소의 알 권리 판례가 비판받아야 할 지점은 이 곳이다. 다른 나라의 사례에서 보듯이 알 권리 또는 정보의 자유는 공공기관의 정보 공개 의무와 이에 상응하는 국민의 정보 수령권을 의미하기 때문에 알 권리의 주체는 모든 국민이다. 따라서 알 권리를 실현하려는 국민에게 해당 정보에 특별한 이해관계가 있음을 증명하도록 요구할 수 없는 것이다.[78] 이러한 개별적 정보공개청구권은 다른 권리에 기

the-Press-Act/(방문일 2016. 4. 19).

78) Article 19, The Public's Right to Know: Principles on Freedom of Information Legislation 2 (1999).

초하여 주장될 수 있지만, 알 권리에 기초하여 주장될 수는 없다.

2) 개별적 정보공개청구권의 성격

개별적 정보공개청구권은 모든 국민이 아닌, 해당 정보에 정당한 이해관계가 있는 사람이 청구한다는 점에서 일반적 정보공개청구권과 완전히 다른 권리다. 이러한 정보는 알 권리의 대상이 아니기 때문에 입법 없이 헌법해석을 통해 일반적으로 인정될 수 없다. 이와 관련, 헌법재판소는 정보의 성질에 따라 일반적 정보공개청구의 대상과 개별적 정보공개 대상을 구분한다. 즉 국가가 관리하는 정보를 성질상 일반 국민에게 자유로운 접근이 허용되어야 할 정보와 국가의 안전보장·질서유지·사생활의 비밀과 자유의 보장 등과 관련된 정보를 구분한 후 전자는 일반적 정보공개청구의 대상으로, 후자는 개별적 정보공개청구의 대상으로 인정한다.[79] 그러나 알 권리의 주체는 모든 국민이라는 점에서 개별적 정보공개청구권까지 알 권리로 인정한 후 정보의 성질에 따라 청구권자를 다시 구분하는 헌법재판소의 태도는 잘못이다. 논리적으로는 국가가 관리하는 모든 정보는 알 권리의 실현을 위하여 반드시 필요하기 때문에 일반적 정보공개청구의 대상이 되는 것이 원칙이지만, 국가의 안전보장·질서유지·사생활의 비밀과 자유의 보장 등 알 권리보다 더 중요한 헌법적 가치를 위하여 일반적으로 공개할 수 없는 정보가 있다는 설명이 타당하다.

국가가 보유한 정보 중 일반적으로 공개할 수 없는 정보에 접근하기 위해서는 알 권리가 아닌 다른 헌법상 권리에 기초하여야 한다.

79) 헌재 2003. 3. 27. 2000헌마474.

예컨대 수사기록은 공권력의 행사에 관한 기록이므로 원칙적으로 공개되어야 할 정보다. 하지만 수사기록은 개인의 사생활에 관한 내용을 담은 기록이기 때문에 일반적으로 공개될 수 없다. 만약 수사를 받았던 당사자가 해당 기록에 접근하기를 원한다면 자료가 필요한 '특별한 목적'을 밝혀야 한다. 이에 반하여 알 권리는 누구라도 접근할 수 있는 정보원에 대한 접근권이기 때문에 정보접근의 목적이 무엇인지 중요하지 않다.

정부가 보유한 정보가 개인의 특별한 목적을 실현하는 데 반드시 필요한 것이라면 해당 정보에의 접근권은 그 목적과 관련된 기본권의 보호범위에 넣을 수 있다. 변호인이 변론을 준비하기 위하여 수사기록의 열람·등사를 신청한 사안에서 "검사가 보관하는 수사기록에 대한 변호인의 열람·등사는 실질적 당사자대등을 확보하고, 신속·공정한 재판을 실현하기 위하여 필요불가결한 것"이라며, 그에 대한 지나친 제한은 피고인의 신속·공정한 재판을 받을 권리를 침해하는 것이라고 판단한 헌법재판소 결정은[80] 타당하다. 당사자의 소송기록 열람 청구권 역시 신속·공정한 재판을 받을 권리를 실현하기 위한 필수적 전제조건으로 신속·공정한 재판을 받을 권리의 내용으로 이해할 수 있으나, 확정된 소송기록의 경우 이러한 권리가 제한되지 않기 때문에 이에 기초하여 청구할 수 없다.[81] 구속적부심사건에서 고소장과 피의자 신문 조서에 대한 열람 및 등사는 피구속자가 헌법 제12조 제6항 규정의 구속적부심사청구권을 실현하는 데 반드시 필요

80) 헌재 1997. 11. 27. 94헌마60; 헌재 2010. 6. 24. 2009헌마257. 두 사안에서 헌법재판소는 변호인의 조력을 받을 권리도 침해되었다고 보았다.

81) 확정된 형사소송기록의 복사 신청에 대한 거부행위 사건에서 헌법재판소는 알 권리 침해라고 판단한 바 있으나(헌재 1991. 5. 13. 90헌마133), 알 권리를 근거 조항으로 제시한 것은 타당하지 않다.

한 내용이므로 구속적부심사청구권에 기초하여 청구할 수 있다고 보아야 하며, 피구속자가 변호인을 선임한 경우 변호인의 조력을 받을 권리에 기초하여 청구할 수 있다.[82)]

결론적으로 헌법재판소가 알 권리의 청구권적 성격이라고 설명하는 개별적 정보공개청구권은 누구나 이용 목적에 상관없이 정부 보유 정보의 공개를 요구할 수 있는 알 권리가 아니고, 개인이 자신의 헌법상 권리를 행사하는 데 반드시 필요하기 때문에 정부가 보유한 특정한 정보를 열람 · 복사를 신청할 수 있는 권리를 의미한다. 따라서 열람 · 복사 신청권은 표현의 자유 또는 그 표리의 관계에 있는 알 권리와 전혀 관계없으며, 자신의 헌법상 권리를 실효적으로 행사하기 위하여 인정되는 것이므로 해당 헌법상 권리의 내용으로 이해하여야 할 것이다.

6. 개인정보자기결정권과 개별적 정보공개청구권

1) 개인정보자기결정권과 그 실현

개별적 정보공개청구권을 청구인의 특정한 헌법상 권리를 실현하는 데 필수불가결한 정보만 인정되는 것에 대한 반론이 있을 수 있다. 개별적 정보공개청구권을 개인의 자유로운 인격발현에 필요하거나 유용한 정보를 이해관계가 있는 특정 개인이 당해 정보의 공개를

82) 헌법재판소는 구속적부심사건 피의자의 변호인에게 고소장과 피의자 신문 조서에 대한 열람 및 등사를 거부한 경찰서장의 정보비공개결정이 변호인의 피구속자를 조력할 권리 및 알 권리를 침해하여 헌법에 위반된다고 판시한 바 있으나(헌재 2003. 3. 27. 2000헌마474), 알 권리를 근거조항으로 제시한 것은 타당하지 않다.

요구할 수 있는 권리로 폭 넓게 이해할 수 있다는 것이다.[83] 과거 알 권리에 관한 논의는 일반화된 개별적 정보공개청구권까지 포함하면서 혼란스러웠다. 표현의 자유 및 민주주의 원리와 전혀 관계없는 개별적 정보공개청구권까지 알 권리라는 이름으로 논의하면서 헌법적 근거 및 법적 성격의 설명이 복잡해진 것이다. 이처럼 특정한 기본권 실현과 관계없이 인격권에 기초하여 청구하는 개별적 정보공개청구권은 알 권리가 아니라 개인정보자기결정권이라는 다른 헌법상 권리로 분류하는 것이 알 권리를 체계적으로 이해하는 데 유용하다.

개인정보자기결정권은 자신에 관한 정보가 언제 누구에게 어느 범위까지 알려지고 또 이용되도록 할 것인지를 정보주체가 스스로 결정할 수 있는 권리이다. 개인정보자기결정권은 알 권리보다 더 새롭게 등장하였다. 컴퓨터와 정보통신 기술이 급속히 발전하면서 정보주체도 모르게 그에 관한 정보가 집적되고 처리되면서 나타나는 부작용을 해소하기 위한 방안으로 새로운 권리가 생성되었다. 미국 컬럼비아대학의 웨스틴(Alan Westin) 교수는 1967년 프라이버시를 "개인, 집단 또는 기관이 자신에 관한 정보를 언제, 어떻게, 또 어느 범위에서 다른 사람에게 전달할 것인지 결정할 수 있는 요구"라고 정의해서[84] 정보 프라이버시 개념을 제창하였다. 독일에서 미국의 프라이버시권에 해당하는 법적 개념은 인격권이다.[85] 독일 연방헌법재판소는 1983년 12월 인구조사 판결에서 "개인정보자기결정권은 언제, 어떠

83) 박종보, 앞의 논문, 14쪽.

84) Alan Westin, Privacy and Freedom (1967).

85) 독일의 인격권 개념은 인격에 관련된 모든 권리를 총칭하는 것을 볼 수 있어 포괄적이다. 미국에서 발전한 프라이버시권과 퍼블리시티권을 모두 포괄하는 개념이라고 볼 수 있다. 양천수, 인격권의 법철학적 기초—인격권의 구조·성장·분화—, 법과 정책연구 제11집 제3호, 2011, 1149-50쪽 참고.

한 범위 안에서 개인의 생활 관계가 공개될 것인지를 결정할 수 있는 권리이며, 이는 기본법 제1조 제1항과 결합한 제2조 1항의 일반적 인격권에서 도출된다."고 하였다.[86]

우리나라에서 개인정보자기결정권은 2005년 5월 지문날인 사건의 판례를 통해 헌법상 권리로 인정되었다.[87] 그 헌법적 근거에 대해서 "독자적 기본권으로 헌법에 명시되지 아니한 기본권"이라는 판례[88]와 "헌법 제10조 제1문에서 도출되는 일반적 인격권 및 헌법 제17조의 사생활의 비밀과 자유"라는 판례[89]가 병존하고 있다. 개인정보자기결정권은 사회적 영역에서 인격의 자유로운 형성 및 발현과 그 조건을 보장한다고 보는 것이 타당하므로 헌법적 근거는 헌법 제10조의 인격권에서 찾아야 할 것이다.[90] 이렇게 이해하면 개별적 정보공개청구권 중 인격발현에 필요하거나 유용한 정보에 대하여 이해관계가 있는 특정 개인이 당해 정보 공개를 요구하는 내용은 개인정보자기결정권과 마찬가지로 인격권에 근거를 두고 있으므로 개인정보자기결정권에 포섭하여 이해할 수 있다. 정부가 보유하고 있는 정보 중에는 동일성을 식별할 수 있는 개인이 공적 생활에서 형성한 정보로서 개인의 인격주체성을 특징짓는 정보, 즉 개인정보가 있으며, 정보주체가 자신의 개인정보의 열람・복사를 신청하는 것은 개인정보자기결정권의 행사인 것이다.

---

86) BVerfGE 65, 1 (이상명, 개인정보자기결정권의 헌법적 근거에 관한 고찰, 공법연구 제36집 제3호, 2008, 236쪽에서 재인용).

87) 헌재 2005. 5. 26. 99헌마513.

88) 대표적인 판례로 헌재 2005. 5. 26. 99헌마513.

89) 대표적인 판례로 헌재 2005. 7. 21. 2003헌마282 등; 대법원 1998. 7. 24. 선고 96다42789 판결.

90) 문재완, 개인정보 보호법제의 헌법적 고찰, 세계헌법연구 제19권 제2호, 2013, 280쪽.

2) 개인정보자기결정권과 알 권리의 충돌

일반 국민이 정부를 상대로 개인정보가 담겨 있는 정보 공개를 요구하는 경우 청구인의 알 권리와 정보주체의 개인정보자기결정권이 충돌하게 된다. 학부모들이 자녀가 취학 중인 학교에 근무하고 있는 교원들의 노동조합 가입 여부를 알아보기 위하여 정보 공개를 요구한 사안에서 헌법재판소는 청구인의 알 권리와 정보주체인 교원의 개인정보자기결정권이 충돌하는 문제 상황이라고 설명하였다.[91] 그런데 만약 학부모가 아닌 교원 중 한 사람이 정부가 자신에 관한 정보를 어느 범위까지 보유하고 있는지 알기 위하여 자신의 노동조합 가입 및 활동에 관한 정보 열람을 신청하였는데 교육관련기관이 개인정보의 제공금지 조항[92]에 따라 이를 거절하였다면 그 교원은 어떠한 헌법상 권리가 침해되었다고 주장할 것인가. 교원은 "알고 싶다"고 주장하였지만 그가 알고 싶은 대상은 일반적인 정보가 아니기 때문에 알 권리가 제한되었다고 보기 힘들다. 교원이 알고 싶은 것은 자신에 관한 정보이기 때문에 교원은 정보주체로서 개인정보자기결정권의 행사를 주장한다고 보는 것이 합리적인 해석이다. 교육관련기관이 이러한 신청을 거부하려면 앞의 전교조 판례처럼 교원의 개인정보자기결정권 보호를 내세울 수 없고, 다른 공익상 이유를 제시하여야 할 것이다.

정보주체가 자기에 관한 개인정보를 보유하고 있는 상대방에 접근하여 해당 정보의 열람을 요구할 수 있는 권리는 개인정보자기결정권

91) 헌재 2011. 12. 29. 2010헌마293.
92) 교육관련기관의 정보공개에 관한 특례법 제3조 제2항: "이 법에 따라 공시 또는 제공되는 정보는 학생 및 교원의 개인정보를 포함하여서는 아니 된다."

의 기본적인 내용이다. 상대방이 보유하고 있는 개인정보가 무엇인지 알아야 해당 개인정보의 정정・삭제・처리 정지 등 개인정보자기결정권의 다른 내용을 행사할 수 있다. 개인정보자기결정권의 구체적 입법인 개인정보 보호법은 제35조 제1항에서 개인정보 열람권을 보장하고 있다. 개인정보 보호에 관한 다른 나라의 입법도 거의 예외 없이 개인정보의 권리로서 개인정보에 대한 접근권, 즉 열람권을 인정하고 있다.

7. 정보공개법 및 개인정보 보호법의 입법 현황

비교법적으로 보면, 정보공개법과 개인정보 보호법은 독립적으로 제정되었다. 입법에 직접적인 관계는 없다. 다음은 국가별 개인정보 보호법과 정보공개법의 입법 시기를 보여주는 표다.

그러나 캐나다처럼 두 법을 동시에 제정하는 것도 고려할 만하다. 캐나다는 국정에 대한 국민 참여와 국정 운영의 투명성을 확보하기 위하여 1983년 정보접근법(Access to Information Act)과 프라이버시법(Privacy Act)을 함께 제정하여 일반 국민이 접근할 수 있는 정부 관리 정보에 대한 접근권은 정보접근법에서,[93] 정부가 보관하고 있는 개인정보에 대한 접근 및 수정권은 프라이버시법에서 보장하고 있다.[94] 캐나다 사례는 알 권리와 개인정보자기결정권의 관계 정립의 방향을 제시한다. 두 권리 모두 정부가 보유하고 있는 정보에 대한 접근이라는 점에서 현상적으로 유사하지만, 법적 성격과 보호 이익이 다르기 때문에 서로 다른 법제가 필요하다는 것을 알려준다. 알 권리

93) Access to Information Act(R.S.C., 1985, c. A-1) §4.
94) Privacy Act(R.S.C., 1985, c. P-21) §12.

〈표 5-1〉 국가별 입법 현황

국가	정보보호법 제정 연도	정보공개법 제정 연도
스웨덴	1973	1766
미국	1974	1966
독일(브란덴부르크 주)	1977	1999
프랑스	1978	1978
노르웨이	1978	1970
덴마크	1978	1985
오스트리아	1978	1987
아이슬랜드	1981	1998
호주	1982	1982
영국	1984	2000
핀란드	1987	1951
네덜란드	1988	1991
아일랜드	1988	1997
포르투갈	1991	1993
헝거리	1992	1992
스위스	1992	1993
벨기에	1992	1994
스페인	1992	1992
뉴질랜드	1993	1982
이탈리아	1996	1990
그리스	1997	1986
한국	2011	1998

는 민주주의 국가에서 일반 국민의 표현의 자유와 국정 참여를 보장하기 위하여, 개인정보자기결정권은 정보화 사회에서 자신도 모르게 집적되고 이용되는 개인정보의 폐해로부터 개인의 인격권을 보장하기 위하여 생성된 헌법상 권리다. 우리 헌법재판소가 개인이 국가를 상대로 정보를 청구한다는 '현상'에 과도하게 집착하여 '성격'이 다른 두 권리를 모두 알 권리로 파악하는 관행은 시정되어야 한다.

제 6 장

잊혀질 권리와 인터넷 중개자의 역할

제6장 잊혀질 권리와 인터넷 중개자의 역할

1. 인터넷 중개자에게 부과된 과도한 짐

인터넷 백과사전 Wikipedia를 창업한 지미 웨일즈(Jimmy Wales)는 잊혀질 권리를 검열이라고 비판한다.[1] 특히 2014년 5월 유럽사법재판소(CJEU)의 구글 스페인 판결은 잊혀질 권리의 구체적인 형성을 사기업인 구글에게 맡긴 결과를 낳았다.[2] 구글이 검색 시장에서 차지하는 지배력을 감안할 때 구글의 영향력은 다른 어떤 기업보다 클 것이다. 실제로 과거 정보의 삭제 요청은 구글에 몰리고 있다. 구글의 투명성 보고서(transparency report)에 따르면, 삭제요청을 받기 시작한 2014년 5월 29일부터 2016년 4월 20일까지 삭제요청을 받아 검토한 URL의 수는 1,458,691개이고, 그 중 42.6%인 527,683개가 삭제되었다.[3] 지금도 삭제요청과 평가는 계속 진행 중이다. 삭제요청을 원

1) Alex Hern, *Wikipedia swears to fight 'censorship' of 'right to be forgotten'*, the Guardian, August 6, (2014).

2) Edward Lee, *Recognizing Rights in Real Time: The Role of Google in the EU Right to be Forgotten*, 49 U.C. Davis L. Rev. 1017, 1035 (2016).

3) Google Transparency Report, http://www.google.com/transparencyreport/removals/europeprivacy/ (방문일 2016. 4. 29).

하는 사람은 국가, 개인정보(검색에 사용한 이름, 성명, 이메일주소 등), 삭제하기 원하는 정보(URL마다 검색결과가 어떻게 부적절하고, 오래되고, 의의가 있는지에 대한 설명), 신분을 확인할 수 있는 문서 등을 구글이 마련한 온라인 양식으로 제출하여야 한다.4)

구글은 정보를 직접 생산하지 않는다. 인터넷에 산재한 정보를 알고리즘(algorithm)에 따라 정보 이용자에게 제공한다. 그렇기 때문에 구글은 정보 중개자라고 할 수 있다. 정보 부족 시대에는 정보를 생산하는 사람이 중요한 역할을 차지하지만, 정보 과잉 시대에는 이용자가 필요로 하는 정보를 찾아주는 사람이 더 중요해진다. 정보 중개자은 중립성을 중시한다. 중개에서 가장 중요한 덕목은 이용자가 원하는 정보를 그대로 제공하는 것이다. 정보 중개자가 이용자의 기준이 아닌 자기의 기준으로 정보를 제공한다면 이는 중개라고 할 수 없다.

최근 잊혀질 권리와 관련하여 발생한 문제는 구글과 같은 정보 중개자에게 과도한 역할을 부여했다는 점이다. 구글은 잊혀질 권리를 행사하는 데 있어서 상당한 재량권을 갖게 되었다. 구글은 법원의 판결, 즉 개인의 삭제요청이 있을 경우 검색 엔진 서비스 제공자는 그 요청을 평가하여야 하며 공익에 부합하는 경우에만 해당 검색 결과를 계속해서 표시할 수 있다는 결정을 충실히 이행하고 있다. 법원이 사안별로 평가하라고 하였기에 구글은 각 요청을 평가할 때 자동화 방식을 사용하지 않고 개인의 권리와 해당 정보의 공익성을 고려한다.5)

이제 개인과 관련된 정보가 우리 사회에 어느 정도 가치가 있는지

---

4) Google이 EU 제29조 작업반(Article 29 Working Party)에 보낸 문서 (July 31, 2014), https://docs.google.com/file/d/0B8syaai6SSfiT0EwRUFyOENqR3M/preview (방문일 2016. 4. 21).

5) Google Transparency Report, 자주 묻는 질문(Q&A), http://www.google.com/transparencyreport/removals/europeprivacy/faq/?hl=ko (방문일 2016. 4. 21).

평가하여 그 정보가 널리 확산되는 것이 좋은지, 사라지는 것이 좋은지 평가하는 주체는 구글이 되었다. 정보 제공자가 단순히 정보를 제공하는 데 그치지 않고, 평가하고 삭제하는 역할까지 담당하게 됨에 따라 구글을 사적 행정기관이라고 평가하는 견해도 있다.6) 구글은 행정기관처럼 규제할 수 있는 기능을 위탁받은 셈이다. 구글이 삭제 요청을 받아들이고 있는 나라에서 구글은 국민의 기본권 형성에 막대한 영향력을 행사하고 있다.

2014년 구글 스페인 판결은 EU 회원국에 기속력이 있을 뿐, 국내에 직접 영향을 미치지는 않는다. 하지만 정보 중개자가 행하고 있는 정보의 내용 심사는 국내에서도 이루어지고 있고, 앞으로 더욱 확대될 수 있다. 이미 사적 검열이 정부 검열보다 더 광범위하고, 다양하다는 진단이 있다.7) 인터넷에서 누가 이야기할 것인지를 결정하는 데 있어서 소셜 미디어인 페이스북(Facebook)이 왕, 대통령, 대법관보다 더 큰 권력을 행사하고 있다고 하고8), 인터넷에서 누구나 하고 싶은 말을 하면 대중이 들을 것이라는 인터넷의 이미지는 신화일 뿐 현실이 아니라고 한다.9) 사기업, 그것도 글로벌 기업이 개인 관련 정보의 유통 여부를 평가하는 것이 과연 타당한 것인가. 구글은 사기업으로서 국민의 이익이 아닌 기업의 이익을 위하여 활동한다. 구글 직원은 국민 전체에 대한 봉사자도 아니고, 국민에 대하여 책임을 지는 위치

6) Edward Lee, *Recognizing Rights in Real Time: The Role of Google in the EU Right to be Forgotten*, 49 U.C. Davis L. Rev. 1017, 1049 (2016).

7) Kyu Ho Youm, *Summit Report: Freedom of the Press in the Twenty-First Century-An Agenda for Thought and Action AFTERWORD*, 19 Comm. L. & Pol'y 141, 144 (2014).

8) Miguel Helft, *Facebook's Mean Streets*, N.Y. Times (Dec 13, 2010), B1.

9) Christopher S. Yoo, *Free Speech and the Myth of the Internet as an Unintermediated Experience*, 78 Geo. Wash. L Rev. 697 (2010).

에 있지도 않다. 구글이 투명성 보고서를 발표하고 있지만, 구글이 개인으로부터 삭제요청을 받아 처리하는 과정에 적법절차의 원칙이 적용되는 것도 아니다. 공권력의 행사에는 국민의 기본권 보호를 위한 장치가 마련되어 있지만, 구글의 삭제권 행사는 자율적으로 행해진다. 이러한 행위, 즉 정부가 아닌 사기업이 정보의 내용을 심사한 후 원치 않는 정보의 유통을 억제하는 행위는 사적 검열(private censorship)이라고 부를 수 있다.

2. 미디어 환경변화에 따른 인터넷 중개자의 부상

1) 기술 변화와 미디어 변화

1450년경 독일 마인츠에서 구텐베르그가 금속활자를 이용한 인쇄공장을 설립한 후 20세기 중반까지 미디어의 중심은 인쇄물이었다. 사람들은 인쇄물에서 정보를 얻었다. 종이에 인쇄한 신문이 등장한 것은 18세기 초다. 그 전에도 정기적으로 발행되는 소식지가 유럽에서 발간되었지만, 정치적 의견을 표현하기 위한 미디어로서 신문은 18세기 등장하였다. 1733년 미국 뉴욕에서 잡지를 발간하던 젱거(John Peter Zenger)가 식민지 총독을 비판하는 기사를 실었다가 그 다음해 명예훼손죄로 체포되었다. 젱거의 변호사는 진실은 명예훼손의 면책사유라고 주장하였고, 1735년 배심원은 젱거에게 무죄를 평결하였다. 19세기 인쇄술, 카메라, 전보 등 새로운 기술이 발전하면서 신문은 대중화에 성공하였다. 사람들의 흥미를 자극하는 소위 황색 저널리즘 시대가 열리면서 신문 독자는 크게 늘었다. 19세기 말부터 20세기 중반까지 신문은 황금시대를 누렸다.

1920년 최초의 라디오 방송이 미국에서 시작되었다. 영국과 프랑스가 1922년, 독일이 1923년, 일본이 1925년, 우리나라가 1927년 라디오 방송을 시작하였다. 라디오 방송은 주파수의 한계로 누구나 방송할 수 없다는 점에서 신문과 큰 차이를 보인다. 법적 규제가 느슨하였던 1920년대 무허가 방송국이 난립하면서 큰 혼란이 발생하였다. 모두가 방송하지만 아무도 들을 수 없는 상황이 발생하자, 미국은 1927년 라디오법을 개정하여 방송허가를 받은 자만 지정된 주파수에서 지정된 시간에 방송을 하도록 규제하였다. 음성신호뿐 아니라 영상신호까지 전파로 전달하는 텔레비전 방송은 1930년대 시작되었다. 1960년대 중반 미국을 비롯한 선진국은 컬러 텔레비전 방송을 시작했고, 20세기 중반 이후 방송은 미디어의 중심을 차지하고 있다.

최근 미디어의 왕좌를 차지한 것은 인터넷이다. 인터넷의 시작은 1969년 9월 구축한 알파넷(ARPANET)이다. 초창기 인터넷은 군사 목적으로 사용되었으나 그 후 교육, 연구 목적으로 대학에서 사용되고, 1990년대부터는 상업적 목적으로 활용되고 있다. 인터넷은 신문과 방송처럼 정보를 생산자가 다수의 소비자에게 전달하는 매스 미디어가 아니고, 개인과 개인을 쌍방향으로 연결해주고 상호작용하는 커뮤니케이션이다. 정보의 생산자는 정보의 소비자만큼 많아졌고, 정보의 생산자와 정보의 소비자의 구별이 무의미해졌다. 인터넷의 발전은 인터넷 중개자라고 하는 중간자의 역할을 확대하였다. 인터넷 중개자에는 단순히 인터넷 접속 서비스를 제공하는 인터넷 서비스 제공자(Internet Service Provider, ISP) 또는 온라인 서비스 제공자(OSP)도 포함되고, 인터넷에 퍼져 있는 정보를 한 군데로 모아 종합적으로 전달하는 인터넷 포털도 있다. 또 정보의 바다에서 이용자가 찾고자 하는 정보를 검색해주는 검색 엔진 서비스 제공자도 있고, 인터넷 커뮤니티를 구성하여 개인과 개인을 네트워크로 연결해 서로 정보를 공유하도록 하는 소셜 미디어(social media) 플랫폼 회사도 있다. 최근에는 인터넷 기반이 유선에서 무선으로 옮겨 가고 있는 것이 큰 특징이다. 인터넷 포털, 인터넷 검색 엔진, 소셜 미디어 등은 직접 정보를 생산하지 않고, 다른 사람이 생산한 정보를 이용자에게 제공한다는 점에서 정보 중개자라고 부를 수 있다.

2) 미디어 이용의 변화

미디어 환경의 변화는 미디어 이용 행태의 변화로 나타나고 있다. 한국언론진흥재단은 1984년부터 매년 「언론수용자 의식조사」를 실시하여 결과를 발표하고 있다. 「언론수용자 의식조사」는 인터넷 중개자의 비중 증대를 잘 보여준다. 언론수용자 의식조사를 신문 독자가 아닌 일반 국민을 대상으로 실시한 1993년 이후 지금까지 미디어 이용률 변화를 보면, 이동형 단말기를 통한 인터넷 이용률만 꾸준히 상승하고 있는 반면 이를 제외한 나머지 미디어 이용률은 전반적으로 하락세를 보이고 있다.[10)]

특히 종이신문과 라디오 이용률은 지속적으로 하락하고 있다. 종이신문의 경우 2002년 87.9%에서 2015년 25.4%로 급감하였다. 라디오도 2010년 48.6%에서 16.6%로 낮아졌다. 이에 반하여 텔레비전의 이용률은 1998년 99.6%, 2008년 96.5%, 2015년 94.1%로 큰 변화가 없다. 인터넷의 경우 2010년 73.8%에서 2015년 76.4%로

10) 한국언론진흥재단, 2015 언론수용자 의식조사, 2015, 24쪽. 이하 미디어 이용의 변화에 기술한 내용은 위 책을 요약한 것이다.

〈표 6-1〉 연령대별 하루 평균 미디어 이용시간 (단위: 명, 분)

	텔레비전	인터넷			소셜미디어	종이신문	라디오	잡지	합계
		이동형	고정형	합계					
전체 (5,062)	153.8	56.0	47.8	103.8	22.7	7.9	10.8	1.0	300.0
20대 (894)	110.6	106.7	96.1	202.8	51.2	2.5	3.5	1.7	372.3
30대 (936)	140.5	79.1	73.7	152.8	31.3	5.6	9.2	1.6	341.0
40대 (1,081)	143.5	56.1	47.5	103.6	20.0	9.1	16.9	0.9	291.0
50대 (1,002)	160.5	40.6	28.4	69.0	13.5	10.6	12.0	0.7	266.3
60대이상 (1,149)	202.1	11.2	6.5	17.7	4.0	10.4	14.0	0.3	248.5

* 출처: 한국언론진흥재단, 2015 언론수용자 의식조사, 29쪽.

다소 증가하였으나, 이는 이동형 단말기를 통한 인터넷 이용률이 상승하였기 때문이다. 이에 반하여 고정형 인터넷의 이용률은 크게 떨어지고 있다. 연령대별로 보면, 종이신문, 텔레비전, 라디오, 잡지 등 4대 미디어의 이용률이 20-40대에서 꾸준히 감소하고 있다. 20대와 30대는 이동형 인터넷 이용률이 가장 높은 반면 40대 이상에서는 텔레비전 이용률이 가장 높게 나타났다.

미디어의 이용 시간에 있어서도 4대 미디어의 경우 지난 20년간 꾸준히 낮아지고 있다. 지난 1주일간 이용 시간을 보면, 텔레비전은 2006년 203.3분으로 가장 높았다가 2015년 153.8분으로 낮아졌고, 종이신문 역시 2006년 90.7분으로 가장 높았다가 2015년 47.8분으로 감소하였다. 지난 1주일간 하루 평균 미디어 이용 시간은 2015년 300.0분이고, 그 중 뉴스 이용 시간은 79.9분으로 나타났다. 미디어별로 보면, 텔레비전 뉴스 이용 시간이 38.4분으로 가장 길었고, 다

〈표 6-2〉 연령대별 미디어 의존도 점유율 (단위: %)

	전체		20대		30대		40대		50대		60대 이상	
	2014	2015	2014	2015	2014	2015	2014	2015	2014	2015	2014	2015
텔레비전	51.8	54.2	36.3	42.2	44.1	46.7	49.2	50.3	56.4	57.6	73.2	74.4
인터넷	33.6	32.7	57.5	51.7	46.7	43.5	34.3	35.2	22.5	25.2	7.5	8.8
종이신문	11.1	10.1	5.3	5.0	5.8	7.8	12.2	11.7	16.5	13.7	15.3	11.6
라디오	3.5	2.9	1.0	1.1	3.3	2.1	4.4	2.8	4.6	3.5	4.0	5.2

* 출처: 한국언론진흥재단, 2015 언론수용자 의식조사, 40쪽.

〈표 6-3〉 인터넷 뉴스 이용률 추이(2011년-2015년) (단위: %)

	2011년	2012년	2013년	2014년	2015년
이동형 단말기	19.5	47.4	55.3	59.6	65.4
고정형 단말기	51.5	57.4	50.7	47.7	39.8
합계	52.8	62.7	65.4	67.1	69.7

* 출처: 한국언론진흥재단, 2015 언론수용자 의식조사, 121쪽.

음으로 이동형 인터넷(15.7분), 고정형 인터넷(11.5분), 소셜미디어(4.3분), 라디오(2.0분), 잡지(0.1분) 순으로 나타났다. 연령별로 뉴스 미디어 의존도를 살펴보면, 20대의 경우 인터넷 의존도가 51.7%로 가장 높았고, 30대 이상에서는 텔레비전 의존도가 가장 높게 나타났다.

인터넷 뉴스 이용률은 2011년 52.8%에서 2015년 69.7%로 꾸준히 증가하고 있다. 특히 이동형 단말기를 통한 인터넷 뉴스 이용률이 크게 증가하고 있으며, 고정형 단말기를 통한 인터넷 이용률은 하락하는 추세이다.

우리나라에서 인터넷 뉴스 이용률 제고에 크게 기여한 것이 인터넷 포털의 뉴스 서비스라고 할 수 있다. 국내 인터넷 이용자는 언론사 홈페이지보다 인터넷 포털에서 뉴스를 이용하는 경향을 보인다. 2015년의 경우 지난 1주일간 인터넷 포털과 언론사 홈페이지를 통해 뉴스를 얼마나 자주 이용했는지 조사한 결과, 전체 응답자 5,062명

〈표 6-4〉 인터넷 뉴스 이용방법(복수응답) (단위: 그렇다 %, n=3,527)

Q. 지난 1주일 동안 다음의 방법으로 인터넷 뉴스를 이용하신 적이 있습니까?	
포털 사이트 메인페이지의 뉴스 제목이나 사진을 보고 뉴스를 클릭해서 사용했다.	72.1
실시간 검색 순위에 오른 인물이나 사건을 찾아서 이용했다.	68.8
필요한 정보를 검색하려다 관련 뉴스를 이용했다.	64.8
보고 싶은 기사를 검색 창에 입력해 찾아서 이용했다.	49.3
포털 사이트 뉴스란(홈)에서 관심 있는 분야/주제의 뉴스를 찾아서 이용했다.	47.3
많이 본 뉴스나 댓글이 많이 달린 뉴스를 이용했다.	46.2
포털 사이트 뉴스란(홈)에서 특정 언론사의 뉴스를 찾아서 이용했다.	20.1
내가 미리 설정한 뉴스(MY 뉴스, 구독 뉴스 등)을 통해 이용했다.	12.8
이메일 뉴스레터를 통해 이용했다.	9.4
처음부터 기존 언론사(종이신문/방송국) 홈페이지를 찾아가 이용했다.	9.1
처음부터 인터넷 신문사(종이신문/방송국의 인터넷 판 제외)의 홈페이지를 찾아가 이용했다.	8.5

* 출처: 한국언론진흥재단, 2015 언론수용자 의식조사, 129쪽.

중 22.4%가 인터넷 포털을 통해 매일 이용했다고 답한 반면 언론사 홈페이지를 통한 매일 이용률은 1.5%에 그쳤다. 인터넷 포털 중 네이버의 이용률이 다른 인터넷 포털보다 월등하게 높았다. 지난 1주일간 포털을 통해 인터넷 뉴스를 이용했다는 응답자 3,512명 중 84.4%가 네이버를 이용하였다고 응답하였다. 그 다음으로 이용률이 높은 인터넷 포털은 다음(42.2%), 네이트(13.6%), 구글(6.9%) 순으로 나타났다.

인터넷 뉴스 이용방법을 보면, '포털 사이트 메인 페이지의 뉴스 제목을 보고 뉴스를 클릭해서'(72.1%)라는 답변이 가장 높았고, '내가 미리 설정한 뉴스를 통해 이용했다'(12.8%), '처음부터 기존 언론사 홈페이지를 찾아가 이용했다'(9.1%)는 상대적으로 낮게 나타났다.

3) 선택의 역설과 인터넷 중개자의 위상

인터넷은 정보의 홍수라고도 일컬을 정도로 많은 정보가 있다. 2015년 기준 문화체육관광부에 등록된 신문이 4,188개, 인터넷 신문이 6,605개, 잡지가 7,899개이다. 여기에는 1인 미디어가 포함되어 있지 않다. 인터넷 카페나 블로그에 전문가가 작성해서 게시하는 정보도 무궁무진하다. 이처럼 정보 생산이 많아지면 이용자는 행복할까. 심리학자 배리 슈워츠(Barry Schwartz)는 그렇지 않다고 말한다.

> 우리는 늘 선택을 원한다고 생각하지만, 실제로 선택을 할 때는 그렇지 않을 수도 있다. 그런데 우리는 살아가면서 점점 더 많이 그리고 더 자주 선택을 해야 하기 때문에 생각보다 더 많은 스트레스를 받는다.[11]

선택의 기회가 많을수록 선택을 위해 더 많은 시간을 뺏기고, 모든 선택에는 기회비용(opportunity cost)이 든다. 배리 슈워츠 교수에 따르면, 선택을 위해서 고려해야 할 대안의 수가 많아지고 포기한 대안의 매력적인 특징이 축적될수록 우리가 선택하는 대안에서 비롯되는 만족은 줄어든다. 우리는 포기한 대안을 마음속에서 지우지 못하고, 고려했지만 선택하지 않은 그 모든 대안 때문에 우리가 한 결정에서 얻는 만족이 희석된다는 것이다.[12] 재미있는 사실은 대안이 많을수록 좋은 결정에 필요한 정보를 모으기가 어렵고, 정보를 모으기 어려울수록 다른 사람의 결정에 의존할 가능성이 높아진다는 것이다.[13] 그

11) 배리 슈워츠, 형선호 옮김, 『선택의 패러독스』, 웅진닷컴, 2004, 103쪽.
12) 앞의 책, 138쪽.
13) 앞의 책, 205쪽.

는 여기서 한 걸음 더 나아가 풍요로운 사회에서는 선택을 줄이는 것이 사람들을 더 행복하게 만든다고 주장한다.

배리 슈워츠의 이론은 정보의 홍수에서 개별 정보를 생산하는 수많은 언론사가 아닌 수많은 정보를 선택하기 쉽게 제공하는 인터넷 포털이 급변하는 미디어 시장에서 승자가 된 이유를 설명해준다. 또 우리나라 인터넷 포털이 다른 사람이 많이 본 뉴스를 순위를 정해 제공하는 이유를 설명해준다. 앞으로도 정보의 양은 더욱 늘어날 것이다. 적정한 정보의 선택은 더욱 중요해질 수밖에 없다. 이용자가 원하는 적정량의 정보를 제공하는 인터넷 포털이나, 이용자가 원하는 정보를 적절히 제공하는 검색 엔진이 인터넷 환경에서 차지하는 역할은 결코 줄어들지 않을 것이다.

3. 인터넷 중개자의 법적 책임

인터넷에 불법정보가 유통될 경우 해당 불법정보가 유통되는 사이버 공간을 제공한 인터넷 중개자에게 법적 책임을 물을 수 있는지 여부를 놓고 논란이 있다. 논쟁의 핵심은 인터넷 중개자를 발행자(publisher)로 볼 것인지, 아니면 배포자(distributor)로 볼 것인지에 있다. 발행자는 자신이 발간하는 내용에 대한 편집 감독권을 행사하기 때문에 자기 공간에서 제공되는 정보의 내용에 대해서도 법적 책임을 져야 하지만, 배포자는 편집 감독권을 행사하지 않기 때문에 유통되는 정보의 내용에 대해서 법적 책임을 지지 않는다는 것이 일반적 해석이다. 인터넷 중개자에게 법적 책임을 부과할 경우 불법정보의 유통은 줄어들겠지만, 인터넷 중개자가 자기 책임을 모면하기 위하여 불법처럼 보이는 정보의 유통까지 차단하기 때문에 건전한 정보의 유통까지 축소하는 부작용, 즉 표현의 자유의 위축 효과(chilling effect)가 발생한다. 결국 인터넷 중개자의 법적 책임 문제는 우리 사회에 미치는 부작용이 가장 적은 방법을 찾는 문제라고 하겠다.[14] 인터넷 중개자를 정보 중개자라는 용어로 바꿔도 문제의 핵심은 동일하다.

1) 입법을 통한 해결

미국은 전통적인 불법행위 법리에 따라 인터넷 중개자가 편집 감독권을 행사해서 불법정보를 삭제하려고 노력한 경우 발행자로 간주되어 미처 삭제하지 못한 불법정보에 대해서 법적 책임을 져야 하고, 그렇지 않고 불법정보의 유통에 관심을 기울이지 않으면 배포자로 간주되어 불법정보의 유통에 아무런 책임을 지지 않게 되는 모순적 상황을 타개하기 위하여 인터넷 중개자에게 책임을 전혀 묻지 않는 법을 제정하였다. 1996년 통신품위법(Communication Decency Act, CDA) 제230조 제c항은 인터넷 중개자를 발행자나 발언자로 취급하지 않으며(제1호), 인터넷 중개자가 문제 있는 정보에 접근을 제한하기 위하여 선의로 한 자발적인 조치는 법적 책임을 묻지 않는다(제2호). 위 입법은 과거 전통 매체 중심의 세상에서 공인 보도를 사실상 면책하여 표현의 자유를 두텁게 지킨 1964년 뉴욕 타임스 판결(New York Times v. Sullivan)에 버금가는 영향력을 가진다.[15] 그러나 CDA 제230조는 사적 검열을 금지하지 않고, 오히려 사적 검열을 긍정적으로 허용하였다는 평가를 듣는다.[16]

---

14) 박용상, 『명예훼손법』, 현암사, 2008, 1393-98쪽, 1415-17쪽 참고.

15) Marvin Ammori, *The "New" New York Times: Free Speech Lawyering in the Age of Google and Twitter*, 127 Harv. L. Rev. 2259, 2286 (2014).

독일 역시 입법으로 인터넷 중개자의 법적 책임 문제를 해결하였다. 1997. 7. 22. 발효된 연방통신서비스법의 일부인 전자적 정보통신서비스법(Gegetz űber die Nutzung von Telediensten)에 따르면, 인터넷 중개자는 제3자가 제작한 정보를 이용 가능하게 한 경우 내용을 인지하였고, 이용을 차단하는 것이 기술적으로 가능하고, 합리적으로 기대 가능한 경우에 한하여 책임을 진다(제5조 제2항).

우리나라의 경우 정보통신망에서의 이용자 보호는 정보통신망 이용촉진 및 정보보호 등에 관한 법률(이하 "정보통신망법"이라고 한다) 제5장에 규정되어 있는데, 인터넷 중개자의 책임을 크게 경감하는 내용은 없다.[17] 오히려 정보통신서비스 제공자는 자신이 운영・관리하는 정보통신망에 권리침해정보가 유통되지 않도록 노력해야 하며(제44조 제2항), 권리침해를 받은 자가 침해 사실을 소명하여 정보 삭제를 요청한 경우 지체 없이 삭제・임시조치 등 필요한 조치를 한 후 신청인 및 정보게재자에게 알려야 한다(제44조의2 제2항). 정보통신서비스 제공자가 제44조의2 제2항에 따른 필요한 조치를 할 경우 이로 인한 배상책임을 경감 내지 면제받을 수 있지만(제44조의2 제6항), 임의로 임시조치를 취할 경우 경감 내지 면제조항은 적용되지 않는다(제44조의3).

---

16) Marjorie Heins, Response, *The Brave New World of Social Media Censorship*, 127 Harv. L. Rev. F. 325, 325 (2014).

17) 저작권 위반물의 유통에 관한 인터넷 중개자의 책임과 관련, 저작권법은 조건부 완전면책주의를 규정하고 있으며, 저작권 침해행위에 대한 모니터링 의무를 부담하지 않는다(제102조). 한편, 저작권 분야에서도 사적 검열의 위험성이 제기된다. 저작권자들이 자신의 경제적 이익을 보호하기 위해서가 아니라, 비판적 언론을 잠재우는 수단으로 저작권을 이용하기도 한다는 것이다. 이러한 유형의 사적 검열의 위험에 대한 치유책은 공정이용(fair use)이다. 그러나 저작권법 분야에서 사적 검열의 위험성이 심각하다고 평가하기 어렵다. 저작권은 표현을 보호할 뿐 사실과 아이디어는 보호하지 않기 때문이다. 본 책은 인터넷상 사적 검열을 표현의 자유의 관점에 한하여 검토하여 저작권법 관련 쟁점은 제외하고 있다.

2) 판례를 통한 해결

법원 판결은 입법 못지않게 인터넷 중개자의 행태에 영향을 미친다. 미국에서도 CDA 제230조 제c항이 입법되기 전 인터넷 중개자의 책임 문제는 주로 법원 판결을 중심으로 논의되었다. 우리나라에서는 인터넷 서비스 이용자가 불법정보를 게재한 경우 인터넷 중개자가 불법행위 책임 및 조건을 놓고 학설과 판례가 대립하는 가운데 대법원이 2009년 4월 16일 전원 합의체 판결으로 기준을 정립하였다.

(1) 기존 판례

2009년 4월 16일 대법원 전원합의체 판결 이전에는 인터넷에 의한 명예훼손 사건에서 인터넷 중개자가 어떠한 요건 하에서 책임을 지는지에 관하여 혼선을 빚고 있었다. 대표적인 사건이 가수 박지윤의 팬클럽 회원들이 전자게시판에 올라온 박지윤에 대한 비방의 글을 삭제해달라고 PC통신사에 요청하였지만, PC통신사는 비방 글을 방치해둔 사건이다. 대법원은 이 사건에서 "전자게시판을 설치·운영하는 전기통신사업자는 그 이용자에 의하여 타인의 명예를 훼손하는 글이 전자게시판에 올려진 것을 알았거나 알 수 있었던 경우에 이를 삭제하는 등의 적절한 조치를 취하여야 할 의무가 있고, 판시 하이텔의 공개게시판 플라자에 게재된 안 ㅇㅇ의 글들은 피고 회사의 정보서비스이용약관 제21조에 정한 '다른 이용자 또는 제3자를 비방하거나 중상모략으로 명예를 손상시키는 내용인 경우'에 해당하고, 피고 회사로서는 원고와 정보통신윤리위원회의 시정조치요구에 따라 그러한 글들이 플라자에 게재된 것을 알았거나 알 수 있었음에도 불구하고, 무려 5,6개월 동안이나 이를 삭제하는 등 적절한 조치를 취하지 아니한 채 그대로 방치함으로써 원고로 하여금 정신적 고통을 겪게 하였을 것임은 경험칙상 명백하므로, 피고는 특별한 사정이 없는 한 원고에게 위와 같은 전자게시판 관리의무 위반 행위로 인한 손해배상책임을 져야 한다고 판단"한 원심의 판시를 긍정하였다.[18]

그 후 대법원은 인터넷상 명예훼손 게시물에 대한 관리자의 책임이 발생하는 요건을 "온라인 서비스 제공자인 인터넷상의 홈페이지 운영자가 자신이 관리하는 전자게시판에 타인의 명예를 훼손하는 내용이 게재된 것을 방치하였을 때 명예훼손으로 인한 손해배상책임을 지게하기 위하여는 그 운영자에게 그 게시물을 삭제할 의무가 있음에도 정당한 사유 없이 이를 이행하지 아니한 경우여야 하고, 그의 삭제의무가 있는지는 게시의 목적, 내용, 게시기간과 방법, 그로 인한 피해의 정도, 게시자와 피해자의 관계, 반론 또는 삭제 요구의 유무 등 게시에 관련한 쌍방의 대응태도, 당해 사이트의 성격 및 규모 · 영리 목적의 유무, 개방정도, 운영자가 게시물의 내용을 알았거나 알 수 있었던 시점, 삭제의 기술적 · 경제적 난이도 등을 종합하여 판단하여야 할 것으로서, 특별한 사정이 없다면 단지 홈페이지 운영자가 제공하는 게시판에 다른 사람에 의하여 제3자의 명예를 훼손하는 글이 게시되고 그 운영자가 이를 알았거나 알 수 있었다는 사정만으로 항상 운영자가 그 글을 즉시 삭제할 의무를 지게 된다고 할 수는 없다."고 판시하여,[19] 위 2001년 판결과는 다른 견해를 제시하였다.

18) 대법원 2001. 9. 7. 선고 2001다36801 판결.

19) 대법원 2003. 6. 27. 선고 2002다72194 판결.

(2) 전원합의체 판결[20)]

가. 사실관계

원고 김모씨와 교제하다가 자살한 A의 어머니는 SK커뮤니케이션즈가 제공하는 "싸이월드 미니홈피" 게시판에 '지난 1년간의 일들'이라는 제목으로 딸인 A의 억울한 사정을 게시하였다. 그러자 해당 미니홈피 게시판에 방문자 수가 급증하고, 인터넷 포털에는 자살한 A 및 A의 남자친구였던 원고와 관련된 뉴스 기사가 다수 게시되었다.

이에 원고는 포털 사업자인 피고들을 상대로 피고들이 뉴스 서비스란에 원고와 관련된 기사를 게시함으로써 원고의 명예를 훼손하였고, 해당 뉴스 및 원고를 비난하는 게시물을 삭제 또는 차단하거나 검색되지 않도록 할 의무가 있음에도 불구하고 검색을 용이하게 하여 게시자들의 명예훼손 행위를 방조하였다고 주장하면서 손해배상을 청구하는 소를 제기하였다.

나. 다수의견의 요지

인터넷에 관한 종합적인 서비스를 제공하는 자가 보도 매체가 작성·보관하는 기사에 대한 인터넷 이용자의 검색·접근에 관한 창구 역할을 넘어서서 보도 매체로부터 기사를 전송받아 자신의 자료저장 컴퓨터 설비에 보관하면서 스스로 그 기사 가운데 일부를 선별하여 자신이 직접 관리하는 뉴스 게시공간에 게재하였고 그 게재된 기사가 타인의 명예를 훼손하는 내용을 담고 있다면, 이는 단순히 보도 매체의 기사에 대한 검색·접근 기능을 제공하는 경우와는 달리 인터넷 종합 정보제공 사업자가 보도 매체의 특정한 명예훼손적 기사 내용을

---

20) 대법원 2009. 4. 16. 선고 2008다53812 판결.

인식하고 이를 적극적으로 선택하여 전파한 행위에 해당하므로, 달리 특별한 사정이 없는 이상 위 사업자는 명예훼손적 기사를 보도한 보도 매체와 마찬가지로 그로 인하여 명예가 훼손된 피해자에 대하여 불법행위로 인한 손해배상책임을 진다.

인터넷 종합 정보제공 사업자는 인터넷 게시공간이라는 위험원을 창출·관리하면서 그로 인한 경제적 이익을 얻고 있으므로, 위 게시공간 안에서 발생된 위험에 효과적으로 대처할 수도 있어, 위와 같은 위험으로 인하여 피해가 발생하지 않도록 상황에 따라 적절한 관리를 하여야 할 주의의무가 있다고 보는 것이 합리적이고 공평 및 정의의 관념에 부합한다.

명예훼손적 게시물이 게시된 목적, 내용, 게시기간과 방법, 그로 인한 피해의 정도, 게시자와 피해자의 관계, 반론 또는 삭제 요구의 유무 등 게시에 관련한 쌍방의 대응태도 등에 비추어, ① 인터넷 종합 정보제공 사업자가 제공하는 인터넷 게시공간에 게시된 명예훼손적 게시물의 불법성이 명백하고, ② 위 사업자가 위와 같은 게시물로 인하여 명예를 훼손당한 피해자로부터 구체적·개별적인 게시물의 삭제 및 차단요구를 받은 경우는 물론, 피해자로부터 직접적인 요구를 받지 않은 경우라 하더라도 그 게시물이 게시된 사정을 구체적으로 인식하고 있었거나 그 게시물의 존재를 인식할 수 있었음이 외관상 명백히 드러나며, ③ 또한 기술적·경제적으로 그 게시물에 대한 관리·통제가 가능한 경우에는, 위 사업자에게 그 게시물을 삭제하고 향후 같은 인터넷 게시공간에 유사한 내용의 게시물이 게시되지 않도록 차단할 주의의무가 있고, 그 게시물 삭제 등의 처리를 위하여 필요한 상당한 기간이 지나도록 그 처리를 하지 아니함으로써 타인에게 손해가 발생한 경우에는 부작위에 의한 불법행위책임이 성립된다고 봄이 상당하다.

다. 별개의견의 요지

인터넷 종합 정보제공 사업자는 정보배포자로서 인터넷상의 각종 서비스를 통하여 일정한 게시공간을 제공하는 역할을 하면서 동시에 그 게시물에 대하여 직접적이고 신속한 통제를 가할 수 있는 위치에 있는 이상, 자신이 제공하는 인터넷 게시공간에서 명백히 불법적인 명예훼손의 표현행위가 행해지고 있는 사실을 구체적으로 인식하였고 나아가 그 게시물에 대해 적절한 통제를 가하지 않을 경우 피해의 발생이나 확대를 피할 수 없는 명백하고 현존하는 위험이 있다고 인정될 때에는 피해자를 위하여 그 게시물에 대한 통제 수단으로서 그 게시물을 삭제 또는 차단하는 등의 조치를 취하여야 하고, 이를 위반하였을 때 비로소 그 법적 책임을 물을 수 있다고 봄이 상당하다.

인터넷 종합 정보제공 사업자의 명예훼손 게시물에 대한 삭제의무는 ① 특별한 사정이 없는 한 위 사업자가 피해자로부터 명예훼손의 내용이 담긴 게시물을 '구체적 · 개별적으로 특정'하여 '삭제하여 달라는 요구'를 받았고, ② 나아가 그 게시물에 명예훼손의 불법성이 '현존'하는 것을 '명백'히 인식하였으며, ③ 그러한 삭제 등의 조치를 하는 것이 '기술적 · 경제적으로 가능'한 경우로 제한하는 것이 합리적이고 타당하다.

명예훼손행위가 다수의 인터넷 게시공간에서 광범위하고 급속하게 이루어진 사정 등이 있어 피해자가 이를 일일이 확인하는 것이 현저히 곤란한 때에는 개개의 명예훼손행위를 구체적으로 특정하지 않고 어느 정도 개괄적인 방식으로 특정하는 것도 유효한 삭제 요구로 취급할 수 있다.

라. 검토

위 판결에 대해 비판적인 견해는 인터넷 중개자에게 일반적·포괄적 상시검열 의무를 부과하였다고 지적하지만[21], 다수의견이 제시하는 요건도 비교적 엄격한 것이어서 위 판결로 인하여 인터넷 중개자가 종전의 태도를 변경하여 검열을 강화할 가능성은 크지 않다.[22] 법원 판결이 요구하는 사적 검열 수준이 정보통신망법이 요구하는 수준보다 높지 않기 때문이다.

3) 인터넷 중개자와 사적 검열

2014년 구글 스페인 판결은 현행법의 흠결을 보완하여 당사자인 구글뿐 아니라 다른 인터넷 중개자에 미친 영향력이 막대한 세계적인 사건이다. 쟁점은 크게 세 가지로, EU 개인정보지침이 미국 기업에 적용되는지 여부, 검색 엔진도 개인정보 관리자(controller)에 해당하는지 여부, 신문사가 적법하게 정보를 공개하고 있는 상황에서 검색 엔진에 대해서만 문제되는 기사의 접근을 차단하도록 요구할 수 있는지 여부다. 마지막 쟁점과 관련해 유럽사법재판소(CJEU)는 처음에 적법하게 처리된 정확한 정보라고 하더라도 시간의 경과에 따라 해당 정

---

21) 위 전원합의체 판결에서 별개의견은 다수의견처럼 게시물의 불법성을 '인식할 수 있었던 경우'에도 삭제의무를 인정할 경우 인터넷 중개자는 손해배상책임을 면하기 위해서 게시물 등에 대한 관리 또는 감시에 나아갈 것이며, 이것은 결국 위 사업자에게 일반적·포괄적인 상시검열의무를 인정하는 것과 다를 바 없다고 한다.

22) 대상판결의 경우 피해자의 삭제요청이 즉시 반영되지 않은 사안인데도 피고 인터넷 포털사가 배상하여야 할 금액은 회사당 100-500만원에 불과하였으며, 이 정도 손해배상액의 부담 때문에 인터넷 포털사가 현재의 사업 모델을 변화할 가능성은 희박하다. 문재완, 인터넷상의 명예훼손과 인터넷 포털사이트의 법적 책임–대법원 2009.4.16. 선고 2008다53812 판결을 중심으로–, 공법연구 제38권 제1호 제2권, 2009, 79쪽 참고.

보가 수집 또는 처리된 목적에 비추어 더 이상 필요하지 않을 경우, 특히 목적과의 관계에서 또 흘러간 시간에 비추어 정보가 부정확하거나, 부적절하거나, 무관하거나, 과도하다고 보일 때 정보주체는 검색 결과 리스트로의 연결을 제거하도록 요구할 수 있는 권리가 있다고 판시하였다.[23] CJEU는 이러한 권리가 절대적으로 보호되어야 하는 것이 아니고, 정보주체의 권리가 해당 정보에 대한 공중의 이익보다 우월할 때 보호되는 것이라고 보았다.[24] 결국 CJEU 판결에 따라 구글과 같은 인터넷 중개자는 사안별 비교형량 후 삭제, 즉 사적 검열을 실시할 수밖에 없게 된 것이다.

4. 인터넷 중개자의 위험성

1) 사적 검열의 발생

인터넷 중개자가 행할 수 있는 가장 큰 위험은 정보의 내용에 근거하여 정보의 유통에 영향을 미치는 일이다. 15세기 인쇄 혁명으로 출판물이 급증하자 이를 두려워한 정부가 출판물 허가제와 검열제를 실시하였을 때 영국의 존 밀턴이 1644년 의회에서 행한 연설문 「아레오파지티카」에서 허가제를 비판하였던 법리가 인터넷 중개자에게도 그대로 적용된다. 정부 중개자가 유통되는 정보의 내용을 파악해서 어떤 것은 중개하고 어떤 것은 중개하지 않는 것은 허가제와 검열제를 금지하는 취지에 비추어 보면 바람직하지 않은 것이다. 우리 헌

23) Google Spain v AEPD and Mario Costeja González, Court of Justice of the European Union, Case C-131/12, Judgment of 13 May 2014, paragraph 93.
24) *Id.* at paragraph 81.

법이 금지하는 사전 검열은 행정청이 주체가 된 검열을 의미하므로, 인터넷 중개자와 같은 사적 기관이 행하는 것은 사적 검열이라고 부를 수 있다.

사적 검열은 예전부터 있었다. 과거 정보의 유통은 신문, 잡지와 같은 인쇄 매체와 TV, 라디오와 같은 방송 매체로 이루어졌다. 20세기 중반 신문과 방송의 독과점으로 주요 일간지와 방송사를 통하지 않으면 정보는 유통될 수 없었다. 사적 검열의 위험성이 본격적으로 등장하게 된 시점도 이즈음이다. 민주사회에서 국민은 사회적 관심사에 관하여 다양한 의견에 접해야 하는데, 현실은 그렇지 못하다는 비판이 제기되었다. 매스 미디어의 소유주는 국민의 알 권리보다 상업적 이익에 더 큰 관심을 갖게 되고, 광고주에게 불리한 정보는 자체 검열에 걸려 보도되지 않는 일도 발생하게 되었다. 1967년 미국의 배론(Jerome Barron) 교수는 미국에서 표현의 자유는 정부 억압이 아닌, 매스 미디어에서 벌어지는 사적 억압에 의해 위협받고 있다고 주장한 바 있다.[25] 그가 언론사에 대한 액세스권을 헌법상 권리라고 주장한 배경에는 "사적 검열이 정부 검열 못지않게 탄압적이고, 만연해 있다"고 보았기 때문이다.[26] 미국에서 사적 검열의 위험성은 배론 교수 외에도 여러 학자에 의해 제기되었다.[27]

인터넷 이후의 사적 검열은 전통 매체에서 발생하는 사적 검열과 크게 다른 형태로 나타난다. 인터넷으로 대표되는 정보통신기술의 비약적인 발전은 기자라는 특정 집단이 아닌 모든 사람을 화자(話者)로

---

25) Jerome A. Barron, *Access to the Press—A New First Amendment Right*, 80 Harv. L. Rev. 1641, 1646-47 (1967).

26) Jerome Barron, *Access to the Media—A Contemporary Appraisal*, Hofstra L. Rev. 937, 938 (2007).

27) 대표적으로 C. Edwin Baker, Advertising and a Democratic Press (1994) 참고.

만들었다. 누구나 이야기하고, 누가 한 말이라도 들을 수 있는 환경이 된 것이다. 화제 역시 과거 전통 매체가 다루던 사회적 관심사에 국한되지 않고, 사적 관심사로까지 확대되었다. 하지만 인터넷에서 어떤 말을 하던 온전히 사람들에게 전달되는 것은 아니다. 어떤 말과 정보는, 주로 불법정보와 유해정보는, 인터넷에서 유통되지 않도록 통제되고 있다. 정보 통제의 주체는 인터넷 중개자다. 과거 정보를 걸러내는 문지기(gate keeper) 역할은 신문과 방송이 했지만, 지금은 인터넷 중개자가 그 자리를 대신하고 있다. 과거 신문에서 편집권을 행사하듯 인터넷 중개자도 정보를 거르는 과정에서 재량권을 행사한다. 인터넷 중개자가 제공하는 서비스의 종류는 다양하다. 인터넷 초기에는 이용자가 인터넷을 이용할 수 있도록 접속 서비스를 제공하는 회사, 인터넷 서비스로 들어가는 관문을 제공하는 회사가 주를 이루었고, 요즘에는 소셜 미디어나 검색 엔진을 운영하는 회사가 의사소통의 주된 중재자가 되었다.[28)]

사적 검열의 대상자는 인터넷에 정보를 올리는 모든 이용자다. 이 점 역시 과거와 다른 점이다. 과거 전통 매체에서 발생하는 사적 검열은 기자 등 제작자를 대상으로 하기 때문에 사적 검열이 발생하면 흔히 대립과 저항이라는 현상이 나타난다. 전통 매체에서 발생하는 사적 검열의 해결 방법으로 편집권의 독립이 강력히 주장되는 이유도 사적 검열 대상이 특정 집단이기 때문이다. 그러나 인터넷에서 벌어지는 사적 검열은 조직화되지 않은 개별 이용자를 대상으로 행해지기 때문에 편집권의 독립처럼 대상을 조직화한 후 힘을 실어주는 방식으로 해결할 수 없다. 더구나 사적 검열은 다양한 형태로 이루어지기

---

28) Marjorie Heins, Response, *The Brave New World of Social Media Censorship*, 127 Harv. L. Rev. F. 325, 325 (2014).

때문에 인터넷 서비스 이용자가 사적 검열을 의식하지 못하는 경우도 많다.

2) 검열과 표현의 자유

검열은 표현의 자유와 양립하기 힘들다. 표현물의 내용을 심사한 후 심사자의 판단에 따라 해당 표현물의 전파를 허용하고 금지하기도 한다면, 사상의 자유로운 교환을 통해 진리를 발견하고자 하는 표현의 자유의 근본 이념과 상충된다. 그러나 표현의 자유가 다른 가치보다 항상 우월한 것도 아니고, 절대적으로 보호되어야 하는 것도 아니다. 표현의 자유가 다른 사람의 권리 또는 공동체의 이익과 충돌될 경우 표현의 자유가 우선할 수도 있고, 양보해야 할 경우도 있다. 사후 심사는 이러한 비교형량을 위해서 불가피하기 때문에 허용된다. 반면 사전 심사는 표현물이 사상의 자유 시장에서 평가받을 기회를 잃기 때문에 엄격한 요건 아래서만 허용되어야 할 것이다. 미국 연방대법원은 표현의 자유에 대한 사전검열(prior restraint)은 국가안보와 같은 극단적인 경우에만 허용되며[29], 위헌성이 강하게 추정된다고 판시한 바 있다.[30]

표현의 자유를 민주주의와 관련하여 판단할 경우 국가 심사는 사적 영역에서 벌어지는 심사보다 더 위험하다. 주권자인 국민은 국가기관의 운영에 대하여 알 권리를 가지며, 다른 국민의 의견을 듣고

---

29) Near v. Minnesota, 283 U.S. 697 (1931).

30) Nebraska Press Association v. Stuart, 427 U.S. 539 (1976); Carroll v. Princess Anne, 393 U.S. 175 (1968); Bantam Books, Inc. v. Sullivan, 372 U.S. 58 (1963) 등.

자신의 의견을 표명할 자유를 가진다. 국가기관이 표현물의 내용을 심사한 후 해당 표현물의 전파를 금지시킬 수 있는 권한을 가진다면 국가기관의 운영에 대한 자유로운 비판이 허용되지 않아 표현의 자유를 침해하고, "관제의견이나 지배자에게 무해한 여론만을 허용하는 결과를 초래할 염려가 있[어]" 민주주의의 존립과 발전을 위태롭게 할 수 있다.[31)]

우리 헌법은 제21조 제1항에서 언론·출판의 자유 및 집회·결사의 자유를 보장한 후 동조 제2항에서 언론·출판에 대한 검열을 금지하고 있다. 여기서 우리 헌법이 금지하는 검열의 의미가 무엇인지를 놓고 다양한 견해가 있다. 사상의 자유 시장에서 표현물의 평가를 내리기 전에 정부 등이 내용을 심사해서 걸러내는 등의 방법으로 사상의 시장 형성 자체를 불가능하게 하는 일체의 것을 검열이라고 보는 광의설도 있다.[32)] 미국에서는 행정기관이 법에 따라 행하는 검열뿐 아니라 법원이 행하는 금지명령(injunction)도 사전검열(prior restraint)로 이해한다.

헌법재판소는 헌법 제21조 제2항 소정의 검열을 제한적으로 이해한다. 헌법재판소는 검열을 법률로써도 허용되지 않는 절대적 금지사항으로 이해하고[33)], 검열 요건을 엄격하게 설정하고 있다. 즉 검열은 일반적으로 허가를 받기 위한 표현물의 제출의무, 행정권이 주체가 된 사전심사절차, 허가를 받지 않은 의사표현의 금지 및 심사절차를 관철할 수 있는 강제수단 등의 요건을 갖춘 경우에만 해당한다는 것

---

31) 헌재 2008. 6. 26. 2005헌마506; 헌재 1996. 10. 4. 93헌가13등.

32) 이인호, 표현의 자유와 검열금지의 원칙: 헌법 제21조 제2항의 새로운 해석, 법과 사회 제15호, 1997, 258쪽.

33) 헌재 1996. 10. 4. 93헌가13.

이다.[34] 검열의 주체는 모든 국가기관이 아닌 행정권에 국한되기 때문에 법원이 사전에 심사한 후 예방적 조치로서 특정 프로그램의 방영을 금지하는 가처분결정을 내리는 것은 검열에 해당하지 않는다.[35] 사전검열금지원칙의 적용 대상과 관련하여, 헌법재판소는 사전검열을 금지하는 목적에 맞게 '사상이나 지식에 관한 정치적 · 시민적 표현행위 등'과 관련 있는 표현물에 한정된다고 판시하였다가,[36] 최근 "헌법상 사전검열은 예외 없이 금지되는 것으로 보아야 [한다]"고 태도를 바꿨다.[37]

헌법재판소의 확립된 판례에 따르면, 사적 검열이 우리 헌법 제21조 제2항이 금지하는 검열에 해당하지 않는 것은 분명하다. 허가를 받기 위한 표현물의 제출의무가 있는 것도 아니며, 행정권이 주체가 아니며, 정치적 · 시민적 표현행위에 관련된 표현물만 있는 것도 아니기 때문이다. 그렇다고 해서 사적 검열이 헌법적으로 정당화된다고 볼 수는 없다. 사적 검열은 표현의 자유를 침해할 우려가 크기 때문에 침해 우려를 뛰어넘는 공익적 가치가 분명할 때 비로소 헌법적으로 정당화될 수 있다.

3) 사적 검열의 요인

(1) 내부 요인

사적 검열이 발생하게 되는 원인을 내부 요인과 외부 요인으로 나

34) 헌재 1996. 10. 4. 93헌가13.
35) 헌재 2001. 8. 30. 2000헌바36.
36) 헌재 2010. 7. 29. 2006헌바75.
37) 헌재 2015. 12. 23. 2015헌바75.

누어 볼 수 있다. 한 학자는 페이스북과 같은 소셜 미디어가 게시된 컨텐츠를 검열하거나 이용자의 접근을 차단하라는 내부 압력에 직면하게 된 원인을 다음과 같이 분석하였다.[38] 첫째, 해당 사이트에서 발생하는 범죄를 막기 위해서다. 소셜 미디어는 이용자를 괴롭히거나 협박하지 못하도록 하기 위하여 또는 범죄 피해자, 증인 및 피고인을 보호하기 위하여 검열을 한다. 둘째, 음란물이나 폭력물을 검열함으로써 이용 계층을 확대하고 활용도를 높여 궁극적으로 광고주에게 인기를 얻을 수 있다. 셋째, 해킹(hacking)이나 피싱(phishing) 등의 공격을 막기 위해서 검열을 한다. 넷째, 상업적 이익을 위하여 자신의 사업이익과 상충하는 내용을 차단할 가능성이 있다.

마지막 부분이 특히 중요하다. 대부분 인터넷 기업들이 자유와 개방의 철학을 내세우면서 외부 압력에 의해서 부득이하게 사적 검열을 하는 것처럼 보이지만, 실상은 그렇지 않을 수 있다. 인터넷 기업 역시 상업적 이익을 추구하고 있기 때문에 자신의 이익과 충돌되는 정보는 비록 그 내용이 헌법적으로 보호받는 것이라도 통제한다.[39] 상업적 이익에 따른 검열 가능성은 망 중립성(network neutrality) 논쟁에서 확연히 드러난다. 망 중립성 옹호론자는 망 중립성이 확보되지 않으면 인터넷 중개자는 가격에 따라 인터넷 속도가 다른 서비스를 제공할 것이고, 궁극적으로 정보 성격에 따라 차별적인 인터넷 서비스를 제공해 사적 검열이 쉽게 발생할 수 있다고 본다.[40] 그러나 망 중

---

38) Benjamin F. Jackson, *Censorship and Freedom of Expression in the Age of Facebook*, 44 N.M. L. Rev. 121, 129-31 (2014).

39) Heins, *supra*. note 16, at 325.

40) Stephen Lendman, Digital Democracy vs. Corporate Dominance: R.I.P. Internet Neutrality?, Global Research, Latest News and Top Stories (Jan 21, 2014), http://www.globalresearch.ca/digital-democracy-v-corporate-dominance-riprinternet-neutrality/5365146 (방문일 2016. 4. 21).

립성 논쟁이 검열과 같은 자극적인 용어를 사용해서 본질을 오도한다고 보는 견해도 있다.

(2) 외부 요인

인터넷 중개자가 서비스를 통해 유통되는 정보를 부득이하게 검열하는 경우 그 검열의 정도는 외부에서 인터넷 중개자에 지우는 법적 책임의 정도에 달려 있다. 인터넷 기업이 검열 논란에도 불구하고 국가의 법체계에 순종할 수밖에 없는 이유는 사업의 원만한 운영과 이용자 행위의 법적 책임 회피에 있다고 한다.[41] 인터넷 중개자 책임 문제는 인터넷이 상용화되던 초기부터 제기되었던 문제로, 실제로 인터넷 중개자가 부담하는 법적 책임의 정도는 나라마다 다르게 나타난다.[42] 외부 압력에 의한 인터넷 중개자의 검열은 정부 검열을 대신한다는 의미에서 대리 검열(censorship by proxy)이라고 불리기도 한다.[43] 예를 들어 검찰은 2015년 11월 모바일 메신저 '카카오톡' 그룹 채팅방에서 아동·청소년 이용 음란물이 공유되는 것을 방지 또는 중단하는 기술적 조치를 취하지 않은 카카오 전 대표이사를 불구속 기소하였는바, 온라인 서비스 제공자에게 아동·청소년 이용 음란물을 발견하기 위한 조치를 취하도록 하고, 발견된 아동·청소년 이용 음란

41) 헌법재판소, 정보통신기술의 발전과 기본권에 관한 연구, 헌법재판연구 제25권, 2014, 209쪽.

42) 인터넷상에서 불법행위가 발생한 것은 분명한데 그 책임을 불법행위를 직접 행한 자는 물론이고, 그 불법행위가 발생한 공간의 관리자에게 물을 수 있는가의 문제는 그 관리자가 해당 사회에서 행하는 역할에 대한 평가를 수반하지 않을 수 없다. 문재완, 인터넷상의 명예훼손과 인터넷 포털사이트의 법적 책임—대법원 2009. 4. 1.6. 선고 2008다53812 판결을 중심으로—, 공법연구 제38권 제1호 제2권, 2009 참고.

43) Seth F. Kreimer, *Censorship by Proxy: The First Amendment, Internet Intermediaries, and the Problem of the Weakest Link*, 155 U. Pa. L. Rev. 11 (2006).

물을 삭제하도록 하고, 아동·청소년 이용 음란물의 전송을 방지 또는 중단하는 기술적 조치를 취하도록 하고 이를 위반한 경우 형사처벌하는 현행 아동·청소년의 성보호에 관한 법률 제17조 제1항이 여기에 해당한다.44)

4) 인터넷 중개자의 위험성

인터넷 중개자에 의한 사적 검열이 위험한 이유는 다음과 같이 설명할 수 있다. 소셜 네트워크 서비스(SNS)에서 발생할 수 있는 사적 검열의 위험성을 설명한 한 학자의 견해를 먼저 소개한다.45) 첫째, 이용자는 사적 검열을 당하더라도 다른 사람과 교류하며 의견을 표명할 수 있는 대안이 없다. 인터넷에 인터넷 중개자의 수는 많지만 유형별로 보면 소수 기업이 시장을 지배하며 독과점적 지위를 누리고 있다. 특히 이용자가 서로 정보와 의견을 공유하고 교류하는 SNS의 경우 전체 이용자 수가 많으면 많을수록 개별 이용자는 더 큰 가치를 향유할 수 있어 집중이 더욱 심화된다. 페이스북이 전 세계 13억 명의 회원을 가지게 된 것은 회원이 회원을 낳기 때문이다. 이런 상황에서 이용자는 페이스북이 사적 검열을 하더라도 이에 저항하여 탈퇴하기 어렵다. 친구들이 여전히 페이스북에 남아 있기 때문이다. 더구나 공원, 길거리와 같은 전통적인 오프라인 공론장(public forum)은 점점 사라지고 있어 온라인뿐 아니라 오프라인에서도 대안을 찾기 힘들다. 둘째, 네트워크는 잘 연결된 특정 접속점(node)을 중심으로 형성되는 경향이 있는데, 특정 접속점을 검열할 경우 커뮤니케이션에 미

---

44) 위 조항의 문제점에 대해서는 헌법재판소, 앞의 책, 334-38쪽 참고.
45) 아래 내용은 Jackson, *supra* note 38, at 132-34를 참조하여 재작성했다.

치는 영향이 매우 크다. 특정 그룹에 속해 있는 개인은 쉽게 식별할 수 있기 때문에 해당 발언자를 찾아내서 괴롭히면 표현의 자유에 대한 위축 효과가 크다. 셋째, SNS에서 하는 정치적 발언은 흔히 공개된다. 정치적 사안에 대해서 한 발언을 다른 사람이 옮기게 되는데, 그 과정에서 그 사람의 신원과 정치적 성향이 드러나게 된다. 만약 SNS가 정부에 협력하여 위험한 정보를 걸러낼 경우 그 위험성은 더욱 크다. 온라인 검열이 오프라인에서 괴롭힘과 협박으로 전환될 가능성이 커지는 것이다.

그러나 인터넷 중개자에 의한 사적 검열이 위험한 가장 큰 이유는 불투명성에 있다고 본다. 정부 검열도 불투명하다는 지적이 있지만, 사회가 민주화되면서 국민의 알 권리 요구가 거세져 정부 투명성은 제고되고 있는 중이다. 반면 사적 영역에서 검열 과정은 비밀이다.[46] 더구나 이용자는 검열이 행해지는지조차 인식하지 못하는 경우가 많다. 특히 인터넷 중개의 사업자가 처음 설정한 기본값(default)에 따라 이용 수준이 달라지는데, 기본값에 대한 인식 없이 서비스를 이용하는 사람도 많다. 또 과거 전통 매체에서는 편집의 방향과 내용을 놓고 기자와 사주 간 갈등이 생기면 그 사실이 쉽게 밖으로 드러나지만, 인터넷에선 사용자와 이용자 간 갈등이 좀처럼 드러나지 않는다.

사적 검열의 기준 역시 대외적으로 잘 알려져 있지 않다. 예컨대 페이스북은 '권리 및 책임에 관한 정책'을 통해 회원은 "편파적 발언, 협박, 외설적 내용이 포함되어 있거나 폭력을 조장하거나 나체 또는 선정적인 콘텐츠, 이유 없는 폭력이 담긴 콘텐츠를 게시할 수 없[다]"고 밝히고 있다.[47] 그러나 이 정도 기준으로는 어떤 표현물이 불허되

46) Heins, *supra* note 16, at 326.
47) Facebook 권리 및 책임에 관한 정책 §3(안전) 제7호, https://www.facebook.com/

는지 명확하지 않다. 페이스북은 직원들이 개인적 판단(judgment call) 없이 적용할 수 있고, 자의적으로 집행하지 않도록 기준을 마련해 놓고 있다고 한다. 하지만 그 기준은 대외비다. 그렇기 때문에 불법성에 대한 사법적 판단이 아니라 페이스북 검열자가 하는 최선의 추측에 의한 검열이 행해진다는 비판이 제기된다.[48] 검색 엔진도 마찬가지다. 인터넷 이용자는 검색 엔진 회사가 제공하는 결과물에 기초하여 표현의 자유를 향유한다. 하지만, 이용자에게 제공된 정보를 어떻게 선별하는지 알 수 없다.

또한 사적 검열의 결과가 다르다. 나라마다 표현의 자유와 인격권 간의 비교형량의 결과가 다르기 때문에 동일한 성격의 콘텐츠라고 하더라도 삭제의 대상이 되기도 하고, 되지 않을 수도 있다. 구글처럼 전 세계를 대상으로 영업을 하는 회사는 지역별로 삭제 정책을 달리 한다. 2014년 구글 스페인 판결 이후 구글은 삭제 요청을 받고 있지만 대상 지역은 EU에 한정된다.

5. 표현의 자유와 사적 검열의 조화

1) 사적 검열의 헌법적 정당화

인터넷상 사적 검열은 필연적으로 이용자의 표현의 자유를 제한한다. 인터넷 서비스 이용은 약관 등 사업자와 이용자 간 계약에 의해 이루어지기 때문에 사적 검열이 발생하다고 해서 바로 헌법 문제가 되는 것은 아니다. 표현의 자유와 같은 자유권적 기본권은 대국가적

---

terms (방문일 2016. 4. 21).

48) Heins, *supra* note 16, at 326.

효력을 갖는 국가에 대한 개인의 주관적 공권이므로, 그 효력을 사인 간의 관계로 확장하기 위해서는 별도의 논거가 필요하다. 미국에서는 국가행위로 의제되는 사인의 행위에 대하여 기본권의 대사인적 효력을 인정하고 있고(국가행위의제설), 독일과 우리나라에서는 사법상 일반조항의 해석을 통하여 기본권이 사인 간에 적용된다고 보는 것이 지배적인 견해(간접효력설)이다. 간섭효력설에 따르면, 인터넷 서비스 이용약관이 문제되면 법원의 재판을 통해서 기본권, 즉 표현의 자유가 최대한 실현될 수 있도록 해석하는 방법으로 사적 검열을 통제할 수 있다. 일반적으로 법원은 사인 상호간에 자유의사와 자기결정에 기초하여 이루어지는 사적 자치를 존중하여야 하나[49], 독과점화된 영역의 경우 인터넷 서비스 이용자에게 자유의사와 자기결정이 있었다고 보기 어려우므로 기본권 보호를 더 중시할 필요가 있다.

사적 검열의 위험성은 입법으로 해결될 수 있다. 우리 헌법은 제10조 제2문에서 국가의 기본권 보호 의무를 명시하고 있다. 사법 질서에서 기본권을 보호하고 실현하여야 하는 일차적인 책임은 입법자에게 있다.[50] 입법자는 인터넷 서비스 관계에서 사용자와 이용자 간 서로 충돌하는 각각의 기본권을 교량 하여 조화와 균형의 상태로 이끌어야 한다. 인터넷 서비스 이용의 경우 독과점 사용자의 우월적 지위에 의해 이용자의 표현의 자유가 일방적으로 침해되기 쉽기 때문에 이용자의 권리를 강화하는 입법이 필요하다.

---

49) 한수웅, 『헌법학』, 제4판, 법문사, 2014, 409쪽.
50) 한수웅, 앞의 책, 408쪽.

2) 조화적 입법

사적 검열을 허용하거나 조장하는 입법은 표현의 자유를 위협한다. 인터넷 이용 규제는 정부—사업자—이용자의 삼각관계로 이루어지는데, 입법을 통해 정부가 사업자에게 이용자를 검열하도록 요구할 경우 사업자는 이용자와 약관 등 정상적이고 합법적인 계약을 맺고 사인 간에 행해지는 표현물의 내용을 규제하는 사적 검열이 발생할 수 있기 때문이다.[51] 법으로 인터넷 중개자에 사적 검열을 강요하는 것은 헌법이 금지하거나 엄격하게 제한하는 국가 검열 내지 정부 검열과 다름없다고 보는 견해도 있다.[52] 그러나 사적 검열을 허용하거나 강제한다고 해서 바로 위헌이 되는 것은 아니고 위헌성이 강하게 추정될 뿐이다. 사적 검열로 얻는 공익이 표현의 자유에 대한 제한으로 인한 사인보다 월등히 클 경우 등 과잉 금지 원칙을 충족하면 사적 검열을 강제하는 입법이라도 헌법적으로 허용될 수 있다. 여기서는 사적 검열로 의한 표현의 자유 제한을 최소화하는 방안을 살펴본다.

(1) 공정성 법리

사적 검열의 위험성을 최소화하는 전통적 방안으로 공정성 법리(fairness doctrine)가 있다. 언론사가 행하는 과도한 편집 재량권을 규제하여, 특정 사안에 대하여 공정한 보도를 하도록 강제하는 것이다. 이는 주로 지상파 방송사에 요구되는 법리다. 미국 연방통신위원회(Federal Communication Commission, FCC)에 따르면 공정성 법리는 지

51) 과거 정보통신서비스제공자에 의한 불법정보에 대한 모니터링 의무화 규정을 포함한 정보통신망법 개정안을 사적 검열의 측면에서 검토한 연구로 황성기, 사적 검열에 관한 헌법학적 연구, 세계헌법연구 제17권 제3호, 2011 참고.

52) 황성기, 앞의 논문.

상파 방송사는 사회적 쟁점을 적절히 다뤄야 하며, 대립되는 관점을 공정하게 보도하여야 한다는 두 기준으로 구성된다.53) 공정성 법리가 방송사의 편집자유권을 침해한다는 주장을 미 연방대법원은 Red Lion 사건에서 "모든 사람에게 공개되지 않은 미디어에서 발생하는 무제한의 사적 검열을 위한 피난처는 수정헌법 제1조에 없다"고 판시하고, 공정성 법리가 합헌이라고 판시하였다.54) 그러나 FCC는 방송기술의 발전에 따른 규제 완화의 일환으로 1987년 이 법리를 삭제하였으며, 2011년 이를 공식화하였다. 이에 반하여 우리나라 방송법은 공정성 법리를 중시하여 방송 사업의 허가 및 승인 규제, 편성 규제, 프로그램 내용 규제 등에서 중요한 기준으로 활용하고 있다. 특히 방송통신심의위원회는 프로그램의 공정성을 직접 심의하고 있으며(방송법 제32조), 공정성은 방송심의 규정의 주요 내용이다(제33조 제1항).

인터넷 중개자에게도 뉴스 제공 및 검색 결과에 있어서 공정성을 요구하여야 한다는 주장이 있다. 하지만 공정성 법리를 방송사가 아닌 인터넷 중개자에게 요구하는 것이 타당한지는 의문이다. 첫째, 공정성 법리는 대중에게 일방적으로 의견을 내보내는 매체를 전제로 성립한 법리이므로 누구나 게재된 글에 의견을 피력할 수 있는 인터넷에는 적용할 수 없다. 둘째, 공정성 법리의 실효성이 의심된다. 미국의 경우 공정성 법리가 방송사의 표현의 자유를 제한할 뿐 아니라, 공정성 법리를 회피하기 위하여 방송사가 공적 쟁점을 다루지 않는 경향을 보인다는 이유로 폐기하였다.55) 공정성 법리의 강요로 공론장

53) Applicability of the Fairness Doctrine in the Handling of Controversial Issues of Public Importance, 29 Fed. Reg. 10426 (1964).

54) Red Lion Broadcasting Co. v. F.C.C., 395 U.S. 367, 392 (1969) ("There is no sanctuary in the First Amendment for unlimited private censorship operating in a medium not open to all.").

역할을 포기하는 인터넷 중개자가 발생할 수 있다. 셋째, 사업자의 자율적 판단을 지나치게 제약한다. 미국에서도 지상파 방송과 같은 특수 매체에 적용되는 예외적 법리였다. 자율성이 존중되는 신문은 적용 대상이 아니었다.[56] 인터넷은 지상파 방송과 달리 기술적 제한 없이 서비스 사업자가 다양하게 탄생할 수 있기 때문에 신문과 마찬가지로 공정성 법리를 적용할 여지가 없어 보인다.

다만, 언론의 민주적 기능을 고려하면 모든 인터넷 중개자가 아니라 독과점적 지위에 있는 인터넷 포털의 뉴스 제공 방식에 한해서 균형성을 요구할 수 있다고 본다. 사회적 관심사가 되는 뉴스에 대해서는 주요 인터넷 포털의 대립되는 시각을 함께 제공하도록 요구하는 입법은 허용돼야 할 뿐 아니라 그렇게 하는 것이 바람직하다. 주권자인 국민은 사회적 관심사에 관한 다양한 의견에 접할 수 있어야 선거에서 진정한 의사를 표시할 수 있고, 그러한 결과에 따라 대의기관이 구성되어야 비로소 민주주의가 실현될 수 있기 때문이다.

(2) 미디어 액세스의 보장

거의 50년 전 매스 미디어의 독과점으로 정부 검열 못지않게 사적 검열이 위험하다고 진단하고, 해결 방안으로 미디어 액세스권을 주장하였던 배론(Jerome A. Barron) 교수는 인터넷 시대에도 액세스권이 여전히 중요하다고 주장한다.[57] 배론 교수는 인터넷의 확산으로 과거

---

55) Kathleen Ann Ruane, Fairness Doctrine: History and Constitutional Issues, Congressional Research Service (July 13, 2011), https://www.fas.org/sgp/crs/misc/R40009.pdf (방문일 2016. 4. 21).

56) Miami Herald Publishing Co. v. Tornillo, 418 U.S. 241 (1974).

57) Jerome A. Barron, *Access to the Media-A Contemporary Appraisal*, 35 Hofstra L. Rev. 937 (2007).

그가 고민하였던 문제, 즉 언론의 자유가 언론사를 소유한 사람의 자유에 불과하고 참된 언론의 자유가 실현되지 못하는 문제가 해결되고 있다고 보면서도, 인터넷 플랫폼과 검색 엔진 영역이 소수 기업에 집중되는 현상을 우려한다.

그러나 그가 강조한 것은 미디어 액세스의 정신일 뿐, 미디어 액세스권의 입법은 아니다. 모든 국민이 사회의 주요 관심사에 관한 다양한 의견을 듣고 자신도 토론에 참여할 수 있을 때 비로소 표현의 자유가 실현된다고 볼 수 있다. 국가는 이러한 자유가 과도하게 제한되지 않도록 보장하여야 하지만, 인터넷 중개자로 하여금 개인의 참여를 보장하라고 강요할 수 있는 법적 수단은 마땅치 않다. 더구나 인터넷 중개자는 이용자의 참여 확대가 매출 및 수익 확대와 직결되기 때문에 이용자의 자발적 참여를 독려하고 있으므로 배론 교수가 우려하는 상황은 현실이 아니다.

미국 예일대 볼킨(Jack M. Balkin) 교수는 언론이 사기업에 의해 장악된 것은 과거나 지금이나 동일하지만, 기술 발전 및 비즈니스모델의 변화로 대중의 참여가 달라졌다고 진단한다.[58] 특히 CDA 제230조는 일반인의 미디어 액세스를 독려하는 비즈니스 모델을 가능하게 한 중요한 입법이라고 평가하고[59], 매스 커뮤니케이션의 시스템만 올바로 짠다면 미디어 액세스권은 제고된다고 본 것이다.[60]

---

58) Jack M. Balkin, *Media Access: A Question of Design*, 76 George Washington L. Rev. 933, 938 (2008).

59) *Id.* at 943.

60) *Id.* at 950.

(3) 투명성 제고

사적 검열이 위험한 이유는 불투명성에 있으므로 투명성을 확보하는 입법이 필요하다. 즉 내부 심사 기준과 심사 결과를 의무적으로 공개하도록 하는 것이다. 검색 엔진의 경우 언론 환경에서 차지하는 비중이 큰 점을 감안하여, 검색 엔진의 작동 원리, 검색 순위 부여 방법, 광고의 구분, 적법절차에 따라 삭제 내지 차단된 내용의 고지 등이 필요하다는 연구는 많다.[61]

최근 많은 정보통신(IT) 기업들이 투명성 보고서를 발표하고 있다. 2010년 구글을 시작으로 2014년 말까지 전 세계 38개 IT기업이 투명성 보고서를 발표하였다. 우리나라에서는 2015년 1월 다음카카오와 네이버가 경쟁적으로 투명성 보고서를 발표하였다. 투명성 보고서란 IT 기업이 정기적으로 발행하는 보고서로 해당 기업의 사용자 기록, 데이터, 콘텐츠 가운데 정부의 삭제 요청 및 개인정보 요청 건수를 데이터로 제공하는 것이다.[62] IT 기업이 투명성 보고서를 발표하는 이유는 정부 규제에 대한 항의라고 한다.[63] 구글의 경우 정보 공개를 통해 온라인 콘텐츠 규제의 적절한 범위와 권한에 대한 여러 토론이 더욱 활성화되기를 바란다고 친절히 설명하고 있다.[64]

네이버와 다음카카오는 적법절차에 따라 정부 기관에 제공한 이용자 개인정보를 유형별로 공개하였다. 국내 두 회사의 투명성 보고서

---

61) *See* Jennifer A. Chandler, *A Right to Reach an Audience: An Approach to Intermediary Bias on the Internet*, 35 Hofstra L. Rev. 1095, 1115 (2007).

62) 조희정, 네트워크 사회에서 IT 기업의 항의(voice) 전략: 투명성 보고서(Transparency Report)의 정치를 중심으로, 한국언론법학회 2015. 1. 7. 학술세미나 자료집 70쪽.

63) 앞의 자료집.

64) Google 투명성 보고서, https://www.google.com/transparencyreport/ (방문일 2016. 4. 21).

의 내용은 프라이버시 또는 개인정보 보호에 한정되어 있다. 구글처럼 콘텐츠 삭제 요청까지 공개한 것은 아니다. 우리나라는 특히 정보통신망법 제44조의2에 따라 임시조치가 광범위하게 이루어지고 있는데, 그 현황은 투명성 보고서에 담겨 있지 않다. 구글의 경우도 일반 사용자의 삭체 요청은 투명성 보고서 통계에 넣지 않는다. 구글의 콘텐츠 정책 또는 커뮤니티 가이드라인 위반을 이유로 일상적으로 처리하는 콘텐츠 삭제는 정부 요청 또는 법원 명령과 무관하기 때문이라고 한다.[65]

투명성 보고서가 정부의 개인정보 요청 또는 콘텐츠 삭제 요청에 항의하기 위한 수단으로 시작되었다는 점에서 위와 같은 IT 기업의 태도는 이해할 수 있다. 하지만 이용자 보호 측면에서 보면 내용이 미흡하다. 기업이 콘텐츠 정책에 따라 스스로 삭제한 정보와 다른 이용자의 요청에 따라 삭제한 정보를 함께 공개되는 것이 바람직하다. 인터넷 중개자에게 사적 심사의 기준, 심사 및 삭제 건수, 삭제 정보의 유형별 분석 등을 공개하도록 강제하는 입법은 표현의 자유를 보호하기 위한 수단으로 사업자의 자율성을 크게 침해하지 않으므로 가능하다고 본다.

(4) 인터넷 자율규제

인터넷 자율규제란 인터넷 사업자가 스스로 자신이 관리하는 영역에서 불법정보나 유해정보를 심사하여 정화하는 일련의 행위를 의미한다. 자율규제에 정부로부터 규제 권한을 위임받아 행하는 행위까지 포함하는 경우도 있으나[66], 순수한 자율규제는 민간사업자의 자발적

65) 조희정, 앞의 자료집, 80쪽.

66) 규제권한을 위임받는 경우도 다시 순수하게 위임된 경우와 법으로 강제되는 경우

규제를 의미한다.[67] 그동안 인터넷 자율규제를 주장한 국내의 많은 학자가 사실상 자율규제를 정부와 민간의 공동규제시스템으로 이해하고[68], 정부의 심의 권한을 민간 자율규제기구에 위탁할 것을 주장하였다.[69] 논란 끝에 입법자는 정보통신망법에 자율규제의 근거를 마련했으나, 규제권한 자체를 위탁하지는 않았다(제44조의4).[70] 자율규제는 잘못 운영되면 사적 검열이 될 수 있기 때문에 사업자 단체에 제재권한까지 주는 것은 바람직하다고 보기 어렵다는 점에서 타당한 입법이다.

사적 검열의 헌법적 정당화 조건으로 첫째, 사적 검열에 국가 또는 정부가 어떠한 영향을 미쳐서는 안 된다, 둘째, 검열에 관련 당사자의 자발적 동의에 기반한 당사자의 합의가 반드시 존재해야 한다, 셋째, 당사자 간 합의 내용, 즉 표현물의 내용에 관한 기준 및 주체에 대한 제재수단이 합리적이어야 한다는 견해가 있다.[71] 극소수 인터넷 중개자에 집중된 영역의 경우 인터넷 서비스 이용자는 대체수단을 찾기 어려워 독과점적 지위를 갖는 인터넷 중개자가 제시하는 약관을

로 나누어 볼 수 있다. 이렇게 되면 자율규제에는 위임형 자율규제, 입법적으로 의무화된 자율규제, 순수한 자율규제 등 세 종류가 있다. 황성기, 앞의 논문, 178쪽.

67) 인터넷 자율규제에 관한 선구적 연구로 황승흠 · 황성기 · 김지연 · 최승훈, 인터넷 자율규제, 커뮤니케이션북스, 2004 참고.

68) 황승흠, 인터넷 콘텐츠 규제에 있어서 법제도와 사업자 자율규제의 결합에 관한 연구, 공법학연구 제9권 제4호, 2008, 265쪽.

69) 그 논거는, 첫째, 인터넷 규율 체제는 법적 규제 또는 정부 규제만으로는 그 목적을 달성할 수 없다, 둘째, 인터넷 규율에서는 기술적 조치가 매우 중요한 역할을 하는데 이 같은 조치는 사업자 자율 규제가 기반이 되어야 한다, 셋째, 그렇다고 법적 규제 없는 순수한 자율 규제는 현실적이지 않다는 것이다. 황승흠, 인터넷 자율 규제와 법, 커뮤니케이션북스, 2014, 20쪽.

70) 정보통신서비스 제공자 단체는 이용자를 보호하고 안전하며 신뢰할 수 있는 정보통신서비스를 제공하기 위하여 정보통신서비스 제공자 행동강령을 정하여 시행할 수 있다. (전문개정 2008. 6. 13).

71) 황성기, 앞의 논문, 181쪽.

수용할 수밖에 없고, 인터넷 중개자가 어떠한 기준으로 심사하는지조차 알 수 없을 경우 자율규제는 미명일 뿐 사적 검열에 불과하다.

자율규제가 사적 검열의 위험성을 줄이려면 심사 과정에서 개별 사업자의 영향력을 줄여야 한다. 그 방안 중 하나가 자율규제기구를 사업자단체가 운영하여 공동으로 표준적인 기준이나 절차를 마련하는 것이다. 또 자율규제기구의 운영에 있어서 사업자 단체의 영향력을 최소화하기 위하여 외부 전문가 집단이 심의하는 것이 바람직하다. 현행 한국인터넷자율정책기구(KISO)가 외부 전문가와 내부 담당자를 중심으로 정책위원회를 구성하여, 이용자 게시물 등의 취급방안에 대한 정책을 결정하고 개별 게시물 등의 불법 및 청소년 유해 여부 등을 심의 결정한 후 해당 결정 내용을 원칙적으로 공개하고 있는 것은 바람직한 운영이다.[72]

6. 소결

지금까지 논의를 정리하면 다음과 같다. 인터넷에서 사기업이 정보의 내용을 심사한 후 원치 않는 정보의 유통을 억제하는 일, 즉 사적 검열은 광범위하게 진행 중이다. 사적 검열은 과거 신문과 방송 등 전통 매체에서도 나타났다. 과거 사적 검열은 기자 등 제작자를 대상으로 하기 때문에 흔히 대립과 저항이 나타났다. 그 해결책으로 언론의 내적 자유, 또는 편집권의 독립이 제시되었다. 그러나 인터넷에서 벌어지는 사적 검열은 조직화되지 않은 개별 이용자를 대상으로 행해지기 때문에 편집권의 독립처럼 대상을 조직화한 후 힘을 실어주는

72) 한국인터넷자율정책기구 정책위원회 운영규정 제6조(위원회의 결정 등) 및 제7조(결정내용의 공개).

방식으로 해결할 수 없다. 더구나 많은 인터넷 이용자는 사적 검열을 의식하지 못한 채 서비스를 이용한다.

인터넷에서 사적 검열이 발생하는 원인은 내부와 외부에서 찾을 수 있다. 인터넷 기업도 전통 매체와 마찬가지로 상업적 이익을 추구하기 때문에 자신의 이익과 충돌되는 정보는 비록 그 내용이 헌법적으로 보호받는 것이더라도 통제하려고 한다. 국가에 의해 어쩔 수 없이 떠밀려 사적 검열을 하는 경우도 있다. 인터넷에 불법정보와 유해정보가 급속히 확산되면서 이를 해결하는 방법으로 국가는 인터넷 중개자를 이용한다. 인터넷 중개자는 정부를 대신하여 직접 검열하기도 한다. 그 정도는 나라마다 다르다.

사적 검열은 우리 헌법이 절대적으로 금지하는 검열이 아니다. 사적 검열의 경우 허가받기 위한 표현물의 제출 의무가 있는 것이 아니며, 행정권이 주체가 아니며, 정치적 · 시민적 표현행위에 관련 있는 표현물만 대상으로 하는 것이 아니기 때문이다. 하지만 인터넷상 사적 검열은 필연적으로 이용자의 표현의 자유를 제한한다. 더구나 사적 검열은 흔히 그 기준이 공개되지 않기 때문에 더욱 위험하다. 사적 검열의 위험성 해소는 입법으로 일부 해결될 수 있다.

제 7 장

잊혀질 권리를 보장하는 현행 법·제도 검토

제7장 잊혀질 권리를 보장하는 현행 법·제도 검토

1. 인격권 보호의 전통적 법체계

1) 민·형사상 제도

잊혀질 권리는 정보주체의 인격권을 보호하기 위한 목적으로 주장되는 권리다. 인격권은 인간의 존엄성과 밀접한 연관관계를 보이는 자유로운 인격발현의 기본조건을 포괄적으로 보장하는 기본권이다.[1] 일반적 인격권의 헌법상 근거는 인간의 존엄성과 행복추구권을 규정한 헌법 제10조 제1문에 두고 있다.[2] 국가는 국민의 인격권을 침해할 수 없음은 물론이고, 사인간에 발생하는 인격권 침해를 방지하기 위하여 성실히 노력할 의무를 진다. 일반적 인격권에는 개인의 명예에 관한 권리가 포함된다.[3] 인격권 침해에 대한 전통적 구제방법으로 민·형사상 구제제도가 있다. 두 제도의 특징은 인격권 침해가 발생한 이후 조치, 즉 사후구제방법이라는 것이다. 사전제한, 즉 인격권

1) 한수웅, 『헌법학』, 제4판, 법문사, 2014, 541쪽.
2) 헌재 1991. 4. 1. 89헌마160; 헌재 2005. 5. 26. 99헌마513 등.
3) 헌재 2005. 10. 27. 2002헌마425.

침해가 발생하기 전에 표현이 행해지지 않도록 하는 방법은 헌법상 원칙적으로 허용되지 않는다. 헌법 제21조 제2항은 허가제와 검열제를 금지하고 있다.[4)]

인격권의 침해는 보통 다른 사람의 표현으로부터 발생한다. 다른 사람이 향유하는 표현의 자유 역시 인격권 못지않게 우리 헌법이 보호하고자 하는 중요한 가치다. 표현의 자유는 "민주체제에 있어 불가결의 본질적 요소"이자, 인간이 "스스로 공동사회의 일원으로 포섭되는 동시에 자신의 인격을 발현하는 가장 유효하고 직접적인 수단"으로 기능한다.[5)] 우리 헌법상 표현의 자유는 언론・출판의 자유 및 집회・결사의 자유를 규정한 제21조에서 보호하고 있다. 국가는 표현의 자유를 침해하여서는 아니 되며, 또 사인 간에 발생하는 표현의 자유 침해를 방지하기 위하여 성실히 노력할 의무를 진다.

인격권 침해와 그 구제를 다루는 법에서는 인격권과 표현의 자유라는 두 헌법적 가치를 어떻게 조화할 것인지의 문제가 가장 중요하다. 헌법재판소 역시 두 헌법적 가치의 조화의 필요성을 강조한다.[6)] 하지만 실제 사안을 해결하는 데 있어서 두 헌법적 가치 중 어느 쪽을 중시하는지는 나라마다 다르다. 미국처럼 자유에 우선적 가치를 두고 있는 헌법질서에서는 표현의 자유를 중시하는 경향을 나타내고, 독일처럼 인간의 존엄성을 기반으로 한 헌법의 가치체계에서는 인격

---

4) 여기서 검열이라고 함은 모든 형태의 사전적인 규제를 금지하는 것이 아니고, 단지 의사표현의 발표여부가 오로지 행정권의 허가에 달려있는 사전심사만을 금지하는 것을 뜻한다. 헌재 1992. 6. 26. 90헌바26, 판례집 4, 362, 370-371 등 참조. 따라서 사법부가 개별 당사자 간 분쟁을 사법절차에 의하여 심리한 후 결정하는 보도 등 금지 가처분은 헌법에서 금지하는 사전검열에 해당하지 아니한다. 헌재 2001. 8. 30. 2000헌바36, 판례집 13-2, 229, 232-33 참조.

5) 헌재 1998. 4. 30. 95헌가16, 판례집 10-1, 337.

6) 헌재 1991. 9. 16. 89헌마165, 판례집 3-1, 518.

권을 중시하는 경향이 있다.[7)]

우리나라 헌법체계는 독일처럼 인간의 존엄성에 최고의 헌법적 가치를 두고 있으나, 최근 법조계가 미국에서 발전한 표현의 자유 법리를 활발하게 도입하면서 혼란스럽다. 특히 우리 헌법은 다른 나라와 달리 "언론·출판은 타인의 명예나 권리 또는 공중도덕이나 사회윤리를 침해하여서는 아니 된다. 언론·출판이 타인의 명예나 권리를 침해한 때에는 피해자는 이에 대한 피해의 배상을 청구할 수 있다."는 규정을 두고 있다. 헌법재판소는 이 조항을 "표현의 자유에 따르는 책임과 의무를 강조하는 동시에 표현의 자유에 대한 제한의 요건을 명시한 규정"으로 이해하고,[8)] 타인의 사생활, 명예 등 권리를 보호법익으로 하고 있는 법률조항의 과잉금지 원칙 위반 여부를 검토함에 있어서 위 헌법조항의 취지를 충분히 감안하는 방식으로 위헌심사를 한다.[9)]

(1) 형사상 명예훼손죄

가. 형법

형법 제307조는 허위 사실을 적시하여 타인의 명예를 훼손하는 경우(제2항)뿐 아니라, 사실을 적시하여 타인의 명예를 훼손한 경우(제1항)에도 처벌한다. 다만, 사실적시에 의한 명예훼손죄의 경우 진실한 사실로서 오로지 공공의 이익에 관할 때 위법성이 조각되어 처벌하지 않는다(형법 제310조). 명예는 진실에 기초해서 형성되어야 한다는 점

---

7) Edward J. Eberle, Dignity and Liberty: Constitutional Visions in Germany and the United States (2002).

8) 헌재 2010. 12. 28. 2008헌바157등.

9) 헌재 2012. 5. 31. 2010헌마88.

에서 사실을 적시하였다고 하여 명예훼손하는 일은 성립할 수 없다는 주장도 있다. 우리나라의 사실적시에 의한 명예훼손은 미국 기준으로 보면 사적 사항의 공개, 즉 프라이버시 침해에 해당한다. 구성요건과 위법성조각사유에 있어서 조금 차이는 있지만, 기본적으로 인격권을 보호하자는 목적은 두 나라 법제가 동일하다. 결정적 차이는 미국과 달리 우리나라는 사실적시에 의한 명예훼손을 형사처벌한다는 데 있다. 더구나 실무에 있어서 명예훼손죄는 민사상 권리구제제도를 지원하는 보조 수단으로 사용되는 경우가 많아 제도 운영에 있어서 왜곡이 있다.[10)]

법원은 사실 적시에 의한 명예훼손의 경우 형법 제310조의 위법성조각사유를 폭넓게 인정하는 방법으로 표현의 자유에 대한 과도한 제한을 방지하고 있다. 법원은 위법성 조각사유를 법문의 '진실한 사실'뿐 아니라 '진실이라고 믿을 만한 상당한 이유가 있는 경우'로 확대하여,[11)] 표현의 자유와 인격권간의 조화와 균형을 고려하고 있다. 형사상 명예훼손죄의 위법성조각사유는 민사상 불법행위에도 그대로 적용된다. 명예훼손적인 보도를 한 행위자에게 보도 내용이 진실임을 입증하라고 요구하는 것에 비하여 진실이라고 믿을만한 상당한 이유가 있었는지 입증하라고 요구하는 것은 표현의 자유를 크게 제고하는 결과를 낳았다. 하지만 어떠한 경우에 행위자가 진실하지만 어떠한 경우에 행위자가 진실이라고 믿을만한 상당한 이유가 있는가를 결정하는 것은 언론 매체의 성격, 기사의 성격, 정보원의 신뢰성, 진실 확인의 용이성 및 노력 등을 종합적으로 고려하여 사안별로 해결할 수 밖에 없는 한계를 갖는다.[12)] 결국 상당성이라는 기준이 존재하는 한

10) 박용상, 『명예훼손법』, 현암사, 2008, 1180쪽.
11) 대법원 1993. 6. 22. 선고 92도3160 판결.

명예훼손 법리는 잠재적인 소송 당사자에게 예측가능성을 주지 못하고, 명예훼손의 시비는 법정으로 이어지게 되는 구조를 갖게 된다.

예측가능성을 높이는 기준으로 공인(公人)이론이 대두되었다. 공인이론은 설사 보도 내용이 진실이 아니더라도 보도의 피해자가 공인인 경우 일반 사인과 달리 쉽게 책임을 추궁해서는 안 된다는 논리다. 1964년 미국 연방대법원이 뉴욕타임스 사건(New York Times v. Sullivan)에서 "공직자가 자기 직무행위와 관련된 명예훼손적 허위보도에 대해서 손해배상을 받기 위해서는 그 보도가 현실적 악의에 기한 것임을 입증해야 하는 것은 헌법의 요구"라고 판시한 이래 공인이론은 세계 각국의 명예훼손법에 영향을 끼쳤다. 상당성 기준은 피고에게 있었던 사정을 기준으로 접근하는데 반해 공인이론은 원고의 신분을 기준으로 공인과 사인을 구분하고 있다. 우리나라에서는 헌법재판소가 1999년 "신문보도의 명예훼손적 표현의 피해자가 공적 인물인지 아니면 사인인지, 그 표현이 공적인 관심사안에 관한 것인지 순수한 사적인 영역에 속하는 사안인지의 여부에 따라 헌법적 심사기준에는 차이가 있어야 한다."고 판시한 바 있다.[13] 대법원은 2002년 "당해 표현으로 인한 피해자가 공적인 존재인지 사적인 존재인지, 그 표현이 공적인 관심 사안에 관한 것인지 순수한 사적인 영역에 속하는 사안에 관한 것인지"에 따라 상당성 심사 기준이 다르다고 하여 처음으로 공인이론을 수용하였다.[14] 대법원은 그 후 "특히 공직자의 도덕성, 청렴성에 대하여는 국민과 정당의 감시기능이 필요함에 비추어 볼 때, 그 점에

12) 대법원 1997. 9. 30. 선고 97다24207 판결; 대법원 1998. 2. 27. 선고 97다19038 판결; 대법원 1998. 5. 8. 선고 96다36395 판결; 대법원 1998. 10. 27. 선고 98다24624 판결; 대법원 2001. 1. 19. 선고 2000다10208 판결 등 참조

13) 헌재 1999. 6. 24. 97헌마265.

14) 대법원 2002. 1. 22. 선고 2000다37524, 37531 판결.

관한 의혹의 제기는 악의적이거나 현저히 상당성을 잃은 공격이 아닌 한 쉽게 책임을 추궁하여서는 안 된다"는 태도를 보이고 있다.[15]

사실 적시 없이 가치판단이나 모멸적 감정의 표현만으로 타인의 사회적 평가를 저하시킨 경우 모욕죄가 성립한다(형법 제311조). 사실 적시에 의한 명예훼손죄와 모욕죄가 표현의 자유를 위축시킨다는 비판이 있다.[16] 위헌이라는 주장도 많다. 하지만 헌법재판소는 모욕죄를 합헌이라고 판단하였다. 헌법재판소는 "사람의 인격을 경멸하는 표현이 공연히 이루어진다면 그 사람의 사회적 가치는 침해되고 그로 인하여 사회구성원으로서 생활하고 발전해 나갈 가능성도 침해받지 않을 수 없으므로, 모욕적 표현으로 사람의 명예를 훼손하는 행위는 분명 이를 금지시킬 필요성이 있고, 모욕죄는 피해자의 고소가 있어야 형사처벌이 가능한 점, 그 법정형의 상한이 비교적 낮은 점, 법원은 개별 사안에서 형법 제20조의 정당행위 규정을 적정하게 적용함으로써 표현의 자유와 명예보호 사이에 적절한 조화를 도모하고 있는 점 등을 고려할 때, 심판대상조항이 표현의 자유를 침해한다고 볼 수 없다."고 판시하였다.[17]

나. 정보통신망법

인터넷상 명예훼손에 대해서는 '정보통신망 이용촉진 및 정보보호 등에 관한 법률(이하 정보통신망법)'이 적용된다. 정보통신망법도 형법상

15) 대법원 2003. 7. 8. 선고 2002다64384 판결; 대법원 2003. 9. 2. 선고 2002다6355 판결 참조.

16) 참여연대 공익법센터, [보도자료] 모욕죄, 진실적시명예훼손죄 폐지 형법개정안 입법청원, 2012. 9. 4, http://www.peoplepower21.org/Public Law/947655 (방문일 2016. 4. 28).

17) 헌재 2013. 6. 27. 2012헌바37.

명예훼손죄와 유사한 내용을 담고 있다. 즉 사람을 비방할 목적으로 정보통신망을 통하여 공공연하게 사실을 드러내어 다른 사람의 명예를 훼손한 경우(제70조 제1항)와 동일한 방식으로 허위 사실을 드러내어 다른 사람의 명예를 훼손한 경우(동조 제2항) 형사처벌의 대상이 된다. 그러나 정보통신망법상 명예훼손죄는 형법상 명예훼손죄와 다른 점이 있다. 정보통신망법상 명예훼손죄에는 형법 제310조의 위법성조각사유가 적용되지 않는다.[18] 따라서 진실을 적시하여 다른 사람의 명예를 훼손한 경우 진실이라고 믿을 만한 상당한 이유가 있었는지를 검토할 필요가 없다. 오로지 성립요건, 즉 사람을 비방할 목적이 있었는지, 사실 또는 허위 사실을 공공연히 드러냈는지, 다른 사람의 사회적 평가를 저하하였는지 여부에 따라 명예훼손죄로 처벌받게 되는 것이다.

문제는 위법성조각사유의 부재로 인하여 인터넷상 명예훼손이 일반 명예훼손보다 표현의 자유를 제한하는 정도가 클 수 있다는 데 있다. 법원은 '사람을 비방할 목적'이라는 정보통신망법상 명예훼손죄 성립요건을 강화하는 방식으로 이 문제를 해결하고 있다. 법원 판례에 따르면, '사람을 비방할 목적'이라고 함은 위법성조각사유로서 '공공의 이익'과 상반되는 것이다. 즉 정보통신망법상 명예훼손죄에 있어서 '사람을 비방할 목적'이란 "가해의 의사 내지 목적을 요하는 것으로서 공공 이익을 위한 것과는 행위자의 주관적 의도 방향에 있어 서로 상반되는 관계에 있다고 할 것이므로, 적시한 사실이 공공 이익에 관한 경우에는 특별한 사정이 없는 한 비방할 목적은 부인된다."[19]

또 적시한 사실이 공공 이익에 관한 것인지 여부를 판단함에 있어

18) 대법원 2006. 8. 25. 선고 2006도648 판결.
19) 대법원 2005. 10. 14. 선고 2005도5068 판결.

서, 법원은 "당해 명예훼손적 표현으로 인한 피해자가 공무원 내지 공적 인물과 같은 공인인지 아니면 사인에 불과한지 여부, 그 표현이 객관적으로 국민이 알아야 할 공공성 · 사회성을 갖춘 공적 관심 사안에 관한 것으로 사회의 여론형성 내지 공개토론에 기여하는 것인지 아니면 순수한 사적인 영역에 속하는 것인지 여부, 피해자가 그와 같은 명예훼손적 표현의 위험을 자초한 것인지 여부, 그리고 그 표현에 의하여 훼손되는 명예의 성격과 그 침해의 정도, 그 표현의 방법과 동기 등 제반 사정을 고려"한다.[20] 위에서 언급한 고려요소는 형법 제310조의 위법성조각사유의 고려요소와 동일하다. 정보통신망법상 명예훼손죄의 경우 형법 제310조 소정의 위법성조각사유가 적용되지 않지만, 법원은 구성요건을 강화하는 방식으로 동일한 내용을 적용하고 있는 것이다. 표현의 자유와 인격권간 조화와 균형을 위한 부득이한 해석이라고 하겠다.

헌법재판소는 위 정보통신망법 제70조 제1항이 표현의 자유를 침해하지 않는다고 보아 합헌결정을 내렸다.[21] 가장 논란이 된 침해의 최소성 충족 여부과 관련하여, 헌법재판소는 진실한 사실이라고 개인의 인격을 형해화시키고 회복불능의 상황으로 몰고 갈 위험이 있으며, 명예와 체면을 중시하는 우리 사회의 전통적 가치관과 인터넷 이용이 상당히 보편화된 우리나라의 특수성을 고려해야 하며, '비방할 목적'이라는 초과 주관적 구성요건을 추가로 요구하여 인터넷 등 정보통신망에서 공공연하게 적시되는 명예훼손적 표현 중에서도 정보전달, 공공 이익을 위한 문제제기 등의 범위를 넘어 사람의 명예에 대한 가해 의사나 목적을 가진 표현만이 금지되도록 규제 범위를 최

20) 대법원 2005. 10. 14. 선고 2005도5068 판결.
21) 헌재 2016. 2. 25. 2013헌바105 등.

소 한도로 제한하고 있으며, 명예훼손 구제에 관한 다른 제도들이 형사처벌을 대체하여 인터넷 등 정보통신망에서 악의적이고 공격적인 명예훼손 행위를 방지하기에 충분한 덜 제약적인 수단이라고 보기 어려우므로 심판대상 조항이 침해의 최소성 원칙에 위배되지 않는다고 판단하였다.

(2) 민사상 권리구제 제도

우리 민법은 불법행위에 대한 권리구제방법으로 금전배상을 원칙으로 한다. 명예훼손 등 인격권 침해에 대해서도 손해배상청구를 통하여 구제받을 수 있다. 민법 제750조는 "고의 또는 과실로 인한 위법행위로 타인에게 손해를 가한 자는 그 손해를 배상할 책임이 있다"고, 제751조는 "타인의 신체, 자유 또는 명예를 해하거나 기타 정신상의 고통을 가한 자는 재산 이외의 손해에 대하여도 배상할 책임이 있다"고 규정하고 있다. 명예훼손 등 인격권 침해로 인하여 손해가 발생한 경우 그 손해는 정신적 손해로서, 인격권을 침해한 자는 그 손해를 위자하여야 한다. 명예훼손이 발생한 경우 피해자가 입은 손해를 금전으로 배상하는 방법으로 그 피해를 회복하는 데 충분하지 않을 수 있다. 이 경우 법원은 민법 제764조에 따라 손해배상에 갈음하거나 손해배상과 함께 명예회복에 적당한 처분을 명할 수 있다. 명예회복에 적당한 처분으로는 정정보도 청구, 철회 및 취소청구 등이 있다. 과거 사죄광고도 포함되었다. 하지만 1991년 헌법재판소가 민법 제764조의 '명예회복에 적당한 처분'에 사죄광고를 포함시키는 것은 헌법 제19조에 위반되는 동시에 헌법상 보장된 인격권의 침해에 이르게 된다고 결정한[22] 이후 사죄광고는 활용되지 않고 있다.

22) 헌재 1991. 4. 1. 89헌마160.

최근 민사상 권리구제수단으로 인격권에 기한 금지청구권이 주목받고 있다. 대법원은 일찍이 "명예에 관한 권리는 일종의 인격권으로 볼 수 있는 것으로서, 그 성질상 일단 침해된 후에는 금전배상이나 명예 회복에 필요한 처분 등의 구제수단만으로는 그 피해의 완전한 회복이 어렵고 손해 전보의 실효성을 기대하기 어려우므로, 이와 같은 인격권의 침해에 대하여는 사전 예방적 구제수단으로 침해행위의 정지 · 방지 등의 금지청구권이 인정될 수 있다."고 판시한 바 있다.[23] 이 판결의 논리대로라면 개인에게 불리한 언론보도의 유통을 금지하는 형태의 금지청구권도 가능하다고 할 것이다. 실제로 그런 사안이 발생하였다.

2) 대법원 2013. 3. 28. 선고 2010다60950 판결

(1) 판결 요지

명예는 생명, 신체와 함께 매우 중대한 보호법익이고 인격권으로서의 명예권은 물권의 경우와 마찬가지로 배타성을 가지는 권리라고 할 것이므로, 사람의 품성, 덕행, 명성, 신용 등의 인격적 가치에 관하여 사회로부터 받는 객관적 평가인 명예를 위법하게 침해당한 자는 손해배상(민법 제751조) 또는 명예회복을 위한 처분(민법 제764조)을 구할 수 있는 이외에 인격권으로서 명예권에 기초하여 가해자에 대하여 현재 이루어지고 있는 침해행위를 배제하거나 장래에 생길 침해를 예방하기 위하여 침해행위의 금지를 구할 수도 있다

인격권 침해를 이유로 한 방해배제청구권으로서 기사삭제 청구의

23) 대법원, 1996. 4. 12. 선고 93다40614, 40621 판결; 대법원 1997. 10. 24. 선고 96다17851 판결.

당부를 판단할 때는 표현내용이 진실이 아니거나 공공의 이해에 관한 사항이 아닌 기사로 인해 현재 원고의 명예가 중대하고 현저하게 침해받고 있는 상태에 있는지를 언론의 자유와 인격권이라는 두 가치를 비교·형량하면서 판단하면 되는 것이고, 피고가 그 기사가 진실이라고 믿은 데 상당한 이유가 있었다는 등의 사정은 형사상 명예훼손죄나 민사상 손해배상책임을 부정하는 사유는 될지언정 기사삭제를 구하는 방해배제청구권을 저지하는 사유로는 될 수 없다.

(2) 기사삭제청구권

대법원이 인정한 기사삭제청구권은 잊혀질 권리와 유사하다. 그러나 위 사건은 보통의 잊혀질 권리 사건과 다른 점이 있다. 잊혀질 권리 사건에서는 원고가 진실한 정보의 삭제 내지 정보차단을 요청하는데 반하여, 위 사건에서 원고는 문제의 기사가 진실이 아닐 뿐만 아니라 공공 이익에 관한 것도 아니라는 이유로 인격권에 기한 방해배제청구권 내지 기사삭제청구권을 요구하였다. 이에 피고는 기사는 공공 이해에 관한 사항으로서 그 목적이 공공 이익을 위한 것이고, 내용이 진실하거나 진실이라고 믿은 데 상당한 이유가 있으므로 위법성이 조각되어 삭제되어서는 안 된다고 주장하였다. 앞서 살펴본 바와 같이 그동안 우리나라 법원은 명예훼손 사건에서 인격권으로서 명예권과 표현의 자유 간의 조화를 위하여 상당성 이론을 적용하여 손해배상 책임 여부를 결정하였다. 하지만 위 판결에서 대법원은 종전의 명예훼손 법리를 그대로 적용하지 않았다.

대법원이 대상 판결에서 상당성 기준을 외면한 것은 큰 의미가 있다. 대법원이 상당성 기준을 배척한 이상 공인 및 사인 구분론은 전개될 여지가 없는 것이다. 결국 진실이 아닌 보도로 명예훼손이라는 인격권 침해 현상이 발생한 경우 피해자가 손해배상을 청구하는지, 기사삭제를 청구하는지에 따라 결론은 달라진다. 전자의 경우 법원은 표현의 자유와의 조화를 위하여 피해자가 공적 존재인지, 기사의 내용이 공적 관심사인지 등을 고려하여 진실이라고 믿을 상당한 이유가 있었는지 판단하지만, 후자의 경우 법원은 그러한 고려 없이 "기사로 인해 현재 원고의 명예가 중대하고 현저하게 침해받고 있는 상태에 있는지" 판단하는 데 그치는 것이다.

이러한 결론에 대하여 허위 사실의 표현도 표현의 자유의 보호영역에 포함된다는 논리[24)]에 기초하여 널리 알려진 기사 내용을 삭제함으로써 표현의 자유를 과도하게 제한하였다는 비판이 제기될 수 있다. 하지만 진위 여부가 불확실한 상태에서 명예훼손이라는 이유로 언론보도에 민・형사상 책임을 부과하는 것은 표현의 자유를 위축할 우려가 크지만, 이미 진실하지 않은 것으로 확인된 정보는 이를 삭제하더라도 표현의 자유를 위축한다고 보기 어렵다. 인격권 보호에 충실한 타당한 판결이라고 본다.

이 판결에서 더 나아가 인터넷에 유통되는 정보의 내용이 진실인 경우에도 정보주체가 요청하면 정보유통자는 해당 정보를 삭제해야 하는 의무를 부담하는지 여부는 향후 판례에 맡겨져 있다. 대법원은 "인격권으로서의 명예권은 물권의 경우와 마찬가지로 배타성을 가지는 권리"라고 보고 있으므로, 이 경우에도 삭제청구권을 수용할 가능성이 있다. 그러나 이런 경우까지 잊혀질 권리를 인정하게 되면 표현의 자유의 위축효과가 너무 크다고 본다.

---

24) 헌재 2010.12.28. 2008헌바157등 보충의견.

3) 인격권 보호의 전통적 법체계의 한계

인터넷상 인격권 보호에 있어서는 국경을 뛰어넘는 인터넷의 특성으로 인해 민·형사상 제도의 한계가 발생한다. 인터넷 서비스는 ① 내국인·외국인이 대한민국 내 서버를 설치하여 서비스를 제공하는 경우, ② 내국인이 대한민국 외에서 서버를 설치하여 서비스를 제공하는 경우, ③ 외국인이 대한민국 외에서 서버를 설치하여 서비스를 제공하는 경우로 나눌 수 있는데, ①과 ②의 경우 대한민국 법률이 적용되므로 민·형사상 절차를 통하여 인격권을 구제받을 수 있다. 그러나 ③의 경우 대한민국 법률이 적용되지 아니하고, 특히 형법의 경우 제한적으로 적용되므로(형법 제5조) 전통적 법체계로 인격권을 구제받기가 곤란하다. 예를 들어, 페이스북이나 인스타그램 등의 SNS에서 익명으로 명예훼손 게시물이 게시되어 명예훼손의 피해자가 수사기관에 고소하더라도, 페이스북이나 인스타그램은 전기통신사업법 제83조 제3항의 통신자료 제공 요청에 응하지 않아 익명의 가해자 신상정보를 확인할 수가 없어 수사 진행이 매우 곤란해진다.

2014년 구글 스페인 판결에서는 EU의 개인정보 보호지침이 미국 기업에 적용되는지 여부에 관하여, CJEU는 비록 사업자의 개인정보 처리 서버가 유럽 밖에 위치하고 있더라도 위 지침 제4조(1)(a)에 따라 EU회원국 내에 자회사나 지사를 통해 해당 회원국의 국민에 대하여 회원국의 언어로 정보를 제공하거나 광고를 제공하는 경우 회원국의 영토 내의 행위에 해당하므로 회원국 법원의 관할이라고 보아야 할 것이므로 EU법이 해당 사업자에 적용된다고 결정하여 위와 같은 문제를 극복하였다.

2. 정보통신망법과 잊혀질 권리

1) 인터넷상 권리침해에 대한 새로운 구제 제도

인터넷의 발달로 시민은 정보를 수용할 뿐 아니라, 정보를 바탕으로 자기 생각을 표현하는 주체로 바뀌었다. 인터넷이 쌍방향 표현행위를 가능하게 한 것이다. 그렇기 때문에 인터넷은 표현의 자유의 이론적 기초인 사상의 자유시장을 가능하게 하는 매체라고 평가받는다. 헌법재판소가 2002년 전기통신사업법 제53조에 대한 헌법소원심판사건에서 인터넷을 '가장 참여적인 시장', '표현촉진적인 매체'라고 평가한 것은 타당하다.[25] 인터넷은 또한 보통 사람의 문화 참여를 가능하게 하였다.[26] 하지만 인터넷의 광범위한 활용으로 부정적 측면도 두드러지고 있다. 누구나 표현의 자유의 주체로서 활동할 수 있는 가능성과 누구나 명예훼손의 주체가 될 수 있는 우려가 동시에 공존한다. 과거 아날로그 시절에는 그냥 잊고 지낼 수 있는 사안도 지금은 그렇지 않다. 인터넷상 게재된 글은 본인 의사와 달리 지워지지도 않는다. 상대방을 대면하지 않고 컴퓨터 뒤에 숨어서 올리는 표현은 가혹해지기 쉽고, 신속한 정보 확산의 인터넷 환경은 명예훼손적 표현이 급속히 전파되는 것을 돕는다.

인터넷이 일상화되면서 표현의 자유와 인격권이라는 두 헌법적 가치간 조화와 균형을 이루는 기존의 제도가 여전히 적정한 수단인지 의문이 생긴다. 물론 인터넷으로 인하여 명예훼손이 성립하기 위한

---

25) 헌재 2002. 6. 27. 99헌마480.

26) Jack M. Balkin, *Digital Speech and Democratic Culture: A Theory of Freedom of Expression for the Information Society*, 79 N.Y. L. Rev. 6-(2004).

실체적 조건이 달라지는 것은 아니다. 명예훼손은 공연히 타인의 사회적 평가를 저하시키는 표현행위를 함으로써 성립하는 것이지, 그 표현행위가 어떤 매체를 통해서 행하여졌는지는 중요한 요소가 아니다. 하지만 표현의 자유의 보호 정도는 표현의 자유를 전달하는 매체의 성격에 따라 달라질 수밖에 없기 때문에 매체의 특성을 살펴보아야 한다.[27] 매체의 속성상 매체가 야기하는 피해의 정도가 다르다면, 인격권의 보호를 위하여 특정 매체를 다른 매체와 달리 취급할 수 있다.

그동안 우리 정부는 인터넷의 특성 중 부정적 측면을 중시하여 새로운 피해구제 제도를 법제화하는 데 적극적이었다. 인터넷의 신속한 확장성을 고려하여, 불법정보의 유통을 저지함으로써 피해 확산을 조속히 구제하기 위해 2001년 정보통신망법에 임시조치 제도를 도입하였고, 2008년 방송통신위원회의 설치 및 운영에 관한 법률(이하 '방통위설치법'이라고 한다)에 통신심의 및 시정요구 제도를 도입하였다. 또 인터넷의 익명성을 고려하여 2007년 정보통신망법에 인터넷 본인확인제를 도입하였다. 이 중 임시조치 제도와 통신심의 및 시정요구 제도는 잊혀질 권리와 밀접하게 관련되어 있다.

새로운 제도들은 도입 초기부터 인터넷의 속성을 제대로 파악하지 못하였거나, 부정적 측면을 과장하여 인터넷 표현의 자유를 과도하게 제한하여 위헌이라는 지적에 직면하였다. 특히 인터넷 본인확인제와 통신심의 제도는 다른 나라에서 유사한 사례를 찾기 힘들어 국제 사회에서 우리나라를 인터넷 탄압국으로 비춰지게 하는 주된 원인이 되었다. 이하에서는 임시조치 제도와 통신심의 및 시정요구 제도를 잊혀질 권리와의 관계 속에서 살펴본 후 위헌성을 검토한다.

---

27) 문재완, 인터넷에서의 표현의 자유와 그 한계, 외법논집 제31집, 2008, 17쪽.

2) 동의철회권

정보통신망법은 제30조 제1항에서 "이용자는 정보통신서비스 제공자등에 대하여 언제든지 개인정보 수집·이용·제공 등의 동의를 철회할 수 있다고 규정하고 있다. 여기서 말하는 동의 철회권은 동의를 전제로 하므로, 구글 스페인 사건에서처럼 동의를 전제로 하지 않는 사안에는 적용하기 어렵고, 따라서 잊혀질 권리의 근거 조항으로 활용할 수 없다고 한다.[28)]

또한 동조 제2항은 정정권을 규정하고 있는데, 정정권 안에 일반적인 삭제권이나 취급정지권이 들어있다고 보기 어렵다고 하고, 위 조항은 오류를 전제로 무조건적인 정정권을 인정하고 있는데, 잊혀질 권리는 이익형량을 전제로 하여 인정되어야 하므로 잊혀질 권리의 근거 조문이 될 수 없다고 한다.

3) 임시조치 제도

(1) 내용 및 근거

임시조치 제도란 권리침해를 받은 자가 유통되는 정보의 삭제를 요청한 경우 정보통신서비스 제공자가 해당 정보에 대한 일반 이용자의 접근을 임시적으로 차단하고, 임시조치를 취한 경우 이로 인한 정보통신서비스 제공자의 배상책임을 줄이거나 면제할 수 있도록 한 제도를 말한다. 정보통신망법 제44조의2에 그 법적 근거를 두고 있다. 또 같은 법 제44조의3은 임의의 임시조치로서 삭제요청이 없는 경우

28) 김경한, 인터넷 공간의 잘못된 기사와 새로운 피해구제 방안, 「언론중재위원회 정책심포지엄 종합보고서」, 88쪽 2014.

라도 정보통신서비스 제공자는 자신이 운영·관리하는 정보통신망에 유통되는 정보가 사생활 침해 또는 명예훼손 등 타인의 권리를 침해한다고 인정되면 임의로 임시조치를 할 수 있다고 규정하고 있다.

인터넷에서 불법정보가 확산을 신속히 막아 피해자를 보호하기 위해서는, 법원이나 행정기관의 결정을 기다리기보다 정보통신망을 운영·관리하는 정보통신서비스 제공자가 직접 나서는 것이 효율적이다.[29] 임시조치 제도는 인터넷 포털 사업자와 같은 정보통신서비스 제공자에게 불법정보, 유해정보, 권리침해정보의 확산을 방지하도록 의무를 부과하고 동시에 그러한 의무를 이행한 경우 불법정보 등의 유통에 따른 책임을 경감함으로써 인터넷상 권리침해를 신속히 구제할 목적으로 도입되었다. 임시조치는 미국의 1998년 디지털 밀레니엄 저작권법(Digital Millennium Copyright Act)과 2000년 유럽연합 전자상거래 지침(European Union's Electronic Commerce Directive)에서 제도화된 통지 및 삭제(notice and takedown)를 본떠 제도화한 것이나, 내용상 차이가 있다.

(2) 임시조치의 요건 및 절차

임시조치 제도는 2001년 처음 도입되었으나, 일방적인 정보 삭제로 정보 게재자의 표현의 자유를 침해한다는 비판이 강력해지자, 2007년 정보통신망법을 개정해 현재의 모습을 띠게 되었다. 임시조치를 하기 위해서는 다음과 같은 요건을 갖추어야 한다.[30]

---

29) 문재완, 인터넷상의 명예훼손과 인터넷 포털사이트의 법적 책임—대법원 2009.4.1.6. 선고2008다53812 판결을 중심으로—, 공법연구 제38집 제1호 제2권, 2009, 54-55쪽; 매체로서의 인터넷의 성격에 관하여는 문재완, 인터넷에서의 표현의 자유와 그 한계, 외법논집 제31집, 2008, 327쪽 이하 참조

30) 헌재 2012. 5. 31. 2010헌마88.

첫째, 해당 정보가 '사생활, 명예 등 타인의 권리'를 침해하는 경우여야 한다. 따라서 특정인의 사생활이나 명예 등과 무관하게 정부의 정책 또는 국가기관의 직무수행을 비판하고 있다는 이유로 임시조치가 행해질 수는 없다.

둘째, 권리침해 주장자의 '삭제등 요청'과 '소명'이 있어야 한다. 여기서 '소명'이란 증명보다는 낮은 정도의 개연성으로 일응 확실할 것이라는 추측을 얻게 한 상태 또는 그와 같은 상태에 이르도록 증거를 제출하는 당사자의 노력을 말한다. 하지만 명예훼손 등에 있어서 권리침해 여부는 해당 정보의 내용에 달려 있는 경우가 대부분이므로 권리침해 주장자와 권리주체가 동일인임을 확인시켜 주는 것 이상의 의미를 가지기 어렵다.

셋째, 적어도 '타인의 권리침해 여부를 판단하기 어렵거나 이해 당사자 간에 다툼이 예상되는 경우'여야 한다. '타인의 권리를 침해한다고 인정되는 경우'에도 정보주체는 해당 정보의 임시조치를 청구할 수 있다. 하지만 침해 여부가 분명한 경우에는 해당 정보의 삭제를 요청할 것이므로 임시조치는 한시적으로만 의미를 갖는다.

위와 같은 요건이 모두 갖추어진 경우 정보통신서비스 제공자는 지체 없이 임시조치를 하여야 한다. 임시조치의 내용은 '30일 이내'의 기간 동안 '해당 정보에 대한 접근을 임시적으로 차단'하는 것이다. 정보통신서비스 제공자는 임시조치를 취했다는 사실을 권리침해 주장자 및 정보게재자에게 알려야 하고, 이용자도 알 수 있도록 해당 게시판에 공시하는 등의 조치를 취하여야 한다.

(3) 임시조치와 잊혀질 권리

임시조치는 그 요건과 절차에 있어서 민사집행법상 일반적 가처분에 의하는 경우보다 피해자에게 유리한 제도다. 정보통신서비스 제공자 입장에서는, 권리침해를 받았다고 주장하는 자가 삭제 또는 반박 내용의 게재요청을 할 경우 이를 받아들이면 배상책임을 감면받을 수 있다. 요청을 받아들이지 않을 경우 권리침해의 손해가 확산된 것에 대한 손해배상 등의 책임을 질 수 있기 때문에 정보통신서비스 제공자는 요청을 받아들이기 마련이다. 2009년 대법원 전원합의체 판결에 따르면, 정보통신서비스 사업자는 게시물의 삭제 및 차단요구를 받으면 게시물의 불법성이 명백한 경우에만 삭제 및 차단의무를 진다.[31] 하지만 정보통신서비스 사업자 입장에서 보면, 불법성이 명백한지 여부에 대한 논쟁에 휘말리고 싶지 않기 때문에 삭제 및 차단요구를 받으면 문제의 게시물을 임시조치하는 쪽을 선택하게 될 것이다. 인터넷 포털이 시행한 임시조치 건수는 아래 〈표 7-1〉에서 나타나는 바와 같이 매년 증가하고 있다.

임시조치 제도는 언론의 자유를 억압하는 대표적인 제도로 비판받는다. 국제 언론감시단체 「국경 없는 기자회(Reporters Without Borders)」가 매년 발표하는 세계 언론 자유지수에서 우리나라는 2016년 180개

〈표 7-1〉 임시조치 건수 변화

구분	네이버	다음	SK컴즈	합계
2010	85,573	58,186	1,353	145,112
2011	123,079	97,104	3,504	223,687
2012	155,161	67,342	7,664	230,167
2013	277,146	88,634	9,196	374,976
2014	337,923	116,261	642	454,826
합계	978,882	427,527	22,359	1,428,768

31) 대법원 2009. 4. 16. 선고 2008다53812 전원합의체 판결.

국가 중 70위라는 좋지 않은 결과를 얻었다. 임시조치 제도는 부정적인 평가를 받게 된 원인 중 하나다. 신속한 정보의 유통을 특징으로 하는 인터넷의 성격을 고려하면, 이해관계인의 일방적인 주장에 따라 사회적 관심사인 정보가 30일간 유통되지 못하는 것은 표현의 자유를 심각하게 제한한다고 평가할 수 있다.[32]

임시조치 제도는 정보주체의 요청으로 정보의 유통을 차단한다는 면에서 잊혀질 권리와 유사한 면이 있다. 인터넷 표현의 자유보다 인격권을 중시한다는 점에서도 유사하다. 잊혀질 권리를 도입하자는 주장에 대하여, 우리나라는 이미 임시조치를 통해서 정보주체가 원하는 정보의 유통 차단 효과를 거둘 수 있기 때문에 바람직하지 않다는 반론이 제기되기도 한다.[33] 즉 "임시조치제도는 현재 피해 당사자의 피해구제에는 도움이 될지 모르겠지만, 반대로 해당 글을 게시한 자의 이의제기 절차를 인정하지 않을 뿐만 아니라 정치인 등이 남용하는 문제점을 안고 있어 오히려 표현의 자유 및 알권리를 침해한다는 비판을 받고 있는 실정이다. 이러한 상황에서 잊혀질 권리가 법제화되는 경우에는 기존 제도와의 충돌 문제뿐만 아니라 표현의 자유 및 알권리를 더욱더 침해하는 상황을 유발할 수 있다는 점을 고려할 필요가 있다."고 한다.[34]

하지만 잊혀질 권리는 임시조치와 큰 차이가 있다. 첫째, 잊혀질 권리는 항구적인 정보의 삭제 내지 유통 차단을 요청하는 권리이지만, 임시조치는 30일 이내 시행되는 한시적인 수단이다. 둘째, 임시

32) 임시조치의 위헌성에 관해서는 박경신, 인터넷임시조치제도의 위헌성: "남이 싫어하는 말은 30일 후에 하라", 중앙법학 제11집 제3호, 2009 참조.

33) 황성기, '잊혀질 권리' 법제화 필요한가, 중앙일보, 2014. 8. 20. 30면.

34) 위 논평 참고.

조치는 사생활, 명예 등 타인의 권리를 침해하는 정보를 대상으로 하는 데 반하여, 잊혀질 권리는 권리 침해 여부와 상관없이 정보주체가 해당 정보의 삭제 내지 유통 차단을 청구할 수 있다. 정보주체가 자신에 관한 정보의 유통을 원하지 않을 경우 인정되는 것이 잊혀질 권리다. 다만 이러한 요청이 정보처리자의 권리와 충돌하는 경우 해당 정보가 타인의 권리를 침해하는지 여부를 판단하는 절차를 밟게 된다.

(4) 헌재 결정[35]

가. 판결요지

임시조치제도는 사생활을 침해하거나 명예를 훼손하는 등 타인의 권리를 침해하는 정보가 무분별하게 유통되는 것을 방지하기 위한 것으로서 그 입법목적의 정당성이 인정되며, 임시조치를 취하도록 하는 것은 권리의 침해 가능성이 있는 정보의 유통 또는 확산을 일시적으로 차단한다는 점에서 위 입법목적 달성에 기여하는 적합한 수단이다.

정보통신망에 게재되는 사생활이나 명예에 관한 정보에 대해서는 반론과 토론을 통한 자정작용이 사실상 무의미한 경우가 적지 않고, 빠른 전파 가능성으로 말미암아 사후적인 손해배상이나 형사처벌로는 회복하기 힘들 정도의 인격 파괴가 이루어질 수도 있어, 정보 공개 그 자체를 잠정적으로 차단하는 것 외에 반박 내용 게재, 링크 또는 퍼나르기 금지, 검색기능 차단 등의 방법으로는 이 사건 법률조항의 입법목적을 효과적으로 달성할 수 없다.

임시조치를 하기 위해서는 권리침해 주장자의 '소명'이 요구되므로 정보통신서비스 제공자로 하여금 해당 침해주장이 설득력이 있는지

35) 헌재 2012. 5. 31. 2010헌마88.

를 스스로 판단하도록 하고 있다는 점, '30일 이내'라는 비교적 짧은 기간 동안의 정보 접근만을 차단할 뿐이라는 점, 임시조치 후 향후 분쟁해결 절차에 관하여는 정보통신서비스 제공자의 자율에 맡김으로써 정보의 불법성을 보다 정확히 확인하는 동시에 권리침해 주장자와 정보게재자 간의 자율적 분쟁 해결을 도모할 시간적 여유를 제공한다는 점 등에 비추어 볼 때, 이 사건 법률 조항이 규정하고 있는 임시조치의 절차적 요건과 내용 역시 정보게재자의 표현의 자유를 필요최소한으로 제한하도록 설정되어 있다.

헌법 제21조 제4항의 취지 등에 비추어 볼 때, 사생활 침해, 명예훼손 등 타인의 권리를 침해할 만한 정보가 무분별하게 유통됨으로써 타인의 인격적 법익 기타 권리의 침해가 돌이킬 수 없는 상황에 이르게 될 가능성을 미연에 차단하려는 공익은 매우 절실한 반면, 이 사건 법률조항으로 말미암아 침해되는 정보게재자의 사익이 그리 크지 않으므로, 법익균형성 요건도 충족한다.

나. 평가

헌법재판소가 위 사건에서 견해의 대립 없이 합헌결정을 내린 점은 주목할 만하다. 그러나 전원일치 결정이라고 해서 임시조치 제도가 표현의 자유와 인격권의 충돌 문제를 조화롭게 해결하고 있다고 평가할 수는 없다. 특히 침해의 최소성 요건을 충족하는지 의문이다. 임시조치의 요건에서 '소명'이란, 권리침해 주장자와 권리주체가 동일인임을 확인시켜 주는 것 이상의 의미를 갖지 않는다. 정보통신서비스 제공자는 구체적·개별적인 게시물의 삭제 및 차단 요구를 받은 경우 이를 차단하지 않음으로서 발생하는 손해는 불법행위의 책임을 져야하기 때문에[36] 권리침해 여부를 스스로 판단할 여지는 사실상 없다. 결국 '소명'은 '주장'과 실질적으로 다를 바가 없게 된다. 또 '30일 이내'라는 기간이 비교적 짧은 기간이라고 볼 수 있는지도 의문이다. 인터넷의 전파성[37]과 실시간 검색어 순위가 급속도로 바뀌는 우리나라 특유의 문화를 고려하면 30일을 짧은 기간이라고 평가하기 힘들다. 임시조치 제도를 인터넷 서비스 제공자로 하여금 인터넷 이용자의 표현행위를 상시적으로 감시하고 검열하도록 하는 체제라고 평가하는 견해도 있다.[38] 임시조치 제도의 가장 큰 문제점은 정보 게시자의 이의제기 등 참여를 보장하는 절차가 없는 것이므로 보완이 필요하다.

헌법재판소가 정보통신망법상 임시조치를 합헌이라고 결정한 것은, 인터넷상 개인정보로 인하여 '사인의 사생활의 비밀의 자유 또는 인격권'과 '사인의 표현의 자유'라는 두 기본권이 충돌하는 상황에서 표현의 자유보다 사생활이나 명예를 더 중시하였기 때문이다. 헌법재판소는 비교형량 과정에서 "정보통신망을 통한 표현이 갖는 익명성과 비대면성, 빠른 전파가능성"이라는 인터넷의 특성과 "타인의 명예나 권리를 표현의 자유가 갖는 구체적 한계로까지 규정하여 보호하고 있는 헌법규정의 취지"를 고려하였다.[39] 이 판결은 인터넷을 '가장 참여적인 시장'이고 '표현촉진적 매체'로만 이해하여 정부 규제를 배제하던 초기 사고[40]에서 벗어나, 복합적인 인터넷 환경의 특징을 잘 이

36) 대법원 2009.4.16. 선고 2008다53812 판결.
37) 김보라미, 네트워크화된 공론장인 인터넷의 특성에 따른 명예훼손 성립에 대한 검토, 서울대학교 기술과 법 센터 Law & Technology 제5권 제4호, 2009, 49면.
38) 이와 관련한 연구는 다수 발표되었나, 최근 논의로는 김현귀, 정보통신망법상 임시조치제도와 표현의 자유, 법과 사회 제46호, 2014 참고.
39) 헌재 2012. 5. 31. 2010헌마88.
40) 헌재 2002. 6. 27. 99헌마480.

해하고 있다. 또 다른 나라와 달리 우리 헌법은 제21조 제4항에서 표현의 자유의 헌법적 한계로 '타인의 명예나 권리'를 명시하고 있는 점을 고려한 것도 특징이다. 이런 관점에서 보면 우리나라도 잊혀질 권리를 수용할 헌법적 환경이 마련된 것처럼 보인다.

4) 통신심의 및 시정요구 제도

(1) 내용 및 근거

통신심의 및 시정요구란 불법정보나 유해정보의 확산을 막기 위하여 정보통신망을 통하여 유통되는 정보를 심의한 후 불법 또는 유해로 판정된 정보에 대해서 시정을 요구하는 제도를 말한다. 통신심의 및 시정요구는 인터넷상의 권리침해정보가 급속히 확산됨에 따른 피해를 방지함으로써 권리를 침해받은 자를 신속히 구제하는 기능을 한다. 정보통신망법은 제44조의7에서 불법정보의 유형을 열거한 후 누구든지 정보통신망을 통하여 불법정보를 유통해서는 안 된다고 규정하고(제1항), 불법정보가 유통될 경우 방송통신위원회가 정보통신서비스 제공자 또는 게시판 관리·운영자로 하여금 그 취급을 거부·정지 또는 제한하도록 명할 수 있도록 하고 있다(제2항 및 제3항). 이 때 방송통신위원회는 스스로 불법성을 판단하지 않고, '방송통신심의위원회의 심의를 거쳐' 필요한 조치를 취한다. 사람을 비방할 목적으로 공공연하게 사실이나 거짓의 사실을 드러내어 타인의 명예를 훼손하는 내용의 정보(제44조의7 제1항 제2호)와 같은 권리침해정보의 경우도 마찬가지다.

그런데 방통위설치법은 방송통신심의위원회(이하 심의위원회)의 직무를 규정하면서, 위 정보통신망법 제44조의7에 규정된 사항의 심의

외에 또 다른 내용의 심의를 직무 내용으로 규정하고 있다. 즉 방통위설치법 제21조는 제3호에서 "「정보통신망 이용촉진 및 정보보호 등에 관한 법률」 제44조의7에 규정된 사항의 심의"를 규정하고 난 후, 제4호에서 "전기통신회선을 통하여 일반에게 공개되어 유통되는 정보 중 건전한 통신윤리의 함양을 위하여 필요한 사항으로서 대통령령이 정하는 정보의 심의 및 시정요구"를 그 직무로 규정하고 있는 것이다. 이에 따라 제정된 대통령령(방송통신위원회 설치 및 운영에 관한 법률 시행령) 제8조 제1항은 심의대상이 되는 정보를 다시 "「정보통신망 이용촉진 및 정보보호 등에 관한 법률」 제44조의7에 따른 불법정보 및 청소년에게 유해한 정보 등 심의가 필요하다고 인정되는 정보"로 규정하고 있다. 따라서 정보통신망법 제44조의7에 따른 불법정보는 방통위설치법 제21조 제3호에 따라 심의할 수도 있고, 제4호에 따라 심의할 수도 있다.

(2) 요건 및 절차

방통위설치법 제21조 제4호과 동법 시행령 제8조에 의할 때, 심의대상 정보는 ① 전기통신회선을 통하여 일반에게 공개되어 유통되는 정보이며, ② 정보통신법 제44조의7에 따른 불법정보이거나 청소년에게 유해한 정보로서, ③ 심의위원회가 건전한 통신윤리의 함양을 위하여 필요하다고 인정하는 정보이다. 위 요건은 모호하고, 심의위원회에 재량을 과도하게 부여하여 사실상 무의미하다.

제4호 사항의 심의절차에 대해서는 특별한 규정도 없다. 방통위설치법 제21조 제3호에 따른 심의의 경우 법에 그 절차가 비교적 상세히 규정되어 있는 것과 대조적이다. 심의위원회가 제3호에 따른 심의를 할 경우 정보통신망법 제44조의7 제2항 및 제3항 소정의 절차를 따라야 한다. 정보통신망법 제44조의7 제1항에 열거된 불법정보 중 제1호부터 제6호까지의 정보는, 방송통신위원회가 심의위원회의 심의를 거쳐 정보통신서비스 제공자 또는 게시판 관리 · 운영자로 하여금 그 취급을 거부 · 정지 또는 제한하도록 명할 수 있지만(제2항 본문), 제7호부터 제9호까지의 정보는 ① 관계 중앙행정기관의 장의 요청이 있고, ② 요청을 받은 날부터 7일 이내에 심의위원회의 심의를 거친 후 「방송통신위원회의 설치 및 운영에 관한 법률」 제21조제4호에 따른 시정 요구를 하였음에도, ③ 정보통신서비스 제공자나 게시판 관리 · 운영자가 시정 요구에 따르지 않았을 경우 방송통신위원회는 정보통신서비스 제공자 또는 게시판 관리 · 운영자에게 해당 정보의 취급을 거부 · 정지 또는 제한하도록 명하여야 한다(제3항).

심의위원회가 정보통신서비스 제공자나 게시판 관리 · 운영자에게 내리는 시정요구의 종류로는 '해당정보의 접속차단', '해당정보의 삭제', '이용자에 대한 이용정지', '이용자에 대한 이용해지'가 있다(방송통신위원회법 시행령 제8조 제2항). 인터넷 이용자 입장에서 보면, 해당정

〈표 7-2〉 권리침해정보에 대한 통신심의 제재종류별 의결 내역

	심의건수	시정요구			
		계	삭제	이용해지/정지	접속차단
2015년	6,901	5,379	1,661	0	3,718
2014년	3,770	2,085	374	0	1,711
2013년	4,768	3,135	1,388	2	1,745
2012년	2,947	1,572	608	2	962
2011년	2,833	668	348	1	319
2010년	1,926	446	389	0	57
2009년	3,990	1,124	1,121	0	3
2008년	6,334	1,202	1,201	1	0

보에 접속하지 못하거나, 해당정보가 삭제되거나, 해당 정보를 올리는 사람의 계정이 이용 해지 또는 정지되기 때문에 시정요구의 대상이 되는 정보를 볼 수 없게 된다. 잊혀질 권리와 동일한 효과가 나타난다. 〈표 7-2〉는 방송통신심의위원회가 최근 행한 권리침해정보에 대한 통신심의 및 시정요구 현황이다.

(3) 심의 및 시정요구와 잊혀질 권리

통신심의는 행정권이 주체가 되어 유통되는 정보 중 일부를 불법 내지 불건전하다고 평가한 후 유통을 금지시키는 것으로, 사상의 자유시장을 전제로 하는 표현의 자유와 양립하기 어려운 면이 있다. 심의위원회는 당사자가 신청한 사안을 심의하기도 하고, 자체 조사로 사안을 심의하기도 한다. 전자는 잊혀질 권리와 유사한 기능을 한다. 이와 관련하여, 심의위원회는 인터넷피해 구제센터를 운영하고 있다. 2015년 10월 14일 인터넷피해 구제센터 홈페이지가 개설되었다.[41] 심의위원회는 개설 이유를 다음과 같이 밝히고 있다.

"최근 인터넷 등 정보통신망을 통하여 유통되는 정보 중 명예훼손, 모욕, 초상권 침해 등 타인의 권리를 침해하는 악성 게시글, 댓글 등으로 인한 폐해가 날로 심각해지고 있습니다. 이에 방송통신심의위원회는 이러한 정보의 유통으로 인한 이용자의 고통을 최소화하고 피해를 신속하게 구제하기 위하여 인터넷피해구제센터를 운영하고 있습니다."[42]

권리침해정보 심의의 경우 심의대상은 ① 개인정보 유포 등 사생

41) http://remedy.kocsc.or.kr/ddmsIndex.do (방문일 2016. 4. 28).
42) http://remedy.kocsc.or.kr/ddms/hlp/showUseGuide.do (방문일 2016. 4. 28).

활의 비밀과 자유를 침해할 우려가 현저한 내용의 정보, ② 정당한 권한 없이 타인의 사진, 영상 등을 게재하여 타인의 인격권을 현저히 침해하는 내용의 정보, ③ 사람을 비방할 목적으로 공공연하게 타인을 모욕하거나 사실 또는 거짓의 사실을 드러내어 타인의 명예를 훼손하는 내용의 정보다.[43] 잊혀질 권리를 광범위한 의미로 사용하여 정보주체가 원하지 않는 개인정보의 삭제라고 이해할 경우 잊혀질 권리의 대상 정보가 권리침해정보의 심의대상보다 넓다. 하지만 당사자가 원한다고 개인정보가 삭제되는 것은 아니기 때문에 정보주체가 잊혀질 권리를 통해서 실현하고자 하는 내용은 대부분 통신심의 신청으로 실현할 수 있음을 알 수 있다.

심의위원회가 자체 조사로 통신심의를 하는 것은 표현의 자유를 침해할 소지가 크다. 그동안 통신심의를 둘러싼 비판은 주로 위 방통위설치법 제21조 제4호에 집중되었다. 제3호보다 활용 빈도가 월등하게 높고, 심의대상 정보가 불명확하고, 심의기관에 자의적인 판단 여지를 주고 있어 표현의 자유 침해 우려가 훨씬 크기 때문이다. 제3호는 통신심의 자체보다 심의대상에 포함하고 있는 불법정보 중 제9호("그 밖에 범죄를 목적으로 하거나 교사 또는 방조하는 내용의 정보")가 모호하고 광범위하다는 비판을 받았다.[44] 이에 대하여 심의위원회는 제4호에 근거하여 내리는 시정요구가 법적 제재가 아닌 단순한 권고적 행위에 불과하며, 심의 및 시정요구를 내리는 주체로서 심의위원회는 행정기관이 아닌 민간기구라고 주장해왔다.[45] 따라서 민간기구가 단

---

43) http://remedy.kocsc.or.kr/ddms/req/viewReqRevwGuide.do (방문일 2016. 4. 28).

44) 그러나 헌법재판소는 제9호가 명확성의 원칙 및 과잉금지 원칙에 반하지 않는다고 결정하였다. 헌재 2012. 2. 23. 2008헌마500.

45) 방송통신심의위원회는 이러한 입장에서 시정요구에 불복하여 행정소송을 제기하는 것이 부당하다는 입장이었다. 또 시정요구는 공권력의 행사가 아니기 때문에

순히 협조를 요청하는 사안에서 대상 정보를 엄밀하게 규정하거나 심의 절차를 엄격하게 통제를 할 필요도 없으며, 재량껏 판단할 수 있다는 것이다.

하지만 제4호에 따라 심의하고 시정을 요구하는 기관이 제3호에 따라 동일한 사안을 심의하고 법적 제재를 부과하는 데 결정적 역할을 하는 기관과 동일하기 때문에 시정요구를 받는 상대방으로서는 시정요구를 단순한 협조요청으로 받아들이기 어렵다. 더구나 시정요구가 순수한 협조요청에 불과하다면, 상대방은 불만이 있다고 하더라도 행정소송을 통해 이를 시정할 수 있는 구제수단을 갖지 못한다.[46] 심의 및 시정요구 제도가 인터넷 표현의 자유를 과도하게 제한한다는 불만을 사게 된 것은 당연하다고 하겠다.

(4) 헌재 결정[47]

헌법재판소는 심의위원회의 시정요구는 단순한 행정지도로서의 한계를 넘어 규제적·구속적 성격을 갖는 것으로서 헌법소원 또는 항고소송의 대상이 되는 공권력의 행사라고 판단하였다. 따라서 행정소송으로 시정요구의 정당성을 판단 받을 수 있다고 본 것이다. 하지만 통신심의의 근거조항인 방통위설치법 제21조 제4호의 위헌성은 인정하지 않았다. 그 주요 논거는 다음과 같다.

① 이 사건 법률조항은 불건전정보에 대한 규제로 온라인매체의 폐해를 방지하고 전기통신사업의 건전한 발전을 도모하기 위한 것으

이에 불복하여 헌법소원심판청구를 하는 것도 부당하다고 한다.

46) 방송통신심의위원회의 전신인 정보통신윤리위원회가 내린 시정요구(전기통신차단명령)에 대해서 법원은 항고소송의 대상이 되는 행정처분이 될 수 없다는 이유로 원고청구를 각하한 적이 있다. 서울고법 2007. 1. 30. 2007구합5974 판결.

47) 헌재 2012. 2. 23. 2011헌가.

로 입법목적의 정당성이 인정되고, 심의위원회로 하여금 불건전정보의 심의 및 시정요구를 할 수 있도록 한 것은 위와 같은 입법목적 달성에 적절한 방법이라 할 수 있다.

② 이 사건 법률조항이 불건전정보 개념의 모호성, 추상성, 포괄성으로 인하여 규제되지 않아도 될 표현의 자유까지 규제하고 있다고 볼 수 없다. 오히려 하위법규인 시행령 규정으로 기본권 침해를 최소화하고 있다고 판단된다.

③ 이 사건 법률조항에 따른 시정요구는 정보게시자의 표현의 자유의 제한을 최소화하고자 불법성 내지 불건전성의 경중에 따라 단계적 조치를 마련하고 있고, 시정요구의 불이행 자체에 대한 제재조치를 규정하고 있지 않고, 달리 불건전정보의 규제 수단으로 표현의 자유를 덜 침해할 방법을 발견하기 어려우므로, 피해의 최소성 원칙에 반하지 않는다.

④ 전기통신회선을 통해 유통되는 정보, 특히 인터넷에 유통되는 정보는 종전의 고전적인 통신수단과는 비교할 수 없을 정도의 복제성, 확장성, 신속성을 가지고 유통되기 때문에 불법정보에 대하여 신속하게 적절한 조치를 취하지 않으면 그로 인해 발생할 수 있는 개인적 피해와 사회적 혼란 등을 사후적으로 회복하기란 사실상 불가능에 가깝다. 따라서 불법정보에 대한 심의 및 시정요구 제도를 통해 건전한 통신윤리의 함양이라는 공익을 보호할 필요성은 매우 크다고 할 것이다. 반면, 시정요구로 인하여 초래되는 불법정보 게시자의 표현의 자유에 대한 제한은 공익적 필요성에 비하여 크지 않다.

3. 개인정보 보호법상 잊혀질 권리의 보장

1) 개인정보 보호법과 잊혀질 권리

유럽에서 잊혀질 권리가 논의되면서 새삼 주목받게 된 법이 개인정보 보호법이다. 유럽에서 잊혀질 권리의 도입을 본격적으로 논의하기 시작하던 초기에는 잊혀질 권리와 개인정보 보호법과의 관계가 불분명하였다. 잊혀질 권리를 1995년 개인정보 보호지침에 근거하여 주장할 수 있는 것인지, 새로운 법제 아래서만 인정될 수 있는 것인지도 분명하지 않았다. 우리나라 개인정보 보호법에도 정보주체의 권리로 정보 삭제권이 규정되어 있는데(제36조 제1항), 여기서 말하는 정보 삭제권이 유럽에서 도입하려고 하는 잊혀질 권리와 같은 것인지 여부가 확실하지 않았다. 가장 기초적인 것으로 개인정보 보호법은 개인정보처리에 관한 사항을 규정하는 법인데, 언론사가 작성한 기사가 개인정보 보호법에서 말하는 개인정보인지 여부도 명확하지 않았다. 또 개인정보 보호법의 수범자는 개인정보처리자인데, 잊혀질 권리의 대상인 언론사 또는 인터넷 포털이 개인정보처리자인지도 불분명하였다. 개인정보 보호법의 정의(제2조)에 따르면, 개인정보처리자는 "업무를 목적으로 개인정보파일을 운용하기 위하여 스스로 또는 다른 사람의 개인정보를 처리하는 공공기관, 법인, 단체 및 개인 등"을 말하며(제5호), 개인정보파일이란 "개인정보를 쉽게 검색할 수 있도록 일정한 규칙에 따라 체계적으로 배열하거나 구성한 개인정보의 집합물(集合物)"을 말한다(제4호). 형식적으로 적용하면 불가능한 것은 아니지만, 개인정보 보호법의 입법취지와 언론의 자유와의 관계를 생각하면 언론사가 인터넷에서 기사를 제공하거나, 인터넷 포털이 검색을 통해서 기사를 제공하는 것을 개인정보파일의 운용이라고 이해하기는 쉽지 않았다. 잊혀질 권리와 개인정보 보호법 모두 비교적 최근 제안된 내용이어서 이러한 불명확성은 어찌 보면 당연한 것이다. 개인정보 보호법이 처음 시행되던 2011년 9월 당시 잊혀질 권리를 소개하는 논문은 국내외에서 손을 꼽을 정도로 적었다.

그러나 잊혀질 권리에 관한 논의가 계속 진행되면서 이러한 혼란은 상당부분 해소되었다. 기사도 식별가능한 개인에 관한 정보를 담고 있으면 개인정보 보호법에서 말하는 개인정보이고, 언론사가 인터넷을 통해서 기사를 제공하거나 인터넷 포털이나 인터넷 검색 엔진이 기사를 검색하여 독자가 원하는 기사를 제공하는 것이 모두 개인정보파일을 운영하는 것으로 정리되고 있다. 특히 2014년 유럽사법재판소가 현행 1995년 개인정보 보호지침에 근거하여 신문 광고의 차단을 명령한 후 개인정보 보호법상 정보 삭제권으로 잊혀질 권리를 실현할 수 있다고 보는 견해가 점차 강력해진다.

우리나라 개인정보 보호법에서 잊혀질 권리의 법적 근거가 될 수 있는 조항을 찾아보면 다음과 같다. 첫째, 개인정보 보호 원칙을 선언한 제3조가 있다. 동조 제3항은 "개인정보처리자는 개인정보의 처리 목적에 필요한 범위에서 개인정보의 정확성, 완전성 및 최신성이 보장되도록 하여야 한다."고 규정하고 있다. 오래된 정보를 삭제해야 할 정당성을 여기서 찾을 수 있다. 다만, 제3항은 개인정보 보호 원칙에 관한 선언적 조항이어서 이 조항에서 개인의 구체적인 삭제요청권이 직접 도출된다고 보기 어려운 문제가 있다. 하지만 이 조항은 개인정보 삭제요구권을 규정한 제36조 제1항과의 체계적 해석을 통해 잊혀질 권리를 도출하는 데 보충적으로 작용한다고 할 수 있다.

둘째, 앞에서 언급한 제36조 제1항은 개인정보의 삭제요구권을 직접 규정하고 있으므로 잊혀질 권리의 근거가 된다. 개인정보 보호법은 정보삭제 요청에도 불구하고 필요한 조치를 하지 아니하고 개인정보를 계속 이용하거나 제3자에게 제공한 경우 2년 이하의 징역 또는 2천만 원 이하의 벌금에 처하도록 규정하고 있다(제73조 제2호). 이에 대하여 개인정보 보호법은 개인정보파일에 담긴 개인정보의 수집·이용·제공·파기·열람·정정·삭제 등에 관한 법률인데, 검색 엔진의 검색창에 검색되는 개인정보는 여기에 포함되지 않는다는 견해가 있다.[48] 개인정보 보호법의 적용범위를 한정할 때, 자신의 개인정보를 열람한 정보주체가 개인정보처리자에게 정정 또는 삭제를 요구할 수 있도록 규정하고 있는 동법 제36조는 전조인 제35조상의 열람을 전제로 한다는 점에서 검색으로 습득한 개인정보에 관하여는 정정 또는 삭제를 개인정보처리자인 검색 엔진 사업자 측에 요구할 수 없다는 것이다.

개인정보 보호법을 제정하던 2011년에는 유럽의 잊혀질 권리 논의도 초기에 불과하였기 때문에 우리나라 개인정보 보호법이 지금 유럽이 도입하려는 잊혀질 권리를 염두에 두고 제정되었다고 보기 어렵다. 개인정보 보호법 제36조 제1항을 직접적인 근거로 하고, 동법 제3조 제3항을 간접적인 근거로 하여 우리 개인정보 보호법도 잊혀질 권리를 입법화하고 있다고 평가할 수 있으나, 여기서 말하는 잊혀질 권리는 제한적이고 모든 종류의 잊혀질 권리를 포섭하고 있는 것은 아니다. 즉 개인정보 보호법상 삭제요구권은 정보주체가 직접 개인정보처리자에게 제공한 개인정보와 이러한 정보와 쉽게 결합할 수 있는 개인정보에 대한 삭제요구를 의미한다. 따라서 인터넷 포털이 제공하는

48) 백수원, 우리법상 잊혀질 권리의 인정문제와 법제화 방향, 「2014 온라인 개인정보 보호 컨퍼런스 자료집」, 2014. 6. 16, 97쪽.

언론보도나 블로그 게시물, 검색 엔진을 통해서 검색되는 검색결과로서 표현물은 여기에 포함된다고 보기 힘들다. 또 정보주체 자신이 직접 게시하거나 제3자가 게시한 정보 가운데 개인정보처리자의 업무목적에 해당되지 않는 정보는 잊혀질 권리의 대상에 포함되지 않게 된다.[49] 저자는 잊혀질 권리의 핵심을 인터넷상 타인의 주목으로부터 도피할 수 있는 권리라고 이해하고 있는데 이러한 종류의 잊혀질 권리는 현행 개인정보 보호법에서 근거를 찾기 어렵고, 새로운 입법이 필요하다고 본다.

2) 개인정보 보호법의 수범자

개인정보 보호법은 개인정보처리자를 수범자로 하고 있다. 대법원은 "구 개인정보 보호법제71조 제1호는 제17조 제1항을 위반하여 정보주체의 동의를 받지 않고 개인정보를 제3자에게 제공한 자 및 그 사정을 알고 개인정보를 제공받은 자를 처벌하도록 하고 있고, 제17조 제1항은 '개인정보처리자'가 정보주체의 동의를 받은 경우나 수집한 목적 범위 내에서는 개인정보를 제공할 수 있는 것으로 정하고 있어, '개인정보처리자'의 개인정보 무단 제공 행위 및 그로부터 개인정보를 무단으로 제공받는 행위에 관하여는 제71조 제1호, 제17조 제1항에 의하여 별도로 규제되고 처벌할 수 있는 점, 개인정보 보호법 제59조 제2호의 의무주체는 '개인정보를 처리하거나 처리하였던 자'로서 제15조 (개인정보의 수집 · 이용), 제17조 (개인정보의 제공), 제18조 (개인정보의 목적 외 이용 · 제공 제한)등의 의무주체인 '개인정보처리자'

49) 장성원, 잊혀질 권리와 명예훼손—명예훼손의 구제책으로서 잊혀질 권리에 대한 조명—, 형사정책 제25권 제3호, 2013, 155쪽.

와는 법문에서 명백히 구별되는 점, 개인정보 보호법이 금지 및 행위 규범을 정할 때 일반적으로 개인정보처리자를 규범준수자로 하여 규율함에 따라, 제8장 보칙의 장에 따로 제59조를 두어 '개인정보처리자' 외에도 '개인정보를 처리하거나 처리하였던 자'를 의무주체로 하는 금지행위에 관하여 규정함으로써 개인정보처리자 이외의 자에 의하여 이루어지는 개인정보 침해행위로 인한 폐해를 방지하여 사생활의 비밀 보호 등 개인정보 보호법의 입법 목적을 달성하려 한 것으로 볼 수 있는 점 등을 고려하면, 개인정보 보호법 제71조 제5호의 적용대상자로서 제59조 제2호의 의무주체인 '개인정보를 처리하거나 처리하였던 자'는 제2조 제5호의 '개인정보처리자' 즉 업무를 목적으로 개인정보파일을 운용하기 위하여 스스로 또는 다른 사람을 통하여 개인정보를 처리하는 공공기관, 법인, 단체 및 개인 등에 한정되지 않고, 업무상 알게 된 제2조 제1호의 '개인정보'를 제2조 제2호의 방법으로 '처리'하거나 '처리'하였던 자를 포함한다"고 판시하여[50], 아파트 관리사무소장이 '개인정보를 처리하거나 처리하였던 자'에 포함된다고 보아 개인정보 보호법의 적용범위를 넓게 해석하고 있다.

그러면서도 대법원은 "정보통신망법의 전반적인 체계와 취지・목적 등을 종합하여 볼 때, 정보통신망법 제22조 제1항 전문에 의하여 보호되는 개인정보의 주체인 이용자는 자신의 개인정보를 수집하려고 하는 정보통신서비스 제공자로부터 정보통신서비스를 제공받아 이를 이용하는 관계를 전제로 하고 있다고 해석된다."고 판시하여[51], 정보통신망법 중 개인정보에 관한 조항은 '정보통신서비스 제공자'와 '이용자'의 관계에서 적용된다고 판단하고 있다.

---

50) 대법원 2016. 3. 10. 선고 2015도8766 판결.

51) 대법원 2013. 10. 17. 선고 2012도4387 판결.

그렇다면 잊혀질 권리의 대상인 언론사 또는 인터넷 포털이 개인정보처리자에 해당하지 않는다고 하더라도 개인정보를 처리하거나 처리하였던 자에 포함된다면 당연히 개인정보 보호법이 적용될 것이고, 만약 잊혀질 권리 행사자와 '정보통신서비스 제공자-이용자' 관계가 성립한다면 정보통신망법 역시 적용될 것이다.

3) 개인정보 보호법의 헌법적 이해

(1) 개인정보 보호법 개관

정보화 사회는 정치 · 경제 · 사회 · 문화 등 시민의 모든 생활을 혁명적으로 개선시켰지만, 예상하지 못하였던 부정적 효과도 가져왔다. 가장 큰 걱정거리는 사생활의 비밀과 자유에 대한 침해다. 평범한 사람의 일상적 정보가 사회 곳곳에 설치된 정보통신기기에 기록되면서 시민은 사생활의 평온성과 안정성을 기대하기 어렵게 되었다. 세계 각국은 이러한 문제를 해결하기 위하여 법과 제도를 정비하고 있다. 우리나라 역시 개인정보를 보호하는 법제를 마련하였다. 특히 "개인정보의 수집 · 유출 · 오용 · 남용으로부터 사생활의 비밀 등을 보호" 하기 위하여 2011년 3월 29일 개인정보 보호법이 제정되어, 그 해 9월 30일부터 시행되고 있다.

우리나라 개인정보 보호법은 헌법적인 관점에서 볼 때 다음과 같은 특징을 찾아 볼 수 있다. 첫째, 개인정보 보호법은 개인정보 보호에 관하여 공공 부문뿐 아니라 민간 부문에도 적용되는 통합법이다. 세계의 개인정보 보호법제는 미국형과 유럽형으로 구분되는데, 우리는 유럽형에 속한다. 1995년 개인정보 보호지침이나 그 후속법인 정보보호 일반규정(GDPR)과 마찬가지로 우리 개인정보 보호법은 공공 부문과 민간 부문에 모두 적용된다. 전에는 그렇지 않았다. 개인정보 보호법이 제정되기 전에는 공공 부문에 적용되는 법률로 '공공기관의 개인정보 보호에 관한 법률'이 있었으나, 개인정보 보호법이 제정되면서 이 법에 통합되었다. 통합법이라고 해서 개별법이 없는 것은 아니다. 민간 부문의 개인정보 보호를 위해 마련된 법으로는, '정보통신망 이용촉진 및 정보보호 등에 관한 법률', '신용정보의 이용 및 보호에 관한 법률', '위치정보의 보호 및 이용에 관한 법률' 등이 있다. 이 법률들은 개인정보 보호법 시행 이후에도 여전히 효력을 유지하고 있다. 결국 민간 부문은 개인정보 보호법 외에 해당 영역에 적용되는 개별법의 적용을 받고 있는 것이다. 따라서 중복 규제의 논란이 있다. 또 개별법의 적용 여부를 놓고 견해가 갈리는 경우도 많이 발생한다.

둘째, 개인정보의 개념이 포괄적이고, 개방적이다. 개인정보 보호법은 제2조 제1호에서 "'개인정보'란 살아 있는 개인에 관한 정보로서 성명, 주민등록번호 및 영상 등을 통하여 개인을 알아볼 수 있는 정보(해당 정보만으로는 특정 개인을 알아볼 수 없더라도 다른 정보와 쉽게 결합하여 알아볼 수 있는 것을 포함한다)를 말한다."고 규정하고 있다. 정보통신기술이 급속도로 발전하고 있기 때문에 괄호 안의 내용처럼 다른 정보와 쉽게 결합하여 특정 개인을 알아 볼 수 있는 것을 포함할 경우 개인정보 범위는 계속 확대되고, 어떤 정보가 개인정보에 해당되는지 여부가 불확실하게 된다. 실제로 개인정보 개념을 지나치게 확대해서 해석하는 판례가 나오면서 개인정보 보호법은 예측 가능성을 상실하였다. 인터넷 사업자들은 개인정보 개념을 축소하자고 주장한다.

셋째, 정보주체의 권리로서 동의를 중시하고 있다. 정보주체의 권리로 개인정보처리에 관한 동의 여부, 동의 범위 등을 선택하고 결정할 권리가 명시되었다(법 제4조 제2호). 개인정보를 수집 · 이용 · 제공하기 위해서는 정보주체의 동의가 필요하며(법 제15조 제1항 제1호 및 제17조 제1항 제1호), 동의 없이 개인정보를 수집·이용·제공할 경우 과태료, 형사처벌 등 강력한 제재가 수반된다(법 제75조 제1항 제1호 및 제71조 제1호). 동의를 받는 방법도 상세하게 규정하고 있다(법 제22조). 정보주체의 동의를 받을 때는 각각의 동의 사항을 구분하여 정보주체가 이를 명확하게 인지할 수 있도록 알리고 각각의 동의를 받아야 한다(법 제22조 제1항). 14세 미만 아동의 개인정보를 처리하기 위해서 동의를 받아야 할 때는 법정대리인의 동의를 받아야 한다(법 제22조 제5항). 또 민감 정보와 고유 식별 정보는 다른 개인정보처리의 동의와 별도의 동의를 받아야 한다(법 제23조 제1항 및 제24조 제1항).

넷째, 개인정보 보호를 위해 사업자의 법 위반사항에 대한 제재 조치로 과태료보다 형사처벌이 광범위하게 사용된다. 동의 받지 않고 개인정보를 제3자에게 제공하거나 그러한 사정을 알고 개인정보를 제공받은 경우 5년 이하의 징역 또는 5천만 원 이하의 벌금에 처해진다(법 제71조 제1호). 개인정보의 정의가 개방적이고, 적용범위가 넓은 상태에서 경미한 법 위반사항까지 형사처벌하는 것은 죄형법정주의에 반한다는 지적이 나올 수 있다. 이와 동시에 정보주체의 동의만 있으면 형사처벌이 배제되기 때문에 개인정보 보호에서 동의의 비중은 더 커진다.

개인정보 보호법은 정보사회의 발전에 따라 개인정보 보호를 강화해야 한다는 여론을 수렴하여 오랜 기간에 걸쳐 우여곡절 끝에 만든 법률이다.[52] 이 법이 제정됨으로써 개인정보 보호에 관한 국민적 관

52) 개인정보 보호법 제정 경과에 관해서는 김일환, 개인정보 보호법제의 체계적 정비 방안에 관한 고찰, 인터넷법률 통권 제27호, 2005; 권헌영, 개인정보 보호법 입법을 다시 거론하며, 토지공법연구 제43집 제3호, 2009 등 참조.

심이 제고되고, 대통령 소속기관으로 개인정보 보호위원회가 설립되어 정부의 개인정보 보호 정책 및 제도를 개선할 수 있게 된 것은 바람직한 일이다. 그러나 비판의 목소리도 적지 않다. 개인정보의 활용을 도외시하고, 개인정보 보호만 강조함으로써 균형을 상실하였다는 지적도 있다.[53]

(2) 일반 적용의 문제

개인정보 보호법은 유럽 국가들처럼 공공 부문과 민간 부문에 모두 적용되는 일반적・보편적 법률이다. 세계의 개인정보 보호법제는 크게 유럽의 단일법 접근방식과 미국의 개별법 접근방식으로 나뉘는데, 한국은 유럽형을 따르고 있다. 미국형은 개인정보 유출 등으로 발생하는 해악을 특정하여 그 교정을 위한 입법을 개별적으로 마련하는 데 반하여, 유럽형은 개인정보 보호 자체를 위하여 일반법을 제정하고 있다. 잊혀질 권리를 실현하는 데 있어서 유럽형이 유리한 것은 물론이다. 최근 사회적으로 문제가 되는 개인정보의 침해 사안은 거의 대부분 인터넷 포털, 소셜 네트워크 서비스(SNS) 등 민간 부문에서 발생한다. 정보주체가 잊혀질 권리를 주장하는 대상 역시 인터넷 포털이나 SNS가 주를 이룬다. 잊혀질 권리 논쟁이 미국에서 나타나지 않고 유럽에서 발생한 원인도 공공 부문과 민간 부문에 모두 적용되는 법률이 유럽에만 있기 때문이다. 우리나라가 유럽식 개인정보 보호법을 마련한 이상 잊혀질 권리와 관련한 논의도 유럽을 따라갈 수 없다고 본다.

하지만 법리적으로 개인정보 보호, 나아가 프라이버시 보호는 공공

---

53) 김일환, 개인정보의 보호와 이용법제의 분석을 위한 헌법상 고찰, 헌법학연구 제17권 제2호, 2011 참조.

부문과 민간 부문을 구분하여 접근하는 것이 타당하다고 본다.[54] 그 이유는 첫째, 개인정보를 처리, 즉 수집·이용·제공하기 위한 법적 근거가 공공 부문과 민간 부문에 있어서 서로 다르기 때문이다. 기본권 주체인 국민은 원칙적으로 모든 행위를 자유로이 할 수 있으며(일반적 행동자유권), 다른 사람의 개인정보를 처리하는 행위 역시 자유로이 할 수 있다.[55] 이 밖에도 사인은 표현의 자유를 가지기 때문에 의사표현에 필요한 정보를 수집할 자유를 가지며, 사법인은 영업의 자유를 수행하기 위하여 필요한 정보를 수집하거나 처리할 수 있는 자유를 가진다. 다만 이러한 자유는 다른 사람의 권리와 자유를 침해하지 않는 범위 안에서 인정된다는 한계를 갖는다. 개인정보의 처리가 다른 사람의 권리를 침해하는지 여부를 가리는 기준은 미국에서는 '프라이버시의 합리적 기대(reasonable expectation of privacy)'이고,[56] 우리나라에서는 '사회통념상 수인한도'이다.[57]

---

54) 민간 부문에서 개인정보자기결정권의 보장 수준은 공공 부문과 달리 취급하여야 한다는 견해로 김일환, 개인정보의 보호와 이용법제의 분석을 위한 헌법상 고찰, 헌법학연구 제17권 제2호, 2011 참조.

55) 동지 김일환, 위 논문("민간 부문의 경우에는 공공 부문과 달리 헌법과 사법(私法)에 의하여 인정되는 기본권 및 권리의 주체로서 개인은 그들의 활동을 위하여 개인정보를 수집, 처리할 자유를 원칙적으로 갖고 있다는 특징에 맞추어 개인정보의 보호와 이용을 동시에 추구하는 법제정비가 필요하다.").

56) Katz v. United States, 389 U.S. 347 (1967).

57) 대법원 2007.6.28. 선고 2004다54282 판결("일조방해, 사생활 침해, 조망 침해, 시야 차단으로 인한 압박감, 소음, 분진, 진동 등과 같은 생활이익에 대한 침해가 사회통념상의 수인한도를 초과하여 위법한지를 판단하고 그에 따른 재산상 손해를 산정함에 있어서는, 생활이익을 구성하는 요소들을 종합적으로 참작하여 수인한도를 판단하여야만 형평을 기할 수 있는 특별한 사정이 없다면, 원칙적으로 개별적인 생활이익별로 침해의 정도를 고려하여 수인한도 초과 여부를 판단한 후 수인한도를 초과하는 생활이익들에 기초하여 손해배상액을 산정하여야 하며, 수인한도를 초과하지 아니하는 생활이익에 대한 침해를 다른 생활이익 침해로 인한 수인한도 초과 여부 판단이나 손해배상액 산정에 있어서 직접적인 근거 사유로 삼을 수는 없다.")(밑줄은 강조를 위해 저자가 추가함).

하지만 국가와 그 기관은 원칙적으로 자유로이 모든 행위를 할 수 없고, 헌법과 법률에 의하여 부여된 업무를 수행하기 위하여 필요한 범위 내의 행위만 할 수 있다. 국가와 그 기관의 개인정보 관련활동은 정보주체의 기본권을 제한하므로 헌법 제37조 제2항에 따라 '법률로써'하여야 하며, '필요한 범위'로 제한된다.

둘째, 영역별로 프라이버시 법제가 추구하는 목적과 수단이 다르다. 공공 부문에서는 개인의 프라이버시를 최대한 보장하기 위하여 공권력 행사를 최대한 통제하는 방향으로 법제가 마련되어야 한다. 즉 프라이버시의 최대 보장이 목적이고, 불가피한 사정으로 프라이버시를 제한하더라도 피해를 최소화하는 수단이 사용되어야 한다. 하지만, 민간 부문에서는 양 당사자가 대립되는 자유와 권리를 주장하고 있다. 즉, 한 쪽 사인은 프라이버시 또는 개인정보 보호를 주장하고 다른 한 쪽은 영업의 자유 또는 표현의 자유를 주장하므로 이러한 경우 헌법의 통일성 유지를 위하여 상충하는 기본권 모두가 최대한으로 그 기능과 효력을 발휘할 수 있도록 조화로운 방법을 모색하여야 한다.[58] 따라서 프라이버시의 최대 보장이 목적이 될 수 없으며, 프라

58) 헌재 2010. 12. 28. 2009헌바258, 판례집 22-2하, 721, 729 ("정보공개청구권은 알권리의 당연한 내용이며, 알권리는 헌법 제21조의 표현의 자유에 당연히 포함되는 기본권으로서(헌재 1989. 9. 4. 88헌마22, 판례집 1, 176, 188) 개인의 자유권적 기본권에 해당하고, 헌법 제17조의 사생활의 비밀과 자유 또한 개인의 자유권적 기본권에 해당하므로 국민의 알권리(정보공개청구권)와 개인정보주체의 사생활의 비밀과 자유 중 어느 하나를 상위 기본권이라고 하거나 어느 쪽이 우월하다고 할 수는 없을 것이기 때문이다. 따라서 이러한 경우에는 헌법의 통일성을 유지하기 위하여 상충하는 기본권 모두가 최대한으로 그 기능과 효력을 발휘할 수 있도록 조화로운 방법을 모색하되(규범조화적 해석), 법익형량의 원리, 입법에 의한 선택적 재량 등을 종합적으로 참작하여 심사하여야 한다(헌재 1991. 9. 16. 89헌마165, 판례집 3, 518, 528; 헌재 2007. 10. 25. 2005헌바96, 판례집 19-2, 467, 474)."). 다만, 입법결과물에 대해서 한 쪽 당사자가 자신의 기본권이 침해당했다는 이유로 헌법소원심판을 청구하였다면 해당 법률은 기본권제한법률

이버시와 다른 자유의 조화와 균형이 목적이 되어야 한다.

셋째, 일반법으로서 개인정보 보호법은 개인정보 보호의 중점을 공공 부문에서 민간 부문으로 이전하는 착시현상을 일으킬 수 있다. 공공 부문은 공공기관과 사인간의 불균형적 권력관계에서 공권력에 의해 사인의 자유가 일방적으로 침해될 우려가 있는 영역이고, 민간 부문은 사인과 사인의 대등한 관계를 전제로 하지만 정보통신기술의 발전으로 자신도 모르는 새 또는 경제력 차이로 비자발적 동의 아래 사인의 자유가 침해될 수 있는 영역이다. 이 중 개인의 사생활 침해가 크게 우려되는 영역은 공공 부문이다. 개인정보 보호법제는 기술 발달로 개인의 일거수일투족이 국가의 감시 하에 놓이면서 발생하는 개인의 자유 침해를 방지하기 위한 목적에서 시작되었다. 민간 부문의 급속한 성장으로 인터넷서비스 사업자 등 사기업에 의한 개인정보 침해 역시 심각해지고 있는 것은 사실이다. 그럼에도 불구하고 개인정보 보호 법제의 근간은 여전히 개인의 사생활 영역에서 공권력에 의한 자유 침해를 방지하고, 개인이 자유를 향유하도록 보장하는 데 있다고 본다.

(3) 동의의 문제

동의는 우리나라 개인정보 보호법제의 핵심이다. 정보주체의 자기정보 통제권을 헌법상 권리로 인정하고 있기 때문에 정보주체의 동의를 받지 않고서는 개인정보를 수집·이용·제공할 수 없다. 개인정보 자기결정권을 정보주체가 가지는 헌법상 권리로 이해하는 한, 개인정

이므로 위헌심사 기준으로 과잉금지 원칙이 적용된다. 위 사건에서 헌법재판소는 입법목적의 정당성 및 수단의 적절성, 기본권제한 정도의 비례성을 검토한 후 해당 법률조항이 청구인의 알권리(정보공개청구권)을 침해하지 아니한다고 판시하였다.

보를 수집·이용·제공하는 모든 행위는 해당 정보주체의 개인정보 자기결정권에 제한이 되기 때문이다. 정보화 사회에서 개인정보의 활용이 불가피하기 때문에 정보주체의 동의를 받는 일이 일상화되고 있다.

하지만 동의 중심의 개인정보 보호법제는 다음과 같은 문제가 있다.[59] 가장 근본적인 문제는 정보주체가 일상적으로 행하는 동의가 과연 유효한 것인지의 의문이다. 동의가 유효하려면, ① 정보주체가 동의하는 내용을 알아야 하며, ② 동의 여부 및 동의의 범위에 대한 선택권을 가져야 한다. ① 요건과 관련, 정보주체는 자신이 행하는 정보처리의 동의로 인하여 자신의 개인정보가 정보처리의 어느 단계에서, 어떤 목적으로, 어느 정도 처리되는지 알아야 한다. 정보처리자는 정보주체가 '내용을 알고 하는 동의(informed consent)'를 할 수 있도록 내용을 설명할 의무를 진다. ② 요건은 정보주체가 행하는 동의가 자발적이어야 한다는 뜻이다. 선택권이 없는 동의는 강요된 동의와 다름없다.

현실은 두 조건 중 어느 하나도 충족하지 못한다. 첫째, 정보주체는 '내용을 알고 하는 동의'를 할 수 없다. 개인정보 보호법은 동의를 받을 때 각각의 동의 사항을 구분하여 정보주체가 이를 명확하게 인지할 수 있도록 알리고 각각 동의를 받아야 한다고 규정하고 있다(제22조 제1항). 이 조항은 포괄 동의를 금지하고 개별 동의를 통해 정보주체가 각각의 사안의 내용을 알고 동의할 수 있도록 한다는 데 의의가 있다. 하지만 정보주체가 '내용을 알고 하는 동의'를 보장하지는

---

59) 동의의 문제를 분석한 논문으로는, Daniel J. Solove, *Introduction: Privacy Self-Management and the Consent Dilemma*, 126 Harv. L. Rev. 1879 (2013) 참조. 이하 논의에서 위 논문을 많이 참조했다. 국내 연구로는, 김기창, 정보주체의 '동의'—동의 허구성과 해결방안, 「국회의원 김회정 주최 개인정보 보호법제 개선 토론회 I 자료집」, 2013, 3, 21, 47-63쪽.

않는다. 개인정보의 수집·이용·제공에 동의하였을 때 정보주체가 얻을 수 있는 이익은 스스로 예상할 수 있겠지만, 동의로 인하여 정보주체가 입게 되는 손실은 합리적으로 예상하기 어렵기 때문이다. 개인정보 침해는 특정 개인정보처리자에게 제공한 개인정보에서만 발생하는 것이 아니고, 정보주체가 오랫동안 여러 개인정보처리자에게 제공한 개인정보의 집적에서 발생하는 것이 대부분이기 때문이다.[60] 또 정보통신기술의 발달로 현재 개인 식별이 불가능한 정보가 장래 개인식별가능할 것이라는 점을 감안하면 정보주체는 동의로 인하여 발생하는 손실을 합리적으로 예상하기 어렵다. 둘째, 현실적으로 정보주체는 동의 여부 및 동의 범위의 선택권을 가지고 있지 못하다. 특히 인터넷서비스를 사용하기 위하여 개인정보를 제공하는 경우 동의 여부는 서비스 이용 여부와 동일한 의미를 지닌다. 인터넷서비스사업자는 개인정보 제공에 동의하지 않을 경우 해당 서비스를 이용하지 못하도록 설정해놓고 있다.

동의 중심의 개인정보 보호법제의 또 다른 문제는 민간 부문과 달리 공공 부문에서 동의는 개인정보처리의 정당성 논거가 될 수 없다는 데 있다. 사인 간 계약은 원칙적으로 관련 당사자의 자발적인 의사로 가능하기 때문에 동의가 정보처리에 관한 가장 주요한 정당화 근거가 되지만, 공공기관이 동의라는 수단으로 자신의 처리권한을 임의로 확장하는 것은 법치주의 원리상 인정하기 어렵게 된다.[61] 따라서 공공 부문에서 동의에 근거한 개인정보처리를 인정한다고 하더라도 일정한 한계가 필요하다는 결론에 이른다.

사적부문에서는 동의 요건을 완화할 필요가 있다. 정보주체의 동의

60) Solove, *supra* note 57, at 1889-93.
61) 김일환, 앞의 논문, 372-73쪽.

가 있어야 개인정보를 수집・이용할 수 있다는 태도는 정보처리자의 권리(일반적 행동자유권, 표현의 자유, 영업의 자유 등)를 전혀 고려하지 않은 것이며, 개인정보자기결정권 역시 다른 헌법상 기본권과 마찬가지로 공동체 속의 자유와 권리라는 성격을 무시한 것으로 타당하지 않다. 일본의 경우 개인정보의 수집 및 내부 이용은 정보주체의 동의 없이도 이용 목적만 특정하면 할 수 있으며, 제3자 제공의 경우 법률이 정하는 경우에 한하여 가능하도록 하고 있다.[62] 개인정보 보호는 수집 단계에서 정보주체에 동의권을 부여하는 방식(opt-in 방식)보다 참여권을 부여하는 방식, 즉 정보수집 등과 관련하여 통지를 받을 권리를 부여하고 개인정보의 정정 및 삭제를 요구할 수 있는 권리를 부여하는 방식(opt-out방식)이 타당하다고 본다.[63][64]

잊혀질 권리와 관련하여, 동의 요건은 큰 의미가 없다. 잊혀질 권리는 정보주체가 동의를 철회하여 해당 개인정보의 삭제를 요청하는 권리이므로 동의 요건을 옵트인(opt-in)에서 옵트아웃(opt-out) 방식으로

62) 김주영・손형섭, 『개인정보 보호법의 이해—이론・판례와 해설—』, 법문사, 2012, 107쪽.

63) 하지만 법원은 개인정보의 수집에 정보주체의 명시적인 동의가 필요하다고 보고 있다. 서울지방법원은 2011년 7월 인터넷 통신회사 하나로텔레콤(현 SK브로드밴드)이 인터넷 서비스 가입자의 동의 없이 수집한 개인정보를 다른 업체에 넘겨 가입자에게 정신적 손해를 입혔다며 1인당 10만-20만원씩 4억 6000만원의 위자료를 주라고 판결한 적이 있다. 당시 법원은 "개인정보를 수집・이용하려면 고객의 명시적 동의를 받아야 한다."고 판시하였다.

64) 독일의 경우 공공 부문에서 정보주체의 권리는 정보설명청구권, 정보수집 등과 관련하여 통지를 받을 권리, 정보의 정정・삭제・차단 청구권, 정보수집・가공・이용・전달에 관한 이의제기권, 호소권 등인 반면 민간 부문에서 정보주체의 권리는 정보수집 등과 관련하여 통지를 받을 권리, 정보설명청구권, 정보의 정정・삭제・차단 청구권 등으로 공공 부문과 민간 부문에서 서로 다르다. 김봉철, 개인정보 보호법상 정보주체의 권리에 관한 연구—독일연방정보보호법상 정보주체의 권리와 그 내용을 중심으로—, 토지공법연구 제59집, 2012 참조

완화한다고 하더라도 여전히 발생하는 문제다.

(4) 형사처벌의 문제

개인정보 보호법은 거의 모든 법 위반사항에 대하여 형사처벌 규정을 두고 있다. 법위반에 대해서 최대 10년 이하의 징역형을 선고할 수 있도록 규정하여 처벌의 수준도 상당히 높다. 동의 없는 개인정보의 단순 제공의 경우에도 5년 이하의 징역 내지 5,000만 원 이하의 벌금형에 처할 수 있으며, 동의 없는 개인정보의 단순 수집에는 5,000만 원 이하의 과태료를 부과할 수 있도록 규정하고 있다.

개인정보 보호법의 형사처벌 조항은 헌법상 다음과 같은 문제를 가지고 있다. 첫째, 개인정보의 개념을 명확하게 규정하지 않은 상태에서 개인정보의 취급 위반에 대해서 형사처벌하는 것은 죄형법정주의에 반하게 된다. 죄형법정주의는 법률이 없으면 범죄도 없고 형벌도 없다는 의미로, 무엇이 처벌될 행위이며, 그에 대한 형벌이 어떠한 것인지를 국민이 예견할 수 있도록 미리 정함으로써 형벌권의 자의적인 행사로부터 개인의 자유와 권리를 보장하는 것을 목적으로 한다. 죄형법정주의 원칙은 건전한 상식과 통상적인 법감정을 가진 사람이 구체적으로 어떠한 행위가 금지되는지 알 수 있도록 처벌법규의 구성요건이 명확할 것을 요구한다.[65]

두 번째로 다른 법과 비교할 때 형벌이 과도하게 무거워 체계정당성의 원리에 반한다. 체계정당성의 원리란 동일 규범 내에서 또는 상이한 규범 간에 구조나 내용 또는 근거가 되는 원칙면에서 상호배치되거나 모순되어서는 안 된다는 하나의 헌법적 요청이다.[66] 그러나

65) 헌재 1998. 5. 28. 97헌바68, 판례집 10-1, 640, 655-56.
66) 헌재 2005. 6. 30. 2004헌바40등(병합), 판례집 17-1, 946, 962.

체계정당성의 원칙 위반이 바로 위헌이 되는 것은 아니고, 비례의 원칙이나 평등의 원칙 등의 위헌성을 시사하는 하나의 징후라는 것이 헌법재판소의 태도다. 개인정보 보호법의 보호법익이 인격권이라고 할 때 동일한 인격권 보호를 목적으로 하는 명예훼손죄에 비하여 형량이 과도하다. 사실적시에 의한 명예훼손죄의 경우 2년 이하의 징역이나 금고 또는 500만 원 이하의 벌금에 처해지지만(형법 제307조 제1항), 그 행위가 진실한 사실로서 오로지 공공 이익에 관한 때는 위법성이 조각된다(형법 제310조). 이에 반하여 개인정보를 단순한 제공한 경우 아직 인격권의 침해가 발생하지 않았지만 침해의 위험성이 크다는 이유로 5년 이하의 징역 또는 1억 원 이하의 벌금에 처한다. 특별히 위법성이 조각되는 사유도 규정하고 있지 않다.

다른 나라의 개인정보 보호법을 살펴보아도 한국처럼 법 위반에 대해서 형사처벌을 보편적으로 활용하고, 처벌 수준이 높은 사례를 찾기 어렵다. 개인정보 보호법은 정보주체의 개인정보자기결정권이 다른 사람 또는 법인에 의해 침해되는 사례를 방지하고 정보주체의 피해를 구제하기 위해 만들어진 법이다. 피해 구제는 민사상 손해배상으로 해결하는 것이 우선이고, 국가가 형벌권을 동원하는 것은 사회적 비난 가능성이 높은 악의적 행위자에 그치는 것이 바람직하다고 본다.

4) 개인정보의 개념과 잊혀질 권리

(1) 개인정보 정의의 문제

개인정보 보호법상 정보 삭제권은 잊혀질 권리의 한 내용이므로 개인정보의 개념을 법에서 어떻게 정의하느냐에 따라서 잊혀질 권리의 적용범위는 달라진다. 개인정보 보호법은 다른 사람의 개인정보를 처리, 즉 수집·이용·제공하기 위해서는 원칙적으로 정보주체의 동의를 받아야 하며, 동의를 받지 않고 개인정보를 처리할 경우 처벌받도록 규정하고 있다. 따라서 개인정보처리는 어떠한 정보가 개인정보인지 구분하는 데서부터 시작된다. 개인정보의 개념이 불명확하다면 수범자가 개인정보를 충실히 처리하리라고 기대하기 어려워 정보의 효율적 활용을 저해하며, 나아가 정보주체를 보호하는 데도 미흡할 수 있다.

개인정보 보호법상 개인정보는 ① 살아 있는 개인에 관한 정보로서, ② 개인을 알아볼 수 있는 정보를 의미하며, ③ 알아볼 수 있는지 여부는 '해당 정보'뿐 아니라 쉽게 결합하는 '다른 정보'도 고려하여 판단한다. ③은 ②를 보충하는 개념이다. 이러한 방식의 정의 규정은 정보통신망에서 발생하는 개인정보 침해로부터 정보통신서비스 이용자의 개인정보를 보호하기 위하여 만들어진 정보통신망법에 그 기원을 두고 있다. 2001년 전면 개정된 정보통신망법 제2조 제1항 제6호는 개인정보를 "생존하는 개인에 관한 정보로서 성명·주민등록번호 등에 의하여 당해 개인을 알아볼 수 있는 부호·문자·음성·음향 및 영상 등의 정보(당해 정보만으로는 특정 개인을 알아볼 수 없는 경우에도 다른 정보와 용이하게 결합하여 알아볼 수 있는 경우에는 그 정보를 포함한다)"로 정의하고 있다. 현재도 일부 단어만 수정되었을 뿐 당시 정의를 그대로 사용하고 있다.[67] 또한 2005년 제정된 '위치정보의 보호 및 이용 등에 관한 법률(이하 위치정보법)'도 개인위치정보를 위 법률상 개인정보와 유사하게 정의하고 있다.[68]

67) 현행 정보통신망법은 '당해 개인'을 '특정한 개인'으로, '당해 정보'를 '해당 정보'로, '용이하게'를 '쉽게'로 바꿨다.

이처럼 해당 정보가 아닌 다른 정보를 동원하여 개인정보의 개념을 정의하는 방식은 정보통신 환경의 변화를 폭넓게 수용할 수 있는 장점이 있다. 하지만 수범자인 개인정보처리자 입장에서 보면, 개인 식별을 위하여 사용되는 정보가 무엇인지, 또 그 정보가 해당 정보와 얼마나 쉽게 결합할 수 있는지 등을 알 수 없기 때문에 예측 가능성이 상당히 낮다. 일부 전문가들은 다른 정보와 쉽게 결합하여 개인 식별성을 갖게 된다는 가능성만으로는 부족하고 '실제로 다른 정보와 결합하여 식별성을 가진 경우'에 한하여 그 정보를 개인정보로 보아야 한다고 주장한다.[69] 또 개인정보 보호법상 정의 규정을 조속히 개정해서 개념을 명확히 하고 범위를 축소해야 한다는 주장도 있다.[70]

(2) 개인정보 개념을 둘러싼 혼란

현재 우리 법조계와 학계는 개인정보의 개념과 그 포섭범위에 대하여 논리적이고 통일적인 해석을 내놓지 못하고 있어 개인정보를 직접 처리하는 일선 실무자들은 큰 혼란에 빠져있다.[71] 이러한 혼란은 개인정보 보호법제 전반의 혼란으로 이어진다.

---

68) 위치정보법 제2조 제2호: "개인위치정보"라 함은 특정 개인의 위치정보(위치정보만으로는 특정 개인의 위치를 알 수 없는 경우에도 다른 정보와 용이하게 결합하여 특정 개인의 위치를 알 수 있는 것을 포함한다)를 말한다.

69) 정상조, 비식별개인정보의 보호 및 활용에 관한 연구, 방송통신위원회, 2010, 48-49쪽.

70) 구태언, 현행 개인정보 보호법제상 '개인정보' 정의의 문제점, 국회의원 김희정 주최 개인정보 보호법제 개선 토론회 I 자료집, 2013.

71) 개인정보 정의의 혼란을 지적한 글로는 박경신, "개인정보"의 정의와 위치정보호보법의 개선 방안, 법학연구 제37집, 전북대학교, 2012, 206-213쪽; 장주봉, 개인정보의 의미와 보호범위, 법학평론 제3권, 서울대학교, 2012, 37-43쪽; 최경진, 빅데이터와 개인정보, 성균관법학 제25권 제2호, 2013, 212-213쪽 등 참고.

가. 유사개념과의 구분

현행 개인정보 보호법제는 개인정보와 유사한 개념을 함께 사용하고 있다. 이를 인식하지 하지 못한 채 개인정보의 개념을 사용할 경우 개인정보의 개념을 둘러싼 혼란이 더욱 가중될 수 있다.

① 민감정보 및 고유식별정보

개인정보 보호법은 개인정보 외에 민감정보와 고유식별정보라는 개념을 따로 두고 있다. 여기서 민감정보는 “사상·신념, 노동조합·정당의 가입·탈퇴, 정치적 견해, 건강, 성생활에 관한 정보, 그 밖에 정보주체의 사생활을 현저히 침해할 우려가 있는 개인정보로서 대통령령이 정하는 정보(법 제23조)”를 의미하며, 동법 시행령 제22조는 유전정보와 범죄경력에 관한 정보를 민감정보로 분류하고 있다. 한편 고유식별정보는 “개인을 고유하게 구별하기 위하여 부여된 식별정보로서 대통령령으로 정하는 정보(법 제24조 제1항)”를 의미하며, 동법 시행령 제19조는 주민등록번호, 여권번호, 운전면허번호, 외국인등록번호 등 네 가지를 고유식별 정보로 분류하고 있다.

개인정보 정의에 따르면, 민감 정보는 개인정보의 일종이지만 고유식별정보는 개인정보의 구성요소일 뿐이다. 민감 정보는 개인정보 중에서도 정보주체의 사생활을 현저히 침해할 우려가 크기 때문에, 고유식별정보는 개인 관련 정보와 합쳐질 경우 해당 정보가 개인 식별성을 갖춤으로써 개인정보가 되기 때문에 특별히 관리할 필요가 있다. 개인정보처리자는 민감정보나 고유식별정보를 원칙적으로 처리할 수 없으며, 정보주체에게 내용을 알리고 동의를 받거나 법령에서 처리를 요구 또는 허용하는 경우에 한하여 처리할 수 있다(법 제23조 및 제24조).

② **비밀정보**

비밀이란 타인에게 알려지지 않은 사실 또는 제한된 사람에게만 알려진 사실로서(비공개성) 타인에게 알려지지 않는 것이 본인에게 이익이 되는 사실(실질비성)을 말한다.[72] 개인정보는 개인에 관한 비밀정보만 의미하는 것이 아니다. 개인에 관한 공개된 정보와 공개되지 않은 정보 모두 개인정보에 해당된다.

개인에 관한 비밀정보는 공개된 개인정보보다 더 두터운 법적 보호를 받는다. 형법은 일반인이 다른 사람의 비밀을 탐지한 경우 비밀침해죄(제316조)로, 업무상 지득한 타인의 비밀을 누설한 경우 비밀누설죄(제317조)로 처벌하고 있으며, 공무원 또는 공무원이었던 사람이 법령에 의한 직무상 비밀을 누설한 경우 공무상비밀누설죄(제127조)로 처벌하고 있다. 또 특별법으로 통신 및 대화의 비밀을 보호하기 위하여 통신비밀보호법이 제정되어, 공개되지 않은 타인간의 대화를 녹음하거나 도청하는 행위를 규제하고 있다. 이 밖에도 전기통신사업과 관련된 통신비밀보호에는 전기통신사업법이 적용된다(제83조, 제94조, 제95조, 제95조의2).

③ **사적정보**

사적정보(private information)는 일상생활에서 자주 사용되지만, 개인정보 보호법제에 직접 사용되고 있는 법률용어는 아니다. 우리 헌법이 사생활의 비밀과 자유를 보호하고 있기 때문에(제17조) 생활영역을 사생활과 공생활로 구분한 후 사생활에 관련된 정보(사적정보)는 공생활에 관련된 정보(공적정보)보다 더 두텁게 보호되어야 한다는 인식이

---

72) 김성돈, 『형법각론』, SKKUP, 2008, 229쪽.

사적정보라는 용어의 사용으로 나타난다. 사적정보는 공개된 사적정보까지 포함하는 개념이기 때문에 비공개를 전제로 하는 비밀정보보다 더 넓은 개념이다. 하지만 개인정보는 사생활에서 발생하는 정보뿐 아니라 공적 생활에서 발생하는 정보까지 모두 포함하기 때문에 사적정보보다 더 넓은 개념이다.

④ **행태정보 및 평가정보**

현행법상 개인정보는 정보 내용에 제한을 두지 않기 때문에 특정 개인의 행태에 관한 정보이건, 특정 개인을 평가한 정보이건 모두 개인정보이다. 기업 입장에서는 소비자의 소비 행태를 알면 알수록 판매를 늘릴 수 있기 때문에 어떠한 방식으로든 소비자의 행태를 분석한다. 데이터분석기술이 발전하면서 '일반 소비자의 소비 행태'의 보다 정확한 분석이 가능해지고 있지만, '특정 소비자의 소비 행태'까지 파악할 수 있기 때문에 사생활의 비밀과 자유를 침해할 우려 역시 커지고 있다. 일반 소비자의 소비 행태는 개인 식별성이 없기 때문에 개인정보가 아니지만, 특정 소비자의 소비 행태는 개인정보이다.[73)]

평가정보는 평가 대상자를 전제로 하고 있기 때문에 개인에 관한 정보이고, 따라서 개인정보이다.[74)] 평가정보는 정보주체가 직접 생성하는 것이 아니라, 그에 대한 제3자의 의견 내지 평가로 생성된다는 점이 특징이다. 평가정보는 개인정보처리자의 주관적 판단이 개입된다는 점에서 다른 정보보다 처리에 신중을 기하여야 한다. 평가정보

73) 행태정보에 관해서는 전경근, 개인정보의 활용범위에 관한 연구, 아주법학 제6권 제1호, 2012 참고.

74) 개인정보에는 객관적인 정보만이 아니라 주관적 의견 또는 비평도 포함된다는 견해로 임규철, 개인정보의 보호범위, 한독법학 제17호, 2012년 참조.

가 공개될 경우 정보주체의 사회적 평가에 영향을 미쳐 정보주체의 인격권을 침해할 수 있다. 그런데 사회적 존재인 인간이 다른 인간을 평가하고 이를 공표하는 것은 표현의 자유의 일환으로 보호되어야 할 행위다. 결국 평가정보의 공개는 정보주체의 인격권과 개인정보처리자의 표현의 자유 간 충돌로 나타나게 된다. 정보주체의 보호만 중시할 수 없기 때문에 평가정보의 경우 개인정보 보호법제를 그대로 적용하기 어려운 문제가 발생한다. 특정인의 행태정보와 평가정보는 잊혀질 권리의 대상이 되기 때문에 다른 정보와의 조화를 이룰 수 있는 해법을 찾는 일이 중요하다.

나. 법원의 해석

현재 개인 식별의 정도, 식별성의 주체, 정보간 결합의 용이성 등에 대한 이견으로 개인정보의 개념과 범위에 대하여 소관부처・사정당국・학계・법조계 사이에 견해 차이가 존재한다.[75] 법원의 해석이 정립되면 혼란이 해소될 수 있겠지만, 법원 역시 논리적으로 설득력 있는 설명을 내놓지 못하고 있다. 오히려 일부 판례는 개인정보의 개념을 제대로 이해하지 못한 채 범위를 확대해 혼란을 확대하고 있다.

① 소위 '증권통' 사건

(a) 사건 요약

피고인은 스마트폰에서 증권 시세를 검색하는 한편 사용자가 자신의 관심종목을 등록하여 해당 종목의 시세를 보다 쉽게 파악할 수 있게 하는 앱을 개발하여 배포하였다. 위 앱은 사용자가 설치할 때 사

75) 최경진, 앞의 논문, 212쪽.

용자의 스마트폰으로부터 'IMEI(International Mobile Equipment Identity)[76]와 USIM(Universal Subscriber Identity Module) 일련번호[77]의 조합' 또는 'IMEI와 사용자 휴대폰 전화번호의 조합' 정보를 읽어 와 피고인이 운영하는 서버에 저장한 다음, 사용자가 다시 접속하는 경우 위 서버에 저장된 정보와 비교하여 사용자의 동일성을 식별하고 별도 로그인(log-in) 없이 사용자가 등록해 놓은 관심 종목을 바로 보여주도록 설계되었다. 피고인은 2010. 3. 22.경부터 2010. 8. 30.경까지 'IMEI와 USIM 시리얼 번호의 조합' 82,413건, 'IMEI와 개인 휴대폰 번호의 조합' 1,003건을 수집하면서 그 사실을 사용자들에게 고지하거나 사용자들로부터 동의를 받지 않았다. 검찰은 피고인이 정보주체의 동의 없이 개인정보를 수집하여 정보통신망법을 위반하였다는 혐의로 기소하였다.

(b) 법원 판결[78]

이 사건의 쟁점은 IMEI나 USIM 시리얼 번호가 개인정보에 해당하는지 여부였다.[79] 피고인은 휴대전화번호가 개인정보임은 인정하였으나, IMEI나 USIM 일련번호는 특정 개인에게 부여된 부호가 아니라 특정기기, 특정카드에 부여된 번호이고, 다른 정보와 쉽게 결합하여 이용자를 알아보는 것도 불가능하기 때문에 개인정보가 아니라고 주장하였다.

---

76) 휴대폰 기기 고유번호로서 전 세계적으로 휴대폰마다 1개의 번호가 할당되어 있다.

77) 사용자 개인식별 정보 등이 들어있는 USIM 카드의 일련번호로서 전 세계적으로 1개의 번호만 부여된다.

78) 서울중앙지법 2011.2.23. 선고 2010고단5343 판결.

79) 피고인들은 이 밖에도 IMEI나 USIM 일련번호가 개인정보라고 하더라도 이용자의 동의를 얻을 필요가 없으며, 또 스마트 폰에 앱을 설치하는 경우 안드로이드 운영체계에서 제공하는 안내문에 따라 이용자로부터 동의를 받았으므로 죄가 되지 않는다고 주장하였다.

법원은 "IMEI나 USIM 일련번호는 모두 특정 개인의 소유로 귀속되기 전까지는 기기나 특정 카드에 부여된 고유번호로서 그 자체로는 당해 개인을 알아 볼 수 있는 정보라 보기는 어렵다하더라도, 위 각 전화번호를 가지는 휴대폰이 어느 개인의 소유로 귀속되는 순간부터 위 각 번호는 '기기나 특정카드에 부여된 고유번호'라는 의미 이외에 '특정 개인 누가 소유하는 휴대폰의 기기번호 및 USIM카드의 일련번호'라는 의미를 함께 지니게 된다할 것이고, 이 각 IMEI나 USIM 일련번호는 휴대폰 가입신청서 등 가입자정보에 나타난 다른 정보와 어려움 없이 쉽게 결합됨으로써 개인을 특정할 수 있게 되는 이상 이들을 개인정보라고 봄이 상당하다."고 판시하고, 동의 없이 개인정보를 수집한 피고인에게 벌금형을 선고하였다.

(c) 평석

재판부는 IMEI나 USIM 일련번호 자체가 개인정보가 된다고 보지는 않았다. 과거 개인 식별가능성에 대한 분석 없이 아이디 및 패스워드를 개인정보라고 판단한 데 비하여 진일보한 판결이다. 증권통 사건에서 재판부는 IMEI나 USIM 일련번호를 아는 경우 통신사의 관리시스템 등으로 가입자의 이름, 주민등록번호, 휴대폰번호, 주소 등 구체적인 정보 확인이 가능하다고 판단하여, 개인 식별가능성을 인정하였다. 통신사가 휴대폰 개통 시 작성하는 가입 신청서에 휴대폰 기기의 일련번호나 USIM 일련번호 등이 함께 기재되고, 해당 정보가 통신사 데이터베이스에 기록·관리되고 있다는 것이 재판부의 설명이다.

하지만 가입신 청서와 데이터베이스를 관리하는 주체는 피고인이 아니다. 또 피고인과 통신사는 특수한 관계에 있지 않기 때문에 피고인이라고 해서 일반인과 달리 통신사가 관리하고 있는 가입 신청서와 데이터베이스에 '더 쉽게' 접근할 수 있는 것도 아니다. 결국 통신사가 관리하는 정보와 피고인이 관리하고 있는 정보가 '쉽게' 결합할 가능성은 없다고 보아야 한다. 만약 두 정보가 '쉽게' 결합할 수 있다면 그 책임은 가입신청서와 데이터베이스를 관리하고 있는 통신사의 고의 또는 과실에 기인한 것이라고 보아야 할 것이다. 결론적으로 법원은 개인식별가능성을 과도하게 확대하여 정보의 활용을 저해하였다.

② 휴대전화번호 뒷자리 4자 사건

(a) 사건 요약

경찰공무원인 甲은 乙로부터 "지금 방앗간 사무실에서 도박하는 사람들이 있으니 단속해달라"는 휴대전화 신고를 받고 도박 현장을 단속하여, 丙을 임의 동행 방식으로 지구대 사무실로 데려왔다. 甲은 판돈 규모 등을 감안하여 丙을 훈방 조치하였다. 그 후 丙이 신고자의 전화번호를 알려달라고 부탁하자 甲은 乙의 휴대전화번호 뒷자리 4자를 丙에게 알려주었다. 丙은 제공받은 휴대전화번호 뒷자리 4자와 자신의 휴대전화에 저장된 기존 통화 내역을 결합하여 도박신고자가 乙임을 알게 되었다.

(b) 법원 판결[80]

이 사건의 쟁점도 휴대전화번호 뒷자리 4자가 개인정보에 해당하는지 여부였다. 법원은 개인정보라고 판단하였다. 재판부는 먼저 "휴대전화번호 뒷자리 4자에 그 전화번호 사용자의 정체성이 담기는 현상이 점점 심화되고 있다."고 설명한 후 "사정이 이러하므로, 휴대전화 뒷자리 4자만으로도 그 전화번호 사용자가 누구인지를 식별할 수

80) 대전지방법원 논산지원 2013.8.9. 선고 2013고단17 판결.

있는 경우가 있고, 특히 그 전화번호 사용자와 일정한 인적 관계를 맺어온 사람이라면 더더욱 그러할 가능성이 높으며, 설령 휴대전화번호 뒷자리 4자만으로는 그 전화번호 사용자를 식별하지 못한다 하더라도 그 뒷자리 번호 4자와 관련성이 있는 다른 정보(앞서 언급한 생일, 기념일, 집 전화번호, 가족 전화번호, 기존 통화내역 등)과 쉽게 결합하여 그 전화번호 사용자가 누구인지를 알아볼 수도 있다."고 판시하였다.

(c) 평석

휴대전화번호 뒷자리 4자는 그 자체로 개인 식별성이 전혀 없음에도 불구하고, 법원이 이를 제공한 행위를 개인정보 보호법 위반으로 판단하자 업계는 개인정보의 범위가 어디까지 확대될지 불안해하고 있다. 하지만 위 판결은 오히려 앞선 판결들보다 개인정보의 개념을 정확하게 인식하였다고 생각된다. 현행법상 개인정보에 해당하는지 여부는 해당 정보만으로 판단하는 것이 아니라 다른 정보와 쉽게 결합하는지 여부로 판단하기 때문이다. 위 사례와 같이 제공받은 휴대전화번호 뒷자리 4자와 본인의 휴대폰에 저장된 전화번호를 결합하는 일은 쉬운 일로, 즉 '쉽게' 평가할 수 있다. 그렇다고 위 판결을 단순화하여 휴대전화번호 뒷자리 4자가 언제나 개인정보라고 단정할 수는 없다. 예컨대 생방송으로 진행하는 TV 또는 라디오 프로그램에서 시청자 또는 애청자 반응을 전하면서 휴대전화번호 뒷자리 4자를 공개하였다고 하여 개인정보를 공개하였다고 평가할 수 없는 것이다. 일반적으로 위 정보만으로는 다른 정보와 결합하여 개인을 특정할 가능성이 없기 때문이다.[81)]

---

81) 물론 '휴대전화 뒷자리 4자'가 '공개된 내용'과 결합하여 사람을 특정할 수 있다면, 휴대전화 뒷자리 4자가 개인정보가 될 수 있다.

(3) 개인정보 정의의 국제비교

개인정보의 개념과 그 포섭범위를 둘러싼 혼란은 우리나라에서만 발생하는 특유한 현상일까. 우리나라 개인보호 보호법제상 정의 조항이 세계에서 그 유례를 찾을 수 없을 정도로 포괄적이라는 비판과 그렇지 않다는 반론도 있다. 외국 법제와의 비교를 통해서 우리나라 개인정보 관련법의 정의 조항의 합리성을 검토할 필요가 있다.

가. 유럽

EU가 1995년 제정한 개인정보 보호지침(Directive 95/46/EC)에 따르면, 개인정보는 "식별되었거나 식별가능한 자연인(정보주체)에 관한 모든 정보"이며, "식별가능한 사람이란 직 · 간접적으로, 특히 식별번호 또는 신체적 · 생리적 · 정신적 · 경제적 · 문화적 · 사회적 정체성에 특유한 하나 이상의 요인에 의하여 식별이 가능한 사람"을 의미한다. EU의 개인정보 정의는 개인식별성을 필요로 한다는 점에서 우리나와 동일하다.[82] 개인정보 보호지침의 제안이유서 26에 의하면, 어떤 개인이 식별가능한지 판단할 때 개인정보처리자 또는 해당 개인을 식별하고자 하는 다른 사람이 사용할 것으로 예견되는 모든 수단을 합리적으로 고려하여야 한다.

2015년 12월 타결된 정보보호 일반규정(GDPR)도 개인정보를 정의하는 데 있어 1995년 개인정보 보호지침과 마찬가지로 포괄적인 접근방식을 택하였다. 식별되었거나 식별가능한 자연인 즉 정보주체에 관련된 모든 정보를 개인정보로 정의하고 있다. GDPR의 제안이유서 23은 개인정보 보호지침의 제안이유서 26 내용과 동일하다. 즉

82) 장주봉, 앞의 논문, 54쪽.

식별가능성을 결정하기 위해서는 관리자 또는 다른 사람이 개인을 직·간접적으로 식별하기 위하여 사용할 것이라고 예견되는 모든 수단을 합리적으로 고려하여야 한다. 개인 식별을 위하여 사용될 것으로 합리적으로 예상되는지를 판단하기 위해서는 정보를 처리하는 시점의 가능한 기술 수준과 기술의 발전을 고려하여 식별에 소요되는 시간과 비용 같은 모든 객관적 요소를 고려하여야 한다.

한편, 유럽 국가의 개별입법을 보면, 독일의 경우 연방개인정보 보호법에서 개인정보를 특정되었거나 특정될 수 있는 자연인의 인적 또는 물적 관계에 관한 개별적 표시라고 정의하여[83] 유럽연합의 태도와 차이가 없다. 영국의 경우 식별가능성을 개인정보처리자가 보유하고 있는 정보로 판단하여, 외견상 다른 나라의 태도와 차이를 보인다. 1998년 개인정보 보호법(the Data Protection Act 1998)은 개인정보를 식별가능한 살아 있는 개인에 기록으로서, 해당 기록으로부터 또는 개인정보처리자가 보유하고 있거나 앞으로 보유하게 될 다른 정보로부터 식별가능한 경우로 규정하고,[84] 2000년 정보자유법(the Freedom of Information Act 2000)은 1998년 개인정보 보호법상 개인정보 정의를 원용하고 있다. 하지만 영국 정부의 해설에 따르면, 정보주체가 보유하고 있는 데이터 일부와 다른 정보 일부를 함께 사용해서 개인 식별성을 판단하기 때문에[85] 다른 나라의 사례와 큰 차이가 없다.

---

83) 성준호, 빅데이터 환경에서 개인정보 보호에 관한 법적 검토, 법학연구 제21권 제2호, 2013, 317쪽.

84) the Data Protection Act 1988, §1 (2).

85) Information Commissioner's Office, Key definitions of the Data Protection Act, http://www.ico.org.uk/for_organisations/data_protection/the_guide/key_definitions#personal-data (방문일 2016. 4. 30).

나. 미국

미국은 공공 부문의 개인정보 보호를 위하여 1974년 프라이버시법(the Privacy Act)을 제정하였으나, 민간 부문에서 발생하는 개인정보의 침해 방지를 위한 일반법은 제정하지 않고 있다. 영역별로 보호의 필요가 있을 때마다 개별법을 제정하여 대처하고 있다. 미국 프라이버시법상 규율대상은 개인기록(record)이다. 프라이버시법은 정부가 데이터베이스(DB)에서 개인정보를 추출하는 것을 우려하여 제정되었다. 따라서 이 법은 정보가 개인기록의 체계(system of records)에서 추출될 때만 적용된다. 개인기록은 신원을 확인할 수 있는 식별자가 포함되어야 한다. 즉 개인기록은 이름, 식별번호, 식별부호 및 지문, 목소리, 사진 등 당해 개인에게 특별히 할당된 식별요소를 포함하여야 한다.[86]

최근 입법되는 개인정보 관련법은 개인식별가능정보(Personally Identifiable Information, PII)를 기초로 제정되고 있다.[87] PII를 법 적용의 중심에 놓은 최초의 입법은 1984년 케이블통신 정책법(the Cable Communications Policy Act, CCPA)이다.[88] CCPA는 1980년 OECD 프라이버시 가이드라인을 수용하여, 케이블 운영자가 가입자의 사전동

86) 5 U.S.C. §522a (a) (4).

87) 미국 개인정보 보호법제가 PII와 개인정보(Personal Information)가 혼용되고 있다는 데 근거하여 무엇이 개인정보인지에 관한 개념적 혼돈은 미국에서도 나타난다고 지적하는 견해가 있다. 미국 국립표준기술원(National Institute of Standards and Technology, NIST)는 개인식별가능정보(Personally Identifiable Information, PII)를 중심으로 개인정보의 보호지침을 기술하고 있는데 반해, 캘리포니아 주의 개인정보유출 통지법(SB 1386)은 개인정보(personal information)를 중심으로 보호체계를 구축하고 있다는 것이다. 박경신, 앞의 논문, 208쪽. 하지만 일부 법제에도 불구하고 미국 개인보호 보호법제는 PII를 중심으로 구성되었다고 이해하는 것이 타당하다. 따라서 개인식별불가능정보는 규제 대상이 아니다. 다만 정보통신기술의 발전으로 개인식별불가능정보가 개인식별가능정보로 바뀌기 때문에 PII의 범위가 지속적으로 확대되어 PII 중심의 법제가 부적절하다는 비판이 나온다.

88) Public Law 98-549.

의 없이 케이블 시스템을 이용해서 PII를 수집하지 못하도록 금지하고 있다. CCPA의 관심은 종전 프라이버시법과 달리 개인정보가 어떻게 추출되어 만들어지느냐에 있는 것이 아니고, 개인정보 그 자체에 있다. CCPA 이후 미국은 프라이버시 보호법제의 중점을 PII의 수집 그 자체에 두고 있다.

그럼에도 불구하고 미국 학계는 PII의 문제점에 대하여 최근에야 관심을 기울이고 있다. PII가 미국의 연방법률과 주법률에 자주 사용되고 있음에도 불구하고 이에 관한 통일된 정의가 없다.[89] PII 개념의 불확실성으로 인하여 PII 개념을 폐지하자는 주장도 나오고,[90] 개념 수정을 주장하는 견해도 있다.[91]

다. 일본

일본은 개인정보 침해 사례가 늘어나자 OECD의 프라이버시 가이드라인과 EU의 개인정보 보호지침을 참고하여, 개인정보 보호의 일반법으로 '개인정보의 보호에 관한 법률(個人情報の保護にする法律)'을 2003년 제정, 2005년 4월 1일부터 시행하고 있다. 2015년 9월 9일 개정 전 법률은 제2조 제1항에서 개인정보를 "생존하는 개인에 관한 정보로서, 당해 정보에 포함되어 있는 성명, 생년월일, 그 밖의 서술 등으로 특정 개인을 식별할 수 있는 것(다른 정보와 용이하게 대조할 수 있고, 그

89) 현재 미국 개인정보 보호법제에 사용되는 PII의 정의 방식은 크게 셋으로 구분할 수 있다. 첫째는 동어반복 방식으로 규정하는 것이고, 둘째는 PII가 무엇인지 정의내리지 않고 PII가 아닌 것을 배제하는 방식으로 규정하는 것이고, 셋째는 개별법에서 특정한 타입을 PII로 규정하는 방식이다. Paul M. Schwartz & Daniel Solove, The PII Problem: Privacy and a New Concept of Personally Identifiable Information, 86 N.Y.U. Law Review 1814, 1828-1836 (2011).

90) Paul Ohm, *Broken Promises of Privacy*, 57 UCLA L. Rev. 1701 (2010).

91) PII의 문제점을 지적한 대표적인 논문으로, Schwartz & Solove, *supra* note 87.

로써 특정 개인을 식별할 수 있도록 되어 있는 것을 포함한다)을 말한다."고 정의하고 있었다. 개정 법률은 개인정보를 둘로 나눠 하나는 종전과 마찬가지로 "특정 개인을 식별할 수 있는 것(다른 정보와 용이하게 대조할 수 있고, 그로써 특정 개인을 식별할 수 있는 것을 포함한다)"이라고 정의하고, 다른 하나는 "개인식별부호가 포함된 것"으로 규정하였다.

일본의 개인정보 보호법상 개인정보의 정의는 우리나라와 외견상 동일하다. 개인정보의 개념을 다소 모호하게 정의하고, 포섭범위를 다소 포괄적으로 규정하고 있다. 우리가 일본 것을 수용하였기 때문이다. 하지만 일본의 개인정보 보호법제는 우리와 달리 정의 조항이 크게 문제되지 않는다. 일본은 법 위반 시 먼저 시정명령을 내리고, 그 시정명령을 이행하지 않을 경우 6개월 이하의 징역 또는 30만 엔 이하의 벌금에 처하는 구조를 택하고 있다.[92] 이에 반하여 우리나라는 개인정보처리자에게 의무를 부과한 뒤 이를 위반할 경우 바로 형사처벌하고, 동시에 시정명령 위반 또한 처벌하기 때문에 개인정보의 정의가 과도하게 광범위하게 적용된다는 비판을 받는 것이다.

(4) 개인정보 개념의 재정립

가. 헌법에 기초한 개념 정립

헌법재판소에 따르면, 개인정보자기결정권의 보호대상이 되는 개인정보는 "개인의 신체, 신념, 사회적 지위, 신분 등과 같이 개인의 인격주체성을 특징짓는 사항으로서 그 개인의 동일성을 식별할 수 있게 하는 일체의 정보"이며, 개인정보는 반드시 개인의 내밀한 영역이나 사적 영역에 속하는 정보에 국한되지 않고 공적 생활에서 형성되었거

92) 일본 개인정보 보호법 제84조는 제42조 제2항 또는 제3항에 규정한 명령을 위반한 사람은 6월 이하 또는 30만 엔 이하의 벌금에 처한다고 규정하고 있다.

나 이미 공개된 개인정보까지 포함된다고 한다.93) 하지만 법률에서 개인정보를 정의할 때 개인정보의 헌법상 개념을 그대로 수용하여야 하는 것은 아니다. 개별법상 개인정보의 정의는 개인정보의 헌법상 개념과 모순될 수는 없지만, 그 이상을 포괄하는 것은 가능하다. 정보통신기술의 발전으로 비식별정보가 다른 정보와 결합하여 식별성을 갖추게 되고, 인격주체성을 나타내지 않는 정보도 다른 정보와 결합하여 정보주체의 인격주체성을 침해할 가능성이 있으므로 개인정보의 범위를 확대하는 것은 필요한 일이다. 실제로 헌법재판소가 판시한 개인정보의 범위는 개인정보 보호법이 정의하는 개인정보보다 좁다. 개인정보 보호법에서는 개인에 관한 일체의 정보를 개인정보라고 하는데 반해 헌법재판소는 개인에 관한 정보 중 개인의 인격주체성을 특징짓는 사항을 개인정보로 한정하고 있기 때문이다.

나. 정보통신기술 발전의 수용

개인정보의 개념은 정보통신의 기술 발전을 수용할 수 있어야 한다. 기술 발전으로 현재 비식별정보로 분류된 것이 언제 식별가능정보로 바뀔지 알 수 없게 되었다. 10년 전 미국에서 이뤄진 실증연구는 비식별정보가 점차 사라지고 있음을 보여준다. 인터넷 포털사인 AOL이 2006년 8월 최근 3개월 간 이용자 65만 명의 검색어 2,000만 개를 공개하였다가 프라이버시 침해 논란으로 곤혹을 치른 바 있다. AOL은 연구에 도움을 주고자 개인을 특정하지 않은 채 검색어를 공개하였지만, 검색어 조합으로 개인 식별이 가능한 경우가 나타났다. 뉴욕타임즈는 공개된 자료번호 4417749가 조지아 주에 사는 62살의

93) 헌재 2005.5.26. 99헌마513 등.

과부 델마 아놀드라고 보도하였다.[94] 2000년에 실시한 한 연구 결과에 따르면, 우편번호, 생년월일, 성별 정보만으로 개인을 식별할 수 있는 확률은 87%에 이른다.[95]

빅데이터 분석기술의 발전으로 인하여 과거 개인을 식별할 수 없던 데이터도 소위 프로파일링(profiling)으로 특정 개인을 식별하고 개인에 관한 정보를 축적할 수 있게 되었다. 분석기술이 발전하면 할수록 개인 식별불가능정보가 개인 식별가능정보로 변경될 가능성은 더욱 커진다. 정보통신 기술 발전을 고려하면, 개인정보의 개념을 현재 수준에서 개인 식별가능한 것으로 제한할 수 없다. 개인 식별가능성을 열어 놓은 채 개인정보의 개념을 규정하는 것은 불가피하다고 본다. 결국 개인정보는 EU처럼 정보 결합으로 개인 식별이 가능할 것으로 합리적으로 기대되거나, 우리처럼 정보가 쉽게 결합하여 개인 식별이 되는 경우를 기준으로 포괄적으로 불명확하게 정의할 수밖에 없다고 본다.

다. 개인정보 보호체계의 합리화

앞서 살펴본 바와 같이 개인정보를 정의하는 데 있어 식별가능성을 중시하고, 식별을 위해 해당 정보뿐 아니라 다른 정보와의 결합 가능성을 중시하는 것은 불가피하다. 개인정보자기결정권이라는 새로운 헌법상 권리가 필요한 이유는 정보통신기술의 발전으로 사생활의

---

94) New York Times, *A Face is Exposed for AOL Searcher No. 4417749* (Aug 9, 2006), http://www.nytimes.com/2006/08/09/technology/09aol.html?_r=0(방문일 2016. 4. 30).

95) Latanya Sweeney, *k-Anonymity: a Model for Protective Privacy*, International Journal on Uncertainty, Fuzziness and Knowledge-based Systems. 10(5), 2002, 557-570.

비밀과 자유가 침해될 가능성이 커졌기 때문이다. 정보통신기술의 발전으로 초래된 위험은 정보가 대량으로 저장되는 데도 있지만, 정보들이 쉽게 결합될 수 있다는 데도 있다.[96] 그러나 현행 개인정보 정의 방식에 문제가 있다는 지적에도 귀를 기울일 필요가 있다. 현재 규정방식으로는 개인정보의 보호범위가 무한대로 확장할 수 있어 규제 준수 비용이 크게 증가할 수 있고,[97] 빅데이터나 클라우드 사업을 시행하는 기업은 불가피하게 개인과 관련된 정보를 보유하게 되는데 이 과정에서 개인정보 보호법 위반이 발생할 수 있다.[98]

개인정보의 개념을 잘 정의하기 위해서는 개인정보 보호체계 전반의 합리성과 연계하여 검토되어야 한다. 개인정보 보호체계의 합리화를 위해서 가장 시급한 것은 형사처벌의 대상의 축소다. 개인정보의 처리에 반드시 정보주체의 동의가 필요하고, 동의 없는 개인정보처리는 형사처벌의 대상이 되는 보호체계가 개선될 때 비로소 개인정보 개념을 둘러싼 논란이 해소될 수 있다. 개인정보의 정의 조항도 정돈할 필요가 있다. 우리는 개인정보를 정의하는 데 있어 개인정보의 개념과 개인정보를 파악하기 위한 방법을 함께 서술하고 있어 혼란의 원인이 되고 있다. 즉 개인정보는 특정한 개인에 관한 정보(살아 있는 개인에 관한 정보)이고, 특정한 개인을 알아내기 위하여 어떻게 할 것인가의 문제(성명, 주민등록번호 및 영상 등을 통하여 개인을 알아볼 수 있는)는 서로 다른 것인데, 정의 조항에서 두 문제를 함께 기술하고 있는 것이다. 더구나 개인을 알아볼 수 있는 방법으로 괄호 안의 내용(해당 정보만으로는 특정 개인을 알아볼 수 없더라도 다른 정보와 쉽게 결합하여 알아볼 수

96) 권태상, 앞의 논문, 96쪽.
97) 구태언, 개인정보 보호법의 제문제, 법학평론 제3권, 서울대학교, 2012, 71쪽.
98) 최경진, 앞의 논문, 212쪽.

있는 것을 포함한다)까지 동원하고 있어 혼란을 더욱 가중시킨다. 개인정보의 개념과 식별가능성의 방법을 구분해서 규정하는 것이 더 나은 방식이라고 본다.

빅데이터 등 새로운 사업을 위해서는 개인정보를 어느 정도 활용할 수 있는 길을 열어 주어야 한다. 일본은 2015년 개인정보 보호법 개정 때 개인정보의 정의를 명확히 하고, 익명가공정보라는 개념을 도입하였다. 개정법은 익명가공정보를 "특정 개인을 식별할 수 없도록 개인정보를 가공해 얻을 수 있는 개인에 관한 정보로서 당해 개인정보를 복원할 수 없도록 한 것"으로 정의한 후 익명가공정보에 대해서는 개인정보의 처리에 관한 규정을 적용하지 않도록 한 것이다. EU 역시 정보보호 일반규정(GDPR) 협상과정에서 비식별화정보(pseudonymised data)를 도입하였다. 비식별화정보는 별도로 보관되는 추가정보가 없으면 개인 식별이 되지 않도록 조치한 정보를 의미한다. 이를 통해서 개인정보를 비식별화함으로써 관련되는 정보주체가 처하는 위험을 줄이고 관리자 또는 처리자가 개인정보를 처리할 수 있는 길을 넓혔다.

5) 개인정보의 활용과 보호

정보화 사회에서 개인정보는 보호의 대상이면서 동시에 활용의 대상이다. 유럽연합의 경우 1995년 개인정보 보호지침이나 그 개정법인 정보보호 일반규정(GDPR)은 개인정보처리에 관한 개인의 보호와 관련된 규범이자, 개인정보의 자유로운 이동에 관한 규범이라는 점을 명시하고 있다. 30년 전 독일 연방헌법재판소는 개인정보자기결정권을 헌법상 권리로 인정한 인구조사 판결에서 개인이 자신의 정보에 대하여 절대적이고 무제한적인 지배권을 갖는 것이 아니라고 강조한 바 있다.[99] 개인은 사회공동체 내에서 전개되고 의사소통하는 인격체이므로, 개인에 관한 정보는 사회 현실을 반영한 것으로, 이를 배타적으로 그 사람에게만 귀속시킬 수 없다는 것이다. 일본이 2015년 개인정보 보호법을 개정한 목적도 기업이나 지자체의 빅데이터 활용을 높이고 개인정보 보호도 강화하려는 데 있다.[100] 이에 반해 우리나라 개인정보 보호법은 정보가 자유로운 유통 대상이라는 중요한 관점을 빠트린 채 개인정보를 보호 대상으로만 파악하고 있다. 개인정보 보호법의 목적(제1조)도 "개인정보의 수집 · 유출 · 오용 · 남용으로부터 사생활의 비밀 등을 보호"하는 데 있을 뿐이다.

정보화 사회에서 개인정보는 보호 대상이면서 동시에 활용 대상이다. 개인정보도 기본적으로 정보이며, 정보는 자유로운 유통을 전제로 하는 개념이기 때문에 개인정보의 자유로운 유통도 개인정보 보호법제가 추구하여야 할 또 다른 가치이다. 개인정보는 보호 대상이자 유통 대상이라는 양면적 성격을 인정하고 관리체계를 구축할 경우 개인정보는 그 유형에 따라 서로 다른 취급을 받아야 할 것이다. 헌법상 개인정보자기결정권의 대상이 되는 인격주체성과 관련 있는 개인정보에 대해서는 지금처럼 정보주체의 권리를 보장하는 것이 타당하다. 특히 인격주체성 정보 중 민감 정보는 더욱 보호되어야 한다. 하지만 인격주체성과 관련 없는 개인정보는 원칙적으로 정보주체의 동의가 없어도 자유롭게 유통되도록 하되, 고유 식별정보에 대한 보호

---

99) BVerfGE 65, 1=NJW 1984, 419(권태상, 개인정보 보호와 인격권-사법 측면에서의 검토-, 법학논집 제17권 제4호, 이화여자대학교, 2013, 97쪽에서 재인용).

100) 한은영, 일본 개인정보 보호법의 개정 내용 및 평가, 정보통신방송정책 제27권 제17호 통권 608호, 2015, 41쪽.

는 현행 법제와 같은 수준을 유지하는 것이 타당하다고 본다.

이처럼 개인정보의 보호와 유통이라는 균형이라는 관점에서 살펴보면, 잊혀질 권리 역시 정보주체의 절대적 지배 아래 있는 것이 아님을 알 수 있다. 잊혀질 권리의 대상이 되는 정보는 인격주체성에 관한 것일 경우가 많을 것이다. 하지만 언론보도처럼 알 권리의 대상이 되는 정보는 누구나 활용할 수 있는 인류가 공유하는 재산이라고 볼 수도 있다. 또 개인정보 중에는 기업의 영업 자산 내지 공공기관의 공적 기록으로서 성격을 가질 수도 있다. 그렇기 때문에 일방의 권리만 고려할 수는 없고, 상대방의 적절한 이용 역시 보호되어야 한다.

제 8 장

잊혀질 권리 보장을 위한 법·제도 개선

제8장 잊혀질 권리 보장을 위한 법·제도 개선

1. 법·제도 개선이 필요한 부분

1) 미디어 환경 변화와 새로운 유형의 인격권 침해

(1) 정보주체 생산의 콘텐츠

소셜 미디어(Social Media) 또는 소셜 네트워크 서비스(SNS)의 이용이 일상화되면서 자신의 정보를 인터넷에 널리 퍼뜨리는 사람도 많아졌다. 신중하게 정보를 공개해 인터넷에서 자신의 인격상을 잘 형성하고 있는 사람도 있지만, 남들이 자신을 어떻게 생각할 것인지를 고려하지 않고 내키는 대로 개인정보를 올리는 사람도 있다. 전자의 경우 잊혀질 권리를 실현하는 데 큰 어려움은 없다. 자신이 만들고자 하는 사회적 인격상을 잘 알기 때문에 거기에 맞는 정보는 남기고 나머지는 삭제하면 된다. 반면 후자의 경우 잊혀질 권리를 실현하는 데 어려움이 많다. 기분 내키는 대로 정보를 올렸기 때문에 어떤 정보를 공개했는지조차 잊어버린다. 이는 기술적인 어려움도 따른다.

조선일보는 2016년 5월「흉기가 된 SNS」시리즈 기사에서 SNS로 인해 글과 사진 등 개인정보가 확산되었고, 일단 공개된 개인정보를 완전히 지우는 것은 사실상 불가능하다고 보도하였다. 보도에 따르면, 심지어 SNS 계정을 폐쇄해도 개인의 신상정보를 찾아내는 소위 '신상털기'는 어렵지 않게 발생한다고 한다. SNS 이용자 계정을 통째로 복사해서 저장하는 복제 사이트가 있기 때문이다. 조선일보 보도에 따르면 인터넷 커뮤니티에서 개인정보를 캐내는 신상 털기가 과거에는 전문가들도 서너 시간 넘게 걸렸는데, 지금은 SNS 덕분에 30분이면 충분하다고 한다.[1)] SNS가 유행하기 전에는 네티즌의 아이디, 이름, 나이와 학력, 사진 순으로 개인정보를 찾아 들어갔는데, 지금은 대부분 SNS에 공개되어 있기 때문이다.

조선일보는 일반인 10명의 동의를 받은 뒤 고려대 정보보호대학원 디지털포렌식연구센터 이상진 교수팀에 '신상 털기' 실험을 의뢰했다. 이 교수팀에 이름과 인터넷에서 즐겨 쓰는 ID 등 2가지 단서를 제공했고, 이 교수팀은 검색을 시작한 지 30분 만에 나이와 사진, 학력 같은 기본적 인적 사항뿐 아니라 현재 사는 집 주소와 휴대전화번호 같은 개인정보 수십 건을 찾아냈다. 실험에 참가한 일반인 10명은 페이스북, 인스타그램, 트위터 등 평균 2-3개의 SNS 계정을 가지고 있었다. 이 중 7명은 페이스북으로 자신의 출신 대학과 전공, 생년월일을 공개하고 있었다. 〈표 8-1〉은 조선일보 실험에서 인터넷 검색으로 찾아낸 개인정보의 사례다.

---

1) [흉기가 된 SNS] 전화번호・가족까지 … 30분 만에 인터넷서 발가벗겨졌다, 조선일보, 2016. 5. 5, http://news.chosun.com/site/data/html_dir/2016/05/05/2016050500174.html (방문일, 2016. 5. 5).

〈표 8-1〉 인터넷 검색으로 나타난 개인정보의 사례

	본인정보	가족정보	특이정보
김○○ 24·대학생	생년월일, 대학	X	오피스텔 동·호수, 중국어 자격증 종류와 취득 연도, 반려견 종류·나이, 군복무 부대
김○○ 23·대학생	생년월일, 대학, 동아리 활동 내용	여동생 사진·이름	혈액형
김○○ 28·직장인	생년월일, 유학경력, 사는 곳, 인턴 경력 1건	부모 사진·직업, 형 이름, 정치 성향	군복무 부대
라○○ 23·대학생	생년월일, 출신 고교·대학, 동아리 활동 내용, 휴대전화 번호, 취미	X	남자 친구 이름·학력, 외국여행 정보
박○○ 25·대학생	즐겨 하는 게임 종류, 게임 아이디	X	X
여○○ 29·직장인	생년월일, 출신 대학·학과, 휴대전화 번호, 직장 주소, 수상 내용	여동생 이름·출신고, 사촌동생 이름	X
최○○ 30·직장인	생년월일, 출신 고교·대학, 학과, 대학 졸업연도, 휴대전화 번호 2건	여동생 이름·직업	외국여행 정보

* 출처: 조선일보 2016. 5. 5.

위 사례는 인터넷을 많이 사용할수록, 특히 SNS를 자주 사용할수록 스스로 공개한 신상정보의 양은 많아지는 것을 보여준다. 신상정보 중에는 이름, 생년월일, 전화번호처럼 개인 식별정보도 있고, 동아리 활동 내역 등 개인의 성향을 나타내는 정보도 있다. 성향 정보는 사회적 인격상을 형성하기 때문에 민감하게 다뤄야 할 정보다. 어린 시절 치기(稚氣)로 자랑스럽게 SNS에 올려놓았던 내용이 나중에 창피스러운 일이 될 수도 있다. 잊혀질 권리보다 중요한 것이 자기 정보를 함부로 공개하지 않는 신중함이다. 그러나 SNS가 새로운 문화가 된 상황에서 SNS에 개인정보를 공개한 사람에게만 책임을 물릴 수는 없다. 뒤늦게 공개를 후회하는 정보에 대해서는 정보주체의 의사

대로 다시 철회할 수 있는 제도가 마련되어야 할 것이다. 잊혀질 권리는 그러한 제도의 핵심 내용이다.

그러나 신중한 검토가 필요한 부분은 SNS의 속성상 정보주체가 공개한 내용을 다른 사람이 보유하고 있는 경우가 많다는 점이다. 특히 사회 저명인사의 SNS 내용은 다른 사람이 리트윗(RT)하거나 복제 및 저장하는 경우가 많아 당사자가 삭제한다고 해서 삭제가 되지 않는다. 2012년 12월 19일 제18대 대통령선거를 1주일 앞둔 12월 12일 소설가 공지영은 여론조사기관 리얼미더 이택수 대표가 박근혜 대통령 후보에게 5억 원을 받고 여론을 조작하기로 했다는 내용의 트위터를 리트윗(RT)했다가 당사자인 이택수 대표가 검찰 고발 예정이라고 강경 대응하자 급히 삭제하였다. 하지만 공지영의 리트윗은 이미 급속히 확산되고 있었다. 공지영은 다른 사람에게도 삭제할 것을 요청하였다.

> 이 트윗은 작성자가 증거를 제출하지 못해 저는 삭제했습니다. 확실할 때까지 여러분도 삭제하심이 ㅜㅜ 죄송합니다. RT"@art89391: 리얼 미터 이택수가 5억 받고, ㅂㄱㅎ 당선되면 5억 더 받기로 했다고 십알단 양심고백… "이러니 여론조사가 엉망이었던 겁니다!""[2)]

공지영의 삭제 요청은 공지영의 바람일 뿐 실현되지 않았다. 오히려 삭제 요청을 하였다는 것이 새로운 기삿거리가 되었다. 공지영의 사례는 SNS에서 완전한 삭제란 사실상 불가능함을 보여주고 있다. 2014년 7월 문화체육관광부 장관으로 지정되었다가 자진 사퇴한 정

---

2) 공지영, '이택수 5억 루머글' 리트윗 급삭제 후, 온라인 중앙일보, 2012. 12. 13 12:12, http://news.joins.com/article/10161069 (방문일 2016. 5. 10).

성근 장관 후보자의 경우도 있다. 그는 2013년 11월 자신의 트위터에서 조국 서울대 교수, 공지영 소설가, 박창신 천구교 신부, 김용민 국민TV PD를 비난하는 글을 올렸다가 장관 청문회를 앞두고 삭제하였다. 그 내용은 다음과 같다.

> 조국 박창신 공지영 김용민 … 존칭은 생략하고 이 사람들 북한 가서 살 수 있게 대한민국 헌법에 거주 이전의 자유가 있다는 걸 상기시켜 드립니다. 한동안 뜸하더니 때는 이때다 하며 몇 줄 글로 또 존재를 알리네요. 지식인의 도리가 아닙니다![3]

정성근 장관 후보자가 트위터에 작성하였던 글은 그의 노력에도 불구하고 여전히 검색 가능하다. 공지영의 사례처럼 오히려 새로운 뉴스 거리가 되었다. 트위터의 경우 리트윗(RT)이 있고, 페이스북의 경우 '공유하기'가 있기 때문에 SNS에 일단 공개한 글은 나중에 삭제하려고 해도 가능하지 않다. 다른 사람이 내가 쓴 글의 사본을 가지고 있기 때문이다.

(2) 인터넷 언론의 보도

새로운 미디어 환경에서 나타나는 특징 중 하나는 뉴스 미디어의 양적 팽창이다. 지난 10년간 일간신문은 168개에서 383개로 늘어났고, 뉴스통신도 2개에서 20개로 늘어났다. 특히 주목할 것은 인터넷 신문의 폭발적 증가다. 아날로그 신문의 경우 방송과 달리 허가제가

---

3) 정성근, "조국 · 공지영 '종북' 글 장관 내정 후 지웠다", 미디어오늘, 2014. 7. 10, http://search.mediatoday.co.kr/?mod=news&act=articleView&idxno=117737&sc_code=&page=28&total=1012 (방문일 2016. 5. 10).

〈표 8-2〉 연도별 정기간행물 등록 현황 (단위 : 개)

구분	2005	2006	2007	2008	2009	2010	2011	2012	2013	2014	2015
신문 (일간신문)	2,989 (168)	3,262 (193)	3,537 (282)	3,473 (264)	3,317 (299)	3,545 (338)	3,579 (352)	3,707 (324)	3,854 (363)	4,023 (374)	4,188 (383)
인터넷신문	286	626	901	1,315	1,698	2,484	3,193	3,914	4,916	5,950	6,605
잡지	4,259	4,661	5,015	5,911	7,956	6,047	6,484	6,928	7,256	7,616	7,899

* 출처: 문화체육관광부 홈페이지.

아닌 등록제이므로, 등록요건을 갖추면 누구나 발행할 수 있다. 그럼에도 불구하고 인쇄 시설 등 등록의 요건을 충족하고 실제 신문을 발행하기 위해서는 어느 정도 자본이 필요하다. 신문 용지의 값도 비싸고, 신문을 배달하는 비용도 적지 않다. 따라서 법상 문은 열렸지만 사실상 장애가 있는 것이 신문 시장이다. 하지만 인터넷으로 신문을 발행할 경우 신문 용지 구입과 신문 배달에 소요되는 비용이 거의 없다. 이는 인터넷 신문이 폭발적으로 증가하게 된 원인이다. 문화체육관광부 「정기간행물 현황 등록일람표」에 의하면, 2015년 12월 말 현재 등록된 인터넷 신문은 6,605개다.

인터넷 신문의 양적 팽창이 언론의 질적 향상을 가져온 것은 아니다. 부정확하고 편파적이고 감성적인 기사가 급증하고, 정확하고 공정하고 이성적인 기사를 찾기는 예전만큼 어렵다. 미디어의 증가에도 불구하고 뉴스 미디어의 신뢰도는 그리 높지 않은 편이다.

인터넷 신문의 수가 6,000개가 넘으면서 독자적으로 독자를 확보하기보다는 네이버, 다음과 같은 인터넷 포털에서 기사를 제공하는 종속형 인터넷 신문사가 주를 이루게 되었다. 종속형 인터넷 신문사는 독자적인 취재보다 연합뉴스의 기사를 가공하여 신속히 제공하는 데 더 주력하고 있다. 한국언론진흥재단이 2014년 8월 시민 1,000명을 대상으로 시행한 설문조사 결과 응답자의 91.9%가 포털 사이트에

〈표 8-3〉 뉴스 미디어 신뢰도 추이 (단위: 점, 5점 척도 평균)

구분	2010	2011	2012	2013	2014	2015
지상파 텔레비전	4.04	3.83	3.76	4.13	3.90	4.15
전국종합신문	3.79	3.44	3.37	3.65	3.43	3.83
보도전문채널	3.90	3.69	3.61	3.84	3.70	3.83
종합편성채널	-	-	3.43	3.72	3.60	3.85
포털뉴스	-	-	-	3.58	3.50	3.57
인터넷 신문사	3.46	3.28	3.16	3.23	3.14	3.36

* 출처: 한국언론진흥재단, 2015 수용자 의식조사 (5,000명 대상 면접설문조사 결과).

게재된 기사들이 "서로 비슷하다"고 답했으며, 설문 응답자의 88.8%가 "어뷰징을 개선할 필요가 있다"고 답했다. 어뷰징(abusing)이란 동일한 내용의 뉴스 기사를 반복 전송하는 것으로,[4] 요즘에는 특히 포털 사이트의 검색어, 특히 실시간 검색어에 대응하여 기사를 작성하고 관련 뉴스를 검색할 때 해당 기사가 웹페이지 상단에 노출되도록 비슷한 기사를 반복적으로 전송한다.[5]

인터넷 뉴스의 신뢰성을 의문시하는 견해도 많다. 인터넷 신문의 기사와 광고에 대해 민간이 자율적인 심의를 하고 제도적 개선을 위하여 인터넷 신문위원회가 2012년 12월 발족하였다. 또 인터넷 신문의 등록 요건이 강화되었다. 정부는 2015년 11월 '신문 등의 진흥에 관한 법률' 시행령을 개정하여 인터넷 신문의 등록 요건으로 취재와 편집 인력을 기존 3명에서 5명으로 증가했고, 상시 고용을 증명하는 서류를 제출하도록 하였다. 이에 미디어스, 참소리, 평화뉴스 등 20여 곳의 인터넷 신문과 아이엠피터 등 1인 미디어 활동가 등 63명은

4) 서울중앙지방법원, 2011. 9. 14, 자2011카합1764 결정.
5) 조영신, 유수정, 한영주, 포털 기사 공급 형태 및 매체 지위와 어뷰징과의 관계에 관한 탐색적 연구: '네이버'를 중심으로, 한국언론학보, 제59권 제6호, 2015, 315-16.

2015년 12월에 개정 신문법 시행령의 헌법소원심판을 청구하였다.[6] 개정 신문법 시행령이 인터넷 신문의 자유로운 설립과 활동을 제한하는 것은 분명하지만, 인터넷 신문이 정확하고 공정한 보도로 민주적 여론형성이라는 기능을 수행하는 데 필요한 정도의 제한으로 생각돼 위헌은 아니라고 본다. 그러나 헌법재판소는 2016년 10월 27일 재판관 7 대 2 의견으로 이 조항을 위헌으로 결정하였다.[7]

인터넷 신문의 급증은 잊혀질 권리의 실현과 관련하여 시사하는 바가 크다. 특정 사안이 기사화된 경우 해당 기사에서 언급된 사람이 잊혀질 권리를 실현하기 위해서는 수많은 인터넷 신문사를 개별적으로 모두 상대해야 한다. 이 때 적지 않은 시간과 비용이 소요될 것이다. 훨씬 실용적인 방법으로 네이버, 다음과 같은 주요 인터넷 포털에서 해당 기사의 검색을 차단하는 방법을 생각할 수 있다. 개별 인터넷 신문사가 자기 홈페이지에서 해당 기사를 제공하더라도, 홈페이지를 찾아가 기사를 읽는 독자의 수가 얼마 되지 않는다면, 인터넷 포털의 검색 차단만으로 잊혀질 권리는 사실상 실현될 수 있다. 우리나라 언론 환경은 메이저 언론사조차 인터넷 포털에 뉴스를 팔고 있는 상황이므로 인터넷 포털에서 잊혀질 권리를 실현하는 것만으로도 잊혀질 권리가 추구하고자 하는 정보주체의 인격권 보호는 충분하다고 평가할 수 있다.

(3) 인터넷 게시글

인터넷 기사와 비슷한 역할을 하는 것이 인터넷 블로그, 인터넷 카

---

6) 5인 미만 인터넷 신문 '강제퇴출법', 헌재 판결 받는다, 미디어스, 2015. 12. 28, http://m.mediaus.co.kr/news/articleView.html?idxno=51758 (방문일 2016. 5. 10).
7) 헌재 2016. 10. 27. 2015헌마1206.

페 등에 게시한 개인의 글이다. 블로그와 카페에 올린 글 역시 인터넷 기사와 마찬가지로 인터넷 포털이 검색 결과를 제공하지 않으면 일반인에게 공개될 가능성은 극히 희박하다. 물론 일부 블로그나 카페는 회원 수가 수백만 명에 이르는 경우도 있다. 이러한 파워 블로그나 카페라고 하더라도 인터넷 포털의 매개를 필요로 하는 것은 마찬가지다. 2014년 말부터 2015년 초까지 온 국민을 분노하게 만든 소위 '땅콩회항사건'은 전통 미디어 중심의 사고로 잊혀질 권리의 문제를 해결할 수 없음을 보여준다.

사건의 개요는 다음과 같다. 2014년 12월 5일 오전 0시 50분 뉴욕 존 F. 케네디 국제공항에서 인천국제공항으로 향하는 대한항공 KE 086편이 탑승구를 떠나자마자 바로 탑승구로 되돌아오는 일이 발생하였다. 이 비행기 퍼스트 클래스에 탑승한 조현아 대한항공 부사장이 기내 서비스 제공의 잘못을 문제 삼아 박창진 사무장에게 폭언과 폭행을 하고 비행기에서 내리도록 강요하면서 항공기는 회항하였고, 출발이 지연되었다. 조현아 부사장은 대한항공이 소속된 한진그룹 조양호 회장의 장녀다. 조현아 부사장은 땅콩의 일종인 마카다미아를 퍼트스 클래스 승객에게 봉지 째 제공한 것이 서비스 매뉴얼에 반한다며, 담당 여승무원과 사무장의 무릎을 꿇리고 폭언한 뒤 서비스 매뉴얼에 부합한다고 항변한 사무장을 비행기에서 내리도록 강요하였다.

이 사건은 재벌 3세의 소위 '갑(甲)질'로 언론에 대서특필되면서 국민적 분노를 초래해, 결국 조현아 부사장은 부사장직에서 물러나고, 항공보안법 위반 혐의로 구속 기소되었다. 사건 초기 대한항공은 조현아 부사장에게 유리한 방향으로 사건을 은폐하려고 하였고, 현장에 있던 여승무원들을 회유하였다. 2015년 1월 10일 SBS의 시사프로그램 「그것이 알고싶다」는 박창진 사무장과 함께 조현아 부사장에게 무릎을 꿇리고, 심하게 질책을 당하였던 여승무원에게 대한항공 측은 교수직을 제안하였다고 보도하였다. 「그것이 알고싶다」는 현장에 있었던 또 다른 여승무원이 검찰 조사를 받으러 가는 도중 엘리베이터 앞에서 웃는 모습을 공개하였다. 그리고 진행자는 "그녀의 표정이 어딘가 묘합니다. 소리 없이 웃고 있었습니다. 뜻하지 않게 검찰 조사를 받으러온 상황에서 이 웃음은 뭘 의미하는 걸까?"라고 물었다. 검찰 조사를 마치고 여승무원이 대한항공 관계자들과 함께 차를 타고 가는 모습을 보여주었다. 「그것이 알고싶다」 보도 후 인터넷에 해당 여승무원들의 신상정보를 공개하고 모욕하는 글이 상당수 게재되었다. 그 중에는 인터넷 신문의 기사도 있고,[8)] 개인 블로그에 실린 글도 있다. 조현아 부사장에게 폭언과 폭행을 당했던 한 여승무원은 '배신의 아이콘'으로, 검찰 조사를 받으러 나왔다가 웃은 여승무원은 '악마의 미소'로 호칭되며 모욕을 당하였다. 지금도 구글에 '대한항공', '땅콩', '여승무원', '신상'을 검색어로 넣으면 여승무원에 관한 사진, 출신학교 등 개인정보가 노출된다. 아래 글은 신상정보 공개와 함께 모욕적인 언사를 한 예다.

> 조빛나는 사실 그것이 알고 싶다의 악마 미소 때문에 일약 스타덤(?)에 오른 인물이지만, 실상 자신을 감싸준 의로운 박창진을 배신하고 교수직을 제안 받아 위증을 한 분노 유발자는 김도희입니다. 조빛나 승무원에 대한 소문은 변호사와 결혼을 앞두고 있었다는 정도죠. 그리고 조현아 사건에서는 제3의 인물이기 때문에 돈, 권력 앞에 목격 위증은

8) 조혜진, '그것이 알고 싶다' 대한항공 여승무원, '섬뜩' 미소 의미는 … '뒷거래', 톱스타뉴스, 2015. 1. 12, http://news.topstarnews.net/detail.php?number=95318 (방문일 2016. 5. 10).

어느 정도 예상 가능한 스토리입니다.

문제는 자신 때문에 무릎을 꿇고 비행기에서 내리는 수모를 당한 박창진 사무장을 배신한 김도희 승무원이죠. 그럼 김도희에 대한 소문을 통한 평가를 해보겠습니다. 김도희는 인하공전 항공운항과 06학번 출신의 재원으로 현재 대한항공 국제선 퍼스트 클래스 승무원입니다. 성실하고 근무 태도와 사려 깊다는 평가가 자자해 로열패밀리 같은 VVIP급 승객들이 타는 날에는 그녀가 우선 배정될 정도였다고 합니다.

세 번째 사진이 바로 김도희 사진입니다.

그리고 네 번째 사진이 조빛나라는 여자의 사진입니다.

이 여자들 땅콩 타고 엘에이에 다시 온다면 한인 타운의 모 호텔에 묵겠죠. 얼굴 보게 된다면 가래침 한번 뱉어주어야겠습니다.[9)]

그 후 조빛나 승무원은 SBS와 SBS콘텐츠허브를 상대로 손해배상 및 정정보도 청구 소송을 제기해서 1심에서 일부 승소하였다. 조 씨는 "대한항공 측으로부터 회유나 교수직 제안을 받은 적이 없는데도 마치 회유·제안을 받고 거짓 진술한 것처럼 프로그램이 구성됐다"고 주장하며, 1억 5000만원의 손해배상금 및 정정 보도를 요구하였다. 서울남부지법 민사합의15부(부장판사 김홍준)은 2015년 8월 13일 SBS 측에 정정보도와 함께 2000만 원을 배상하라고 판결하였다.[10)] 1심 재판부는 판결 확정시부터 향후 7일 이내에 방영되는 「그것이 알고 싶다」 프로그램 부분에서 SBS 측이 정정보도문을 낭독토록 하고, SBS

---

9) 라디오코리아 커뮤니티, 땅콩항공 승무원들의 신상(사진첨부), 2015. 1. 27, http://www.radiokorea.com/bulletin/bbs/board.php?bo_table=c_talk_daily&wr_id=31280 (방문일 2016. 5. 10) (일부 글자는 맞춤법에 맞게 저자가 수정함).

10) 한국경제, '땅콩회항' 여승무원, SBS '그것이 알고싶다' 상대 손배소 일부 승소, 2015. 8. 13, http://www.hankyung.com/news/app/newsview.php?aid=2015081359257 (방문일 2016. 5. 10).

홈페이지 초기 화면에도 정정보도문을 게시하도록 하였으며, 땅콩 회항 편을 다룬 「그것이 알고싶다」 다시보기 초기 화면에 정정보도문 제목을 붉은색으로 표기하도록 명하였다.

사건은 여기서 끝나지 않았다. 조 씨는 여러 네티즌을 명예훼손죄로 고소하였다. SBS는 1심 패소 후 정정 보도를 하였는데, SBS 프로그램을 보고 공분하여 그 내용을 소개한 네티즌 중에 이를 모르고 과거 게시물을 그대로 두었다가 고소를 당한사람이 상당히 있다. 이 사건은 새로운 미디어 환경에서 과거 인격권 보호를 위하여 마련한 제도가 충분히 작동하지 못한다는 것을 잘 보여준다. 과거 신문과 방송 위주의 매스 미디어 환경에서는 보도를 한 언론사를 상대로 소송을 제기해서 승소하면 인격권 침해에 대한 보전이 충분히 이루어졌다고 볼 수 있다. 특히 정정보도의 경우 해당 언론사가 정정 보도를 하면 사건은 어느 정도 해결될 수 있었다. 특정 언론사의 보도는 해당 언론사의 미디어로만 전파되기 때문에 잘못된 보도 역시 해당 언론사에서 시정하면 더 이상 전파될 가능성이 많지 않기 때문이다. 인터넷 환경에서는 전혀 그렇지 않다. 정정 보도를 한 이후에도 과거 잘못된 기사가 여전히 인터넷 포털에서 검색되고 있다. 설사 해당 기사가 삭제된 경우라고 하더라도 과거 기사가 정확한 것으로 믿고 복사해서 전파한 블로그가 있고, 이 내용은 인터넷 포털에서 검색되고 있다. 정정보도가 잊혀질 권리는 아니지만, 정정보도는 잊혀질 권리의 관점에서 재검토되어야 할 것이다.

(4) 인터넷 댓글

인터넷 댓글은 우리나라 특유의 문화다. 다른 나라에서도 인터넷 댓글을 볼 수는 있지만, 우리나라 인터넷 포털만큼 모든 뉴스에 댓글을 허용하고, 댓글 소비 성향을 제공하는 등 댓글을 권장하는 나라를 찾기 힘들다. 우리나라 최대 인터넷 포털 네이버의 경우 댓글 많은 뉴스를 제공하고 있다. PC판 네이버 뉴스는 「주간 댓글」을 랭킹별로 제공하고,[11] 모바일 네이버 뉴스는 「댓글 많은 뉴스」를 분야별로 제공한다.[12] 네이버는 2016년 4월 21일 「통계로 보는 댓글」 서비스를 시작하였다. 「통계로 보는 댓글」은 네이버 계정으로 작성된 댓글 데이터를 기반으로 하여 각 기사에 작성된 사용자들의 성별, 연령별 비율을 그래프로 보여 준다. 댓글 통계 그래프는 모든 기사에 제공되는 것은 아니지만, 우리나라 사람들이 기사에 대한 다른 사람들의 반응에 얼마나 많은 관심을 갖는지 알 수 있는 사례다.

그러나 댓글은 인터넷 신문 기사나 블로그 글보다 더 즉흥적이고, 감성적으로 작성되기 때문에 예상하지 못한 피해도 더 많이 발생한다. 언론중재위원회가 2015년 10월 「디지털 미디어 시대의 새로운 언론피해 구제제도」라는 제목으로 개최한 정책토론회에서 이 문제가 거론되었다. 이 날 언론중재위원회는 언론중재법을 개정해야 할 필요성으로 인터넷 댓글의 폐해를 소개하였다. 앞에서 소개한 조빛나 승무원의 미소와 관련해서 네티즌이 작성한 악성 댓글을 보면 다음과 같다.

"교수는 나가리 됐구만… 등신녀들."

"내 만약 정말 어쩔 수 없이 대한항공을 탈 일이 있어서 타야 할 때… 승무원 이름 똑똑히 보리다. 당신을 위해 모든 것을 짊어진 사

11) http://news.naver.com/main/ranking/memoWeek.nhn?mid=etc&sid1=111 (방문일 2016. 5. 10).

12) http://m.news.naver/com/memoRankingList.nhn (방문일 2015. 5. 10).

람의 뒤통수를 친 당신이 진정한 어른인지 두고 볼 참….”
“그 와중에 미소가 그린 듯 예뻐서 더 무섭다. 자존심을 팔고 겸임 교수 자리를 산 것뿐. 그나마도 당장 잘려도 할 말 없는 자리고 소문도 다 나서 학생들에게 존경은커녕 경멸뿐일 듯….”[13)]

또 다른 사례로, 2014년 2월 17일 경북 경주시 마우나오션리조트에서 발생한 체육관 붕괴 사고가 있다. 이 사고는 체육관에서 신입생 환영회 행사를 진행 중이던 부산외국어대학교 학생 9명과 이벤트 회사 직원 등 10명이 사망한 사고다. 붕괴 사고로 깔린 여학생이 구조의 눈길을 보내고 있는 사진에 댓글이 달렸다.

“살고 싶어서 엄마 찾는 거 구경하면 재미있을 듯”
“지잡대 다닐 바엔 죽는 게 효도”
“자기들이 술 먹고 놀려고 간 건데 건물 하나 무너졌다고 왜 이렇게 난리부르스냐?”

예상치 못한 사고로 고통받고 있는 사람에게, 또 갑작스레 발생한 사건에 연루돼 어려움을 겪고 있는 사람에게 해서는 안 될 말이 인터넷에 난무한다. 댓글을 작성한 사람은 순간적인 감정 해소에 도움이 되었을 수 있지만, 상대방에게는 평생 남을 주홍글씨다. 댓글 작성은 남녀노소, 지위고하를 막론하고 이뤄진다. 2008년 연구에 의하면, 인터넷 뉴스 댓글을 ‘읽고 쓰는 편’인 집단에는 여성보다 남성이 많고, ‘안 읽고 안 쓰는 편’인 집단에는 남성보다 여성이 많다고 한다.[14)] 그

13) 언론중재위원회, 디지털 미디어 시대의 새로운 언론피해구제제도–언론중재법 개정안 쟁점과 해설–, 2015년도 언론중재위원회 정책토론회 종합보고서, 2015. 10. 13, 16쪽.

러나 이 연구는 PC 기반의 연구로, 최근 모바일 환경에서는 여성의 뉴스 및 댓글 소비가 크게 늘어나고 있어 성 구별은 무의미하다. 즉 PC 기반의 뉴스 소비에서는 PC 이용자가 남성이 많기 때문에 남성의 뉴스 및 댓글 소비가 많지만, 1인 1모바일 시대에서는 여성의 뉴스 소비가 크게 늘었고, 여성의 댓글 참여 역시 크게 늘어났다. 이는 네이버가 2016년 4월 21일 시작한 「통계로 보는 댓글」 서비스에서 확인할 수 있다. 댓글 연구에서 흥미로운 점은 고소득자 계층은 '읽고 쓰는 편'이고 저소득자 계층은 '안 읽고 안 쓰는 편'으로 나타난 것이다.[15] 지난 1989년 대학생 신분으로 북한을 방북해 유명해진 임수경 씨가 2005년 사고로 외아들을 잃는 사건이 발생하였을 때 이 사건 보도에 욕설, 비방, 저주 등 악성 댓글을 단 사람들은 일반인의 예상과 달랐다. 임수경 씨는 이들을 형사고소해서 수사를 통해 밝혀진 바에 따르면, 당시 댓글을 단 사람들은 대학교수, 금융 기관의 중견 간부, 대기업 회사원, 전직 공무원 등 대부분 평범하게 일상생활을 하던 중년 남성이었다.[16]

언론중재위원회는 언론중재법 개정으로 잘못된 원 기사뿐만 아니라 해당 기사가 블로그나 카페 등으로 전파된 것에 대해서도, 또 기사 내용뿐 아니라 기사의 댓글에 대해서도 언론중재위원회를 통해 간이 절차에 따라 쉽고 빠르게 인격권을 회복할 수 있도록 하자고 주장하고 있다. 언론중재위원회는 2015년 말 정책토론회를 개최하였다.[17] 언론중재위원회의 기능 확대가 해결책이라고 할 수는 없지만, 언론중

---

14) 나은경 · 이준웅, 댓글 문화 연구: 온라인 뉴스 이용 양태의 변화와 담론 공중의 의미, 한국언론재단 연구서 2008-04, 2008, 46쪽.

15) 나은경 · 이준웅, 위 자료집, 52쪽.

16) 조선일보, 악의적 댓글 '악플' 교수님까지…, 2006. 1. 25.

17) 언론중재위원회, 앞의 자료집, 6쪽.

재위원회의 문제 제기는 타당한 것이다. 인터넷 포털을 중심으로 소비되는 정보의 유통 환경에서 과거처럼 전통 미디어를 중심으로 인격권 피해구제를 논의하는 것은 과거만큼 의미 있는 것이 아니다. 피해자를 중심으로 생각하면 인격권 침해는 전통 미디어뿐 아니라 새로운 미디어, 심지어 모든 네티즌으로부터 발생하고 있기 때문이다.

2) 개선 방향

(1) 잊혀질 권리의 핵심은 인격권 보호다

잊혀질 권리의 핵심은 개인정보로 인하여 침해받는 인격권의 보호다. 개인정보의 주체가 원하는 바에 따라 그에 관한 정보를 삭제해야 한다면 그 정당성은 그러한 정보가 정보주체의 인격권을 침해하는 데서 찾아야 한다. 인격권 또는 일반적 인격권이란 개인이 인격을 자유롭게 발현하고 유지할 수 있는 조건이나 상태를 보장하는 기본권으로,[18] 헌법 제10조의 인간의 존엄성 조항에 그 근거가 있다. 인간의 존엄성은 우리 헌법상 최고의 가치다. 정보사회에 있어서 개인이 인격을 자유롭게 발현하고 유지할 수 있는 조건이나 상태에 영향을 미치는 요인이 개인정보이기 때문에 이로 인한 인격권 침해를 방지하고, 인격권 침해가 발생할 경우 이를 어떻게 회복할 것인지가 중요하다. 잊혀질 권리 역시 단순히 정보의 삭제의 문제가 아니라, 인격권을 보호하기 위하여 정보를 삭제하는 문제이다. 그렇기 때문에 잊혀진 권리에서는 침해된 인격권의 회복을 위하여 어떠한 범위에서 정보를 삭제할 것인가를 살펴보는 것이 중요하다.

18) 한수웅, 『헌법학』, 제4판, 법문사, 2014, 541쪽.

(2) 단순 정보와 언론보도는 구별되어야 한다

인격권을 침해한 개인정보의 유형은 단순 정보와 언론보도로 구분할 수 있다. 잊혀질 권리를 논의할 때 혼란스러운 점이 이것이다. 현대 정보사회에서 정보주체가 어떠한 서비스를 이용하는 과정에서 제공하는 단순한 개인에 관한 정보의 제공은 그동안 언론의 자유의 보호 영역이라고 생각되지 않았다. 그런데 그러한 단순 정보의 제공과 언론보도를 잊혀질 권리라는 단일 개념으로 접근하면서 개념상 큰 혼란이 생긴다. 앞의 것도 개인정보이고, 뒤의 것도 개인정보이지만 둘 사이에 차이는 크다. 전자는 언론의 자유와 같은 다른 기본권과의 충돌이 발생하지 않으므로 정보주체의 자기결정권을 존중해야 하고, 그 결과 개인정보의 삭제는 타당한 것이다. 우리나라를 비롯하여 대부분 국가가 개인정보 보호법에서 이러한 권리를 명시하고 있다. 유럽의 1995년 개인정보 보호지침(Directive 96/46/EC)과 그 후속입법인 정보보호 일반규정(GDPR)도 개인정보의 삭제권을 규정하고 있다.

후자는 언론보도에서 발생하기 때문에 언론의 자유와 인격권이 충돌하는 전형적인 기본권 충돌의 발생 영역이다. 후자의 경우 정보주체의 의사만 고려할 수 없다. 언론의 자유와의 실질적 조화를 이루는 방법을 찾아야 할 것이다. 공인이론 등 전통 매체를 중심으로 발전한 이론을 중심으로 해결 방안을 찾아야 한다. 유럽을 비롯한 각 국의 개인정보 보호법이 정보주체의 자기결정권을 존중하여 언론보도까지 삭제할 수 있다는 것을 염두에 두고 제정되었다고 보기 힘들다. 유럽사법재판소가 언론보도 역시 개인정보라고 보아 개인정보 보호지침상 삭제권의 대상으로 이해한 것은 법리적으로 가능하기는 하지만, 바람직한 태도는 아니라고 본다. 언론보도까지 개인정보 보호법을 적용하는 것은 혼란만 일으킨다. 이 영역은 언론보도와 인격권의 실질적 조화가 필요한 영역인데, 개인정보 보호법을 적용하는 순간 정보주체의 자기결정권만 중시되기 때문이다.

(3) 인격권과 언론의 자유의 실질적 조화는 실질적 잊힘으로 실현된다

잊혀질 권리를 인정할 것인가, 인정한다면 어느 범위에서 인정할 것인가의 문제는 인격권과 표현의 자유가 충돌하는 전형적인 기본권 충돌 영역에서 조화로운 방법을 찾는 문제다. 기본권간의 충돌, 더 나아가 헌법규범간의 충돌이 발생할 경우 그 해결은 어느 한 쪽의 우위관계가 아니라 헌법의 통일성의 관점에서 양쪽 모두 최적의 효력을 발휘할 수 있는 실질적 조화의 원칙에 따라야 한다.[19] 실질적 조화의 원칙은 헌법의 통일성에서 나오는 원칙이다. 헌법이 특정 헌법규범을 다른 헌법규범에 비하여 우위라고 명시하고 있지 않은 이상 헌법의 통일성을 위해서 어느 하나의 헌법규범이 다른 하나의 헌법규범보다 일방적으로 우월하다고 인정할 수 없다. 가능하면 양쪽이 모두 최대한 실현될 수 있도록 조화로운 방법을 찾아야 한다. 그동안 법원의 판례와 의회의 입법을 통해서 실질적 조화의 방법이 형성되어 왔다. 의견과 사실의 구분, 명예훼손의 위법성 조각사유로서 진실성 요건의 완화, 공적 인물과 사적 인물의 구분, 반론보도청구권, 정정보도청구권 등이 그것이다. 또 시간이 흐를수록 범죄사건에 대한 보도의 가치보다 관련자의 인격권이 더 중요해진다.

잊혀질 권리에서도 표현의 자유, 또는 인격권이 일방적으로 다른 쪽보다 우월할 수는 없다. 개별사건의 구체적인 상황에 따라서 두 기본권을 비교형량하여 어느 기본권이 더 우위인지 판단하는 작업이 필

19) 이하 설명은 한수웅, 『헌법학』, 제4판, 법문사, 2014, 508쪽 참고.

요하다. 독일 연방헌법재판소의 레바하(Lebach) 판결은 실질적 조화의 원칙으로 구체적이고 개별적인 법익형량이 어떻게 이루어지는지 보여주는 좋은 예다.[20] 레바하 시에서 발생한 군인 살해 사건을 소재로 한 다큐멘터리 프로그램의 방송금지가처분 사건에 대한 헌법소원심판사건에서 독일 연방헌법재판소는 추상적으로 언론의 보도의 자유와 범죄인의 인격권을 비교형량한 것이 아니고, 언론이 보도하고자 하는 특정 시점에서 보도의 필요성 및 중요성과 인격권의 필요성 및 중요성을 구체적으로 비교형량하였다. 피고인에게 형이 선고되고 2년이 지난 후 그의 사진과 실명을 사용하여 다큐멘터리를 작성하고자 한 사건의 경우 범죄 보도의 가치보다 피고인의 인격권 내지 사회복귀가 더 중요하다고 볼 수 있다. 잊혀질 권리는 이처럼 구체적이고 개별적인 법익형량의 결과로 인정되는 것이다. 따라서 사안별 접근이 불가피하다.

잊혀질 권리를 개별적인 비교형량의 문제라고 이해하면, 언제 어디서나 실현할 수 있는 잊혀질 권리는 없다는 결론에 이른다. 어느 정도 잊혀질 수는 있지만, 완전하게 잊혀질 수는 없다. 즉 실질적 잊힘(practical obscurity)의 관점에서 접근하면 실질적 조화를 이루는 방법을 찾으면 된다.

(4) 실질적 잊힘의 중심은 인터넷 중개자다

오늘날과 같은 정보통신 환경에서 완전히 잊혀진다는 것은 기술적으로 불가능하다. 신문과 방송 중심의 매스 미디어 시대에는 소수의 미디어가 언론과 사상의 시장을 장악하는 일이 가능하였다. 방송시장

20) 한수웅, 앞의 책, 508쪽.

은 주파수의 제한이라는 기술적 한계로 소수의 지상파 방송만 정부로부터 허가를 받아 방송 사업을 하였고, 신문 시장은 소수 신문이 배달망을 장악하고 과점체제를 유지하고 있었다. 국민들은 신문과 방송 외에 정보를 접할 수 있는 방법이 없었다. 이런 환경에서는 잊혀질 권리가 실현가능하였다. 아무리 중요한 사건이 발생하여도 소수의 신문과 방송이 이를 보도하지 않으면 사람들은 그 내용을 알 수 없다. 또 소수의 신문과 방송만 과거 보도를 지우면 해당 사건은 세상에서 잊혀질 수 있다. 하지만 지금은 미디어 환경이 바뀌었다. 매스 미디어(mass media)에서 지워지더라도 1인 미디어로 여전히 유통될 가능성이 존재한다.

새로운 환경에서는 새로운 접근이 필요하다. 상당 정도까지 잊혀진다면, 잊혀질 권리는 실현되었다고 보아야 할 것이다. 상당 정도의 수준은 미디어 환경에서 판단할 수밖에 없다. 인터넷 검색 엔진, 인터넷 포털과 같은 인터넷 중개자가 정보를 유통하지 않는다면 잊혀질 권리는 사실상 실현되는 것이다. 그렇다고 과거 언론보도가 모두 지워지는 것은 아니다. 과거 기사를 찾고자 하는 의지가 있으면 해당 언론사를 방문하여 정보를 얻을 수 있다. 그렇기 때문에 인터넷 환경에서 실질적 잊힘은 언론의 자유와 인격권의 실질적 조화의 방법이라고 볼 수 있다. 잊혀질 권리는 과거부터 형성되어 온 언론보도와 인격권의 실질적 조화의 방안이 급변하는 디지털 미디어 환경에서 여전히 효과적인지 검토하고, 더욱 효과적인 방안이 무엇인지 검토하는 일부터 시작되어야 한다.

이와 함께 국외 인터넷 중개자도 실질적 잊힘이 실현될 수 있도록 실효성을 담보할 만한 제도가 보완되어야 한다. 페이스북 등 대한민국 밖에 서버를 둔 인터넷 중개자는 대한민국의 법령이 적용되지 않아 실효성을 담보할 수 없다. 2014년 구글 스페인 판결에서 CJEU는 비록 사업자의 개인정보처리 서버가 유럽 밖에 위치하고 있더라도 위 지침 제4조(1)(a)에 따라 EU회원국 내에 자회사나 지사로 해당 회원국의 국민에게 회원국의 언어로 정보를 제공하거나 광고를 제공하는 경우 EU법이 해당 사업자에 적용된다고 결정하여 위와 같은 문제를 극복하였다. 실질적 잊힘이 실현될 수 있도록 국외의 인터넷 중개자에 대한 잊혀질 권리의 적용 요건을 규정하고, 간접 강제 등의 제도로 실효성을 담보하여야 할 것이다.

2. 개선안 검토

1) 정보통신망법 및 저작권법 개정(안)

유럽의 잊혀질 권리 논의가 국내에 소개되자 이 부분에 관심을 갖는 국회의원이 나타났다. 제19대 국회에서 새누리당 이노근 의원은 비교적 초기인 2013년 2월 "현행법에 따르면 정보통신망으로 전파되는 정보의 삭제 요청은 해당 정보가 사생활 침해나 명예훼손 등 특정인의 권리를 침해한 경우에 한해 인정함에 따라 개인이 자신과 관련된 내용 또는 과거 자신이 작성한 글 등에 대해서는 삭제 요구가 어렵다"는 이유로 정보통신망법 및 저작권법 개정안을 발의하였다.

(1) 제안 이유

정보통신기술의 발달에 따른 정보 보존과 보급의 용이성은 우리의 삶을 편리하게 개선해주는 반면, 정확하지 않은 정보나 밝혀지기를 꺼려하는 개인의 정보까지 제한 없이 전파되도록 하여 불안감을 조성하고 있다. 특히 현행법에 따르면 정보통신망으로 전파되는 정보의 삭제 요청은 해당 정보가 사생활 침해나 명예훼손 등 특정인의 권리를 침해한 경우에 한하여 인정함에 따라 개인이 자신과 관련된 내용 또는 과거 자신이 작성한 글 등은 삭제 요구가 어려울 수 있다. 이에 이용자가 정보통신망으로 공개 목적으로 작성한 정보에 삭제 권한을 명시적으로 인정함으로써 정보의 자기결정권을 강화하려는 것이다.

(2) 주요 내용

〈표 8-4〉 정보통신망법 개정안

현 행	개 정 안
제44조의2(정보의 삭제요청 등) ①-⑥ (생 략)	제44조의2(정보의 삭제요청 등) ①-⑥ (현행과 같음)
<신 설>	⑦ 이용자가 자신의 저작물로서 정보통신망을 통하여 일반에게 공개를 목적으로 제공한 정보에 대하여 해당 정보를 취급하는 정보통신서비스 제공자에게 삭제를 요청하는 경우 정보통신서비스 제공자는 지체 없이 대통령령으로 정하는 확인 절차를 거쳐 해당 정보를 삭제하고 즉시 신청인에게 알려야 한다.

〈표 8-5〉 저작법권 개정안

현 행	개 정 안
<신 설>	제103조의4(저작물의 삭제요청) ① 온라인서비스제공자의 서비스를 이용하여 정보통신망에 자신의 저작물을 게시한 자는 언제든지 해당 온라인서비스제공자에게 게시된 저작물의 삭제를 요청할 수 있다. ② 온라인서비스제공자는 제1항에 따른 해당 저작물의 삭제를 요청받으면 지체 없이 해당 저작물을 삭제하고 즉시 신청인에게 알려야 한다.

(3) 국회 전문위원 검토내용

가. 정보통신망법 개정안

미래창조과학방송통신위원회 이인용 수석전문위원은 2013년 6월

정보통신망법 개정안 검토 보고서에서 개정안의 입법취지는 타당한 측면이 있지만, 입법을 위해서 몇 가지 고려해야 할 사항임을 강조하였다. 그 내용은 아래와 같다.[21)]

현행「정보통신망 이용촉진 및 정보보호 등에 관한 법률」제44조의2에 따르면 정보통신망을 통하여 전파되는 정보의 삭제요청은 해당 정보가 사생활 침해나 명예훼손 등 특정인의 권리를 침해한 경우에 한하여 인정함에 따라 개인이 자신과 관련된 내용 또는 과거 자신이 작성한 글 등에 대해서는 삭제 요구가 어려울 수 있다.

개정안은 이용자가 정보통신망을 통하여 공개를 목적으로 작성한 정보에 대한 삭제권한을 명시적으로 규정함으로써 정보의 자기결정권을 강화하려는 것이다. 특정 개인과 관련된 각종 정보 등이 정보통신망 상에서 전파됨에 따라 야기되는 명예훼손, 사생활 침해 등의 사회적 문제를 해소한다는 측면에서 개정안의 입법취지는 타당한 측면이 있다.

다만, 개정안에 따르면 이용자가 삭제를 요청한 정보가 저작물에 해당하는지, 이용자의 저작물이 맞는지를 정보통신서비스 제공자가 판단하여야 하는 바, 이러한 해당 저작물에 대한 확인절차를 개정안 검토시 명확히 규정해 두어야 할 것이다. 그리고 삭제 요청을 할 수 있는 범위가 불명확하여 사업자에게 과도한 부담으로 작용할 측면이 있으므로, 해당 저작권자가 삭제가 필요한 특정 사이트나 홈페이지를 지정하는 등의 절차를 구체적으로 규정할 필요성도 있다. 또한 수사나 소송을 위해 증거 보존이 필요한 경우, 역사적·통계적 목적으로

21) 정보통신망 이용촉진 및 정보보호 등에 관한 법률 일부개정 법률안 검토보고서, 2913. 6. 17, http://likms.assembly.go.kr/bill/jsp/BillDetail.jsp?bill_id=PRC_Z1S3F0Q4P0K2U1N7C0X3V2W7Y4F8L6 (방문일 2016. 5. 5).

필요한 경우, 타인의 표현의 자유 및 알 권리 등 삭제 예외 사유를 규정하지 않은 점도 종합적으로 고려하여야 할 것이다.

나. 저작권법 개정안

교육문화체육관광위원회 박명수 전문위원은 저작권법 개정안의 검토보고서를 작성하였는데, 앞의 정보통신망법 개정안의 검토 보고서와 비슷하다. 이를 소개하면 다음과 같다.[22]

개인의 신상정보나 저작물 등이 온라인상에서 무분별하게 유포되는 경우 명예훼손이나 사생활 침해와 같은 회복하기 어려운 손해를 야기할 수 있다는 점에서, 개정안의 입법 취지는 일응 타당하다고 하겠다.

다만, 개정안과 같이 '저작물'의 삭제권을 규정하는 경우 개인이 정보통신망에 게시한 다양한 정보 중 저작물로 인정되기 어려운 정보는 삭제대상에서 제외되는데, 유포 시 개인의 명예나 사생활의 비밀 등을 침해할 우려가 있는 정보에는 저작물로 인정되기 어려운 정보도 다수 있는 바, 개정안으로는 입법목적을 온전히 달성하기 어려울 것으로 보인다.

예를 들어, 사생활 침해나 명예훼손 등이 주로 문제되는 정보에는 사진·나이·직장·가족관계·연락처 등이 포함되는데, 이 중 사진 등을 제외하고는 저작물이라고 보기 어려워 개정안에 따르더라도 게시자의 삭제 요청이 불가능할 수 있다.

따라서, 개인의 사생활이나 명예와 관련된 다양한 정보에 '삭제 요

22) 저작권법 일부개정법률안 검토보고, 2013. 12. 9, http://likms.assembly.go.kr/bill/jsp/BillDetail.jsp?bill_id=PRC_M1D3H0N2X1J2H1H0P0R5O3U1N5X7Y4 (방문일 2016. 5. 10).

청권'이 적용되기 위해서는 삭제대상을 저작물로 한정하지 않아야 하고, 이를 위해서는 저작물을 규율대상으로 하는 「저작권법」이 아니라 정보통신망 또는 정보보호 관련 법률의 개정을 논의할 필요가 있다.

(4) 평가

이노근 의원의 안은 당시 유럽에서 논의되고 있던 잊혀질 권리를 국내 도입을 위한 최초의 의원입법이라는 점에서 의의가 있다. 두 전문위원의 평가처럼 개정안의 입법취지는 타당하지만 큰 한계가 있다. 이노근 의원안은 잊혀질 권리를 저작권법을 통해서 도입하려고 하고 있다. 저작물은 "인간의 사상이나 감정을 표현한 창작물(저작권법 제2조 제1호)"을 의미하므로 독창성을 요건으로 한다. 하지만 잊혀질 권리의 대상이 되는 정보는 독창성 유무와 아무런 관계가 없다. 즉 저작물인지 여부는 잊혀질 권리의 논의에서 고려 대상이 아니다. 또 이노근 의원안은 정보통신망법 제44조의7에 제7호를 신설하는 방식으로 잊혀질 권리를 실현하고자 한다. 그런데 정보통신망법 제44조의7은 사생활의 비밀이나 명예훼손 등 타인의 권리침해정보를 규율대상으로 하고 있다. 유럽에서 논의되고 있는 잊혀질 권리는 반드시 타인의 권리침해정보를 전제로 하는 것은 아니다. 게시 당시 적법한 정보라고 하더라도 시간의 경과에 따라 부적법한 경우 정보주체의 인격권 보호를 위하여 정보 삭제권을 인정하는 권리가 잊혀질 권리다. 결국 이노근 의원안은 잊혀질 권리의 본질을 이해하지 못한 채 외국에서 논의되고 있던 잊혀질 권리를 피상적으로 도입하려고 하였다는 점에서 입법화에 한계를 갖는다.

2) 언론중재 및 피해구제에 관한 법률 개정(안)

(1) 김한표 의원 대표발의안

가. 제안이유 및 주요내용

김한표 의원 등 10명은 2015년 3월 25일 '언론중재 및 피해구제에 관한 법률(이하 언론중재법이라 한다)' 개정안을 발의하였다. 제안이유를 보면, 현행 언론중재위원회를 통한 피해구제의 방법은 정정보도, 반론보도, 추후보도 및 손해배상 청구가 있으나, 최근 인터넷기반의 언론사의 경우 언론사간의 경쟁 또한 치열해지면서 명예훼손, 사생활 침해 등 피해사례가 급증하고 있으며, 정정보도 청구는 기왕의 보도를 바로잡는 구제수단이나 근본적인 해결책이 되지 못하는 한계가 있는바, 새로운 구제수단의 필요성이 제기되고 있다는 것이다.

이어 개정안은 언론에 의한 피해구제의 방법으로 기사삭제청구권을 명시함으로써 언론의 환경변화에 대응하는 실효성 있는 구제제도를 마련하여 언론의 자유와 언론보도 상대방의 권리 보장이 조화를 이루게 하려는 것이라고 목적을 밝혔다. 신설되는 내용은 세 가지다.

① 기사삭제청구권

개정안은 사실적 주장에 관한 언론보도 등이 진실하지 아니함으로 인하여 피해를 입은 자는 그 언론보도 등의 내용에 관한 삭제를 언론사 등에 청구할 수 있도록 하였다(안 제15조의2 신설 및 제17조의2제1항 · 제3항). 현행법은 언론 등의 보도 또는 매개로 인한 피해 구제를 위하여 정정보도청구권, 반론보도청구권, 추후보도청구권, 손해배상청구권을 규정하고 있는데, 개정안은 사실적 주장에 관한 언론보도 등이 진실하지 않음으로 인하여 피해를 입은 자는 언론보도 등의 내용 삭제

〈표 8-6〉 언론중재법 개정안 1

현 행	개 정 안
<신 설>	제15조의2(기사삭제청구권) ① 사실적 주장에 관한 언론보도 등이 진실하지 아니함으로 인하여 피해를 입은 자는 그 언론보도 등의 내용에 관한 삭제를 언론사 등에 청구할 수 있다. ② 제1항의 청구에는 언론사 등의 고의·과실이나 위법성을 필요로 하지 아니한다. ③ 기사삭제 청구에 관하여는 따로 규정된 것을 제외하고는 정정보도 청구에 관한 이 법의 규정을 준용한다.

를 언론사 등에 청구할 수 있도록 기사삭제청구권을 규정하려는 것이다.

② 기사삭제 청구기간 등 준용

개정안은 기사삭제 청구에 관해 따로 규정된 것을 제외하고는 정정보도 청구에 관한 이 법의 규정을 준용하도록 하였다(안 제15조의2제3항, 제18조제3항 및 제26조제3항).

③ 법원의 기사삭제의 방송·게재 또는 공표 명령 등

개정안은 법원은 기사삭제 청구가 이유 있는 경우에는 제15조제3항·제5항·제6항[23]에 따른 방법으로 기사삭제의 방송·게재 또는

23) 제15조(정정보도청구권의 행사) ③ 언론사 등이 제1항의 청구를 수용할 때에는 지체 없이 피해자 또는 그 대리인과 정정보도의 내용·크기 등에 관하여 협의한 후, 그 청구를 받은 날부터 7일 내에 정정보도문을 방송하거나 게재(인터넷 신문 및 인터넷뉴스서비스의 경우 제1항 단서에 따른 해당 언론보도 등 내용의 정정을 포함한다)하여야 한다. 다만, 신문 및 잡지 등 정기간행물의 경우 이미 편집 및 제작이 완료되어 부득이할 때에는 다음 발행 호에 이를 게재하여야 한다.
⑤ 언론사 등이 하는 정정보도에는 원래의 보도 내용을 정정하는 사실적 진술, 그 진술의 내용을 대표할 수 있는 제목과 이를 충분히 전달하는 데에 필요한 설명 또는 해명을 포함하되, 위법한 내용은 제외한다.
⑥ 언론사 등이 하는 정정보도는 공정한 여론형성이 이루어지도록 그 사실공표 또는 보도가 이루어진 같은 채널, 지면(紙面) 또는 장소에서 같은 효과를 발생시킬 수 있는 방법으로 하여야 하며, 방송의 정정보도문은 자막(라디오방송은 제외

공표를 명할 수 있도록 하였다(안 제26조제7항). 현행법은 법원은 정정보도·반론보도 또는 추후보도의 청구가 이유 있는 경우에는 제15조제3항·제5항·제6항에 따른 방법으로 정정보도·반론보도 또는 추후보도의 방송·게재 또는 공표를 명할 수 있도록 규정하고 있다.

나. 국회 전문위원 검토의견

교육문화체육관광위원회 박기영 전문위원은 검토보고서에서 언론환경의 변화를 고려할 때 기사삭제청구권을 도입하려는 개정안은 피해구제의 실효성 확보 측면에서 적절한 입법이라고 평가하였다. 구체적 내용은 다음과 같다.[24]

① 기사삭제청구권

인터넷 매체는 많은 사람들이 동시에 접속하여 검색할 수 있기 때문에 일단 잘못 게시된 표현물이 순식간에 광범위하게 전파되면 개인 등의 법익에 심각한 침해를 가져올 수 있다. 특히, 인터넷 매체의 경우 매체 성격상 기사가 실린 후 이를 인위적으로 삭제하지 않는 한 누구나 언제든지 접근할 수 있어 계속해서 잘못된 언론보도가 전파 및 매개될 수 있으며, 이로 인한 피해가 확대·재생산되는 측면이 있다.

한편, 현행법은 오프라인 매체를 중심으로 제정된 것으로, 인터넷이 만연한 오늘날의 언론 환경을 제대로 반영하지 못하는 측면이 있다. 정정보도·반론보도·추후보도·손해배상으로 피해구제를 하고

한다)과 함께 통상적인 속도로 읽을 수 있게 하여야 한다.

24) 언론중재 및 피해구제 등에 관한 법률 일부개정법률안 검토보고, 2015. 3. 26, http://likms.assembly.go.kr/bill/jsp/BillDetail.jsp?bill_id=PRC_C1S5U0K3D2D5D0W9K3W6S5Y6X4J9Y9 (방문일 2016. 5. 10).

있는 현행 제도는 인터넷 매체 환경에 비해 매우 제한적이며 피해구제의 실효성을 담보하기 어렵다는 점을 고려할 때, 피해구제의 방법으로 기사삭제청구권을 도입하려는 개정안은 피해구제의 실효성 확보 측면에서 적절한 입법정책으로 보인다.

② 기사삭제 청구기간 등 준용

인터넷 기사는 오프라인 매체와는 달리 잘못 게시된 표현물이 삭제되지 않는 한 온라인상에 계속 잔존하여 인격권 침해를 야기하고 있는바, 기사삭제 청구 및 조정신청 등의 기간을 언론보도 후 6개월까지로 제한하는 것은 피해자의 구제를 위한 기회의 제공에 한계가 있다. 따라서 개정안의 기사삭제 청구기간에 관하여 정정보도의 청구기간을 준용하도록 하는 것은 신중한 검토가 필요하다.

③ 법원의 기사삭제의 방송·게재 또는 공표 명령 등

첫째, 개정안은 "기사삭제"의 경우에도 정정보도의 방법에 따라 방송·게재 또는 공표를 명할 수 있도록 하는 것으로, 기사삭제는 정정보도·반론보도 또는 추후보도와는 달리 관련 보도가 필요하지 않다는 점에서 기사삭제의 특성상 적절하지 않다고 본다.

둘째, 현행법[25]은 정정보도 청구의 소에 대하여는 「민사소송법」의 소송절차에 관한 규정에 따라 재판하고, 반론보도 청구 및 추후보도 청구의 소에 대해 「민사집행법」의 가처분절차에 관한 규정에 따라

25) 〈언론중재 및 피해구제 등에 관한 법률〉 제26조(정정보도청구등의 소) ⑥ 정정보도 청구의 소에 대하여는 「민사소송법」의 소송절차에 관한 규정에 따라 재판하고, 반론보도 청구 및 추후보도 청구의 소에 대하여는 「민사집행법」의 가처분절차에 관한 규정에 따라 재판한다. 다만, 「민사집행법」 제277조 및 제287조는 적용하지 아니한다.

재판하도록 규정하고 있는데, 개정안은 "기사삭제 청구의 소"에 대한 소송절차를 규정하지 않고 있는 바, 보완이 필요하다고 본다.

(2) 언론중재위원회의 개정안

언론중재위원회도 독자적인 언론중재법 개정안을 마련하였다. 언론중재위원회 박용상 위원장은 2015년 10월 13일 서울 여의도 국회의원회관에서 '디지털 미디어 시대의 새로운 언론피해구제제도'라는 주제로 정책토론회를 열고 개정안을 발표하였다.

가. 특징

김수일 서울중앙지법 부장판사는 주제 발표를 통해 언론중재위의 개선안의 특징을 다음과 같이 설명하였다.[26] 첫째, 대법원 판결에서 인정한 인격권에 근거한 기사삭제청구권을 반영하여 인터넷상의 인격권 침해상태의 정지 또는 제거 등을 요청하는 권리를 제안하였다. 인터넷 매체의 특징을 고려할 때 잘못된 기사의 삭제・수정・보완이 가능한 실효적인 피해구제방안을 제시한 것이다. 둘째, 법원이나 언론중재위원회를 통해 이미 피해구제가 된 잘못된 언론보도가 소위 펌글 등으로 계속 전파됨으로 발생하는 피해의 구제 방안을 모색하였다. 개정안이 입법화된다면 국민은 잘못된 원 기사뿐만 아니라 해당 기사가 블로그나 카페 등으로 전파된 것에 대해서도 언론중재위원회의 간이한 절차에 따라 인격권을 회복할 수 있다. 셋째, 기사 내용에 의한 피해자가 그 기사의 댓글로 인한 피해도 언론중재위를 통해 구제받을 수 있도록 하여, 언론보도로 인해 발생할 수 있는 제반 피해

26) 김수일, 디지털 시대, 언론중재법 과제와 전망, 「언론중재위원회 정책토론회 종합보고서」, 2015, 10. 13, 6쪽 참고.

를 통합하여 일회적으로 처리할 수 있도록 하였다. 넷째, 언론의 사회적 기능을 수행하고 있으나 언론사로서 법적 요건을 갖추지 못한 새로운 유형의 뉴스 플랫폼과 같은 유사 뉴스서비스 전자 간행물에 대해서도 언론중재법의 적용을 받도록 하였다.

나. 주요내용

언론중재위가 마련한 언론중재법 개정안의 주요내용은 다음과 같다. 첫째, 인격권에 기한 침해배제청구권을 명문으로 규정하였다. 둘째, 기사 댓글 및 복제기사, 포털 검색 결과에 대해서도 조정중재절차를 도입한다. 셋째, 언론피해 구제범위를 확장하여 신생 뉴스미디어를 포함한다.

① 침해배제청구권

침해배제청구권이란 정보통신망에서 언론보도로 인하여 자신의 인격권을 위법하게 침해받고 있는 자가 피해 확산 방지를 위하여 그 침해의 중지 등을 청구할 수 있는 권리를 의미한다. 언론중재위는 침해배제를 청구할 수 있는 사유로 보도 내용이 허위이고 피해자의 인격권 등 권리를 중대하는 침해하는 경우(제1호), 보도 내용 자체로 보아 사생활의 핵심 영역을 침해함이 명백한 경우(제2호), 기타 보도가 피해자의 인격권 그 밖의 권리를 계속적으로 중대하게 침해하여 이를 방치하면 형평에 반한다고 인정되는 경우(제3호)를 규정하였다. 언론중재위는 또 언론보도의 수정·보완하는 조치를 청구할 수 있는 권리도 신설하여, 보도가 사후의 사정변경에 의해 현저히 부정확한 것으로 판명되어 인격권 등 권리를 중대하게 침해하는 경우 피해자는 관련 언론사 등에게 해당 보도가 부정확하게 된 사유와 그 내용에 관해 수정·보완하는 조치를 청구할 수 있도록 하였다.

개정안은 인격권 침해가 사회상규에 반하지 않을 경우 언론보도를 면책하는 조항을 삭제하였다.

언론중재위는 흔히 사용하는 잊혀질 권리는 개념이 모호하고, 정보의 불법성이 아닌 불편성을 핵심요소로 하므로 비규범적인 성격을 갖지만, 침해배제청구권은 보도의 위법성을 요건으로 하므로 명확하고 규범적인 성격을 갖는다고 설명하였다.27) 침해배제의 구현방식으로는 웹사이트 게시 중단, DB기사 삭제, 수정·보완 등이 있다고 한다.28)

② 기사 댓글 등 권리보호조치

언론중재위는 보도에 관하여 독자 등이 작성한 댓글도 삭제 등 피해자의 권리보호에 필요한 조치에 관하여 언론중재위에 조정을 신청할 수 있는 근거 조항을 마련하였다. 또 동법에 의해 삭제, 정정 등 구제가 확정된 것과 동일한 보도 내용이 정보통신망에 복제·전파된 경우, 복제·전파된 게시물이 소재하는 인터넷 공간의 관리자 등을 상대로 게시물 삭제 등 필요한 구제를 위해 언론중재위에 조정을 신청할 수 있도록 하였다.

---

27) 양재규·조준원, 언론중재법 개정안 해설, 「언론중재위원회 정책토론회 종합보고서」 (디지털 미디어 시대의 새로운 언론피해구제제도—언론중재법 개정안 쟁점과 해설—), 2015.

28) 위 자료집 36쪽.

〈표 8-7〉 언론중재법 개정안 2-1

현 행	개 정 시 안
제5조(언론 등에 의한 피해구제의 원칙) ①(생 략) ② 인격권 침해가 사회상규(社會常規)에 반하지 아니하는 한도에서 다음 각호의 어느 하나에 해당하는 경우에는 법률에 특별한 규정이 없으면 언론 등은 그 보도내용과 관련하여 책임을 지지 아니하다. 피해자의 동의를 받아 이루어진 경우 언론 등의 보도가 공공의 이익에 관한 것으로서, 진실한 것이거나 진실하다고 믿는 데에 정당한 사유가 있는 경우 <신 설>	제5조(언론 등에 의한 피해구제의 원칙) ①(생 략) <삭 제> 제17조의3(정보통신망 상의 인격권에 기한 침해배제청구권) ① 정보통신망에 의해 언론보도 등으로 인하여 위법하게 명예 등 인격권 그 밖의 권리를 침해받는 자(이하 본조 및 제18조의2에서 "피해자"라 한다)는 그 침해를 야기하거나 침해상태를 관리하는 언론사 등을 상대로 다음 각 호의 하나를 증명하여 계속된 침해행위의 금지 또는 침해의 배제나 피해 확산의 방지에 필요한 조치를 청구할 수 있다. 1. 보도 내용이 허위이고 피해자의 인격권 등 권리를 중대하게 침해하는 경우 2. 보도 내용 자체에서 보아 사생활의 핵심영역을 침해함이 명백한 경우 3. 기타 보도가 피해자의 인격권 그 밖의 권리를 계속적으로 중대하게 침해하여 이를 방치하면 형평에 반한다고 인정되는 경우 ② 피해자는 제1항 각 호에 해당하는 기사가 정보통신망에 전파·확산된 경우 해당 언론사 등에게 그 삭제 등 권리보호를 위해 필요한 조치에 협조하도록 요구할 수 있다. ③ 보도가 사후의 사정변경에 의해 현저히 부정확한 것으로 판명되어 인격권 등 권리를 중대하게 침해하는 경우 피해자는 관련 언론사 등에게 해당 보도가 부정확하게 된 사유와 그 내용에 관해 수정·보완하는 조치를 청구할 수 있다. ④ 피해자는 이 법 제18조의 규정에 의한 조정 신청과 함께 또는 별도로 제1항 및 제3항의 권리에 관하여 중재위원회에 조정 또는 중재를 신청할 수 있다. 다만, 피해자가 제1항 각 호 및 제3항에 해당하는 사유를 안 후 1년이 경과하면 중재위원회에 조정·중재를 신청할 수 없다. ⑤ 제1항 및 제3항의 권리 행사에 관하여는 이 법 제14조제3항 및 제4항을 준용한다.

현 행	개 정 시 안
<신 설>	제18조의2(정보통신망을 통해 확산되는 보도 피해의 구제) ① 피해자는 정보통신망을 통해 제공하는 보도에 관하여 독자 등의 글(음성, 영상 기타 메시지와 다른 사이트에 링크하는 것을 포함한다. 이하 '댓글'이라 한다)의 게시를 허용하는 게시판 등을 운영하는 언론사 등을 상대로 피해자의 인격권 등 권리를 위법하게 침해하는 댓글의 삭제 등 피해자의 권리보호에 필요한 조치에 관하여 중재위원회에 조정을 신청할 수 있다. ② 제1항에 따른 피해구제신청에 관해 조정이 성립하거나 직권조정결정이 내려진 경우 해당 댓글 게시판 등을 운영하는 언론사, 인터넷뉴스서비스사업자 또는 인터넷 멀티미디어 방송사업자는 지체 없이 위 조정결정 등의 내용을 댓글 게시자들이 쉽게 인지할 수 있는 방법으로 해당 사이트나 게시판에 게시하고, 피해 확산의 방지에 필요한 접근차단 등 임시조치를 하여야 한다. ③ 피해자는 이 법 제23조, 제25조 또는 제27조에 의해 삭제, 정정 등 구제가 확정된 것(중재위원회규칙이 정하는 바에 따라 구제된 것으로 간주되는 것을 포함한다)과 동일한 보도 내용이 정보통신망에 복제・전파된 경우 그 복제・전파된 게시물이 소재하는 인터넷 공간의 관리자(이하 "사이트 관리자"라 한다) 등을 상대로 그 게시물의 삭제, 정정 또는 반론 게재 등 필요한 구제를 위해 중재위원회에 조정을 신청할 수 있다. ④ 중재위원회는 제3항의 신청이 이유 있는 경우 복제・전파된 보도 내용이 게시된 사이트 관리자 등에게 이 법 제23조의 합의사항 및 조정결정(본조 제3항의 중재위원회규칙에 의해 구제된 것으로 간주되는 것을 포함한다), 법 제25조의 중재결정 또는 법 제27조에 의한 재판의 결과를 통지하고, 그 결정 등의 취지에 따라 복제・전파된 해당 게시물의 삭제 기타 피해자의 권리보호에 필요한 조치에 관해 직권조정안을 작성하여 통지할 수 있다. 사이트 관리자 등은 지체없이 중재위원회로부터 통지받은 위 각 결정 등의 결과 및 직권조정안을 게시자 등이 쉽게 인지할 수 있는 적절한 방법으로 해당 사이트 등에 게시하고, 7일 내에 적법한 이의가 없으면 직권조정안의 취지에 따라 처리됨을 알려야 하며, 지체 없이 피해 확산의 방지에 필요한 접근차단등 임시조치를 하여야 한다. ⑤ 제1항의 침해적 댓글의 게시자 또는 제3항의 위법한 보도 기사를 복제・전파한 게시자는 제1항의 조정결정 또는 제4항의 직권조정안이 해당 사이트나 게시판에 게시된 후 7일 이내에 중재위원회에 이의할 수 있다. 중재위원회는 게시자등의 이의가 이유 있는 경우 이미 내린 해당 조정결정 또는 직권조정안을 취소한다. 게시자 등의 이의에 대한 중재위원회의 결정에 불복하는 당사자는 타방 당사자를 상대로 10일 이내에 법원을 제소할 수 있고, 제소가 있는 경우 중재위원회의 해당 조정결정 및 직권조정안은 제소자와의 관계에서 그 효력을 상실한다. 이의 기간 내에 적법한 이의가 없거나, 이의에 대한 중재위원회의 결정에 대해 소정 기간 내에 제소가 없는 경우 해당 조정결정 및 직권조정안은 확정되고 재판상 화해의 효력을 갖는다. 본항에 정한 기간을 준수할 수 없었던 이의 있는 게시자는 사이트 관리자 등이 제4항의 규정에 따라 게시한 사항을 인지하지 못하였음을 증명하여 인지일 후 본항이 규정하는 소정 기간 내에 이의하거나 소송을 제시할 수 있다.

현 행	개 정 시 안
<신 설>	⑥ 피해자는 이 법 제23조, 제25조 또는 제27조에 의해 삭제, 정정 등 구제가 이루어진 결정 등(중재위원회규칙이 정하는 바에 따라 구제된 것으로 간주되는 것을 포함한다) 또는 법원의 재판을 검색사업자에게 제시하고, 위 결정 등의 취지에 따라 검색 결과에서 당해 보도(그에 달린 댓글을 포함한다) 또는 그 동일한 내용의 복제 · 전파물의 링크를 삭제하거나 기타 권리보호에 필요한 조치를 취할 것을 청구할 수 있다. 검색사업자는 위 피해자의 청구를 받은 후 지체 없이 위 조정결정 등의 취지에 따라 피해자의 권리보호에 필요한 조치를 취하여야 한다. 중재위원회는 피해자의 신청이 있는 경우 본 항이 정하는 바에 따라 피해자의 권리구제에 필요한 사항에 관해 조정 또는 중재를 행한다. 중재위원회는 검색사업자 등의 의견을 들은 후 본 항의 시행에 관해 필요한 사항을 중재위원회규칙으로 정할 수 있다. ⑦ 언론사, 인터넷뉴스서비스사업자, 인터넷 멀티미디어 방송사업자, 검색사업자, 게시판 또는 사이트 관리운영자, 정보통신서비스제공자 등은 본조가 정하는 바에 따라 이행한 조치로 인하여 발생한 손해의 배상책임을 면한다. ⑧ 본조는 제7항에 규정된 사업자 등이 피해자의 권리보호를 위해 이미 시행중인 자율규제에 영향을 주지 아니하며, 제7항에 규정된 사업자 등은 본조의 규정에 의해 피해자의 권리보호를 위해 요구되는 절차적 사항에 관해 협조하여야 한다. ⑨ 본조가 규정하는 각종 문서나 결정은 중재위원회규칙이 정하는 바에 따라 전자문서로 갈음할 수 있고, 본조가 규정하는 각종 통지, 송달 기타 의사표시의 전달은 전자적 방법에 의할 수 있다. ⑩ 피해자는 제1항의 위법한 침해적 댓글 또는 제3항의 위법한 침해적 보도의 복제 · 전파 게시물이 존재함을 안 후 1년이 경과하면 그로 인한 피해구제를 위해 중재위원회에 조정 · 중재를 신청할 수 없다. ⑪ 본조의 시행에 필요한 세부적인 처리절차는 중재위원회 규칙으로 정한다.

③ 중재대상에 유사 뉴스서비스 포함

페이스북(Facebook), 피키캐스트(Pikicast), 버즈피드(BuzzFeed) 등 새로운 유형의 미디어가 출현함에 따라 유사 뉴스서비스까지 언론중재법의 적용을 받도록 하였다.

④ 기타 개정사항

새로운 제도의 도입으로 종전의 언론중재법의 틀을 유지할 수 없게 되었기 때문에 관련 조항을 개정하게 되었다. 사실적 주장에 관한 보도뿐 아니라 논평을 제공하는 활동까지 언론보도에 포함하였다.

〈표 8-8〉 언론중재법 개정안 2-2

현 행	개 정 시 안
제2조 (정의) 이 법에 사용하는 용어의 뜻은 다음과 같다. 1.-14. (생 략)	제2조 (정의) ______________________ ________ 1.-14. (현행과 같음)
15. "언론보도"란 언론의 사실적 주장에 관한 보도를 말한다. 16.-21. (생 략) <신 설> <신 설>	15. "언론보도"란 언론이 공공에게 정보와 논평을 제공하는 활동을 말한다. 16.-21. (현행과 같음) 22. "정보통신망"이란 「정보통신망 이용촉진 및 정보보호 등에 관한 법률」 제2조제1항 제1호의 정보통신망을 말한다. 23. "검색"이란 정보통신망에서 이용자가 원하는 특정 정보에 부합하는 정보를 찾아 이를 일정한 규칙에 따라 체계적으로 배열하여 제공하는 프로그램이나 서비스를 말한다. 24. "검색사업자"란 제23호의 검색서비스를 제공하는 사업자를 말한다. 25. "게시판"이란 「정보통신망 이용촉진 및 정보보호 등에 관한 법률」 제2조제1항 제9호의 게시판을 말한다.
제7조(언론중재위원회의 설치) ① 언론 등의 보도 또는 매개(이하 "언론보도 등"이라 한다)로 인한 분쟁의 조정·중재 및 침해사항을 심의하기 위하여 언론중재위원회(이하 "중재위원회"라 한다)를 둔다. ②-⑪ (생 략) <신 설>	제7조(언론중재위원회의 설치) ①______보도나 매개(이하 "언론보도 등"이라 한다) 또는 그 전파나 검색으로____ ____________________________ ______________________ ②-⑪ (현행과 같음) ⑫ 중재위원회는 이 법 제2조제1호에 해당하지 않는 간행물로서 인터넷 신문이나 인터넷뉴스서비스의 기사 또는 시사에 관한 정보·논평 및 여론을 이동통신서비스 기타 방식에 의해 계속적·상시적으로 일반에게 제공하는 전자간행물("유사 뉴스서비스 전자간행물")에 의해 피해 받았다고 주장하는 자의 구제신청을 접수한 경우 이법에 의한 구제절차를 진행할 수 있다.

〈표 8-9〉 언론중재위원회 매체 유형별 조정청구 현황 (2012. 1. 1.-2014. 12. 31.)

매체유형 \ 연도		2012년	2013년	2014년	계
신문	일간신문	496	380	1,378	2,254
	주간신문	169	142	141	452
방 송		243	288	3,776	4,307
잡 지		11	10	25	46
뉴스통신		83	112	1,113	1,308
인터넷 신문		945	1,130	8,444	10,519
인터넷 뉴스 서비스		454	369	4,171	4,994
기 타			2		2
계		2,401	2,433	19,048	23,882

(3) 평가

언론중재위가 제시한 언론중재법 개정 내용은 미디어 환경 변화를 적극적으로 반영하여 인격권을 더욱 충실히 보호한다는 점이 가장 큰 특징이다. 미디어 환경이 과거보다 인격권을 침해할 소지가 많아졌으므로 언론보도로 인한 피해구제에 이를 반영하는 것은 타당한 접근이다. 언론중재위가 조사한 바에 따르면, 인터넷 신문의 증가와 함께 이로 인한 피해도 급증하고 있다. 2012년부터 2014년까지 3년간 언론중재위원회에 접수된 인터넷 매체(인터넷 신문 및 인터넷 뉴스서비스)의 조정청구는 15,513건으로 신문, 방송, 잡지, 뉴스통신, 인터넷 신문 등의 전체 청구사건 23,882건의 65.0%를 차지한다.

현행법상으로는 언론중재위에 정정과 반론, 추후보도와 손해배상만 청구할 수 있다 보니 조정·중재가 이뤄져도 문제가 된 기사가 인터넷상에서 계속 검색되고 전파될 수 있는 상태라는 것이 새로운 제도의 도입 이유다. 언론중재위 조사에 의하면, 언론중재법 개정에 대한 시민들의 반응도 좋다. 언론중재위가 2015년 1월부터 9월까지 위원회의 조정심리에 참석한 신청인(371명)과 피신청인(379명)을 대상으로 이용 만족도 등을 조사한 결과, 인터넷 기사의 수정·보완·삭제가 가능한 새로운 피해구제방법인 침해배제청구권의 도입 필요성에 대해 신청인 응답자(200명)의 91.5%, 피신청인 응답자(181명)의 58.6%가 긍정적으로 응답한 것으로 나타났다.[29] 또한 신청인 응답자의 89%, 피신청인 응답자의 74.6%가 기사 댓글로 인한 피해가 심각하다고 답변했으며, 신청인의 대다수(75.5%)는 언론중재위원회가 기사 댓글로 인한 피해 구제에 나서야 한다는 의견을 피력하였다. 기사 댓글 조정에 대해서 피신청인의 45.9%가 찬성해 반대 의견(34.3%)보다 많았다. 원 보도가 정정보도 되었음에도 불구하고 잘못된 원 보도를 퍼나르는 펌기사로 인한 피해에 대해 언론보도 피해 경험이 있는 신청인의 절대 다수(91%)가 그 심각성에 동의하였고, 피신청인도 과반수 이상(64.6%)이 동의하는 것으로 나타났다.

그러나 언론중재위가 제시한 내용은 다른 나라에서 입법례를 찾아보기 어렵다. 언론중재위원회 자체도 우리나라 고유의 독자적인 제도인데, 기사 댓글에 대한 조정은 사상 유례가 없는 것이다. 기사 댓글이 우리나라처럼 활성화된 나라를 전 세계에서 찾기 힘드니 댓글 조정 사례 역시 우리나라 외에 찾기 힘든 것은 당연하다. 그러나 전반적으로 언론중재위가 제시한 안은 언론보도로 인하여 발생하는 인격권 침해를 구제하겠다는 의지가 과도하여 언론의 자유에 대한 고려가 부족하였다고 평가할 수 있다. 언론중재법 개정안의 문제점은 다음과 같다.

---

29) 이하 설문조사 내용은 "인터넷 언론 특성에 맞는 새로운 언론중재제도 마련해야"-언론중재위원회 신청인·피신청인 이용만족도조사 결과-, 언론중재위원회 보도자료, 2015. 12. 28. 참고.

첫째, 김한표 의원의 기사삭제청구권이나 언론중재위원회의 침해배제청구권은 지난 2013년 대법원 판결(2010다60950)로 인정된 '인격권에 근거한 기사삭제청구권'의 신설을 골자로 하고 있다. 그러나 김한표 의원안의 경우 기사삭제청구권을 청구할 경우 언론사 등의 고의·과실이나 위법성을 필요로 하지 않는다는 점에서 언론사 등의 언론의 자유 침해가 과도하다. 언론중재위안 역시 언론사의 면책사유인 제5조 제2항을 삭제하여 언론의 자유보다 피해구제를 중시한 입법이다.

언론보도는 역사적 기술의 의미를 갖고 있기 때문에 기사 삭제에 신중을 기하여야 한다. 잘못된 기사는 불법행위에 기한 손해배상책임의 일환으로서 전통적인 민사상 구제수단으로 정정보도청구권이 인정되고 있고, 여기에 2005년 언론중재법 개정(2005. 1. 27. 법률 제7370호)으로 행위의 불법성에 초점을 맞추지 않고 진실에 반하는 보도로 인한 객관적 피해 상태의 교정에 중점을 두는 정정보도청구권을 또 입법하였다. 새로운 정정보도청구권이 위헌이라는 주장에 대해서 헌법재판소는 신문의 자유와 진실에 부합한 정정보도로 인하여 얻어지는 피해구제의 이익 간에 조화를 이루고 있다는 이유로 합헌 선언을 하였다.[30] 이러한 정정보도청구권 제도로 실질적 조화를 이루고 있는 상황에서 피해구제의 방법으로 기사삭제청구권 내지 침해배제청구권까지 인정한다면 언론의 자유 제한이 과도하다고 평가할 수 있다. 유럽사법재판소(CJEU)가 언론보도의 삭제청구권을 언론사에 대해서 인정하지 않은 것은 언론의 자유를 존중하였기 때문이다.

한편 현재 정정보도 청구와 추후보도 청구는 해당 언론보도 등이

30) 헌재 2006. 6. 29. 2005헌마165 등.

있음을 안 날로부터 3개월 이내에, 해당 언론보도 등이 있은 후 6개월 이내에 청구하여야 한다. 아날로그 언론보도를 전제로 할 때는 짧은 제척기간이 법적 안정성을 기할 수 있다는 점에서 적절하지만, 시간이 지나도 사라지지 않고 검색 엔진에서 언제나 손쉽게 표출될 수 있는 인터넷 기사를 전제로 하면 짧은 제척기간은 적절하지 않으므로 이를 조정하는 방안을 검토할 필요가 있다.[31]

둘째, 정보통신망법 제44조의2 임시조치와의 관계가 먼저 정리되어야 한다. 인터넷 게시물이 타인의 권리를 침해할 경우 임시조치 제도로 침해를 방지할 수 있는데 언론중재위원회가 새로운 제도를 만들어야 하는 정당성에 대해서 의문이 제기될 수 있다.[32] 기사 댓글의 문제를 언론중재법이 다루는 것이 타당한지 하는 의문이 생긴다. 박경신 고려대 법학전문대학원 교수는 "기사가 아니라 개인이 만든 댓글·펌글까지 중재 대상으로 보겠다는 것은 언론중재법 입법 취지에 어긋난다"며 "개인이 만든 콘텐츠를 공적 책무가 있는 언론기관 기사와 똑같이 다루겠다는 것은 심각한 문제"라고 말했다.[33] 사실 개인이 올리는 게시글과 댓글, 그리고 펌글에 관한 문제는 언론중재위원회의 소관이라기보다는 방송통신심의위원회의 소관 업무다. 그렇기 때문에 언론중재위원회와 방송통신심의위원회 간 기능조정이 필요하다고 본다.[34]

---

31) 김경한, 인터넷 공간의 잘못된 기사와 새로운 피해구제 방안, 2014년도 언론중재위원회 정책심포지엄 종합보고서, 2014. 12. 4, 6-7쪽.

32) 이병선, 토론문, 「언론중재위원회 정책토론회 종합보고서」, 2015, 50쪽.

33) 기사 아닌 댓글도 언론중재 대상?, 경향신문 인터넷판, 2015. 10. 14, http://news.khan.co.kr/kh_news/khan_art_view.html?code=940100&artid=201510142249355 (방문일 2016. 5. 10).

34) 이병선, 토론문, 2015년도 언론중재위원회 정책토론회 종합보고서, 50쪽.

이에 대한 반론은 현재처럼 언론중재위원회와 방송통신심의위원회로 피해구제기관이 이원화된 것은 피해자 입장에서 번거롭고 신속한 해결을 저해하므로 언론보도에 대한 조정신청과 더불어 댓글, 펌글에 대한 피해구제를 한꺼번에 원스톱(one-stop)으로 해결할 수 있는 것이 필요하다고 한다.[35] 피해자 입장에서 원스톱 서비스는 바람직한 것이지만, 언론보도와 인터넷 댓글은 서로 성격이 달라 한 군데서 조정을 해야 하는 정당성을 찾기 힘들다.

셋째, 사이트 관리자의 현실적인 어려움을 고려하여야 한다. 인터넷 포털 관계자는 카페, 블로그 등 정보통신서비스 상의 게시글 및 댓글이 하루에도 수십만 건 등록되고 있는 현실을 고려할 때, 사이트 관리자가 피해자의 청구에 따라 스스로 게시글과 댓글 중 침해배제 대상을 구분하여 조치하는 것은 현실적으로 불가능하다고 한다.[36] 따라서 저작권법이 규정하는 것처럼 피해 구제를 요청하는 자가 직접 침해배제 대상 게시물 및 댓글의 URL 등을 특정하여 사이트 관리자에게 요청하고 처리하는 데 따른 절차 규정이 명확히 마련되어야 한다고 지적한다.

넷째, 위 개정안은 언론 및 댓글 등에 의한 피해자의 구제에 치우친 나머지 언론 및 댓글 게시자의 절차적 권리는 미흡하게 규정하고 있다. 게시의 내용이 진실하지 않은 경우이든, 진실하더라도 사정변경에 따라 현저히 부당하게 된 경우이든 게시자의 표현의 자유와 피해자의 인격권이 충돌하는 상황을 규율하기 위한 법률이라면 기본권 충돌의 해결 법리인 규범조화적 해석에 따라 게시자가 조정 단계에서 참여할 수 있는 절차 등을 마련하였어야 한다.

---

35) 조현욱, 토론문, 2015년도 언론중재위원회 정책토론회 종합보고서, 51쪽.
36) 김은태, 토론문, 2015년도 언론중재위원회 정책토론회 종합보고서, 47쪽.

또 게시글 및 댓글의 피해구제 조정신청 대상을 사이트 관리자로 하는 것의 반론도 제기된다. 사이트 관리자는 게시글 및 댓글이 어떠한 취지로 작성된 것인지 판단할 수 없으며 손해배상 책임을 면제받기 위하여 무조건적으로 해당 게시글 및 댓글을 삭제하거나 임시조치하는 데 동의할 것이며, 그 결과 게시자의 표현의 자유를 과도하게 제한할 수 있게 된다.[37] 또 악성 댓글을 게재하는 사람은 한두 번에 그치는 것이 아니라 여러 곳에서 다량의 댓글을 작성하는 특징이 있는데, 개별 댓글을 삭제 내지 차단한다고 하더라도 그의 행태에는 크게 영향을 받지 않아 이러한 점이 고려되어야 한다고 한다.[38]

이에 인터넷 포털은 댓글과 펌글이 인격권을 침해하는지 여부를 판단하는 데 따른 인력과 비용 부담이 크므로 이를 덜어주기 위해서라도 댓글 및 펌글에 관해 언론중재위원회에 조정을 신청하도록 하는 것이 타당하다는 견해도 있다.[39]

3) 방송통신위원회의 「인터넷 자기게시물 접근배제요청권 가이드라인」

(1) 기본방향

방송통신위원회는 2016년 4월 29일 자기게시물에 대한 관리권 상실로 인해 발생하는 피해를 줄일 수 있도록 「인터넷 자기게시물 접근배제요청권 가이드라인」을 마련해서 발표하였다.[40] 방통위는 소위

37) 김은태, 토론문, 2015년도 언론중재위원회 정책토론회 종합보고서, 48쪽.
38) 윤영철, 토론문, 2015년도 언론중재위원회 정책토론회 종합보고서, 49쪽.
39) 조현욱, 토론문, 2015년도 언론중재위원회 정책토론회 종합보고서, 51쪽.
40) 방송통신위원회, 「인터넷 자기게시물 접근배제요청권 가이드라인」(안), 2016. 4. 29, http://www.kcc.go.kr/user.do?mode=view&page=A05030000&dc=K0503000

〈표 8-10〉 자기게시물 접근배제요청 개요

구분	내용
이용자 본인	① 이용자 본인이 직접 자기게시물 삭제 시도 ② 직접 삭제가 어려운 경우, 게시판 관리자에게 접근배제 요청 ③ 게시판 관리자의 접근배제 조치 후, 검색목록 배제를 원하는 경우 검색서비스사업자에게 검색목록 배제 요청 ※ (예외) 게시판 관리자가 사이트 관리 중단 등으로 접근배제 조치를 취하지 않는 경우, 검색서비스 사업자에게 직접 검색목록 배제 요청
	(요청) ↓　　　↑(통지)
사업자	<게시판 관리자> -블라인드 처리 방법으로 접근배제 조치 실시
	<검색서비스 사업자> -캐시 등을 삭제하여 검색목록에서 배제하는 방법으로 접근배제 조치 실시
	(이의신청) ↑　　　↓(통지)
제3자	접근배제 요청인이 아닌 자신이 해당 게시물을 게시한 것임을 주장하는 제3자가 접근재개 요청

* 출처: 방송통신위원회 보도자료(2016. 4. 29).

'잊혀질 권리'의 도입방안에 관하여 우리나라의 경우 EU와 달리 제3자 게시물에 대해 기존 구제수단이 있기 때문에 기존 제도를 적극 활용하면 되지만, 자기게시물의 경우 회원 탈퇴 등으로 관리권을 상실한 경우 이용자의 명백한 의사에도 불구하고 구제가 곤란하다고 판단하여 자기게시물에 대한 접근배제 요청권을 가이드라인으로 작성하였다. 기존 제도란 저작권상 구제수단(복제수단), 언론중재법상 구제수단(언론기사), 정보통신망법상 제3자 권리침해 게시물 등이 있다.

0&boardId=1113&cp=2&boardSeq=42370 (방문일 2016. 5. 10).

(2) 주요 내용[41]

가. 이용자 본인의 접근배제 요청

① 권리행사 대상: 자기게시물 및 사자(死者)게시물

권리행사 대상은 정보통신망으로 이용자 본인이 게시한 글(댓글 포함), 사진, 동영상 및 이에 준하는 기타 게시물이다. 권리행사 대상의 예로서 자기 게시물에 댓글이 달려 게시물 내용을 인터넷에서 삭제하기 어려운 경우, 회원 탈퇴 또는 1년간 계정 미사용 등으로 회원정보가 파기됨에 따라 이용자 본인이 삭제하기 어려운 경우, 회원 계정정보를 분실하여 이용자 본인이 삭제하기 어려운 경우, 게시판 관리자가 사업의 폐지 등으로 사이트 관리를 중단한 경우(검색서비스 사업자에 대하여 검색목록 배제의 방법으로 접근배제를 요청한다), 게시판 관리자가 게시물 삭제 권한을 제공하지 않아 이용자가 게시물을 삭제할 수 없는 경우, 사자가 생전에 접근배제요청권의 행사를 위임한 지정인 또는 유족이 사자의 인터넷 게시물에 대한 접근 배제를 요청하는 경우 등이다.

② 권리행사 주체 및 상대방

자연인은 누구든지 가능하지만, 법인은 제외한다. 사자(死者)의 경우 생전에 접근배제요청권의 행사를 위임한 지정인 또는 사자의 유족이 사자의 글 등에 대한 접근배제를 요청할 수 있다. 지정인과 유족의 의견이 다를 경우 특별한 사정이 없는 한 지정인의 의견에 따른다.

권리행사의 상대방은 정보통신망을 이용한 게시판을 직접 관리·운영하는 정보통신서비스 제공자(이하 '게시판 관리자'라 한다) 또는 정보

41) 위 방송통신위원회 보도자료(2026. 4. 29)의 내용을 정리한 것이다.

통신망을 이용한 검색서비스를 제공하는 사업자(이하 '검색서비스 사업자'라 한다)가 된다. 해외 사업자라도 국내에서 한국어 서비스를 제공할 경우 권리행사의 상대방에 포함한다.

③ 요청 방법 및 절차

자기게시물 접근배제요청권을 행사하려면 우선 이용자 본인이 직접 해당 게시물을 삭제할 수 있는지 확인한 뒤 삭제하기 어려운 경우 자기게시물임을 입증할 수 있는 자료 등을 첨부하여 게시판 관리자에게 인터넷에 게재된 자기게시물의 접근배제를 요청한다. 만약 이용자 본인이 직접 해당 게시물을 삭제할 수 있는 경우 사업자는 자기게시물 접근배제요청을 거부할 수 있다. 자기게시물 접근배제 요청 시 제출하여야 하는 자료로는 접근배제를 원하는 게시물 및 게시물의 위치자료(URL), 요청인이 해당 게시물을 게시하였다는 사실을 입증할 수 있는 자료, 접근배제를 요청하는 사유 등이다.

게시판 관리자가 접근배제 조치를 취하는 경우, 검색목록의 배제를 추가적으로 원하는 요청인은 게시판 관리자의 접근배제 조치사실을 입증할 수 있는 자료(접근배제통보서)를 첨부하여 검색서비스 사업자에게 검색목록 배제를 요청한다. 다만, 게시판 관리자의 사이트 관리중단 등 특별한 사유로 인해 게시판 관리자가 접근배제 조치를 취하지 않는 경우, 요청인은 증빙자료를 첨부하여 검색서비스 사업자에게 검색목록 배제를 요청한다. 특별한 사유란 게시판 관리자가 사업을 폐지한 경우, 기타 게시판이 사실상 운영되지 않아 게시물 접근배제가 어렵다고 검색서비스 사업자가 판단하는 경우를 말한다.

나. 사용자의 접근배제 판단 · 조치

① 접근배제 판단 · 조치

게시판 관리자는 요청인이 제출한 입증자료를 종합적으로 고려하여 해당 게시물이 이용자 본인의 자기게시물이라고 합리적으로 판단되는 경우, 해당 게시물에 대한 블라인드 처리 방법으로 지체 없이 접근배제 조치 실시한다. 허위 신청 등으로 인해 부당하게 게시물이 삭제될 가능성이 있으므로, 게시판 관리자는 해당 게시물을 블라인드 처리하여 게시물의 제3자 접근을 방지한다.

검색서비스 사업자의 경우 게시판 관리자가 접근배제 조치를 취한 경우 검색서비스 사업자는 요청인의 접근배제요청서 및 게시판 관리자의 접근배제통보서를 기초로 지체 없이 캐시 등을 삭제하여 검색목록에서 배제하는 방법으로 접근배제 조치를 실시한다. 만약 게시판 관리자가 접근배제 조치를 취하지 않고 특별한 사정으로 인해 요청인이 검색서비스 사업자에게 곧바로 검색목록 배제를 요청하는 경우 검색서비스 사업자는 증빙자료를 기초로 검색목록 배제 여부를 결정하여 조치한다.

② 접근배제 예외기준

게시판 관리자 및 검색서비스 사업자는 접근배제를 요청받은 게시물이 다른 법률 또는 법령에서 위임한 명령 등에 따라 접근차단 또는 삭제가 금지되어 게시판 관리자 등이 해당 게시물의 보존의무를 부담하는 경우이거나 접근배제를 요청받은 게시물이 공익과 상당한 관련성이 있는 경우 접근배제요청을 거부할 수 있다. 법원의 증거보전결정 등에 따라 보존의무가 있는 경우가 전자의 예이고, 정무직 공무원 등 공인이 자신의 공적 업무와 관련하여 게시한 게시물인 경우 혹은 공직자 및 언론기관 관계인 등이 게시한 게시물이 업무에 관한 것으로서 공적 관심사에 해당하는 경우가 후자의 예이다.

다. 결과 통보 및 제3자의 이의신청

① 접근배제 결과 통보

게시판 관리자 및 검색서비스 사업자는 접근배제 조치를 취한 경우 접근배제 결정 게시물 및 그 위치자료, 접근배제 일시 등을 우편·모사전송·전자우편 등의 방법 중 하나 이상으로 접근배제 요청인에게 통보하고, 접근배제 조치를 한 게시물은 게시자의 요청으로 접근배제 조치했다는 사실을 해당 게시물 자리에 공시하는 등의 방법으로 제3자가 알 수 있도록 조치한다. 만약 자기게시물임이 입증되지 않거나 접근배제 예외기준에 해당하여 접근배제 요청을 거부하는 경우 게시판 관리자 및 검색서비스 사업자는 접근배제 거부게시물 및 위치자료, 거부사유 등을 우편·모사전송·전자우편 등 이 중 하나 이상으로 접근배제 요청인에게 통보한다.

② 제3자의 이의신청

접근배제 조치된 게시물에 관하여 접근배제 요청인이 아니라 자신이 게시한 것이라고 주장하는 제3자는 이의신청을 제기할 수 있다. 이의신청인은 게시판 관리자 등에게 접근재개를 요구하는 사유 및 이에 대한 입증자료를 첨부하여 접근재개를 요청할 수 있다. 게시판 관리자 등은 이의신청인의 제출 자료에 의하여 이의신청 사유가 입증된 경우 즉시 접근재개 조치를 취하고, 접근배제 요청인 및 이의신청인에게 접근배제 결과통보와 동일한 방법으로 접근재개 게시물, 접근재개 예정일, 접근재개 사유 등을 통보한다.

③ 접근배제 · 재개 거부

사업자는 요청인 또는 이의신청인이 제출한 입증자료가 불충분한 경우 입증자료를 추가 요청할 수 있으며, 입증이 충분치 않다고 판단되는 경우 접근배제요청 또는 접근재개요청을 거부할 수 있다.

(3) 평가

첫째, 가이드라인의 법률적 근거가 미약하다. 자기게시물 접근배제 요청권은 인터넷 사업자의 영업의 자유를 제한하고, 경우에 따라서는 인터넷 이용자의 알 권리 및 표현의 자유를 제한하기 때문에 법률에 명시적인 근거가 있어야 한다. 우리 헌법 제37조 제2항은 기본권을 제한함에 있어서 "법률로써" 하도록 규정하고 있다. 방송통신위원회는 가이드라인의 법적 근거를 정보통신망법 제3조 제1항에서 찾는다. 하지만 위 조항은 "정보통신서비스 제공자는 이용자의 개인정보를 보호하고 건전하고 안전한 정보통신서비스를 제공하여 이용자의 권익 보호와 정보이용능력의 향상에 이바지하여야 한다."는 내용으로 선언적 효과밖에 없다. 만약 인터넷 사업자가 접근배제 조치를 취했다가 인터넷 이용자가 알 권리 및 표현의 자유 침해를 이유로 손해배상을 청구할 경우 위 조항에 근거하여 조치의 적법성을 주장할 수 있을지는 의문이다. 따라서 본인작성게시물의 접근배제 조치는 위 조항에 근거해 가이드라인으로 제정할 수 없으며 정보통신망법 개정을 통해 명시적인 근거를 마련해야 한다.

둘째, 자기게시물 접근배제요청권의 권리행사 대상을 제한할 필요가 있다. 본인에 관한 단순한 정보를 포함하는 글, 사진, 동영상일 경우에는 접근배제요청권을 인정하는 것이 타당하나, 본인이 작성한 글이라고 하더라도 다른 사람에 관한 정보, 평가 등을 담고 있는 경우 사회적 재산으로 일반인의 알 권리의 대상이 될 수 있기 때문이다. 유럽사법재판소의 구글 스페인 판결의 경우 당초 적법한 정보라고 하더라도 시간의 경과에 따라 부정확하거나, 부적절하거나, 무관하거나, 과도하다고 보일 때 삭제권을 인정하였고, 이 경우에도 원 정보를 게재한 신문사에 대한 청구는 기각되고, 정보를 유통하는 검색 엔진 회사에 대해서만 인정하였을 뿐이다. 이에 반하여 접근배제요청권은 시간의 경과를 전혀 고려하지 않고, 정보의 원 보유자를 상대로 한다는 점에서 알 권리 및 표현의 자유에 대한 침해 소지가 있다.

셋째, 사자의 게시물에 대한 접근배제요청권은 논란의 여지가 많다. 먼저 사자가 생전에 접근배제요청권의 행사를 위임하는 경우가 가능한 것인지 의문이다. 생전에 위임할 바에는 스스로 접근배제요청권을 행사하면 된다. 접근배제요청권은 인격권에 기초한 권리이기 때문에 사후라면 다른 사람이 행사할 수 없다고 보아야 할 것이다. 가이드라인의 내용은 사자가 지정인에게 접근배제요청권을 "포괄적으로 위임한 경우"를 상정한 것 같으나, 접근배제요청은 개별적으로 가능하며 포괄적으로 위임할 수 없다. 사자가 게시한 글 중 문제되는 내용을 찾아 개별적으로 접근배제요청을 해야 하는데, 문제되는 내용을 찾는 판단은 정보주체만 가능하고, 타인이 대리 행사할 수 없다고 보아야 할 것이다.

넷째, 가이드라인은 게시판 관리자 및 검색서비스 사업자가 요청인의 접근배제요청을 거부할 수 있다고 허용하면서 그 사유로 "접근배제를 요청받은 게시물이 공익과 상당한 관련성이 있는 경우"를 들고 있다. 하지만 사업자에게 공익과의 상당한 관련성을 판단하라고 하는 것은 사적 검열을 허용하는 것으로 표현의 자유에 대한 침해 위험이 크다. 사업자가 공인 또는 공적 관심사라고 판단하여 접근배제요청을 거부하였을 경우 게시자는 사업자를 상대로 손해배상을 청구할 수 있고, 법원은 사업자가 위법하다는 것을 알고도 게시한 경우에 해당한다고 보아 손해배상을 인정할 가능성이 있다. 사업자는 이러한 위험을 막기 위해서 접근배제요청을 거부하기 어렵고, 이는 일반인의 알 권리 내지 표현의 자유가 지나치게 제한되는 결과가 된다.

4) EU 제29조 작업반 기준

제29조 작업반(Article 29 Working Party)은 지침 95/46/EC에 따라 설립된 기구로, EU 각 회원국의 개인정보 보호기구, 유럽개인정보감독기구(the European Data Protection Supervisor, EDPS) 및 EU 집행위원회의 대표로 구성된다. 개인정보 보호와 관련하여 회원국에 전문적인 의견을 제시하고, EU의 개인정보 보호지침을 개별 국가에 적용함에 있어서 동일성을 유지하도록 제고하고, 개인정보 보호에 영향을 미치는 지역법에 관하여 집행위원회에 의견을 제시하는 기능을 수행한다.

(1) 가이드라인

제29조 작업반은 2014년 11월 유럽 각 국의 개인정보기구가 구글 판결을 반영하여 정보주체의 삭제 요청을 사안별로 접근하여 개인정보 보호법을 적용하는 데 필요한 가이드라인을 제시하였다. 그러나 가이드라인의 성격상 제시된 어떠한 기준도 그 자체로 결정적이지 않으며, 개별 국가의 법령과 일치하는 선에서 적용될 뿐이다. 가이드라인에서 제시된 기준은 다음과 같다.[42)]

---

42) 아래 내용은 Article 29 DATA PROTECTION WORKING PARTY, Guide lines on the Implementation of the Court of Justice of the European Union

(2) 평가

제29조 작업반의 가이드라인은 유럽사법재판소(CJEU)의 잊혀질 권리에 관한 판결의 의미를 명확하게 정리하고, 사적 검열의 위험을 최소화하고 있다. 제29조 작업반이 확인한 CJEU의 구글 스페인 판결과 우리나라에서 논의되는 잊혀질 권리 간에 가장 큰 차이는 검색 엔진에 관한 것이다. 구글 스페인 판결은 정보주체가 검색 엔진에 대하여 리스트 차단(de-listing)을 요구하기 위해서 반드시 원래 정보를 게재한 웹사이트에 접촉할 의무가 있는 것은 아니라는 데 반하여 방통위 가이드라인은 게시판 관리자에게 먼저 접근배제를 요청하여야 하고, 검색 서비스 사업자에게 직접 요청할 수 있는 경우는 특별한 사정이 있는 경우에 한한다.

또 제29조 작업반은 정보주체가 리스트 차단을 요청하였다는 것을 추론할 수 없도록 리스트 차단을 검색 엔진 이용자에게 고지하지 말 것을 요구하고 있는 데 반하여 방통위 가이드라인은 접근배제 조치를 한 게시물은 게시자의 요청으로 접근배제 조치를 하였다는 사실을 해당 게시물 자리에 공시하는 등의 방법으로 제3자가 알 수 있도록 조치하도록 요구하고 있다. 제29조 작업반은 정보주체의 인격권 보호에 더 충실한 반면 방통위 가이드라인은 표현의 자유에 더 충실한 것처럼 보인다. 하지만 제29조 작업반은 리스트 차단의 요건을 엄격히 해서 리스트 차단에 해당하는 정보의 범위를 축소하려고 노력하고 있다. 제29조 작업반은 CJEU의 구글 스페인 판결로 인하여 표현의 자

Judgment on "Google Spain and Inc. v. Agencia Española de Protección de Datos(AEPD)and Mario Costeja González" C-131/12 (Nov 26, 2014), http://ec.europa.eu/justice/data-protection/article-29/documentation/opinion-recommendation/files/2014/wp225_en.pdf (방문일 2015. 5. 10)를 요약한 것이다.

〈표 8-11〉 제29조 작업반 개인정보 삭제 가이드라인

①	검색 결과가 자연인에 관한 것인가?	구글 판결은 이름으로 검색한 결과가 정보주체의 사생활에 미치는 부정적 영향력을 우려하여 나온 것이다. 가명이나 별명을 이용한 검색의 경우도 개인과의 연계성이 밝혀지면 이름 검색과 마찬가지로 취급할 수 있다.
②	정보주체가 공적 활동을 하였는가?	구글 판결은 일반인이 정보주체의 공적 활동 정보에 접근하는 데 이익이 있으면 삭제 대상이 아니라고 보았다. 이는 공인 기준보다 넓은 것이다.
③	정보주체가 미성년자인가?	정보주체가 18세 미만일 경우 그에 관한 정보의 검색 결과를 삭제하도록 요구할 가능성이 크다.
④	정보는 정확한가?	사실관계가 정확하지 않고, 그로 인하여 개인에 대한 부정확하고, 부적절하고, 오해를 살만한 정보의 경우 검색 결과 리스트에서 해당 정보를 삭제하는 것이 타당하다고 생각할 것이다.
⑤	정보는 적절하고 과도하지 않은가?	기준의 목적은 검색된 정보가 일반인의 정보접근권을 고려할 때 적절한 것인지 평가하는 데 있다. 일반적으로 오래된 정보는 최신 정보보다 정보접근권을 실현하는 데 더 적절하다고 평가받기 어렵다.
⑥	정보는 민감한가?	일반적으로 건강, 성생활, 종교적 믿음 등 민감 정보는 일반적인 개인정보보다 개인의 사생활에 미치는 영향이 크다.
⑦	정보는 최근 것(up to date)인가?	합리적으로 판단할 때 정보가 최근 것이 아니라 오래된 것이면 리스트에서 삭제되기 쉽다. 다만, 당초 개인정보의 처리 목적이 무엇인지에 따라 평가가 달라진다.
⑧	정보처리가 정보주체에 대하여 편견(prejudice)을 갖게 하는가?	CJEU는 편견을 삭제 요건으로 삼지 않았다. 하지만 정보에 접근함으로써 정보주체에 대한 편견을 야기하는 증거가 있는 경우 리스트 삭제의 강한 논거가 된다.
⑨	검색결과가 정보주체를 위험에 빠뜨리는 정보에 링크되어 있는가?	정보 접근이 정보주체를 신분(identity) 도난, 스토킹과 같은 위험에 노출되게 할 가능성도 있다. 이러한 위험이 실질적일 경우 해당 정보의 삭제가 적합하다고 볼 수 있다.
⑩	해당 정보가 정보주체에 의해서 자발적으로 공개된 것인가?	개인정보에 접근가능하게 된 근거가 동의에 있는 경우 정보주체가 동의를 철회한다면 개인정보의 처리는 법적 근거를 상실하게 된다.
⑪	콘텐츠가 언론보도 목적에서 발표되었는가?	정보가 언론보도의 목적으로 공표되었는지 고려하는 것이 상황에 따라서 적절할 수 있다. 구글 결정은 언론사에 의한 보도와 검색 엔진이 이름으로 검색한 결과를 보여주는 것이 다르다는 것을 분명히 보여준다.
⑫	발행인에게 개인정보를 공개할 수 있는 법적 권한 또는 의무가 있는가?	공공기관에게 정보를 공개하도록 요구하면서 검색결과에서 해당 정보를 삭제하라고 요구하는 것은 부당해 보인다. 다만, 사안별로 판단할 문제다.
⑬	정보가 범죄행위와 관련되었는가?	회원국은 범죄자 및 범죄행위에 관한 정보를 공개할지 여부에 대해서 서로 다른 접근을 할 수 있다. 대체로 미성년자일 때 저지른 범죄에 관한 검색결과는 리스트 삭제를 고려하게 될 것이고, 최근 발생한 중범죄에 관한 것은 삭제가 어려울 것이다.

유와 알 권리에 미치는 영향은 매우 제한적(very limited)이라고 본다. 정보주체의 권리와 구글의 상업적 이익, 더 나아가 일반인의 알 권리와의 비교형량이 필요하기 때문이다.

13개 기준을 공인(public figure) 여부, 정보의 성격, 개인에 미치는 영향, 공개에 동의하였는지 여부, 원정보공개자의 목적 등에 따라서 다시 분류할 수 있다.

3. 법 · 제도 개선을 위한 제언

잊혀질 권리 도입을 위한 법과 제도의 개선은 종합적으로 접근하여야 한다. 이 문제는 인터넷 환경에서 인격권과 표현의 자유 사이의 조화적 해석을 하는 문제이기 때문이다. 인간의 존엄성을 최고의 헌법적 가치로 하는 나라에서 인격권 보호도 중요하고, 자유민주주의를 헌법의 핵으로 하는 나라에서 표현의 자유도 중요하다. 둘 다 중요한 헌법적 가치이기 때문에 규범조화적 방안을 마련하기 위해서는 두 가치를 보호하는 법과 제도를 종합적으로 검토해서 현재 우리에게 적정한 수준을 정하여야 한다. 전통적으로 인격권과 표현의 자유 사이의 조화를 이루던 법과 제도, 그리고 법원 판결을 검토하고, 인터넷 시대에 새롭게 부상하는 문제 해결을 위해 필요한 법과 제도를 마련하여야 한다.

인터넷 시대의 잊혀질 권리의 본질은 인터넷상 타인의 주목으로부터 도피할 수 있는 권리라고 본다. 이는 개인정보 보호법에서 말하는 개인정보의 삭제와는 다른 의미다. 개인정보 중에서 다른 정보와 결합하여 개인 식별이 가능하고 결과적으로 인격권을 침해할 가능성이 있는 것은 잊혀질 권리가 보호하려는 내용과 직접적인 관련이 없다.

이런 내용은 현행 개인정보 보호법으로 다루는 것으로 충분하다. 여기서 다루는 것은 정보주체가 자발적으로 또는 어떠한 행위를 하기 위하여 부수적으로 제공한 개인정보를 나중에 삭제하는 문제다. 이 경우 표현의 자유보다는 정보주체의 의사 또는 정보주체의 인격권을 존중하여야 한다. 그런 의미에서 방송통신위원회가 발표한 「인터넷 자기게시물 접근배제요청권」은 원칙적으로 타당한 내용이다. 자기가 게시한 표현물을 자기가 원하지 않으면 원칙적으로 접근배제 할 수 있어야 한다. 다만, 일부 표현물은 공적 가치를 가질 수 있기 때문에 정보주체의 권리 외에 표현의 자유를 고려하여야 한다.

그러나 자기게시물은 잊혀질 권리의 전형적인 대상이 아니다. 인터넷 시대에 문제가 되는 잊혀질 권리의 객체는 다른 사람이 작성한 표현물이다. 그런 의미에서 보면 언론중재위원회가 제시한 언론중재법 개정안은 타당한 면이 있다. 인터넷 시대에 문제되는 표현물은 과거와 달리 언론보도에 국한되지 않으며 언론보도 외에도 인터넷 댓글과 유사 뉴스서비스에서도 인격권 침해가 발생할 수 있다. 따라서 언론보도에 국한된 현행법과 제도를 개선하여야 하는 것은 올바른 방향이다. 다만 그 개선이 언론중재법 개정으로 언론중재위원회의 관할사항이 되어야 하는 것인지는 의문이다. 또 이런 내용을 잊혀질 권리라고 부를 수 있을지는 더욱 의문이다. 잊혀질 권리는 단어가 시사하는 바와 같이 시간의 경과를 요소로 하기 때문이다. 잊혀질 권리의 독자적인 의미는 개인 식별성과 인격침해성을 모두 갖춘 개별 정보, 주로 언론보도이거나 이에 준하는 표현물이 발표 당시는 적법하다는 평가를 받았으나 시간의 경과되어 계속적인 유통이 부적절하다는 새로운 평가를 받으면 유통을 차단하자는 것이다.

잊혀질 권리는 과거 표현의 자유와 인격권 간 조화를 이루어 적법하다고 평가받았던 표현물도 시간의 경과에 따라 달리 평가받을 수 있다는 내용이다. 현재 발생하는 표현물로 인한 인격권 침해의 문제는 현행 제도로 해결할 수 있다. 우리나라는 정보통신망법상 임시조치와 방송통신심의위원회에 의한 통신검열이 현행 제도의 대표적인 예다. 이러한 제도가 있다고 잊혀질 권리의 입법이 부적절한 것은 아니다. 잊혀질 권리는 과거 정보의 새로운 평가를 의미하기 때문이다. 새로운 평가를 위한 새로운 제도가 필요하다. 이 책 처음에 소개한 태진아 사건이 전형적인 예이다. 과거 기사 등 표현물을 최근 발생한 소식인 것처럼 인터넷 이용자에게 전달되는 것을 제한하겠다는 것이 잊혀질 권리이다. 제한의 핵심적인 역할을 하는 것이 인터넷 포털과 검색 엔진과 같은 인터넷 중개자다. 따라서 잊혀질 권리는 인터넷 중개자를 중심으로 접근하여야 한다. 한 언론인이 “구글이 너에 대해서 말하는 게 너의 모습이다”라고 표현한 적이 있다.43) 이것을 제한하겠다는 것이 잊혀질 권리다. 따라서 잊혀질 권리를 입법할 경우 수범자는 인터넷 중개자로 국한할 필요가 있다. 잊혀질 권리는 인터넷상 타인의 주목으로부터 도피할 수 있는 권리이기 때문에 과거 기사를 반드시 삭제하여야 하는 것은 아니다. 원 정보는 그대로 살려두고, 해당 정보의 유통만 제한하는 것이 타당하다. 잊혀질 권리를 계기로 인격권과 표현의 자유 사이의 조화를 이루는 종합적인 접근이 필요하다.

43) Megan Angelo, *You Are What Google Says You Are*, Wired, Feb 11, (2009), http://www.wired.com/2009/02/you-are-what-go (방문일 2016. 5. 10).

경건, 정보공개행정제도에 관한 연구, 박사학위 논문, 서울대학교, 1997.
고민수, 취재의 자유와 알권리의 관계에 관한 고찰-공인수탁자론(public trusteeship model)에 대한 비판적 고찰을 중심으로-, 미국헌법연구 제18권 제2호, 2007.
곽상진, 방송의 자유와 방송제도, 공법연구 제28권 제4호 제1권, 2000.
구본권, 저널리즘에서 '잊혀질 권리'와 언론피해구제 연구: 묵은 기사의 인터넷 삭제를 중심으로, 박사학위 논문, 한양대학교, 2015.
구태언, 개인정보 보호법의 제문제, 법학평론, 서울대학교, 2012.
구태언, 현행 개인정보 보호법제상 '개인정보' 정의의 문제점, 국회의원 김희정 주최 개인정보 보호법제 개선 토론회 I 자료집, 2013.
권영성, 『헌법학원론』, 법문사, 2010.
권헌영, 개인정보 보호법 입법을 다시 거론하며, 토지공법연구 제43집 제3호, 2009.
김경한, 인터넷 공간의 잘못된 기사와 새로운 피해구제 방안, 「언론중재위원회 정책심포지엄 종합보고서」, 2014.
김기창, 정보주체의 '동의'-동의 허구성과 해결방안, 「국회의원 김희정 주최 개인정보 보호법제 개선 토론회 I 자료집」, 2013.
김도균, 법적 이익형량의 구조와 정당화문제, 서울대학교 법학 제48권 제2호, 2007.
김문현, 기본권의 법적 근거와 판단기준에 관한 소고, 세계헌법연구 제18권 제2호, 2012.
김민정, 실질적 잊힘(Practical Obscurity)의 관점에서 본 잊힐 권리(the right to be forgotten)의 성격 및 의의, 언론과 법 제14권 제1호, 2015.

김배원, 알 권리의 헌법적 근거에 대한 판례 검토와 입법적 과제, 한국법제연구원 주최 국제학술대회 「안전하고 투명한 사회 구현의 입법적 과제 자료집」, 2015.
김보라미, 네트워크화된 공론장인 인터넷의 특성에 따른 명예훼손성립에 대한 검토, 서울대학교 기술과 법 센터 Law & Technology 제5권 제4호, 2009.
김봉수, 피의사실공표죄(형법 제126조)의 규범적 한계에 관한 고찰, 경찰법연구 제9권 제1호, 2011.
김봉철, 개인정보 보호법상 정보주체의 권리에 관한 연구-독일연방정보보호법상 정보주체의 권리와 그 내용을 중심으로-, 토지공법연구 제59집, 2012.
김일환, 개인정보의 보호와 이용법제의 분석을 위한 헌법상 고찰, 헌법학연구 제17권 제2호, 2011.
김성돈, 『형법각론』, SKKUP, 2008.
김수일, 디지털 시대, 언론중재법 과제와 전망, 「언론중재위원회 정책토론회 종합보고서」, 2015.
김재윤, 피의사실 공표죄 관련 법적 쟁점 고찰" 언론중재, 가을호, 2010.
김주영 · 손형섭, 『개인정보 보호법의 이해-이론 · 판례와 해설-』, 법문사, 2012.
김현경, 개인정보의 개념에 대한 논의와 법적 과제, 미국헌법연구 제25권 제2호, 2014.
김현귀, 정보통신망법상 임시조치제도와 표현의 자유, 법과 사회 제46호, 2014.
나은경 · 이준웅, 댓글 문화 연구: 온라인 뉴스 이용 양태의 변화와 담론 공중의 의미, 한국언론재단 연구서, 2008.
노동일 · 정완, 사이버공간상 프라이버시 개념의 변화와 그에 대한 법적 대응방안, 경희법학 제45권 제4호, 2010.
데이비드 헬드, 박찬표 옮김, 『민주주의의 모델들』, 후마니타스, 2010.
문성도, 피의사실공표의 형법적 한계: 피의사실 공표죄를 중심으로, 치안정책연구 제15호, 2001.
문재완, 언론의 자유와 성(性) 표현(Sexual Expression) 규제, 외법논집 제22집, 2006.
문재완, 인터넷에서의 표현의 자유와 그 한계, 외법논집 제31집, 2008.
문재완, 음란과 헌법상 표현의 자유의 보호영역-헌재 2009.5.28. 2007헌바83결정을 중심으로-, 언론과 법 제8권 제2호, 2009.
문재완, 인터넷상의 명예훼손과 인터넷 포털사이트의 법적 책임-대법원 2009. 4. 1.6. 선고 2008다53812 판결을 중심으로-, 공법연구 제38권 제1호 제2권, 2009.
문재완, 표현의 자유와 민주주의-청자(聽子) 중심의 표현의 자유 이론을 위한 시론-, 세계헌법연구 제17권 제2호, 2011.
문재완, 프라이버시 보호를 목적으로 하는 인터넷 규제의 의의와 한계: '잊혀질 권리' 논의를 중심으로, 언론과 법 제10권 제2호, 2011.
문재완, 허위사실의 표현과 표현의 자유, 공법연구 제39집 제3호, 2011.
문재완, 개인정보 보호법제의 헌법적 고찰, 세계헌법연구 제19권 제2호, 2013.
문재완, 개인정보의 개념에 관한 연구, 공법연구 제42집 제3호, 2014.
민윤영, 다형적 페르소나로서 법: 낙태의 자유와 잊혀질 권리를 예로 하여, 고려법학 제61호, 2011.
박경신, "개인정보"의 정의와 위치정보보호보법의 개선 방안, 법학연구 제37집, 전북대학교, 2012.
박경신, "구글 스페인" 유럽사법재판소 판결 평석-개인정보자기결정권의 유래를 중심으로, 세계헌법연구 제20권 제3호, 2012.
박경신, 인터넷임시조치제도의 위헌성: "남이 싫어하는 말은 30일 후에 하라", 중앙법학 제11집 제3호, 2009.
박광배, 김태주, 해외 개인정보의 국내이전과 관련된 EU 규제체계 및 국내법규에 대한 시사점, 개인정보 보호의 법과 정책, 고학수 편, 박영사, 2014.
박용상, 『명예훼손법』, 현암사, 2008.

박용상, 『표현의 자유』, 현암사, 2002.
박용숙・김학성, 잊혀질 권리에 관한 헌법적 고찰, 헌법학연구 제21권 제1호, 2015.
박진완, 우리 헌법상의 일반적 인격권의 보장체계, 공법연구 제33집 제1호, 2004.
박혜진, 형법적 관점에서 바라 본 피의사실공표죄의 제문제, 비교형사법연구 제13권 제2호, 2011.
배리 슈워츠, 형선호 옮김, 『선택의 패러독스』, 웅진닷컴, 2004.
백수원, 우리법상 잊혀질 권리의 인정문제와 법제화 방향, 2014 온라인 개인정보 보호 컨퍼런스 자료집, 2014.
빅토르 마이어 쇤베르거, 구본권 옮김, 『잊혀질 권리』, 지식의 날개, 2011.
성낙인, 『헌법학』, 법문사, 2015.
성준호, 빅데이터 환경에서 개인정보 보호에 관한 법적 검토, 법학연구 제21권 제2호, 2013.
양건, 『헌법강의』, 법문사, 2011.
양재규・조준원, 언론중재법 개정안 해설, 「언론중재위원회 정책토론회 종합보고서」 (디지털 미디어 시대의 새로운 언론피해구제제도-언론중재법 개정안 쟁점과 해설-), 2015.
양천수, 인격권의 법철학적 기초-인격권의 구조・성장・분화-, 법과 정책연구 제11집 제3호, 2011.
언론중재위원회 신청인・피신청인 이용만족도조사 결과, 언론중재위원회 보도자료, 2015.
오길영, 빅데이터 환경에서의 정보보호 담론에 대한 비판, 헌법학연구 제21권 제2호, 2015.
월간 인터넷 법제동향 제95호, 판례 및 이슈, 독일 함부르크 고등법원, '잊혀질 권리'는 인터넷 신문 아카이브 운영자에게도 적용된다고 판결 (2015. 7. 7), 2015.
이동훈, 유비쿼터스 사회에서의 액세스권과 알권리 해석론, 공법학연구 제10권 제2호, 2009,

이병선, 토론문, 「언론중재위원회 정책토론회 종합보고서」, 2015.
이상명, 개인정보자기결정권의 헌법적 근거에 관한 고찰, 공법연구 제36집 제3호, 2008.
이상학, 알 권리로서 정보자유의 쟁점-독일에서의 논의를 중심으로-, 인하대학교 법학연구 제17집 제3호, 2014.
이인호, 표현의 자유와 검열금지의 원칙: 헌법 제21조 제2항의 새로운 해석, 법과 사회 제15호, 1997.
이재진 · 구본권, 인터넷상의 지속적 기사 유통으로 인한 피해의 법적 쟁점: 잊혀질 권리 인정의 필요성에 대한 탐색적 연구, 한국방송학보 제22권 제3호, 2008.
이주윤, EU법상 인권보호체계의 연원과 발전, 법학총론 제29집 제3호, 2012.
이준일, 피의사실공표죄의 헌법적 정당화, 고려법학, 2006.
임규철, 개인정보의 보호범위, 한독법학 제17호, 2012.
장성원, 잊혀질 권리와 명예훼손, 형사정책 제25권 제3호, 2013.
장주봉, 개인정보의 의미와 보호범위, 법학평론 제3권, 서울대학교, 2012.
전경근, 개인정보의 활용범위에 관한 연구, 아주법학 제6권 제1호, 2012.
전영, 잊혀질 권리(Droit à l'oubli)에 대한 연구-프랑스법을 중심으로-, 헌법학연구 제19권 제2호, 2013.
정상조, 비식별개인정보의 보호 및 활용에 관한 연구, 방송통신위원회, 2010.
정상조 · 권영준, 개인정보의 보호와 민사적 구제수단, 법조 제58권 제3호 통권630호, 2009.
정종섭, 『헌법학원론』, 제5판, 박영사, 2010.
조소영, 잊혀질 권리: 정보의 웰다잉(well-dying)을 위한 법리 검토, 공법연구 제41집 제2호, 2012.
조영신, 유수정, 한영주, 포털 기사 공급 형태 및 매체 지위와 어뷰징과의 관계에 관한 탐색적 연구: '네이버'를 중심으로, 한국언론학보, 제59권 제6호, 2015.
조희정, 네트워크 사회에서 IT 기업의 항의(voice) 전략: 투명성 보고서(Transparency Report)의 정치를 중심으로, 한국언론법학회 학술세

미나 자료집, 2015.

지성우, 소위 '잊혀질 권리'(Right to be forgotten)에 관한 탐색적 연구, 정보법학 제15권 제3호, 2011.

최경진, 『개인정보 보호의 법과 정책』, 박영사, 2014.

최경진, 빅데이터와 개인정보, 성균관법학 제25권 제2호, 2013.

한수웅, 헌법 제10조의 인간의 존엄성, 헌법학연구 제13권 제2호, 2007.

한수웅, 『헌법학』, 제4판, 법문사, 2014.

한은영, 일본 개인정보 보호법의 개정 내용 및 평가, 정보통신방송정책 제27권 제17호 통권 608호, 2015.

함인선, EU의 '1995년 개인정보지침'에 관한 법적 고찰, 법학논총 제33집 제1호, 2013.

함인선 역, 『유럽정보보호법(Handbook on European data protection law)』, 전남대학교 출판부, 2015. (1993).

헌법재판소, 정보통신기술의 발전과 기본권에 관한 연구, 헌법재판연구 제25권, 2014.

황성기, 사적 검열에 관한 헌법학적 연구, 세계헌법연구 제17권 제3호, 2011.

황승흠·황성기·김지연·최승훈, 『인터넷 자율규제』, 커뮤니케이션북스, 2004.

황승흠, 인터넷 콘텐츠 규제에 있어서 법제도와 사업자 자율규제의 결합에 관한 연구, 공법학연구 제9권 제4호, 2008.

한국언론진흥재단, 2015 언론수용자 의식조사, 2015.

Adolf Berger, Encyclopedic Dictionary of Roman Law 679 (2004).

Alan Westin, Privacy and Freedom (1967).

Alex Hern, *Wikipedia swears to fight 'censorship' of 'right to be forgotten'* the Guardian, August 6, (2014).

Alexander Meiklejohn, Political Freedom: the Constitutional Powers of the People 26 (1960).

Alexander Meiklejohn, *The First Amendment Is an Absolute*, 1961 Sup. Ct. Rev. 245, 255 (1961).

Anita L. Allen, *Talking Liberties: Privacy, Private Choice, and Social Contract Theory*, 56 Cincinnati L. Rev. 461, 464 (1987).

Antoni Z. Kaminski, *Res Publica, Res Privata*, International Political Science Review Vol. 12 No.4, 337 (1991).

Anu Bradford, *The Brussels Effect*, 106 NW U. L. Rev. 1 (2012).

Applicability of the Fairness Doctrine in the Handling of Controversial Issues of Public Importance, 29 Fed. Reg. 10426 (1964).

Ashley Messenger, *What Would a "Right to Be Forgotten" Mean for Media in the United States?*, Comm. Law, Jun (2012).

Aurelia Tamò & Damian George, Oblivion, Erasure and Forgetting in the Digital Age (2014).

B.J. Koops, *The Trouble with European Data Protection Law*, International Data Privacy Law (2014)

Baker, *Scope of the First Amendment Freedom of Speech*, 25 UCLA L. Rev. 964, 966(1978).

Barry Sullivan, *FOIA and the First Amendment: Representative Democracy and the People's Elusive "Right to Know"*, 72 Md. L. Rev. 1 (2012).

Basil Markesinis et.al., *Concerns and ideas about the Developing English Law of Privacy(and How Knowledge of Foreign Law Might Be of Help)*, 52 American Journal of Comparative Law 133, 169 (2004).

Benjamin F. Jackson, *Censorship and Freedom of Expression in the Age of Facebook*, 44 N.M. L. Rev. 121, 129-31 (2014).

Bundesdatenschutzgesetz, Gesetz zum Schutz vor Mißbrauch personen bezogener Daten bei der Datenverarbeitung (1977).

C. Edwin Baker, Advertising and a Democratic Press (1994).

Cass R. Sunstein, Democracy and the Problem of Free Speech (1995).

Cass R. Sunstein, *Free Speech Now*, 59 U. Chi. L. Rev. 255 (1992).

Cass R. Sunstein, Republic.com, Princeton University Press (2002).

Cass Sunstein, The Second Bill of Rights: FDR's Unfinished Revolution and Why We Need It More Than Ever 78-79 (2004).

Charles Fried, *Privacy*, 77 Yale L.J. 475, 482 (1968).

Christopher S. Yoo, *Free Speech and the Myth of the Internet as an Unintermediated Experience*, 78 Geo. Wash. L Rev. 697 (2010).

Daniel Fisher, *Europe's "Right to Be Forgotten" Clashes with U.S. Right to Know*, Forbes, May 16, (2014).

Daniel J. Solove, *A Taxonomy of Privacy*, 154 U. Pa. L. Rev. 477,

489 (2006)

Daniel J. Solove, *Access and Aggregation: Public Records, Privacy and the Constitution*, 86 Minn. L. Rev. 1137, 1217 (2002).

Daniel J. Solove, *Conceptualizing Privacy*, 90 Cal. L. Rev. 1087 (2002).

Daniel J. Solove, *Introduction: Privacy Self-Management and the Consent Dilemma*, 126 Harv. L. Rev. 1879 (2013).

Daniel J. Solove, Mac Rotenberg, Paul M. Schwartz, Information Privacy Law(2006), 2d, ed

Daniel J. Solove, *The Virtues of Knowing Less: Justifying Privacy Protections Against Disclosure*, 63 Duke L.J. 967, 974 (2003).

David Lindsay, *The 'right to be forgotten' in Europa data protection law*, EMERGING CHALLENGES IN PRIVACY LAW 305 (2014).

David Segal, *Mugged by a Mug Shot Online*, New York Times, Oct 5, (2013).

Diane L. Zimmerman, *Requiem for a Heavyweight: A Farewell to Warren and Brandeis's Privacy Tort*, 68 Cornell L. Rev. 291, 341 (1983).

Dorothy J. Glancy, *The Invention of the Right to Privacy*, 21 Arizona L. Rev. 1, 2 (1979).

Edward J. Eberle, Dignity and Liberty: Constitutional Visions in Germany and the United States (2002).

Edward Lee, *Recognizing Rights in Real Time: The Role of Google in the EU Right to be Forgotte*n, 49 U.C. Davis L. Rev. 1017, 1035 (2016).

Ellen P. Goodman, *Practical Obscurity and the Right to Be Forgotten: "Pretty Much" Privacy is Enough, Medium.com*, Feb 5, (2015).

Eric Posner, *We All Have the Right to Be Forgotten: Europe is ahead of the United States in repairing the damage to privacy the Internet-and especially Google-has wrought*, Slate, May 14, (2014).

Erwin Chemerinsky, *Rediscovering Brandeis's Right to Privacy*, 45 Brandeis Law Journal 643, 645, (2007).

Erwin Chemerinsky, *Silence Is Not Golden: Protecting Lawyer Speech Under the First Amendment*, 47 Emory L.J. 859 (1998).

Eugene Volokh, *Freedom of Speech and Information Privacy: The Troubling Implication of a Right to Stop People from Speaking About You*, 52 Stan. L. Rev. 1049, 1090, 1095 (2000).

Franz Werro, *The Right to Inform v. the Right to be Forgotten: A Transatlantic Clash*, Georgetown University Center for Transnational Legal Studies Colloquium, Research Paper No. 2, May (2009).

Fred H. Cate, *Privacy in the Information Age 58* (1997).

Gonzalo F. Gállego, Data Protection Compliance in Spain 2015, Hogan Lovells, (2015).

Gregory Shaffer, *Globalization and Social Protection: the Impact of EU and International Rules in the Ratcheting up of U.S. Privacy Standards*, 25 Yale J. Int'l L. 1 (2000).

Harry Kelven, Jr., *Privacy in Tort Law-Were Warren and Brandeis Wrong?*, 31 L. & Contemp. Probs. 326, 327 (1966).

House of Commons Justice Committee, The Committee's Opinion on the European Union Data Protection Framework Proposals, House of Commons Paper no. 572-I, Session 2012-13 (2012).

Irwin R. Kramer, *The Birth of Privacy Law: A Century Since Warren and Brandeis*, 39 Cath. U. L. Rev. 703 (1990).

Jack M. Balkin, *Digital Speech and Democratic Culture: A Theory of Freedom of Expression for the Information Society*, 79 N.Y.U.L. Rev. 1 (2004).

Jack M. Balkin, *Media Access: A Question of Design*, 76 George Washington L. Rev. 933, 938 (2008).

James Q. Whiteman, *The Two Western Culture of Privacy: Dignity versus Liberty*, 113 Yale. L.J. 1151 (2004).

Jeffrey Rosen, *The Purposes of Privacy: A Response*, 89 Geo. L.J. 2117, 2120 (2001).

Jeffrey Rosen, *The Right to Be Forgotten*, 64 Stanford Law Review Online 88 (2012).

Jennifer A. Chandler, *A Right to Reach an Audience: An Approach to Intermediary Bias on the Internet*, 35 Hofstra L. Rev. 1095, 1115 (2007).

Jerome A. Barron, *Access to the Media-A Contemporary Appraisal*, 35 Hofstra L. Rev. 937 (2007).

Jerome A. Barron, *Access to the Press-A New First Amendment Right*, 80 Harv. L. Rev. 1641, 1646-47 (1967).

Jerry Kang, *Information Privacy in Cyberspace Transactions*, 50 Stanford

L. Rev. 1193, 1202 (1998).

Jessica Litman, *Information Privacy/Information Property*, 52 Stan. L. Rev. 1283 (2000).

Kathleen Ann Ruane, *Fairness Doctrine: History and Constitutional Issues, Congressional Research Service*, July 13, (2011).

Kyu Ho Youm, *Summit Report: Freedom of the Press in the Twenty-First Century-An Agenda for Thought and Action AFTERWORD*, 19 Comm. L. & Pol'y 141, 144 (2014).

L. Siry and S. Schmidt, *A Right to Be Forgotten?-How Recent Developments in Germany May Affect Publishers in the US*, 3 European Journal of Law and Technology 1 (2012).

Latanya Sweeney, *k-Anonymity: a Model for Protective Privacy*, International Journal on Uncertainty, Fuzziness and Know ledge-based Systems. 10(5), (2002).

Lawrence Lessig, Code and Other Laws of Cyberspace (1999).

Marjorie Heins, *Response, The Brave New World of Social Media Censorship*, 127 Harv. L. Rev. F. 325, 325 (2014).

Mark Fenster, *The Transparency Fix: Advocating Legal Rights and Their Alternatives in the Pursuit of a Visible State*, 73 U. Pitt. L. Rev. 443, 452 (2012).

Mark Tunick, Balancing Privacy and Free Speech: Unwanted Attention in the Age of Social Media 117 (2015).

Martin H. Redish & Abby Marie Mollen, *Understanding Post's and Meiklejohn's Mistakes: The Central Role of Adversary Democracy in the Theory of Free Expression*, 103 Nw. U. L. Rev. 1303, (2008).

Martin H. Redish, *The Value of Free Speech*, 130 U.Pa.L.Rev. 591, 601 (1982).

Marvin Ammori, *The "New" New York Times: Free Speech Lawyering in the Age of Google and Twitter*, 127 Harv. L. Rev. 2259, 2286 (2014).

OECD, Recommendation of the Council concerning Guidelines governing the Protection of Privacy and Transborder Flows of Personal Data, Paris, Sep 23, (1980).

Orla Lynskey, The Foundations of EU Data Protection Law, Oxford Univ. Press (2015).

Patricia Sánchez Abril & Jacqueline D. Lipton, *The Right to Be Forgotten: Who Decides What the World Forgets?*, 103 Kentucky L.J. 363, 372 (2014-2015).

Paul M. Schwartz & Daniel Solove, *The PII Problem: Privacy and a New Concept of Personally Identifiable Information*, 86 N.Y.U. Law Review 1814, 1828-1836 (2011).

Paul M. Schwartz, *Preemption and Privacy*, 118 Yale L.J. 902, 908-916 (2009).

Paul Ohm, *Broken Promises of Privacy*, 57 UCLA L. Rev. 1701 (2010).

Richard A. Posner, *The Right of Privacy*, 12 Ga. L. Rev. 393 (1978).

Richard S. Murphy, *Property Rights in Personal Information: An Economic Defense of Privacy*, 84 Geo. L.J. 2381 (1996).

Richard A. Posner, The Economics of Justice (1981).

Robert H. Bork, *Neutral Principles and Some First Amendment Problems*, 47 Ind. L.J. 1, 26 (1971).

Rolf H. Weber, *The Right to be Forgotten: More than a Pandora's Box?*, 2 JIPITEC 120, 121 (2011).

Roy Peled & Yoram Rabin, *The Constitutional Right to Information*, 42 Colum. Hum. Rts. L. Rev. 358, 373-80 (2011).

Samuel Warren & Louis Brandeis, *The Right to Privacy*, 4 Harv. L. Rev. 193 (1890).

Seth F. Kreimer, *Censorship by Proxy: The First Amendment, Internet Intermediaries, and the Problem of the Weakest Link*, 155 U. Pa. L. Rev. 11 (2006).

Solveig Singleton, *Privacy Versus the First Amendment: A Skeptical Approach*, 11 Fordham Intell. Prop. Media & Ent. L.J. 97, 152 (2000).

Tanith L. Balaban, *Comprehensive Data Privacy Legislation: Why Now Is the Time*, 1 Case W. Res. J.L. Tech & Internet 1, 20 (2009).

Thomas I. Emerson, *Legal Foundations of the Right to Know*, 1976 Wash. U.L.Q. 1 (1976).

Thomas I. Emerson, *Toward a General Theory of the First Amen dment*, 72 Yale. L.J. 877, 878-86 (1963).

Toby Mendel, Freedom of Information: a Comparative Legal Survey 1, 3 Second Edition, Paris, UNESCO, (2008).

Viktor Mayer-Schönberger, *Beyond Privacy, Beyond Rights-Toward a "Systems" Theory of Information Governance*, 98 Cal. L. Rev. 1853, 1860 (2010).

W.J. Maxwell, *Data Privacy: the European Commission Pushes for Total Harmonisation*, 18(6) Computer and Telecommunication Law Review 176 (2012).

William Prosser, *Privacy*, 48 Cal. L. Rev. 383 (1960).

| 찾아보기 |

아 | 산 | 재 | 단 | 연 | 구 | 총 | 서

1 전환기의 중국경제
김윤환 외 | 단국대 경제학과

2 폴란드 경제의 변천 개혁과 그 전망
김광수 | 숭실대 경제학과

3 재소한인
이광규 외 | 서울대 인류학과

4 소련산림과 임업
홍성천 외 | 경북대 임학과

5 아세안의 정치경제
김국진 외 | 외교안보연구원

6 태국의 사회변동과 경제발전
최석만 외 | 전남대 사회학과

7 중국의 사회경제 통계분석
신한풍 외 | 고려대 통계학과

8 중국의 정치와 경제
박두복 외 | 외교안보연구원

9 동유럽의 개혁과 시장경제의 도입
허만 외 | 부산대 사범대학

10 동유럽의 개혁운동
박영신 | 연세대 사회학과

11 현대 러시아 연구
기연수 외 | 한국외대 노어과

12 전략적 선택과 기업의 국제경쟁력
이장호 | 서강대 경영대학

13 협동사회의 정착과 정부의 역할
이종범 외 | 고려대 행정학과

14 한국 제조기업 생산성의 동적 분석
노부호 외 | 중앙대 경영대학

15 분배의 정의
변형윤 외 | 서울대 경제학과

16 도덕적 행동의 강화
이훈구 외 | 연세대 심리학과

17 관료부패와 통제
김해동 외 | 서울대 행정대학원

18 한국경제의 내실 있는 성장
정창영 외 | 연세대 경제학과

19 한국국민정신운동의 역사와 발전방향
박수명 외 | 부산대 사범대학

20 한국대학생의 가치성향과 상담효과
이영희 외 | 숙명여대 교육학과

21 가출청소년과 학교관리체제
안창규 외 | 부산대 교육학과

22 동북아 정세변화와 한 · 일관계
한승조 외 | 고려대 정치외교학과

23 언론과 부정부패
정대철 외 | 한양대 신문방송학과

24 한국의 고등학교 교육
이원호 외 | 부산대 교육학과

25 가족과 방송
김학수 외 | 서강대 신문방송학과

26 재정개혁의 전망과 재산세제의 개편과제
오연천 | 서울대 행정대학원

27 청소년을 위한 전자게임 프로그램의 규제 및 평가체계 개발
박혜원 외 | 울산대 가정관리학과

28 정신장애자 가족의 사회심리적 특성
이근후 외 | 이화여대 의과대학

29 가족의 관계역동성과 문제인식
이광규 외 | 서울대 인류학과

30 현대인과 한국전통음식
승정자 | 숙명여대 식품영양학과

31 기업의 초고속정보통신망활용
안중호 | 서울대 경영학과

32 지역발전을 위한 교육자치제의 개선방안
김남순 | 조선대 사범대학

33 전환기의 공무원 가치관
조경호 | 울산대 행정학과

34 지방자치와 사회복지의 과제
김영모 | 중앙대 사회복지학과

35 WTO체제하의 지방중소기업 지원정책
최명주 외 | 계명대 통상학부

36 현대한국의 시민운동
이효선 | 중앙대 사회학과

37 기업 세계화의 단계 및 정도의 측정
허영도 외 | 울산대 경영학과

38 가족복지를 위한 가족주치의 시범사업의 효과
이혜리 외 | 연세대 가정의학교실

39 한국대학생의 삶의 만족도
김재은 외 | 이화여대 교육심리학과

40 지역경제와 지역산업구조의 개편방향
정기화 외 | 전남대 경제학부

41 중국기업의 소유형태별 경영특성
노철화 외 | 부산대 무역학과

42 남북한의 인성 · 사상교육
한승조 외 | 고려대 정치외교학과

43 연계적 뇌기능 조언을 위한 의료용 멀티미디어 시스템의 설계
유선국 | 연세대 의용공학교실

44 다민족국가의 민족문제와 한인사회
최협 외 | 전남대 인류학과

45 저소득층지역 청소년 여가문화와 소집단 활성화
박문수 외 | 서강대 사회학과

46 삶의 질의 국제비교와 지역간 비교분석
이재기 외 | 울산대 경제학과

47 21세기 지역주민의 삶의 질
양종회 외 | 성균관대 사회학과

48 삶의 질에 대한 국가간 비교
조명한 외 | 서울대 심리학과

49 외국인 노동자의 노사관계와 사회적 적응
석현호 외 | 성균관대 사회학과

50 한국의 사법제도와 발전 모델
정종섭 | 건국대 법학과

51 고령화사회와 중상층 노인의 사회활동
조성남 외 | 이화여대 사회학과

52 한국의 서비스 시장 개방정책
한홍렬 | 한양대 경제학부

53 한국과 AFTA간의 교역증진 및 경제 협력방안
손일태 외 | 경희대 경제통상학부항

54 물류비 절감을 위한 무역업체의 정보화전략
이영수 외 | 경북대 경제통상학부

55 사회주의 체제전환과 사회정책
오정수 외 | 충남대 사회복지학과

56 남북통일 이후 농업생산체계 개편
홍성규 외 | 건국대 농업경제학과

57 국제화와 세계화
하영선 외 | 서울대 외교학과

58 IMF 개혁정책의 평가와 한국경제의 신(新) 패러다임
조동근 | 명지대 경제학과

59 구조개혁과 실업대책
박동운 | 단국대 경제무역학부

60 21세기 신노사관계
심윤종 외 | 성균관대 사회학과

61 학교에서의 집단 따돌림
이춘재 외 | 가톨릭대 심리학과

62 한국노인의 정신건강실태와 건강증진
조맹제 외 | 서울대 의과대학

63 혁명과 개혁 속의 중국 농민
김광억 | 서울대 인류학과

64 중국의 경제환경과 한국기업의 진출 전략
지용희 외 | 서강대 경영학과

65 김대중 대통령의 시스템 사고
김동환 | 중앙대 공공정책학부

66 실업과 가족해체
최일섭 외 | 서울대 사회복지학과

67 합리적 부채비율 조정방안
오상근 | 동아대 경제학과

68 한국 중산층의 생활문화
문숙재 외 | 이화여대 소비자 · 인간발달학과

69 계층간 갈등상태에서 최적소득세
김진욱 | 건국대 경상학부

70 글로벌 경쟁력 제고를 위한 기업전략과 조직구축
이만우 외 | 고려대 경영학과

71 의료보험과 국민연금의 관리효율화를 위한 통합방안
사공진 외 | 한양대 경제학부

72 정부개혁의 과제와 전략
박우서 외 | 연세대 행정학과

73 책임운영기관 제도에 관한 비교분석
김근세 | 가톨릭대 행정학과

74 새로운 패러다임하에서의 한국기업의 바람직한 지배구조
최운열 외 | 서강대 경영학과

75 현대 한국사회의 계층구조
양춘 외 | 고려대 사회학과

76 한국의 산업정책과 산업구조조정
강인수 | 숙명여대 경제학부

77 기업구조조정
김석진 | 경북대 경영학부

78 지식경영을 위한 인적자원 개발 및 관리체계
장영철 | 경희대 경영학부

79 뉴 비즈니스 모델
전성현 | 국민대 정보관리학부

80 중산층의 정체성과 소비문화
함인희 외 | 이화여대 사회학과

81 외국관광객 유치를 위한 마케팅 전략
박상규 | 강원대 경영학과

82 한국인의 세대별 문학의식
이동순 | 영남대 국문과

83 공공부문의 효율성 평가와 측정
김재홍 외 | 울산대 사회과학부

84 한국 청소년의 정치의식과 형성요인
김광웅 외 | 숙명여대 아동복지학과

85 한국 대학생의 정치의식
배한동 | 경북대 윤리교육과

86 산업의 정보화와 산업발전
이기동 | 계명대 통상학부

87 한국 제조업의 고용조정 분석
이종원 외 | 성균관대 경제학부

88 지식자산에 대한 경영전략적 평가모형 개발
배재학 외 | 울산대 컴퓨터 · 정보통신공학부

89 관광사업을 위한 한국적 이미지의 휴식복 개발
채금석 | 숙명여대 의류학과

90 한국 정치제도의 개혁
신정현 | 경희대 사회과학부

91 e비즈니스와 아웃소싱 전략
정승화 외 | 연세대 경영학과

92 집단 따돌림의 진단 및 치료방안
홍준표 | 중앙대 인간생활환경학과

93 16대 총선과 낙선운동
조기숙 | 이화여대 국제대학원

94 부동층 유권자 행태 분석
진영재 | 연세대 정치외교학과

139 생명과학기술의 응용과 기본권보호적 한계
정상기 외 | 한남대 법학과

140 경제발전과 정치환경의 한·일 비교분석
정갑영 외 | 연세대 동서문제연구원

141 한국 공교육의 진단
윤정일 외 | 서울대 교육학과

142 우리나라 지방자치 발전을 위한 자치단체장의 역할
정성호 외 | 경기대 사회과학부

143 의료보험제도의 개혁방안
권순원 | 덕성여대 경제학과

144 중등 도덕교육의 현실과 문제
손동현 외 | 성균관대 철학과

145 사이버공동체 발전론
이명식 | 상명대 경영학과

146 남북경협 확대에 대비한 북한 담보제도의 정비방안
박훤일 | 경희대 법과대학

147 한국 공무원 인사제도 개혁
김판석 | 연세대 행정학과

148 교사화법 교육
임칠성 외 | 전남대 국어교육과

149 세계화의 문화정치학
임혁백 외 | 고려대 정치외교학과

150 효과적인 e-SCM을 위한 의사결정 조정 시스템 모형
이원준 | 성균관대 경영학부

151 환경거버넌스
김종순 외 | 건국대 행정학과

152 자동차산업의 인적자원관리
이덕로 | 서원대 경영학부

153 한국과 영국 간 지식기반산업 비교
이명호 | 한국외대 경영학과

154 한국 벤처기업의 기술네트워킹 및 기술마케팅 전략
장영일 | 인제대 경영학부

155 회사변호사의 윤리
오승종 | 성균관대 법과대학

156 미디어교육론
이정춘 | 중앙대 신문방송학과

157 조선시대 서원과 양반
윤희면 | 전남대 역사교육과

158 환경문제와 철학
박찬국 | 서울대 철학과

159 노인보건복지 이론과 실제
김명 외 | 이화여대 보건교육학과

160 북한의 법체계
권재열 외 | 숭실대 법학과

161 생명공학기술의 안전성 확보에 관한 법적 고찰
이재협 | 경희대 법학부

162 청소년복지학
김성이 외 | 이화여대 사회복지학과

163 변화하는 세계, 변화하는 복지국가
조영훈 | 동의대 사회복지학과

164 의리의 윤리와 한국의 유교문화
김낙진 | 진주교대 도덕교육과

165 미국의 통상정책과 통상법
윤충원 | 전북대 무역학과

166 사회복지 프로그램 평가
김학주 | 경상대 사회복지학과

167 환경주의와 지속가능한 발전
정대연 | 제주대 사회학과

168 무역과 환경
김기흥 외 | 경기대 경제학부

169 산업계 유해폐기물의 위험과 관리
김금수 | 호서대 경상학부

170 백범 김구의 지적 계발과정 탐색
문용린 | 서울대 교육학과

171 태평양전쟁 발발 이후 일제의 인적 지배와 그리스도교계의 대응
윤선자 | 전남대 사학과

172 거버넌스 상황에서 갈등관리를 위한 대체적 분생해결제도
서순복 | 광주대 법정학부

173 시장경제의 유형과 민주주의
최배근 | 건국대 경상학부

174 일본고전소설 총론
김현정 | 국립한국전통문화학교

175 국어 교육을 위한 국어 문법론
이관규 | 홍익대 국어교육과

176 율곡의 군주론
전세영 | 부산교대 윤리교육과

177 동북아시아 환경협력
정서용 | 명지대 법학과

178 기후변화협약과 기후정책
신의순 외 | 연세대 경제학과

179 인터넷과 국제 학술정보 네트워크-하이퍼링크 분석
박한우 | 영남대 언론정보학과

180 국내 기업복지의 활성화 방안
최수찬 | 연세대 사회복지대학원

181 세계화와 인간안보
김우상 외 | 연세대 정치외교학과

182 세계문화유산 종묘 이야기
지두환 | 국민대 국사학과

183 한국 평생교육의 사회철학적 과제
곽삼근 | 이화여대 교육학과

184 강점모델
정순둘 | 이화여대 사회복지학과

185 글로벌시대의 계약법
박영복 | 한국외대 법과대학

186 배심제와 시민의 사법참여
안경환 | 서울대 법학과

187 동북아공동체
김재한 | 한림대 정치외교학과

188 정치 참여와 탈물질주의
김욱 | 배재대 정치외교학과

189 퍼지전문가회로망을 이용한 금융기관의 사이버 기업여신결정 지원시스템의 개발
권혁대 | 목원대 경영학과

190 환경정책과 환경법
송인성 | 전남대 지역개발학과

191 포스트모던 시대의 평생교육학
한숭희 | 서울대 교육학과

192 현대 한국인의 세대경험과 문화
박길성 외 | 고려대 사회학과

193 서구의 근로연계복지
김종일 | 건국대 사회복지학과

194 사회복지운동론
현외성 | 경남대 사회복지학과

195 외국의 역모기지 사례
유선종 | 건국대 부동산학과

196 옛이야기와 어린이문학
이지호 | 진주교대 국어교육학과

197 노인사회복지관광의 정책과제와 방안
김창수 | 경기대 관광학부

198 복지서비스의 민간위탁 시스템 분석
김순양 | 영남대 행정학부

199 새로운 빈곤층의 대두와 정부의 정책과제
김진욱 | 건국대 경제학과

200 문화행정론
김정수 | 한양대 행정학과

201 스칸디나비아 노인용 코하우징의 계획과 적용
최정신 외 | 가톨릭대 생활과학부

202 북한의 자연생태계
공우석 | 경희대 지리학과

203 통계로 이해하는 러시아
전홍찬 | 부산대 정치외교학과

204 사회복지법인의 경영과 회계
이동규 | 충남대 회계학과

205 의약분업 정책과정
차흥봉 | 한림대 사회복지학과

206 지역공동체와 평생교육
오혁진 | 동의대 평생교육학부

207 아동보호서비스의 실제
한미현 | 백석대 사회복지학부

208 그린마케팅
박재기 | 충남대 경영학부

209 아동권리와 아동복지
이혜원 | 성공회대 사회복지학과

210 국제 이주와 인도인 디아스포라
김경학 | 전남대 인류학과

211 질병과 의료의 사회학
조병희 | 서울대 보건대학원

212 북한이탈주민의 사회통합을 위한 지역복지실천의 모색
이기영 | 부산대 사회복지학과

213 치매노인케어론
조유향 | 초당대 간호학과

214 노인상담입문
서혜경 외 | 한림대 대학원 사회복지학과

215 '통일 이후 통일과정'으로서의 독일 통일영화
이준서 | 이화여대 독어독문학과

216 중국의 사회보장
오정수 | 충남대 사회복지학과

217 환경자원의 경제적 가치와 환경오염의 사회적 비용
김재홍 | 울산대 사회과학부

218 사회복지프로그램의 경제적 평가방법
박창제 외 | 상주대 사회복지학과

219 자유의지와 결정론
안건훈 | 강원대 철학과

220 심리학자들이 쓴 행복한 결혼의 심리학
채규만 외 | 성신여대 심리학과

221 현대 해석학 강의
양해림 | 충남대 철학과

222 한국인의 주거 빈곤과 공공주택
하성규 | 중앙대 도시 및 지역계획학과

223 IMF 경제위기와 한국 출산력의 변화
김두섭 | 한양대 사회학과

224 동아시아의 영토분쟁과 국제법
이석우 | 인하대 법학부

225 독일 복지국가와 사회복지서비스
정재훈 | 서울여대 사회사업학과

226 사회복지사를 위한 실용 비모수통계
엄명용 | 성균관대 사회복지학과

227 피해자학 연구
이윤호 | 동국대 경찰행정학과

228 광고언어창작론
박영준 외 | 부경대 국어국문학과

229 환경규제 패러다임의 전환
한철 | 한남대 법학과

230 고령사회의 노동환경변화와 고용시스템의 문제점 및 법적 대응
고준기 | 국립군산대 법학과

231 세계화와 소득불평등
이성균 외 | 울산대 사회과학부

232 유비쿼터스 사회의 이해
안중호 외 | 서울대 경영학과

233 국제환경책임법론
박병도 | 건국대 법학과

234 한국의 선거와 민주주의
윤종빈 | 명지대 정치외교학과

235 한국 시민운동의 구조와 동학
조대엽 외 | 고려대 사회학과

236 또래관계
송영혜 | 대구대 재활심리학과

237 해외 한국기업과 현지인 노동자
석현호 외 | 에스콰이아학술문화재단

238 독일 국가복지에서 민간복지단체의 역할과 의미
차성환 외 | 한일장신대 사회복지학부

239 청정공학
조정호 | 동양대 생명화학공학과

240 한국전통연희론
심상교 | 부산교육대 국어교육학과

241 정신장애와 가족
서미경 | 경상대 사회복지학부

242 빈곤통계의 작성과 활용
김주환 | 동국대 정보통계학과

243 인터넷과 한국정치
강원택 | 숭실대 정치외교학과

244 북한의 시장경제이행
정영화 외 | 서경대 법학과

245 시스템사고로 본 지속가능한 도시
문태훈 | 중앙대 도시및지역계획학과

246 실버산업과 유비쿼터스 컴퓨팅
고일상 | 전남대 경영학부

247 재활상담과 사례관리
나운환 | 대구대 직업재활학과

248 영유아교육기관에서의 장애 이해 교육
유수옥 | 우석대 유아특수교육과

249 장애의 사회적 의미와 사회통합
박수경 | 대진대 사회복지학과

250 경제분석의 수리적 기초
조인성 | 공주대 경제통상학부

251 비영리부문의 비교연구
김승현 | 서울산업대 행정학과

252 고등교육경제학
반상진 | 전북대 교육학과

253 과학윤리교육의 이론과 방법
조희형 | 강원대 과학교육학부

254 결혼이민자가족의 이해
김오남 | 대불대 사회복지학과

255 동아시아 국가의 공공부조
신동면 | 경희대 사회과학부

256 특수아동 진단 및 평가
이나미 | 대불대 특수교육과

257 계약형 사회복지와 권리옹호시스템
이명현 | 경북대 상주캠퍼스 사회복지학과

258 실내공기질 및 위해성 관리
양원호 | 대구가톨릭대 산업보건학과

259 충남 방언 문법
한영목 | 충남대 국어국문학과

260 교육권론
노기호 | 군산대 법학과

261 도시경관계획론
임승빈 | 서울대 조경 · 지역시스템공학부

262 교통의 새로운 패러다임
김형철 | 경원대 도시계획 · 조경학부

263 노인의 삶의 질 향상을 위한 주거환경디자인
천진희 | 상명대 디자인대학 실내디자인전공

264 사회복지와 문화
박병현 | 부산대 사회복지학과

265 장애인복지의 이론과 실제
이선우 | 인제대 사회복지학과

266 창의성 개발을 위한 디자인교육 콘텐츠
김선영 | 인천가톨릭대 조형예술대학 환경디자인학과

267 구성주의 사회복지 실천 기술론
고미영 | 서울신학대 사회복지학과

268 장애아교육학
김기흥 | 부산교육대 유아교육과

269 지역사회복지와 자원부문
한상진 외 | 울산대 사회학과

270 환경관리회계
육근효 | 부산외국어대 회계학부

271 인권 관점에서 보는 장애인복지
유동철 | 동의대 사회복지학과

272 정신증상
송지영 | 경희대 의과대학병원 신경정신과

273 사이버공간의 사회심리학
이성식 외 | 숭실대 정보사회학과

274 노인에 대한 사회적 돌봄과 돌봄 서비스의 질 보장
최희경 | 신라대 가족노인복지학과

275 아동 심리치료의 실제
신현균 | 전남대 심리학과

276 사회복지와 위험관리
노충래 | 이화여대 사회복지전문대학원

277 국제 탄소시장의 이해
양승룡 | 고려대 식품자원경제학과

278 타자의 초상
신문수 | 서울대 영어교육과

279 한국정치와 환경정치
나정원 | 강원대 정치외교학과

280 북한이주민
윤인진 | 고려대 사회학과

281 음주의 사회경제적 비용
정우진 외 | 연세대 보건대학원

282 지방정치와 동북아 도시거버넌스
박재욱 | 신라대 행정학과

283 노숙인 복지론
남기철 | 동덕여대 사회복지학과

284 유럽통합과정과 지역협력
이규영 | 서강대 국제대학원

285 사회복지재정 연구
지은구 | 계명대 사회과학대학 사회복지학과

286 지역사회 교육개혁을 위한 시민사회 조직의 참여
김영화 | 홍익대 교육학과

287 복지사회를 대비한 국민연금의 구조개혁
박영석 외 | 서강대 경영학부

288 한미 FTA 지재권 협상에 따른 의약품 분야 사회후생 변화
오근엽 | 충남대 무역학과

289 산업입지, 환경 그리고 지역경제
이기동 외 | 계명대 국제통상학과

290 감성지능 개발을 통한 삶의 질 향상
김경수 외 | 전남대 경영학부

291 교육복지론
이용교 외 | 광주대 사회복지학부

292 인간과 행복에 대한 철학적 성찰
박찬국 | 서울대 철학과

293 유럽연합의 사회통합 사례와 교훈
이무성 | 명지대 정치외교학과

294 민영화와 사회후생
이상호 | 전남대 경제학부

295 북한의 교육학 체계 연구
최영표 외 | 동신대 교육대학원

296 한국 지속가능발전의 구조와 변동
정대연 | 제주대 사회학과

297 우리나라의 공익 연계 마케팅에 관한 연구
임승희 | 전주대 경영학부

298 시각장애인복지론
김영일 | 조선대 특수교육과

299 그린에너지와 환경촉매
정석진 | 경희대 화학공학과

300 취약학교 초등학생을 위한 온라인 보건교육 프로그램
박경옥 | 이화여대 보건관리학과

301 신탁제도를 통한 고령자의 보호와 지원
최수정 | 서강대 법학전문대학원

302 사회적 약자계층에 대한 실태분석 및 정책방안
이은우 외 | 울산대 경제학과

303 한류 문화와 동북아 공동체
최혜실 | 경희대 국어국문학과

304 노동유연화와 해고보호법
권혁 | 부산대 법학전문대학원

305 사회복지 위험관리의 이해
박미은 | 한남대 사회복지학과

306 의료기관의 회계와 세무
노준화 | 충남대 경영학부

307 여성인적자원의 전문성 확보를 위한 경력개발
백지연 | 이화여대 국제사무학과

308 정신병리
강선경 | 서강대 신학대학원

309 바다의 반란 적조
윤양호 | 전남대 해양기술학부

310 한국 장애인 복지 발달사
이성규 | 서울시립대 사회복지학과

311 서양예술 속의 동양 탐색
진상범 | 전북대 독어독문학과

312 한국인의 도덕성 발달 진단
문용린 | 서울대 교육학과

313 영국정치와 국가복지
고세훈 | 고려대 공공행정학부

314 인간학적 사유를 여는 중도·중복장애 교육학
이숙정 | 단국대 특수교육과

315 개별화 교육과정
이소현 | 이화여대 특수교육과

316 인간의 긍정적 성품
권석만 | 서울대 심리학과

317 지방자치와 지역여성의 전망
이혜숙 | 경상대 사회학과

318 한국 현대 노년소설 연구
전흥남 | 한려대 교양학부

319 정보격차 해소를 위한 창의적 정보교육 프로그램
이영준 외 | 한국교원대 컴퓨터교육과

320 한국 가족과 젠더
손승영 | 동덕여대 교양학부

321 한국의 복지혼합
김진욱 | 서강대 신학대학원

322 사회자본과 자원봉사
김태룡 외 | 상지대 행정학과

323 농촌교육복지연구
박삼철 | 단국대 교양학부

324 사회정체성 평가 차원에 대한 국제비교조사
이명진 | 고려대 사회학과

325 캐나다 복지국가 연구
조영훈 | 동의대 사회복지학과

326 한국의 소수자운동과 인권정책
전영평 외 | 서울대 행정대학원

327 한국과 미국의 보육서비스 전달체계와 품질 비교분석
김근세 외 | 성균관대 국정관리대학원

328 한국사회의 소득불평등과 국민 의료이용
이용재 | 호서대 사회복지학과

329 정보시대의 인간안보
조화순 | 연세대 정치외교학과

330 가족의 사회경제적 특성과 아동발달
김광혁 | 전주대 사회복지학과

331 초·중·고등학생의 학업소진 진행과정 및 경로분석
이상민 | 고려대 교육학과

332 다문화사회의 사법통역
이지은 | 이화여대 통역번역대학원

333 동아시아 지역주의
유현석 | 경희대 정치외교학과

334 환경친화적 공공시설관리와 지역공동체의 삶의 질
이소영 | 중앙대 실내디자인·주거환경학과

335 의료보험의 법정책
김나경 | 성신여대 법과대학

336 양극화 시대 가족해체와 청소년의 적응에 관한 한국과 미국의 비교 연구
오승환 외 | 울산대 사회복지학과

337 기업의 사회적 책임과 지역경제사회발전 연구
허영도 외 | 울산대 경영학부

338 노인의 삶의 질 향상을 위한 온라인 소셜 네트워크 구축 방안
김진우 | 연세대 경영학과

339 청소년 생활역량
윤명희 외 | 동의대 평생교육학과

340 외국인 배우자의 다양성과 국제결혼의 안정성
김두섭 | 한양대 사회학과

341 정보인권의 규범구체화
이민영 | 가톨릭대 법학과

342 한국 사회복지실천의 고유성
최성재 외 | 서울대 사회복지학과

343 스웨덴의 환경책임 실천모형
최희경 | 경북대 행정학부

344 자율운동과 주거공동체
윤수종 | 전남대 사회학과

345 한국인의 공공봉사동기
김상묵 | 서울과학기술대 행정학과

346 한국 이혼가정 아동의 성장
김혜숙 | 경인교육대 교육학과

347 동양 사상과 노인 복지
홍승표 외 | 계명대 사회학과

348 노동과 사회보장의 연계
오문완 | 울산대 법학과

349 학습장애 위험군 아동의 조기선별을 위한 읽기검사 표준화 연구
김애화 외 | 단국대 특수교육학과

350 신·재생에너지에 기초한 녹색성장과 사회통합
김인호 | 이화여대 법학전문대학원

351 문화교류역량과 다문화 경영이 기업 경영성과에 미치는 영향
임병학 외 | 부산외대 경영학부

352 빈곤영유아의 발달과 적응
정익중 외 | 이화여대 사회복지학과

353 민사법질서와 인권
양천수 | 영남대 법학전문대학원

354 성년후견제도와 사회복지제도의 연계
신권철 | 서울시립대 법학전문대학원

355 한국 다문화사회의 이방인
김순양 | 영남대 행정학과

356 현대 시민사회와 소비자계약법
이병준 | 한국외대 법학전문대학원

357 개인의 사회적 정보보호를 위한 공공 정보서비스 개선 연구
장항배 | 상명대 경영학과

358 여성교육투자에 대한 교육경제학적 탐색
백일우 외 | 연세대 교육학부

359 사회적 기업과 지속가능한 지역발전
임업 외 | 연세대 도시공학과

360 다문화가정 구성원에 대한 투트랙 한국어 교육방안 연구
박시균 | 군산대 국어국문학과

361 아시아의 빈곤과 한국기업의 역할
한인수 | 충남대 경영학부

362 유치원·초등학교 연계 환경교육
박희숙 | 공주대 유아교육학과

363 비정규 고용과 사회정책
구인회 외 | 서울대 사회복지학과

364 사생활의 자유에 관한 비교법적 연구
이창현 | 서강대 법학전문대학원

365 다중융합 환경 기반의 미디어스킨을 활용한 문화콘텐츠 디자인 적용방안에 관한 연구
오문석 외 | 광운대 미디어영상학부

366 북한이탈주민 여성의 성인식 관련 기초조사
한인영 외 | 이화여대 사회복지학과

367 노인주택 파노라마
유선종 | 건국대 부동산학과

368 시설보호 청년의 적응
정선욱 | 덕성여대 사회복지학과

369 다수 집단과 소수 집단의 심리
김혜숙 | 아주대 심리학과

370 바이오 휴머니티
권택영 | 경희대 영어학부

371 프랑스 다문화교육의 이해
이경수 | 상명대 불어교육과

372 한·중 서비스산업의 비교분석과 교역 확대 방안
김상호 | 리츠메이칸 아시아태평양대 국제경영학부

아 | 산 | 재 | 단 | 연 | 구 | 보 | 고 | 서

1 한국인의 도덕성 연구
배해수 | 고려대 국문학과

2 산업화와 청소년 진로
이원호 | 울산대 교육학과

3 공동체의식과 시민운동
김영섭 | 한양대 행정학과

4 한국청년의 삶의 의미 충족도와 만족적 태도
안정수 | 경희대 철학과

5 중국조선족의 사회발전과 한 · 중관계의 위상
손장권 | 고려대 사회학과

6 해송림 "솔껍질깍지벌레"의 천적 및 주요 종의 생태
김규진 | 전남대 농생물학과

7 사회정의와 실천윤리
박종대 | 서강대 철학과

8 동구개혁의 영향
김달중 | 연세대 정치외교학과

9 한국청소년의 의식세계
김문조 | 고려대 사회학과

10 고강도 철근 콘크리트 구조의 실용화
정헌수 | 중앙대 건축학과

11 신기술의 연관형태 및 출현예측의 구조모형
권철신 | 성균관대 산업공학과

12 민간기업의 연구개발을 위한 조세정책
권영훈 | 한양대 경제학부

13 기술개발 활성화방안
송승구 | 울산대 화학공학부

14 부패의 현상과 진단
이문조 | 영남대 정치외교학부

15 연구투자의 지역적 편중화와 부산지역의 기초과학연구 활성화방안
윤웅찬 | 부산대 화학과

16 GATT의 신구 덤핑방지협정과 그 대응방안
전창원 | 동국대 무역학과

17 한국사회의 도덕성 제고를 위한 진단과 처방
황경식 | 서울대 철학과

18 새로운 노사관계 방향
이진규 외 | 고려대 경영학과

19 21세기 동북아 정세예측과 한국의 전략적 대응방안
최평길 외 | 연세대 행정학과

20 소련의 한국에 대한 정책목표분석
신승권 | 한양대 정치외교학과

21 메모리 커패시터용 $Pb(Zr_xTi_{1-x})O_3$ 강유전체 박막의 제작과 특성
장지근 외 | 단국대 전자공학과

22 러시아 국제법학의 전통
김용구 | 서울대 외교학과

23 유럽연합의 현황과 전망
김동현 외 | 성균관대 행정학과

24 중국의 정치동원
송영우 외 | 건국대 정치외교학과

25 산업적 활용을 위한 이동로보트 시스템의 개발
박민용 외 | 연세대 전자공학과

26 중국조선족의 정치사회화과정과 동화적 국민통합의 방향
전인영 외 | 이화여대 사회생활학과

27 공적부조의 이론과 실제
최일섭 외 | 서울대 사회복지학과

28 대외통상환경의 변화와 법제개편
서헌제 | 중앙대 법학과

29 기업금융의 국제화
최생림 | 한양대 경영학부

30 자동차부품공업의 노사관계
김호진 외 | 고려대 행정학과

31 산업화 과정에서의 한국가족의 실태와 전망
정창수 외 | 성균관대 사회학과

32 공무원 가치관 실태와 정립방안
배병룡 외 | 경상대 행정학과

33 해외귀국청소년의 국내적응연구
이장영 | 국민대 사회학과

34 초고속정보통신망에서 LAN서비스 제공방안
이재용 | 연세대 전자공학과

35 WTO체제의 정책적 대응
김병진 외 | 경희대 행정학과

36 유럽의 통합정치
최수경 외 | 충남대 정치외교학과

37 유기질폐기물을 이용한 고단백사료원인 조류의 생산공정
최정우 외 | 서강대 화학공학과

38 초고속정보통신망의 수용성과 정책방향
박영상 외 | 한양대 신문방송학과

39 중국의 강남사회와 한중교섭
조영록 외 | 동국대 사학과

40 세계화시대의 사회 · 문화의식
신행철 외 | 제주대 사회학과

41 국내 외국인 노동자의 문제와 대책
성규탁 외 | 연세대 사회복지학과

42 노인인력 활용정책과 프로그램
김정후 외 | 강원대 법과대학

43 한일간 학술교류 현황과 활성화방안
정홍익 외 | 서울대 행정대학원

44 계량모형에 의한 한일 경제관계의 이해
김명직 외 | 한양대 경제학부

45 직장인의 음주행태와 삶의 질
진기남 외 | 연세대 보건행정학과

46 유통정보 시스템의 구조와 설계
정용길 | 충남대 경영학과

47 남북통일 이후 사회통합을 위한 교육의 역할
안기성 외 | 고려대 교육학과

48 대중음악에 심취한 청소년들의 심리적 특성
김인경 외 | 연세대 인간행동연구소

49 멀티미디어 시스템을 활용한 교육환경의 개선방안
김한일 | 제주대 컴퓨터교육학과

50 탈냉전기 한일관계의 쟁점
최상룡 | 고려대 정치외교학과

51 자치시대 새로운 '삶의 질' 지표의 모색
김형기 외 | 경북대 경제통상학부

52 유럽통합의 역내외 협력과 갈등
이호재 외 | 고려대 정치외교학과

53 21세기를 대비한 신노사관계
김재원 | 한양대 경제학부

54 대학의 시간제학생 등록제
안규철 외 | 전남대 교육학과

55 21세기에 대비한 방송통신정책
한진만 외 | 강원대 신문방송학과

56 주민참여를 통한 혐오시설 관리운영방안
박균성 외 | 경희대 법학부

57 여성의 정치적 권리인식과 정치참여
전경옥 외 | 숙명여대 정치외교학과

58 한국인 위장질환과 식생활 · 환경요인 및 *H. pylori* 감염과의 관계
이양자 외 | 연세대 식품영양학과

59 학생과 시민의 자원봉사활동
윤정일 외 | 서울대 교육학과

60 동북아 환경문제와 지역환경협력의 모색
신연재 외 | 울산대 정치외교학과

61 노인 자원봉사활동을 통한 사회통합 프로그램 개발
김동배 | 연세대 사회복지학과

62 물류정보 시스템
김태현 | 연세대 경영학과

63 전자식 문서교환을 이용한 항공화물 운송체계
민재형 | 서강대 경영학과

64 청소년과 성
이근후 | 이화여대 의과대학

65 민족통합과 무궁화호 위성의 남북한 공동활용방안
방정배 | 성균관대 신문방송학과

66 채식주의가 20대 여성의 영양상태와 에스트로겐 대사에 미치는 영향
성미경 | 숙명여대 식품영양학과

67 가상정보공간을 통한 지역개발 활성화 전략
유재천 외 | 한림대 언론정보학부

68 조산아 관리현황 및 정책수립 방안
박상기 외 | 조선대 의과대학

69 남북한관의 의식조사와 통일교육 개선방안
김동규 외 | 고려대 북한학과

70 동양 전통 자연사상 탐구
장동순 | 충남대 환경공학과

71 초고속정보망의 시뮬레이터 구현
한기준 | 경북대 컴퓨터공학과

72 유통원가 시스템의 유효성
정다미 | 명지대 경영학과

73 국악과 문화관광의 만남
정익준 외 | 동아대 국제관광통상학부

74 기업의 지식경영 활용사례
김창은 | 명지대 산업공학과

75 선진국과 한국의 직업교육 · 훈련제도의 특성과 한계
정주연 | 고려대 경제학과

76 제주지역 성인 여성의 자원봉사활동
이상철 외 | 제주대 사회학과

77 M&A와 문화충돌 관리
박원우 | 서울대 경영학과

78 폐금속광산 인근 주민들의 중금속 오염실태
정종학 외 | 영남대 의학과

79 북한 농촌 · 농업실태와 인력자원개발 시스템을 통한 북한 농민의 구호방안
박성열 | 건국대 교육공학과

80 중소 소매점의 경쟁력과 소매성과
채명수 외 | 한국외대 무역학과

81 고령자를 위한 쾌적한 실내온도와 착의량의 설정
정운선 | 안동대 의류학과

82 지역문화 이벤트 PR
박종민 | 경희대 언론정보학부

83 인터넷 지역정보화의 실태와 전략
유평준 외 | 연세대 행정학과

84 여성 삶의 질 향상을 위한 사회교육 활성화 방안
김양희 | 중앙대 가족복지학과

85 벤처기업과 벤처금융
강대석 외 | 충남대 무역학과

86 구조조정기에 있어서 실업대책과 사회안전망 구축
박천익 | 대구대 경제학과

87 한국 유아의 조기교육
이명조 외 | 한국외대 교육대학원

88 남북한 경제공동체 형성전략
이상만 | 중앙대 경제학과

89 지방자치회계의 투명성과 주민의 알 권리
권찬태 외 | 경북대 경영학부

90 정치지도자의 정책리더십
이해영 | 경일대 행정학과

91 경제위기와 한국인의 복지의식
신광영 외 | 중앙대 사회학과

92 북한의 노동
김강식 | 한국항공대 경영학과

93 우리나라 중소기업의 정보기술 활용 현황과 경쟁력 강화를 위한 제안
정승호 | 부산외대 정보시스템학과

94 인간배아복제의 법적·윤리적 문제점과 그 해결방안
최병규 | 한경대 법학부

95 가치변화에 따른 투표행태
조찬래 외 | 충남대 정치외교학과

96 인터넷 경매에서의 계약체결과 소비자보호
이기수 외 | 고려대 법과대학

97 세계화시대 남북한 통합의 방향과 과제
윤민재 | 서울대 사회발전연구소

98 글로벌 시대 지방정부의 문화마케팅 전략
박흥식 | 중앙대 행정학과

99 대졸여성실업의 실태분석 및 대학-노동 시장 간 효율적 연계방안
이은우 외 | 울산대 사회과학부

100 그린 투어리즘의 분석
이응진 | 대구대 관광학부

101 지방자치단체장의 부정부패
오일환 | 한양대 아태지역연구센터

102 산업화가 유교체제하 중국여성의 지위에 미친 영향
천성림 | 배재대 사회과학연구소

103 움직이는 말하기
유혜숙 외 | 나사렛대 교양학부

104 장애학생을 위한 특수교육공학의 활용
김용욱 | 대구대 중등특수교육과

105 지식기반사회의 평생교육 이해와 평생교육 프로그램 개발
박성열 | 건국대 교육공학과

106 N세대의 미술교육
김동철 | 대구교육대 미술교육학과

107 노후계획과 투자
권택호 | 여수대 국제통상학과

108 영화산업
양영철 | 경성대 연극영화학부

109 동유럽의 변혁과 언론의 역활
정대수 | 경남대 정치언론학부

110 환율, 임금, 물가가 국제경쟁력 및 수출입산업에 미치는 영향
하인봉 | 경북대 경제통상학부

111 일본기업의 기술혁신 전략
위정현 | 중앙대 상경학부

112 노후보장정책과 역저당연금제도
조덕호 외 | 대구대 행정학과

113 유비쿼터스 라이프와 미래 사회
김석수 | 한남대 멀티미디어공학과

114 죽음과 관련된 생명윤리적 문제들
구인회 | 가톨릭의과대 인문사회과학교실

115 경제적 세계화와 빈곤문제, 그리고 국가
김준현 | 한일장신대 인문사회과학부

116 한국의 세계불교유산
김종명 | 한국학중앙연구원 한국학대학원

117 복지레저서비스론
고태규 | 한림대 국제학부

118 자생적 철학체계로서 인간중심철학
선우현 | 청주교대 윤리교육과

119 전략적 통합과 한반도 평화체제
김승채 | 고려대 정책대학원

120 환경사법론
전경운 | 경희대 법학부

121 인터넷 자료를 통해 본 한국의 이혼 문화와 사회복지
성정현 외 | 협성대 사회복지학과

122 유럽연합의 사회정책에 관한 연구
문진영 | 서강대 신학대학원 사회복지학과

123 여성건강의 통합적 관점
김혜원 | 관동대 간호학과

124 복잡계 네트워크 과학
강병남 | 서울대 물리천문학부

125 경제적인 3세대 전원주택 개발
박근준 | 호서대 건축공학과

126 사회복지와 인적자원개발
이상일 | 인제대 국제경상학부